Wedemeyer-Kolwe • Geschichte des deutschen Behindertensports

Bernd Wedemeyer-Kolwe

Vom „Versehrtenturnen" zum Deutschen Behindertensportverband (DBS)

Eine Geschichte des deutschen Behindertensports

Arete Verlag Hildesheim

Die Erstellung dieses Buches wurde initiiert
vom Deutschen Behindertensportverband e.V.

60 JAHRE DBS 1951-2011

Deutscher Behindertensportverband e.V.
National Paralympic Committee Germany

Bibliografische Informationen
Die Deutsche Bibliothek verzeichnet diese Publikation in der Deutschen Nationalbibliografie; detaillierte bibliografische Daten sind im Internet über http://dnb.ddb.de abrufbar.

Layout/Satz/Umschlaggestaltung: Composizione Katrin Rampp, Kempten
Druck und Verarbeitung: AZ Druck und Datentechnik GmbH, Kempten
ISBN 978-3-942468-02-2

Vorwort

Wenn ein Verband oder Verein in einem Jubiläumsjahr ein Buch herausgibt, sind die Erwartungshaltungen der Mitglieder eigentlich festgelegt:

Ist die jeweilige Sicht der Geschichte oder sind die Abläufe richtig und vor allem umfassend wiedergegeben? Kommen alle handelnden Personen auch angemessen vor? Sind vor allem Erreichtes und im Sport die Erfolge, Medaillen und Meisterschaften lückenlos aufgeführt?

Dieses Buch erfüllt solche Erwartungen nicht; aber das war weder Auftrag noch Idee, die am Anfang des Entstehungsprozesses dieses Buches standen.

Unter dem Motto „Wer nicht weiß, wo er herkommt, kann auch nicht seine Zukunft gestalten" führte mein Vorgänger im Amt, Karl Hermann Haack, der ehemalige Behindertenbeauftragte der Bundesregierung, einen Präsidiumsbeschluss herbei, eine Studie zur Entwicklung des Behindertensports in Deutschland anfertigen zu lassen.

An dieses schwierige Themas hat sich Prof. Dr. Dr. Bernd Wedemeyer-Kolwe herangewagt, der sein Fachwissen bereits im Zusammenhang mit der Erstellung des Buches über die Geschichte des Behindertensports in Niedersachsen unterstrichen hatte.

Entstanden ist dabei (auftragsgemäß) die erste bundesweite unabhängige kritisch-historische Studie zur Geschichte des Sports für Menschen mit Behinderung. In Anbetracht einer schwierigen Quellenlage und oft nicht mehr recherchierbaren Entwicklungen ist die Buchvorlage das Ergebnis dessen, was mit wissenschaftlichen Methoden zu erarbeiten war.

Eine solche wissenschaftliche Darstellung kann zwangsläufig die Leistungen einzelner Menschen, die selbst mit starker Behinderung in den Vereinen, in den Landesverbänden und im Deutschen Behindertensportverband (DBS) in Form einer Leistung zur Selbsthilfe die Geschichte vor Ort ganz konkret mitgeschrieben haben, nicht angemessen würdigen. Dies wäre Auftrag einer Chro-

nik des deutschen Behindertensports. Diese zu schreiben zählt gewiss mit zu den zukünftigen Aufgaben unseres Verbandes.
Wäre eine Chronik doch in der Lage, alle diejenigen zu nennen und ihnen zu danken, um ihnen ihren Platz in der Verbandsgeschichte einzuräumen, den sie als Sportlerinnen und Sportler, Übungsleiter, Trainer, Betreuer, Ärzte, Physiotherapeuten, Mitgliedern von Leitungsgremien oder einfach „nur" Helferinnen und Helfer mit den Verantwortlichen in den Geschäftsstellen in den vergangenen Jahrzehnten ausgefüllt haben. Das geschah überwiegend in ungezählten Stunden ehrenamtlicher Arbeit, die die positive Entwicklung innerhalb des Behindertensports erst möglich gemacht hat.

Unvollständig wären diese Aufzählungen auch, wenn hier nicht die zunehmende Unterstützung unseres Sports durch „Hilfe von außen" in Politik, Gesellschaft und bei den Sponsoren Erwähnung finden würde.

Danke.

Friedhelm Julius Beucher
Präsident des Deutschen Behindertensportverband e.V.
National Paralympic Committee Germany

Inhaltsverzeichnis

Einleitung

Der moderne Vereins- und Verbandssport kann in unserer Gesellschaft mittlerweile auf eine fast 140-jährige Geschichte zurückblicken. Die ersten regulären Sportvereine entstanden in den 1870er-Jahren, und die ersten modernen Sportfachverbände wurden – wie der Deutsche Ruderverband, der Deutsche Radfahrerbund und der Deutsche Schwimmverband – in den 1880er-Jahren ins Leben gerufen. 1917 gründete sich mit dem Deutschen Reichsausschuss für Leibesübungen die erste Vorgängerorganisation des 1950 entstandenen Deutschen Sportbundes (DSB), der 2006 mit dem Nationalen Olympischen Komitee (NOK) zum Deutschen Olympischen Sportbund (DOSB) fusionierte.

Die Turnbewegung indes ist noch älter. 1811 gründete Friedrich Ludwig Jahn auf der Hasenheide in Berlin den ersten Turnplatz. 1816 entstand mit der Hamburger Turnerschaft der erste Turnverein, und 1868 wurde mit der Deutschen Turnerschaft die Vorgängerorganisation des heutigen Deutschen Turnerbundes (DTB) gegründet. Der DTB ist als (Fach)Verband für Turnen, ebenso wie die anderen Fachverbände, die jeweils eine Sportart vertreten, ein Mitglied im DOSB, dessen Vereine und Verbände mit ihren über 23 Millionen Mitgliedern damit zum Teil auf eine 200-jährige Geschichte zurückblicken können.

Die Geschichte etlicher dieser Vereine und Verbände und auch des DSB ist vielfach schon Gegenstand historischer Untersuchungen gewesen. Gerade ein so populärer Vereinssport wie Fußball – aber auch andere Sportarten und Sportorganisationen – hat bislang etliche Chronisten und viele kritische Historiker zu Studien angeregt. In der Regel haben diese Verfasser Sport und Sportorganisationen als Spiegelbild der jeweiligen politischen, sozialen und gesellschaftlichen Verhältnisse aufgefasst. Viele „Sportgeschichten" sind deshalb auch kritische politische Geschichten geworden, die sich – wie die 2005 erschienene Studie von Niels Havemann zum „Fußball unterm Hakenkreuz" – dezidiert mit Befindlichkeiten und, auch unheilvollen, Kontinuitäten im deutschen Sport auseinandergesetzt haben.

Eine Geschichte des deutschen Behindertensports jedoch existierte bislang nicht, obwohl der organisierte Behindertensport auf eine beinahe ebenso lange Geschichte zurückblicken kann wie die Sportorganisationen von Menschen ohne Behinderungen. Obgleich der Behindertensport in seiner Geschichte vielfach mit anderen deutschen Sportorganisationen verwoben war, er seit der Zeit nach 1945 organisatorisch fest im deutschen Sport verankert ist – von 1949 bis 1990 in beiden deutschen Staaten – und das Thema Behinderung und Behindertensport in Gesellschaft und Kultur eine gewichtige Rolle spielt, gab es lange Zeit keine historischen Untersuchungen zum Behindertensport, die sich mit den Studien zu anderen Sportverbänden und -vereinen messen lassen können.[1] Möglicherweise liegt dies auch an der Komplexität des Themas, das weit über die Geschichte eines herkömmlichen Sportverbandes bzw. des Sports hinausgeht und auch in den Kontext der zum Teil immer noch verschütteten Geschichte der Menschen mit Behinderungen gehört. Und trotz des momentanen Booms der Disability History, die sich des Themas Behinderung in der Geschichte annimmt, steht deren Aufarbeitung immer noch ganz am Anfang. So wie Menschen mit Behinderungen in der deutschen Gesellschaft häufig immer noch als Außenseiter wahrgenommen werden – trotz einer geschätzten Zahl von etwa 10 Millionen, die noch um weitere 10 Millionen Menschen mit psychischer Behinderung ergänzt werden kann –, so gehört bislang auch die Auseinandersetzung mit ihrer Geschichte zu den Außenseiterthemen der (akademischen) Geschichtsschreibung.[2]

Im Jahr 2011 wird der Deutsche Behindertensportverband (DBS) 60 Jahre alt; sein Ursprungsverband, der Deutsche Versehrtensportverband (DVS), war 1951 in der BRD gegründet worden, während sein DDR-Pendant, der Deutsche Verband für Versehrtensport (DVfV), 1959 ins Leben gerufen wurde; dessen direkter Vorgänger war jedoch schon 1953 formiert worden. Das DBS-Jubiläum war zwar ein äußerer Anlass für das DBS-Präsidium, eine unabhängige kritisch-historische Studie zur Geschichte des deutschen Behindertensports in Auftrag zu geben. Aber diese Idee entstand schon ein paar Jahre zuvor als Gedankenexperiment im Rahmen einer Vorläuferstudie zur Geschichte des niedersächsischen Behindertensports, die weiter gedacht wurde. Die DBS-Studie wurde dann ab 2009 realisiert und sollte mit dem Jubiläum verkoppelt werden.

Es stellte sich aber schnell heraus, dass sich die Studie nicht nur mit den letzten 60 Jahren und damit nur mit den modernen Organisationen des Behindertensports befassen konnte, sondern dass sie – im Bewusstsein der historischen Kontinuitäten – auch die tiefen und verzweigten Wurzeln des Behindertensports abhandeln musste, die weit bis ins 19. Jahrhundert zurückreichen, wobei der damals so genannte Versehrtensport im Ersten und Zweiten Weltkrieg erste – auch unheilvolle – Höhepunkte besaß. Als Orientierungspunkt für die geplante Studie diente dem DBS-Präsidium dabei eine Vorläuferuntersuchung, die der Verfasser für den Behinderten-Sportverband Niedersachsen (BSN) in Arbeit hatte und die im Jahr 2010 veröffentlicht wurde. Im Resultat jedoch ist diese Geschichte des deutschen Behindertensport(verbandes) – neben Studien zum DFB, zum Deutschen Leichtathletikverband und zu Nachfolgeorganisationen im Arbeitersport – eine der ersten sporthistorischen Publikationen überhaupt, die von einem Bundessportfachverband in Auftrag gegeben wurde; auch etliche Landesfachverbände verfügen bislang noch nicht über eine selbst in Auftrag gegebene, kritisch-historische (akademische) Einzelstudie zu ihrer Geschichte.[3]

Die Aufarbeitung der Geschichte des Behindertensports stand vor etlichen Problemen, und das fast völlige Fehlen von geeigneten Vorläuferstudien, an denen man sich orientieren konnte, war nur eine der Schwierigkeiten. Ein anderes Problem bestand darin, dass es zum Teil äußerst schwierig war, geeignete Archivquellen und gedrucktes historisches Material ausfindig zu machen. Der Behindertensport – der Begriff wird hier für unterschiedlichste Sportgruppen aus verschiedenen Zeiten verwendet – bestand lange Zeit aus marginalen, sozial stigmatisierten und nur in den seltensten Fällen offiziell organisierten Gruppen. Derartige Gruppen hinterlassen in der Regel so gut wie kein historisches Material. Aber auch frühe Dokumente nach 1945 waren oft nur schwer auszumachen. Zwar liegen Verbandszeitschriften vor, diese sind aber erst ab 1951 (BRD) bzw. 1956 (DDR) vorhanden. Es existieren zwar etliche Landesverbands- und Vereinsfestschriften sowie mehrere Bundesverbandsfestschriften. Aber zum einen handelt es sich um ausgesprochen subjektive Literatur, in denen man häufig zwischen den Zeilen lesen muss. Und zum anderen sind derartige Schriften oft sehr schwer zu recherchieren, da sie gewöhnlich nicht von Verlagen produziert werden, in der Regel über den Buchhandel nicht bestellbar und auch in öffentlichen Bibliotheken oft nicht vorhanden sind. So ist man von wichtigen Grundinformationen und Zugängen zum Thema zunächst abgeschnitten: Wie kann man die ältesten Versehrtensportvereine ausfindig machen, wenn es keine Hinweise in der Literatur dazu gibt und wenn man nicht weiß, wo man suchen und wen man fragen soll? Und wie gelangt man an eine ausreichende Zahl von Zeitzeugen, wenn unklar ist, ob es in den jeweiligen Fällen noch lebende Vereinsbegründer gibt, wo sie zu erreichen sind und ob man sie überhaupt noch ansprechen kann?

Ein Großteil der Quellen und Literatur konnte daher nur durch Zufälle, vage Hinweise in älteren Publikationen oder Nachfragen bei Zeitzeugen und einer entsprechenden Weitervermittlung recherchiert werden, wobei die offiziell aufbewahrten Quellen in den Staats- und Stadtarchiven noch am einfachsten zu ermitteln waren. Hartnäckige Recherchen bei Vereinen und Zeitzeugen erbrachten schließlich doch noch etliches Material und sogar Nachlässe und Privatsammlungen, die zum Teil übernommen werden konnten. Zeitzeugen – der Verfasser konnte mit knapp 100 Sportlerinnen und Sportlern sprechen, von denen die älteste Zeitzeugin 1918 geboren war – ergänzten zwar auch manche Hinweise und lieferten zum Teil neue Aspekte, widersprachen aber auch in einigen Fällen mit ihren Auskünften den schriftlichen Quellen. Insgesamt ergab sich dabei ein oft diffuses, unscharfes und unvollständiges Puzzlespiel, wenn auch die Anzahl der einzelnen Puzzleteile am Ende recht groß war.

Die Studie greift mit ihrer Vorgehensweise und ihrem Duktus verschiedene Aspekte unterschiedlicher historischer Disziplinen auf: der akademischen Sportgeschichte, der Kulturgeschichte und der Disability Studies. Ein Schwerpunkt der traditionellen akademischen Sportgeschichte war immer schon die kritische Vereins- und Verbandsgeschichte, die die jeweiligen sportpolitischen Positionen und Konstellationen in den Blick nimmt und sie dann in die regionalen Vereinsentwicklungen und die übergeordneten Verbandsprozesse einbindet; dabei werden sowohl Gruppierungen als auch Persönlichkeiten in den Blick genommen.

Die Kulturgeschichte fragt nach der Selbstwahrnehmung von Menschen in historischen Zeiträumen und nach ihren an den sozialen und gesellschaftlichen Hintergründen ausgerichteten kulturellen Praktiken. Auf unser Thema bezogen bedeutet dies etwa, dass (Behinderten)Sport sowohl ein Vehikel politischer Inanspruchnahme ist als auch eine private Möglichkeit zur sozialen Identität.

Die Disability History befasst sich unter anderem damit, wie die Kategorie „Behinderung" in den verschiedenen historischen Epochen entsteht, wer sie aus welchen Gründen konstruiert und wem sie warum zugeschrieben wird. Dabei geht es auch um die Frage nach den historischen Bedingungen von Behinderung und um die Rolle des Betroffenen in seinem privaten und politischen Umfeld. In Bezug auf den Behindertenport kann dabei etwa gefragt werden, ob der Sport von Menschen mit Behinderungen ein Versuch sozialer

Anpassung, persönlicher Autonomie oder medizinischen Utilitarismusdenkens ist, oder, etwas anders gefragt, ob Behindertensport Teil einer Nützlichkeitspolitik von oben oder ein unabhängiger Aneignungsprozess seiner Akteure ist, die sich über Sport ihr eigenes Lebensumfeld selbst gestalten.[4] Bei Fragestellungen dieser Art kann natürlich keine vollständige – was auch immer das bedeutet – Geschichte des deutschen Behindertensports entstehen; allein aufgrund der problematischen Quellenlage und der Vielzahl an Herangehensweisen ist dies nahezu unmöglich.

Dass diese Studie ermöglicht wurde, ist etlichen Personen und Institutionen zu verdanken. Der ehemalige Präsident des Behinderten-Sportverbandes Niedersachsen, Heiner Rust, der bereits die Vorgängerstudie zur Geschichte des niedersächsischen Behindertensports initiiert hatte, hat die Fortführung des Themas auf Bundesebene im damaligen Präsidium des DBS zur Sprache gebracht und Interesse geweckt. Der ehemalige Präsident des DBS, Karl Hermann Haack, hat sich dadurch anregen lassen und mit Engagement für eine Finanzierung gesorgt. Und der derzeitige Präsident des DBS, Friedhelm Julius Beucher, hat das Projekt mit großem Interesse weiter unterstützt und für seinen Abschluss gesorgt. Die DBS-Geschäftsstelle – hier besonders Detlev Lütkehoff – hat mir Archivmaterial herausgesucht und etliche Fragen beantwortet. Die Landesverbände – sowohl die Präsidien als auch die Geschäftsstellen – haben für mich geduldig Material recherchiert und mich mit weiterführenden Hinweisen unterstützt. Viele Vereine haben mir ihre Festschriften und Chroniken sowie auch Archivmaterial zugeschickt, Hinweise auf mögliche Zeitzeugen gegeben und mir die nötigen Kontakte vermittelt. Die Zeitzeugen haben mir bereitwillig, gern und engagiert meine Fragen – auch die ausgesprochen unbequemen – beantwortet, mir Privatunterlagen zugeschickt und zum Teil auch ihre Sammlungen überantwortet; diejenigen Zeitzeugen, deren Hinweise letztlich in das Buch eingearbeitet werden konnten, sind im Anhang namentlich aufgelistet. Ohne diese bereitwillige Hilfe der Vereine, Landesverbände und des Präsidiums, der Geschäftsstellen und der vielen Zeitzeugen hätte ich dieses Buch so nicht schreiben können. Ihnen allen sei hiermit herzlich gedankt.

Göttingen, im Mai 2011 Bernd Wedemeyer-Kolwe

I Die Vorgeschichte des modernen Behindertensports

1. Zivilbehindertensport im Kaiserreich und in der Weimarer Republik

Sport und Turnen für Menschen mit Behinderungen haben in Deutschland eine ähnlich lange Geschichte wie die modernen Turn- und Sportvereine und Sportfachverbände, die ab der Mitte des 19. Jahrhunderts gegründet wurden. Jedoch gab es anfangs noch keine bzw. kaum eine Kooperation oder auch Teilhabe des Behindertensports an den herkömmlichen Turn- und Sportvereinen; dies sollte erst sehr viel später entstehen. Im Gegenteil: Sport und Turnen für Menschen mit Behinderungen fanden lange Zeit nur in getrennten Bildungseinrichtungen und abgeschlossenen Vereinen statt und wurden meist abgeschottet von der Mitwelt durchgeführt. Dabei wurden Leibesübungen für Menschen mit Behinderungen zunächst lediglich in den kirchlichen und staatlichen Fürsorge- und Bildungsanstalten angeboten, die ab der Mitte des 19. Jahrhunderts zur Beschulung und Ausbildung von blinden, gehörlosen und körperbehinderten Kindern und Jugendlichen gegründet worden waren.

Der Hintergrund dieser schulischen Leibesübungen lag in der damaligen Sichtweise auf Menschen mit Behinderungen generell begründet. Durch die Industrialisierung und Modernisierung im Europa des 19. Jahrhunderts entstand eine neuartige Arbeits- und Bildungswelt, in der eine intakte Arbeits- und Bildungsfähigkeit zur Bedingung für eine soziale Teilhabe an der Gesellschaft gehörte. Dabei wurden auch Menschen mit Behinderungen gleich welcher Art vorwiegend nach ihrer Fähigkeit zur Eingliederung in den Arbeitsmarkt beurteilt; eine Behinderung galt als Hindernis für eine soziale und berufliche Integration. Menschen mit Behinderungen gerieten daher schnell in den Verdacht, nicht arbeits- und bildungsfähig zu sein, und viele von ihnen wurden als „unnütze Esser“, die den Staat finanziell und sozial belasteten, ausgegrenzt. Sie galten damit als Teil der „sozialen Frage“. Die nicht als arbeits- und bildungsfähig eingruppierten Menschen, die als mehrfachbehindert oder geistig beeinträchtigt eingestuft wurden, wurden in abgelegenen Verwahranstalten untergebracht. Derjenige Teil der körperbehinderten, gehörlosen und blinden Menschen, der jedoch als bildungs- und arbeitsfähig eingruppiert wurde,

wurde in die, zu diesem Zweck neu entstandenen, Ausbildungs- und Bildungsstätten für Menschen mit Behinderungen eingewiesen. Dort sollten sie eine, wie es hieß, ihnen gemäße Bildung und Ausbildung erhalten, mit der ihnen später ein ihren Fähigkeiten entsprechender Arbeitsplatz zugewiesen werden konnte. Damit blieb Menschen mit Behinderungen der übliche Arbeitsmarkt versperrt, so dass viele von ihnen in einer „behindertengerechten" Einrichtung arbeiten oder sie sich mit ihnen zugewiesenen „behindertentypischen" Berufen wie Besenbinden oder Ähnlichem durchschlagen mussten. Nach dem Motto „Arbeit ist die beste Medizin" sollten Menschen mit Behinderungen zwar arbeiten und damit den Sozialstaat entlasten, die völlige Integration in den Arbeits- und Bildungsmarkt blieb ihnen jedoch verwehrt.[1]

Die Bildungs- und Ausbildungsstätten für arbeitsfähige Jugendliche und Kinder mit Behinderungen waren die überwiegend schon im 19. Jahrhundert gegründeten Gehörlosenschulen und Blindenschulen und die sogenannten „Krüppelfürsorgeanstalten" für Menschen mit körperlicher Behinderung. Die Zahl der potentiellen Schülerinnen und Schüler, die in eine dieser Schulen eingewiesen werden konnten, war beträchtlich; für das 19. und frühe 20. Jahrhundert muss mit weit über 100.000 Betroffenen gerechnet werden. Erwachsene Menschen mit Zivilbehinderungen waren noch zahlreicher. Zeitgenössische Statistiken rechnen für die 1910er- und 1920er-Jahre mit zwei Millionen unfall- und zivilgeschädigten, 45.000 gehörlosen und 30.000 zivilblinden erwachsenen Menschen.[2] Für die als bildungsfähig eingestuften Jugendlichen und Kinder mit Behinderungen stand zwar eine wachsende Anzahl von Blinden- und Gehörlosenschulen und Fürsorgeanstalten zur Verfügung, in der Gesamtheit waren es jedoch immer noch viel zu wenig, so dass nicht alle Kinder einen Platz bekamen. So ist davon auszugehen, dass im Deutschen Reich zwischen dem späten 19. und dem ersten Drittel des 20. Jahrhunderts ungefähr 50 bis 80 Schulen für gehörlose Kinder und Jugendliche vorhanden waren. Die Zahl der Schulheime für Kinder mit Körperbehinderungen lag im genannten Zeitraum bei etwa 40 bis 80, und für blinde Kinder und Jugendliche standen etwa 40 bis 60 Schulen zur Verfügung.[3]

Ähnlich wie in herkömmlichen Regelschulen gehörten Sport und Turnen neben dem üblichen Lehrprogramm zum festen Bildungskanon dieser separaten Ganztagsschulen, in denen die Kinder und Jugendlichen die meiste Zeit des Tages verbrachten. Die Funktion der Leibesübungen ging dabei allerdings über die herkömmliche pädagogische Begründung für Schulturnen im 19. Jahrhundert hinaus. Üblicherweise galt das Schulturnen mit seinem auf Drill ausgerichteten militärähnlichen Freiübungen als Mittel zur körperlichen und geistigen Disziplinierung und zur Gewöhnung an mechanisierte Arbeitsprozesse.

Für Jugendliche und Kinder mit Behinderungen wurden noch zusätzliche Argumentationen in die Debatte um Turnen und Sport geworfen: Gehörlose Kinder galten als körperlich besonders benachteiligt und wenig leistungsfähig, daher sollten gerade sie über Leibesübungen „die für Leben und Beruf nötige Spannkraft und Leistungsfähigkeit“ erwerben und dadurch die „Einordnung in die Gemeinschaft“ lernen. Kinder mit Körperbehinderungen waren allein schon aufgrund der orthopädischen und pädagogischen Zielrichtung der Schulen, der sogenannten „Entkrüppelung“, zu Turnen und Sport angehalten; vor allem nach Operationen gehörten Heilgymnastik und Rehabilitation zum festen Programm. Und bei blinden Kindern, die als bewegungsarm und körperlich anfällig galten, sollten die Leibesübungen zur Verbesserung der Raumorientierung und der Sensibilisierung des Tastsinnes beitragen.[4] Die Leibesübungen selbst wurden unter der Aufsicht bewährter Turnpädagogen und ausgebildeter Sonderturnlehrer betrieben. Im Laufe der liberaleren 1920er-Jahre traten dann zur bloßen mechanischen und disziplinierenden Funktion von schulischen Leibesübungen auch in den Bildungsanstalten für die Kinder die Freude am Spiel, Bewegungsfreiheit, die Möglichkeit zum Wettkampf und das Streben nach Einzel- und Mannschaftsleistungen hinzu; Zielsetzungen, die mit dem Siegeszug des Sports im 20. Jahrhundert einhergingen und die das altväterliche und disziplinierende Turnen allmählich ablösten.

So unterschieden sich die schulischen Leibesübungen für Kinder und Jugendliche mit Behinderungen nicht sonderlich vom Turnen und Sport in den herkömmlichen Regelschulen; ihre Ausübung und die Regeln waren lediglich an die besonderen Verhältnisse angepasst. Gerätturnen, Frei- und Ordnungsübungen, Ballspiele, Schwimmen und Leichtathletik, Gymnastik und Wandern wurden betrieben; bei Kindern mit Körperbehinderungen kamen noch Heilgymnastik und orthopädische Übungen an Apparaten hinzu, die im Hinblick auf Mechanik, Funktion und Aussehen den heutigen Fitnessgeräten ähnelten. Bald wurde in den Schulen auch Wettkampf- und Leistungssport betrieben. Ab Mitte der 1920er-Jahre wurden dabei nicht nur Sportwettkämpfe zwischen verschiedenen Körperbehindertenschulen und auch Blindenschulen durchgeführt, sondern es entstanden zudem vereinzelte Kooperationen mit regulären Sportvereinen und Athletikverbänden. So gab es Heime für körperbehinderte Kinder und Jugendliche, die regelrechte Sportmannschaften aufstellten oder eigene Sportvereine gründeten, mit denen sie an lokalen Fußballturnieren oder als Mitglied von herkömmlichen Leichtathletikfachverbänden an Vergleichskämpfen teilnahmen. Schon in der liberaleren Weimarer Republik hat es also gelegentlich die Möglichkeit gegeben, Wettkampfsport zwischen Menschen mit und ohne Behinderungen durchzuführen.[5]

Der Sport für erwachsene Menschen mit Behinderungen war, bis auf den Sport der gehörlosen Menschen, weniger gut organisiert. Blinde und körperbehinderte Erwachsene hatten bis in die 1920er- und frühen 1930er-Jahre hinein nur gelegentlich die Möglichkeit, Leibesübungen zu betreiben. Bis dahin gab es im Grunde keine Behindertenorganisationen, die sich konsequent und regelmäßig des Sports mit Erwachsenen annahmen. Der abrupte Abbruch jeder sportlichen Tätigkeit nach der Beendigung der Ausbildung in den Bildungsanstalten für körperbehinderte und blinde Kinder und Jugendliche wurde zwar intern beklagt, der Klage über die körperliche Vernachlässigung der Erwachsenen aber folgten kaum oder keine Initiativen.[6] Da Turnen und Sport nicht mehr (schulische) Pflicht und andere Dinge wichtiger waren, wurden Leibesübungen oft vernachlässigt, zumal sie nur in den seltensten Fällen als Mittel zur Persönlichkeitsbildung oder als Überwindungshilfen von Behinderung betrachtet wurden.

Es gab Ausnahmen, wenn auch nicht allzu viele. So wurden im Rahmen von Berliner Blindenselbsthilfegruppen um 1900 gelegentlich Schwimmen und Wandern durchgeführt; als Organisator fungierte etwa der 1909 gegründete Berliner Verein Blindenerholung, dessen Programm auch Leibesübungen vorsah. Hier wurden Leibesübungen offenbar als Teil der persönlichen Gesundheitsvorsorge und als Freizeitbeschäftigung verstanden. Manchmal gab es auch den einen oder anderen Späterblindeten, der bereits vor seiner Erblindung Sport betrieben hatte und auch jetzt nicht darauf verzichten wollte, so dass er seinem alten Turn- und Sportverein auch weiterhin angehörte. Regelrechte Blindensportvereine für Erwachsene blieben jedoch die Ausnahme. Für die Zeit bis 1933 sind lediglich Vereine in Kiel, Berlin und Breslau bekannt. Sie wurden in Eigeninitiative im Umfeld der dort ansässigen Blindenschulen gegründet, um den ehemaligen Schülern und Schülerinnen auch weiterhin Leibesübungen in Gemeinschaft anbieten zu können. Eine zentrale Rolle kam dabei dem 1928 gegründeten Berliner Blindensportverein (BBSV) zu, der es über Anträge an den Deutschen Reichsausschuss für Leibesübungen – einen Vorläufer des heutigen DOSB – erreichen konnte, dass auch blinde Jugendliche und Erwachsene seit 1928 das Turn- und Sportabzeichen bzw. auch später das Reichssportabzeichen ableisten und an Reichsjugendwettkämpfen teilnehmen konnten. Offenbar wurden diese Möglichkeiten auch vielfach genutzt. Der BBSV sollte dann nach 1950 einige Zeit lang eine gewichtige Rolle innerhalb des Berliner Versehrtensportverbandes spielen.[7]

Sportorganisationen für Erwachsene mit Körperbehinderung ziviler Ursache gab es ebenfalls kaum, auch wenn es hier aufsehenerregende, wenngleich singuläre Vorbilder gab, die mit ihren sportlichen Leistungen immer wieder spektakulär in die Öffentlichkeit gerückt wurden. Der prominenteste unter diesen Personen war der 1848 armlos zur Welt gekommene Carl Herrmann Unthan, der mittels konsequenter Übung und Einsatzes seiner Füße sein Leben völlig autonom zu meistern verstand und dies auch publizistisch über seine 1925 erschienene Autobiographie „Das Pediskript. Aufzeichnungen aus dem Leben eines Armlosen" zu vermarkten verstand. Dabei führte Unthan bei Veranstaltungen öffentlich seine „Künste" vor, wobei er auch seine selbst erlernten Schwimmtechniken immer wieder unter Beweis stellte. Unthan provozierte und spaltete, aber seine Schwimmkünste und sein Selbstbewusstsein machten körperbehinderten Schicksalsgenossen Mut, die daraufhin ebenfalls zur konsequenten Autonomie aufriefen, zu der auch selbstverständlich Sport und Körperpflege gehörten.[8]

Auch solche spektakulären Einzelfälle veranlassten den 1919 gegründeten Selbsthilfebund der körperbehinderten Menschen (SBK), der sich später in Reichsbund der Körperbehinderten (RBK) umbenannte, ab den späten 1920er-Jahren seine Mitglieder aufzurufen, Sportgruppen zu gründen. Der SBK hatte sich als autonome Organisation jenseits der staatlichen und kirchlichen „Krüppelhilfe" gebildet. Er verstand sich als Elitegruppe unter den Menschen mit Körperbehinderungen und nahm lediglich gebildete bzw. bildungs- und arbeitsfähige Personen auf. Daher verfügte der SBK 1919 reichsweit auch nur über 500 und 1931 über lediglich 6.000 Mitglieder. Der Bund formulierte dabei das Recht von Menschen mit Behinderungen auf Selbstbestimmung jenseits der

Kasernierung in Krüppelfürsorgeanstalten und forderte die völlige Gleichstellung behinderter mit nichtbehinderten Menschen.

Zum Selbstverständnis der Mitglieder des SBK, gleichberechtigt und autonom zu sein, gehörten auch das Recht und das Bedürfnis, Sport zu treiben. Ab etwa 1928 bildeten sich daher in einigen Ortsgruppen des Bundes Sportabteilungen, die z.T. von Personen gegründet worden waren, die trotz ihrer Behinderung Mitglieder in Turn- und Sportvereinen waren und dort mit Sport gute Erfahrungen gemacht hatten. Zumindest in größeren Städten wie Berlin, Hamburg, Düsseldorf, Offenbach, Nürnberg und Essen konnten sich SBK-Sportgruppen etablieren, die Schwimmen, Radsport, Kricket, Tanzen und Wandern anboten und gelegentlich sogar ausgebildete Turn- und Sportlehrer als Übungsleiter für ihre Kurse gewinnen konnten. Einige Mitglieder der SBK-Sportgruppen sollten tatsächlich auch beim lebenslangen Versehrtensport bleiben; nach 1945 gab es ehemalige SBK-ler, die den neugegründeten Versehrtensportvereinen beitraten und dort auch Funktionen im Vorstand übernahmen.[9]

Im Gegensatz zu den nur gering verbreiteten Sportgruppen bei zivilblinden und körperbehinderten Menschen konnte sich der Gehörlosensport als einzige Behindertensportorganisation, wie man dies heute nennen würde, auf eine relativ breit angelegte und gut institutionalisierte Sportvereins- und Verbandslandschaft stützen, die von der Organisation und vom Aufbau an der Deutschen Turnerschaft, dem Vorläufer des Deutschen Turnerbundes, bzw. an den Sportfachverbänden orientiert war.

1888 gründete sich in Berlin der erste sogenannte Taubstummen-Turnverein, dem rasch entsprechende weitere Gründungen folgten. 1910 schlossen sich 30 Vereine zum Verband Deutscher Taubstummenturnvereine zusammen, und es gab Ligaspiele und Wettkämpfe. 1920 wurde das erste eigene deutsche Turn- und Sportfest veranstaltet, und 1928 nahmen deutsche Gehörlosensportler erstmals an den 1924 eingeführten internationalen olympischen Taubstummenspielen teil. 1924 umfasste der nun Reichsausschuss Deutscher Taubstummenverbände genannte Dachverband des Gehörlosensports vier Fachverbände für Turnen und Sport, Schwimmen, Leichtathletik und Fußball sowie Wandern. Insgesamt vertrat der Dachverband etwa 40–50 Vereine mit ungefähr 2.000 Mitgliedern. Damit gehörten etwa 1,8 % aller gehörlosen Erwachsenen einem Gehörlosen-Turn- und Sportverein an, was aber immer noch deutlich weniger war als der Anteil der Sportvereinsmitglieder an der damaligen Bevölkerung in der Weimarer Republik insgesamt, der etwa 7–8% betragen haben dürfte. Alles in allem blieb die Gehörlosensportorganisation dabei völlig autonom, und ihre Mitglieder waren weitgehend unter sich. Möglicherweise lag dies auch daran, dass viele gehörlose Menschen sich schon damals nicht als (bedürftige) Menschen mit Behinderungen, sondern als Teil einer eigenständigen, unabhängigen Kultur mit eigener Sprache und Gesellschaft empfanden, und das Recht und die Pflicht auf einen eigenen autonomen Gestaltungsraum beanspruchten.[10]

2. Kriegsversehrtensport im und nach dem Ersten Weltkrieg

Der Erste Weltkrieg konfrontierte Staat und Gesellschaft zum ersten Mal mit dem Massenphänomen der Kriegsversehrten; nach zeitgenössischen Schätzungen soll es über zwei bis drei Millionen Kriegsverletzte gegeben haben. Die medizinischen Versorgungs- und die staatlichen Sozialsysteme waren komplett überfordert. Der Kriegsversehrte als politisches und soziales Symbol für einen verlorenen Krieg und als reales Bild im Alltag sollten Staat und Gesellschaft über lange Jahre hinweg nachhaltig prägen. So war eine der Hauptaufgaben der Politik die Reintegration der Kriegsversehrten in das Arbeits- und Wirtschaftsleben, wobei das Recht auf Versorgung auch hier der Pflicht zur Arbeit unterstellt wurde. Aus diesem Grund stellte die staatliche Kriegsopferversorgung, trotz vielfältiger Proteste der rasch gegründeten Selbsthilfeorganisationen der Kriegsversehrten wie etwa des Reichsbundes der Kriegsbeschädigten, nur eine schmale Grundrente zur Verfügung. Sie stellte keine Grundsicherung dar und reichte zum Überleben nicht aus. Denn Kriegsversehrte sollten sich nicht auf einer lebenslangen Zuwendung ausruhen, sondern einen Anreiz zur Arbeitsaufnahme haben. Angesichts der Inflation, der großen Wirtschaftkrisen und der gigantischen Arbeitslosenzahlen musste die Kriegsversehrtenpolitik des Arbeitsanreizes jedoch zwangsläufig scheitern.[11]

Angesichts dieser drängenden sozialen Probleme blieb die Überlegung, Sport und Turnen als Rehabilitation für Kriegsversehrte einzuführen, weitgehend im Hintergrund, wenngleich es doch einige diesbezügliche Initiativen gab. Neben einigen fortschrittlichen und interessierten Sportärzten kam einer der Anstöße zum Kriegsversehrtensport von der sogenannten zivilen Krüppelfürsorge, die, wie oben schon geschildert, in ihren Heilanstalten bereits Erfahrungen mit Rehabilitation, Heilgymnastik, Orthopädie und Leibesübungen an Kindern mit Körperbehinderungen gemacht hatte und ihre Erfahrungen nun auf Kriegsversehrte zu übertragen gedachte.

Die Argumente für den Kriegsversehrtensport entsprachen denjenigen für den Sport mit Menschen mit Zivilbeschädigungen; es ging auch hier um die Wiedergewinnung der Arbeitsfähigkeit der Versehrten und damit um die Entlastung der Staatskasse. Besonders die befürchtete „Rentenjägerei“, also eine den Versehrten böswillig unterstellte erschlichene Inanspruchnahme ihrer berechtigten Kriegsrente, sollte damit vermieden werden, denn wer Sport treiben könne, so das Argument, könne auch wieder arbeiten. Die Verwundeten sollten daher körperlich so schnell rehabilitiert werden, dass zumindest für einige von ihnen sogar die Wiederverwendung für den Krieg in Frage kommen würde.

Dies war die Argumentation für die wenigen Initiativen aus Sportmedizin und Krüppelfürsorge. Doch weder die Regierung des Kaiserreiches noch die der Weimarer Republik unterstützten diese Ideen nachhaltig, geschweige denn, dass sie sie flächendeckend durchsetzten. Zwar wurde nach 1918 der Sport bei Rehabilitationsprojekten diskutiert, für die Wiedereingliederung der Kriegsversehrten in den Beruf ging es in erster Linie jedoch erst einmal um Orthopädie und Prothetik, die für die Wiedereingliederung in den Beruf wesentlich wichtiger waren. Der Sport spielte als Mittel zur Heilbehandlung dabei keine Rolle und blieb bei den Rehabilitationsmaßnahmen des Staates völlig zweitrangig. Dazu war er als Idee wahrscheinlich viel zu neu und fremd.

Möglicherweise lag dies auch an der Rolle des Sports generell in dieser Zeit. Zwar genoss der Sport hohen gesellschaftlichen Stellenwert, er wurde aber vom Staat nicht etwa mitfinanziert, sondern als gemeinnützige Angelegenheit der Turn- und Sportverbände betrachtet, die höchstens von den seit der Mitte der 1920er-Jahre eingerichteten Sportämtern der größeren Kommunen Unterstützung erhalten konnten. Und hierbei handelte es sich zunächst in erster Linie um Sportanlagen- und Schwimmbäderbau sowie um Jugendpflege und Schulturnen. Die Finanzierungsgewichtung lag damit auf Jugend- und Vereinssport, und nicht auf randständigen Ideen wie Versehrtensport. Kurz nach 1918 waren Staat und Gesellschaft einfach nicht bereit, Versehrtensport – und sei es auch nur als Heilmaßnahme – staatlich zu finanzieren. Dies hätte auch bedeutet, dass der Staat sich stärker als bisher für die Kriegsversehrten verantwortlich gefühlt hätte.[12]

Auch aus diesem Grund sollte sich der Kriegsversehrtensport nach 1918 nicht durchsetzen und blieb isolierten Initiativen und privaten Anstößen überlassen. So richteten – zum Teil in Zusammenarbeit mit der örtlichen Krüppelfürsorge – seit etwa 1915 einige wenige Lazarettstabsärzte, die selbst Erfahrungen mit Turnen und Sport besaßen, aus eigener Initiative in ihren Lazaretten Sportmöglichkeiten für Verwundete ein und ließen diese als Teil der Rehabilitation planmäßig üben. Hin und wieder geschah dies auch in den orthopädischen Turnhallen der Krüppelfürsorgeanstalten, die ja bereits über Fachleute und die notwendige Geräteausstattung verfügten. Art und Umfang der Initiativen blieben dabei den örtlichen Verantwortlichen überlassen.

So hatte der Sportarzt Dr. Arthur Mallwitz, der als Leichtathlet an den Olympischen Spielen 1906 und 1908 teilgenommen hatte und nach 1945 einer der wesentlichen Begründer des Versehrtensports werden sollte, ab 1917 in seinem Lazarett in der ehemaligen Heilanstalt Görden im Land Brandenburg die vorhandenen Sportanlagen ausbauen und mit Hunderten von Kriegsversehrten Turnen und Sport durchführen lassen. Mallwitz setzte dabei als Übungsleiter Sportler und Turn- und Sportlehrer ein, darunter den leichtverwundeten Olympiateilnehmer und Leichtathleten Johannes Runge. Runge war im Kaiserreich Vorsitzender der Deutschen Sportbehörde für Athletik – also des Leichtathletikverbandes – gewesen, in der Weimarer Republik Referent für Leibeserziehung bei der Reichswehr und Ministerialrat für Sport und nach 1939 schließlich Sportreferent im Oberkommando der Wehrmacht. Mallwitz ließ Ballspiele und Leicht- und Schwerathletik durchführen und veranstaltete Wettkämpfe für Kriegsversehrtensportmannschaften und führte damit das Leistungsprinzip in den Verwundetensport ein.

Weitere Lazarette mit Versehrtensportabteilungen entstanden in Ettlingen bei Nürnberg, das von Dr. Johannes Rissom, der als alter Vorturner eher Turnübungen als modernen Sport bevorzugte, geleitet wurde, sowie in München, Köln, Dresden, Magdeburg, Kassel, Karlsruhe und Heidelberg. Trotz des Echos in der Presse und bei den Turn- und Sportverbänden blieb es jedoch bei diesen wenigen Sportlazaretten, die wahrscheinlich insgesamt nicht mehr als ein paar tausend verletzte Soldaten sportlich betreut haben dürften. Vermutlich handelte es sich bei diesen Soldaten meistens um sportvorerfahrene Männer, die trotz ihrer Verwundung ihren Sport nicht aufgeben mochten. Angesichts einer Zahl von zwei bis drei Millionen Verwundeten ist diese geringe Zahl der sporttreibenden Kriegsversehrten nahezu bedeutungslos.[13]

An der Heimatfront nahmen sich auch einige Turn- und Sportvereine der Kriegsversehrten an und stellten spezielle Übungsriegen für Arm- und Beinamputierte auf. Da der Übungsbetrieb aufgrund der eingezogenen Männer überall zum Erliegen zu kommen drohte, konnten die Vereine mit dem Versehrtenturnen nun wieder eine Vereinsaufgabe übernehmen, die darüber hinaus auch der vielbeschworenen „Hebung der Volkskraft“ zugutekommen konnte. In diesem Sinne erfolgten auch zahlreiche Aufrufe der Deutschen Turnerschaft und der anderen Sportfachverbände an die Vereine. So entstanden in größeren Turnvereinen in Berlin, Hamburg, Düsseldorf, Kiel, Leipzig oder Mannheim rasch Versehrtenturnriegen, die oft von einem versehrten Vorturner geleitet wurden. Nicht zufällig wurden die Initiativen häufig in denjenigen Städten gestartet, in denen es auch Sportabteilungen in Lazaretten gegeben hatte. Um die Versehrten nicht isoliert üben zu lassen, sondern sie an der „Volksgemeinschaft" zu beteiligen, initiierten einige Vereine sogar Wettkämpfe und Sportspiele zwischen kriegsversehrten und nichtversehrten Mannschaften.[14]

Allerdings blieb die Zahl der Turn- und Sportvereine mit Versehrtenriegen klein: „Trotz eifriger Werbearbeit" kämen nicht genug Versehrte zu den Übungsstunden. Zudem seien die Teilnehmer überwiegend alte Turner und Sportler, so dass „von außen ein nennenswerter Zuzug ausgeblieben" sei.[15] Versehrte ohne sportliche Vorerfahrungen waren zum Verwundetenturnen eben kaum zu bewegen; diese Erfahrung sollten die Versehrtensportler auch nach 1945 machen. Zudem ging die berechtigte Angst um, dass eine körperliche Verbesserung zur Minderung der sowieso schon schmalen Versorgungsrente führe. Hinzu kam, dass ohnehin auch die meisten unversehrten Turner und Sportler mit spätestens 30 Jahren bzw. nach ihrer Hochzeit ihre aktive Phase beendeten, so dass man von Kriegsversehrten schwerlich mehr erwarten konnte. Zudem dürften auch Scham und Peinlichkeit, ihre versehrten Körper in der Öffentlichkeit zu zeigen, eine Rolle gespielt haben. Versehrte Turner, die weiterhin ihrem Heimatverein die Treue halten wollten, wechselten daher eher auf die Vorstandsebene, als dass sie weiter aktiv Leibesübungen betrieben. Bereits 1918 beklagte das Jahrbuch der Turnkunst, es gäbe zu wenige Turnvereine mit Versehrtenriegen und appellierte, es möchten „alle größeren Vereine recht bald solche Riegen einrichten". Doch dies erwies sich als frommer Wunsch.[16]

Möglicherweise hätte der Versehrtensport das Jahr 1918 überlebt, wenn sich eigenständige Versehrtensportgruppen unter einer eigenen Dachorganisation hätten bilden können. Theoretisch hätten die Kriegsbeschädigtenverbände, die Soldatenverbände oder der Selbsthilfebund der Körperbehinderten für Zivilgeschädigte den Versehrtensport organisieren können. Aber die großen Veteranenverbände wie etwa der Stahlhelm, die schon bald (Wehr) Sport anboten, nahmen – laut Satzung – in ihre Sportgruppen keine versehrten Personen auf.[17] Die Kriegsbeschädigtenverbände hingegen hatten bei ihren

Kur- und Heilbehandlungsangeboten in ihren Erholungsheimen, bis auf Ausnahmen, lediglich eine passive Regeneration wie Wassertreten im Blick. Und mit den (Sport)Gruppen für Menschen mit Körperbehinderungen oder mit Zivilblinden wollten viele Kriegsversehrte aufgrund von Vorurteilen nur wenig oder überhaupt keinen Kontakt haben. Die wenigen spektakulären Einzelbeispiele von kriegsversehrten Sportlern, die später an Olympischen Spielen teilnahmen, waren für die meisten Kriegsversehrten sicherlich kein Ansporn, da sie zu weit von der eigenen Realität entfernt waren.[18]

Nur in wenigen Orten sollten sich Versehrtensportgruppen über das Jahr 1918 hinaus halten, und alle diese Gruppen waren nicht etwa in Turn- und Sportvereinen beheimatet, sondern sie entstanden aus anderen, ganz unterschiedlichen Gründungssituationen heraus. So gründete sich in Berlin 1922 ein „Radsportclub für Kriegs- und Zivilgeschädigte", dem Sportler angehörten, die bereits vor ihrer Verwundung oder ihrem Unfall Erfahrungen im Radsport besaßen; bemerkenswert war hier das Nebeneinander von kriegs- und zivilbeschädigten Sportlern. In München hatte sich 1920 im Rahmen des Reichsbundes für Kriegsbeschädigte ein Verein Erholungspark für Kriegsversehrte gebildet, der auf einem Reichsbundgelände einen Erholungspark mit Schwimmbad, Turngeräten, Spielstätten und Duschen einrichtete; dieser Verein, der kurz nach seiner Gründung 45 Mitglieder besaß, existiert noch heute.[19]

1919 formierte sich in Aachen eine Gruppe kriegsversehrter Schwimmer, die sich im Lazarett kennengelernt hatten, und gründete mit Unterstützung eines Kriegsopferverbandes 1926 einen eigenen Sportverein. Aus diesem Verein ging nach 1945 die VSG Aachen und später die BSG Aachen hervor. In Hannover fand sich 1920 unter dem Sportarzt und Kriegsteilnehmer Dr. Wolfgang Lettenbaur eine Gruppe zusammen, die mit Unterbrechungen bis 1939 Versehrtensport betrieb. Lettenbaur arbeitete im Versorgungsamt; im Zweiten Weltkrieg war er als Versehrtensportarzt in Lazaretten tätig. 1950 fungierte er als Mitbegründer des VSV Hannover und wurde schließlich zu einem der führenden Versehrtensportfunktionsträger auf Landes- und Bundesebene.[20] In Göppingen sammelte der kriegsversehrte Arzt Dr. Heinrich Zeller ab den späten 1920er-Jahren Kriegsbeschädigte um sich und übte mit ihnen privat in seinem Garten, wo er eine kleine Turnhalle baute. Aus diesen Anfängen, die die Jahre 1933 und 1945 überdauerten, sollte dann später die VSG Göppingen werden; ihr erster Vorsitzender wurde Heinrich Zeller.[21] Und in Leipzig fanden sich in den 1920er-Jahren im Rahmen eines Kriegsopferverbandes einige Kriegsversehrte zu einer Sportgruppe zusammen, die ebenfalls den Zweiten Weltkrieg überdauern konnte und den Leipziger Versehrtensport mitbegründete.[22]

Diese Gruppen, die möglicherweise noch um die eine oder andere bislang unbekannte Gründung ergänzt werden könnten, waren zwar klein und vereinzelt. Bemerkenswert jedoch ist, dass einige von ihnen den Kern der jeweiligen späteren Versehrtensport- bzw. Behindertensportvereine nach 1945 gebildet haben. Hätte es mehr von diesen Gruppen gegeben und hätten sie sich bereits damals überregional organisieren können, dann hätte sich der Kriegsversehrtensport nach 1945 vielleicht besser und schneller formieren können.

Damit gab es zwar bis 1933 durchaus behindertensportliche Aktivitäten, doch sie waren isoliert und traten nur in Ausnahmefällen untereinander in Verbindung. Zwar gab es Behindertensport für Kinder und Jugendliche, es existierten einzelne Blindensportvereine und Sportgruppen für Menschen mit Körperbehinderungen sowie Versehrtensportgruppen für Kriegsversehrte und zudem eine in sich abgeschottete Organisation für Sport bei gehörlosen Menschen. Trotz der Tatsache, dass die historischen Wurzeln des späteren Behindertensports von diesen Initiativen ausgingen, wird man dennoch kaum von einem Phänomen „Behindertensport“ sprechen können; es gab keine gemeinsame Dachorganisation, keine gesetzlichen Bestimmungen, keine gemeinsame finanzielle Basis, keine Maßnahmen für Bildung und Ausbildung von Übungsleitern, keinen Sportverkehr und keine oder kaum Wettkämpfe untereinander sowie keine oder kaum Anbindungen an die damals existierenden Dachorganisationen des Sports.

3. Behindertensport im Nationalsozialismus von 1933 bis 1939

Im Nationalsozialismus wurde der bis dahin unsystematisch organisierte Behindertensport systematisiert und verbindlicher organisiert. Dies mutet zunächst merkwürdig an, war doch die Politik der Nationalsozialisten in Bezug auf Menschen mit Behinderungen geprägt von der Ausgrenzung und „Ausmerzung" von körperlich und geistig „imperfekten" Menschen. Die rassenideologische und nützlichkeitsorientierte Ideologie im „Dritten Reich" bestimmte die Kategorien von „gesund" und „krank" und von „behindert" und „nichtbehindert". Mit der Aussonderungspolitik von Menschen mit Behinderungen und im Rahmen des „Gesetzes zur Verhütung erbkranken Nachwuchses" wurden etwa 400.000 von den Nationalsozialisten als erbkrank eingestufte Personen zwangssterilisiert. Im Zuge der sogenannten „Euthanasie" wurden zwischen 100.000 und 275.000 Menschen mit Behinderungen und psychischen Erkrankungen ermordet.[23]

Dennoch gab es zahlreiche Menschen mit Behinderungen, die nach 1933 gefördert, in NS-Organisationen eingegliedert oder zumindest akzeptiert wurden. Eine wichtige Rolle spielte dabei auch hier der Grad der Arbeits- und Bildungsfähigkeit sowie die NS-Ideologie der „Volksgemeinschaft". Diejenigen Menschen mit Behinderungen, die für das Regime von Nutzen waren, von den Behörden nicht als „erbkrank" eingestuft wurden und sich überdies als „rasserein" erwiesen, wurden in gewissem Maß in die Arbeits-, Freizeit- und Bildungsprozesse eingegliedert, ohne jedoch vollständig und gleichberechtigt integriert zu werden. Vor allem ab 1939, als durch die Einberufungen zur Wehrmacht ein Arbeitskräftemangel entstand, wurden zahlreiche Menschen mit Behinderungen in den Arbeitsmarkt eingegliedert und ihnen höchste Arbeitsleistungen abverlangt. Als ein bedeutsames Mittel für ihre Arbeits- und Bildungsfähigkeit wurden Leibesübungen betrachtet.

Der Sport gehörte im Nationalsozialismus ohnehin zu den wichtigsten Erziehungsmaßnahmen. In den Sportorganisationen, den Schulen, der Hitlerjugend, der Deutschen Arbeitsfront, der Wehrmacht und der SS: Überall wurde Sport intensiviert. Die nationalsozialistische Sportpolitik nutzte die körperliche Disziplinierung zur Erziehung zum militärischen Gehorsam und zur Perfektionierung der soldatischen Tugenden, für die sogenannte „Hebung der Volkskraft", d.h. als Regenerationsmittel für die arbeitende Bevölkerung, und auch zur Gewährleistung der „rassischen Reinheit". Perfekte „arische" Körper symbolisierten die Überlegenheit des nationalsozialistischen Staates.[24] So war es nur eine Frage der Zeit, bis auch der Sport bei bildungs- und arbeitsfähigen Menschen mit Behinderungen ideologisch begründet und systematisch organisiert wurde.

Der zentrale Begriff lautete dabei „gemeinschaftstüchtig". Menschen mit Behinderungen wurden dazu angehalten, ihren Beitrag zum „Volksganzen" zu leisten; so sollten die Gehörlosen genau wie „Vollhörende zu ihrem Teil dem Staate dienen können und wollen". Dabei könne Sport, wie es hieß, auch Menschen mit Körperbehinderungen „die Eingliederung in den schaffenden Volkskörper" erleichtern, so dass sie sich „einreihen in die kämpfende Gemeinschaft".[25] Rigide Körperbeherrschung galt insgesamt als gutes Mittel zur „Überwindung des Defekts" und gegen „alle ererbten oder erworbenen Schädigungen, welche die Leistungsfähigkeit beeinträchtigen" und damit als Möglichkeit, als „vollwertiges Glied in der Gemeinschaft" anerkannt zu werden: „Die Körperertüchtigung soll dazu beitragen, dass ich mich ganz meinem Führer und meinem Vaterland widme".[26]

Die Organisationen für Menschen mit Behinderungen blieben nach 1933 weitestgehend bestehen oder wurden umgruppiert und zusammengefasst. Dabei wurden ihre Organisationen, wie alle anderen Zusammenschlüsse nach 1933 auch, den Prinzipien des Nationalsozialismus unterworfen: Die Behindertenverbände wurden „gleichgeschaltet" und in NS-Organisationen umgewandelt. Jüdische, regimekritische und missliebige Führungskräfte und Mitglieder wurden entfernt und die Funktionen mit überzeugten NS-Mitgliedern oder Sympathisanten besetzt. Sogenannte „geistig unnormale" Menschen wurden ausgeschlossen und in Verwahranstalten untergebracht, wo sie später ermordet wurden.

So wurden die verschiedenen Einrichtungen der Körperbehindertenfürsorge nach 1933 zur Reichsarbeitsgemeinschaft zur Bekämpfung des Krüppeltums zusammengefasst und in die Nationalsozialistische Volkswohlfahrt (NSV) eingegliedert, wobei der Reichsbund der Körperbehinderten als Verband für Menschen mit Behinderungen bestehen blieb. Die gehörlosen Menschen wurden alle in den seit 1927 bestehenden Reichsverband der Gehörlosen Deutschlands (Regede) eingegliedert und als unselbständige Organisation ebenfalls in die Nationalsozialistische Volkswohlfahrt integriert. Dabei wurden die Vereine und Verbände des Gehörlosensports dem Deutschen (ab 1938 Nationalsozialistischen) Reichsbund für Leibesübungen als Fachschaft angegliedert, so dass sie zu abhängigen Zellen der NSDAP wurden. Auch die gleichgeschalteten Zivilblindenverbände wurden als unselbständige Organisationen in die Nationalsozialistische Volkswohlfahrt integriert. Der Bund der Kriegsblinden jedoch wurde 1936 in die Nationalsozialistische Kriegsopferversorgung (NSKOV) aufgenommen und verlor damit ebenfalls seine Selbständigkeit. Den unabhängigen Kriegsopferverbänden der Weimarer Republik war das gleiche Schicksal beschieden. Sie wurden aufgelöst und in die NSKOV eingeordnet.[27]

Mit der Gleichschaltung der Schulen für Kinder und Jugendliche mit Behinderungen (Blinden- und Gehörlosenschulen, „Krüppelanstalten“) wurden sämtliche, als nicht bildungsfähig bezeichnete Personen aus den Schulen entfernt und in abgelegene Verwahranstalten untergebracht. Die als bildungsfähig eingestuften Schülerinnen und Schüler dagegen wurden ab 1934 in die Hitlerjugend (HJ) eingegliedert. Für blinde Schülerinnen und Schüler wurde 1934 der Bann B (Blinde) und für gehörlose der Bann G (Gehörlose, Gehörgeschädigte) eingerichtet; für die körperbehinderten Kinder und Jugendlichen folgte dann 1935 der Bann K (Körperbehinderte). Die Banne wurden ähnlich der regulären Hitlerjugend in Gefolgschaften, Scharen und Unterbannen gegliedert; allerdings wurden hier größere Regionen zu Einheiten zusammengefasst als in der regulären HJ, da die Zahl der Kinder mit Behinderungen viel kleiner war. So gab es nur die Gefolgschaften (Schulen) mit einem Lehrer an der Spitze, die Unterbanne (mehrere Schulen in einem Regierungsbezirk), die von einem Oberlehrer geleitet wurden, und als obersten Gliederungsabschnitt den Bann auf Reichsebene. Der Bann G verfügte zum Beispiel reichsweit nur über etwa 6.000 Mitglieder.[28]

Die Banne B, G und K wurden alle von nichtbehinderten Führern geleitet. Ihre Mitglieder erhielten HJ-Uniformen, allerdings waren sie zur Unterscheidung zur regulären HJ mit entsprechenden Schulterklappen gekennzeichnet. Und sie besaßen alle ein eigenes Publikationsorgan. Die Banne absolvierten dieselbe politische und körperliche Schulung wie die reguläre HJ: Heimabende, an denen ideologisch politisiert wurde, Aufmärsche, Fahnenweihen und Lagerfahrten. Sport war obligatorisch, und die Mädchen und Jungen nahmen an Trainingseinheiten, Sportwettkämpfen und Bannmeisterschaften teil, und zwar zum Teil auch zusammen mit der allgemeinen HJ. Die Leibesübungen der Banne bestanden aus Wehrsport, Marschübungen, Geländespielen und Luftgewehrschießen, außerdem wurden Leichathletik und Turnspiele absolviert. Die Jugendlichen konnten zudem die Gelände- und Schießwartprüfung, das Leistungsabzeichen der HJ und die Reichsjugendsportabzeichen sowie gehörlose Jugendliche den Reichsschwimmschein erwerben. In HJ-Schulungslagern wurden Sportfeste veranstaltet und für Reichsjugendwettkämpfe trainiert. Die vom Regime als arbeitsfähig eingestuften Kinder mit Lernschwächen, die in die Hilfsschulen eingegliedert wurden, waren Mitglieder der regulären HJ und nahmen an Wehrsporttagen und am Schießsport teil.[29]

Die vordergründig gleichberechtigte HJ-Mitgliedschaft der Jungen und Mädchen mit Behinderungen rief bei vielen Jugendlichen Begeisterung hervor, da sie sich integriert und gebraucht fühlten, selbst wenn etliche von denselben Machthabern zwangssterilisiert worden waren. Die Gelände- und Sportspiele, die Uniformen und Aufmärsche, dies alles zog die Jugendlichen an, obwohl vor allem die blinden Teilnehmer des Bannes B das Marschieren in Reih und Glied als absurd empfanden.[30] Aber auch in den Bannen B, G und K galt: Wer gegen den Strom der Partei schwamm, musste schnell mit Repressalien rechnen. „Disziplinlosigkeit“, Umgang mit Ausländern oder unkonventionelles Verhalten wurden mit Ermahnungen und Drohungen geahndet.[31]

Der Sport der erwachsenen Menschen mit Behinderungen war weniger gut organisiert, allerdings gab es auch – wie gesehen – vor 1933 außer im Sport der Gehörlosen nur wenig Anknüpfungspunkte. Die Nationalsozialisten hatten 1933 im gleichgeschalteten Reichsverband der Gehörlosen Deutschlands (Regede), in dem alle Gehörlosen erfasst werden sollten, eine allgemeine Sportpflicht verankert. Der Regede war regional in Ortsgruppen gegliedert, und in diesen Gruppen wurden Turn- und Sportabteilungen installiert, um die Gehörlosen flächendeckend zum Sport zu bewegen. Dabei unterstanden die Turn- und Sportabteilungen der Ortsgruppen in sportlichen Fragen der Reichssportorganisation, in organisatorischen Angelegenheiten aber dem Regede. Zur selben Zeit jedoch bestanden auch die Gehörlosensportvereine und ihr Dachverband weiter, die ja ebenfalls den Sport der Gehörlosen vertraten. Diese Zweigleisigkeit verbreitete unter den Funktionären und Mitgliedern beträchtliche Verwirrung; ohnehin waren nur die freiwilligen Mitglieder der Sportvereine zum Sport zu bewegen. So spielten sich der Breiten- und Wettkampfsport bei den gehörlosen Menschen auch weiterhin in den Vereinen und nicht in den Ortsgruppen ab. Zu einer nennenswerten Steigerung der Zahl der Gehörlosensportler sollte es im Nationalsozialismus nicht kommen; insgesamt nahm nur etwa jeder zehnte gehörlose Mensch am Sport teil.[32]

Besser lief die Organisation des Sports im gleichgeschalteten Reichsbund der Körperbehinderten (RBK), dem in den 1930er- und 1940er-Jahren etwa ein Viertel der ca. 120.000 bis 130.000 Menschen mit Körperbehinderung angeschlossen waren. Da das „Hauptmittel für die Überwindung der Behinderung (...) selbstredend die körperliche Ertüchtigung" sei und der Sport auch hier als Mittel zur Leistungssteigerung und politischen Schulung betrachtet wurde, gehörten in den RBK-Ortsgruppen ab 1933 wöchentliche „Sportabende" zum Dauerangebot.[33] Auch im RBK wurde massiv versucht, für jedes RBK-Mitglied bis 45 Jahren Sport zur Pflicht zu machen. Dabei wurde nicht nur Wert auf Breitensport, sondern auch auf Leistungssport gelegt. So absolvierten die RBK-Mitglieder Schwimm-, Gymnastik- und Tischtenniskurse, man konnte aber auch Radfahren oder Leichtathletik und Gerätturnen betreiben. Auf öffentlichen Sportfesten zeigten die RBK-Mitglieder ihr Können. Der RBK-Sport war erfolgreich. 1937 hieß es, dass über 50% der RBK-Mitglieder bereits einen Sportkurs absolviert hätten, schließlich sollte der Körper gestählt werden, um „unser Letztes einzusetzen für unser liebes neues Deutschland." 1940 gab es in jedem Quartal etwa 20.000 Anmeldungen für die reichsweiten Sportkurse; auch hier dürften schätzungsweise 50% der RBK-Mitglieder einen Kurs besucht haben. Als (auch körperbehinderte) Kursleiter fungierten Sportler, Übungsleiter und Diplomsportlehrer. Einer der Übungsleiter war der nationalsozialistische Sportlehrer Dr. Rolf Sasse, der Bücher über Körperbehindertensport geschrieben hatte, 1960 Landesarzt für Körperbehinderte in Berlin wurde und 1964 Landesversehrtensportarzt im Berliner Versehrtensportverband werden sollte.[34]

Auch die gleichgeschaltete Massenorganisation der werktätigen Deutschen, die Deutsche Arbeitsfront (DAF), nahm sich mit ihrer Freizeitorganisation Kraft durch Freude (KdF) dem Sport der Menschen mit Körperbehinderung an. Die Aufgabe der KdF war es, ihre Mitglieder körperlich zu ertüchtigen, um optimale Wirtschaftsleistungen zu erzielen. Zu den Mitgliedern der DAF zählten auch die arbeitenden Körperbehinderten, die unter der Leitung von Sportärzten, Diplom-Sportlehrern und (körperbehinderten) Übungsleitern wöchentliche Schwimm- und Gymnastikkurse absolvieren sollten. Selbst in Kriegszeiten liefen diese Kurse weiter.[35]

Die für die Kurse notwendigen Fortbildungen konnten die Übungsleiter der RBK im Reichssportsanatorium Hohenlychen bei Templin erwerben, das von einer früheren Kinderheilstätte in eine Klinik für Sport- und Arbeitsschäden umgewandelt worden war und 1936 zu einem SS-(Sport)Sanatorium wurde. Hier fanden neben den Kursen für RBK- und KdF-Übungsleiter auch Erholungssportkurse für Menschen mit Körperbehinderungen statt. Es gibt Hinweise darauf, dass sich RBK-Mitglieder trotz subtiler Ausgrenzungen – zum Beispiel mussten sie auch in Hohenlychen auf abgesonderten Plätzen trainieren – vom Regime gebraucht und unterstützt fühlten.[36] Nach 1939 trieben in Hohenlychen dann verstärkt Kriegsversehrte Verwundetensport; zudem wurde das Sanatorium für (SS-)Sportlehrer zu einem Umschulungszentrum für Versehrtensportlehrer. Etliche dieser dort ausgebildeten Lehrer sollten nach 1945 Sportwarte in ihren Versehrtensportvereinen und Landesverbänden werden.[37]

Das NS-Regime versuchte auch, den bislang nur spärlich ausgeübten Sport der Kriegsversehrten des Ersten Weltkrieges zu systematisieren und zu intensivieren. Als geeignete Organisation bot sich die Nationalsozialistische Kriegsopferversorgung (NSKOV) an, da sie als Zwangszusammenschluss der verschiedenen Kriegsbeschädigtenverbände der Weimarer Republik nun alle Kriegsversehrten vertrat. Die NSKOV verfügte bis 1939 über etwa 1,6 Millionen Mitglieder, ihre wichtigsten Ziele waren nicht etwa die Sicherung der Versorgung und die fürsorgerische Betreuung der Kriegsbeschädigten, sondern die „Wachhaltung des Fronterlebnisses", politische Aktivitäten wie die Sammeltätigkeit für das Winterhilfswerk sowie die (Re)Militarisierung und Mobilmachung der Kriegsversehrten an der Heimatfront.[38] In diesen Zusammenhang gehörte auch die Formierung von Marsch-, Schieß- und Sportgruppen, und es gelang einigen NSKOV-Ortsgruppen tatsächlich, für die mittlerweile schon recht alten Veteranen Sportkurse zu gründen, um sie und ihre Arbeitskraft für die Mobilmachung zu missbrauchen.

So wurde 1934 in einem Berliner NSKOV-Bezirk eine Sportgruppe mit versehrten Kriegsteilnehmern gebildet, von denen bis 1936 trotz ihrer Beschädigungen 180 Mitglieder das paramilitärische SA-Sportabzeichen erwarben, dessen Disziplinen aus Leichtathletik, Schießen, Geländesport und Gepäckmarsch inklusive einer „rassischen und weltanschaulichen Schulung" bestanden.[39] 1934 wurde in Karlsruhe eine NSKOV-Sportgruppe aus 35 Kriegsversehrten gebildet, die von ehemaligen Leistungssportlern und Sportlehrern betreut wurde. Die aus früheren Sportlern und Turnern zusammengesetzte Gruppe bestand bis 1944. Nach dem Krieg ging aus ihrem Kern die 1950 gegründete VSG Karlsruhe hervor, wobei frühere NSKOV-Sportler die Leitung des Vereins übernahmen.[40] 1935 wurde in Leipzig eine Versehrtensportgruppe gegründet, die sich aus ehemaligen Reichsverbandsmitgliedern zusammensetzte, die schon früher Sport betrieben hatten. Der Leiter dieser aus ehemaligen Sportlern und guten Turnern bestehenden Gruppe war ein HJ- und KdF-Sportlehrer, was auf NSKOV-Zusammenhänge hindeuten könnte. Auch diese Gruppe überstand den Krieg und wurde 1945 zur Gründungsorganisation des Leipziger Versehrtensports.[41]

In Frankfurt begründeten 1936 der frühere erfolgreiche Leichtathlet der Eintracht Frankfurt und spätere Sportlehrer Georg Vogel, dem aufgrund einer nicht ausgeheilten Verletzung im Ersten Weltkrieg in den 1930er-Jahren ein Bein amputiert worden war und der städtische Sportlehrer Georg Gebhard eine Versehrtensportgruppe, die von der NSKOV und dem KdF unterstützt wurde. Die 60-köpfige Gruppe schwamm im Stadtbad und übte in einer Gymnastikhalle. Vogel selbst war jedoch kein Nationalsozialist. 1933 verlor er aufgrund seiner kritischen Haltung zum Regime seinen Posten in der städtischen Verwaltung und wurde von 1942–1945 im Konzentrationslager Dachau inhaftiert. Nach 1945 sammelte er die alten Versehrtensportler um sich, führte dann die ehemalige NSKOV-Sportgruppe weiter fort und begründete mit Gebhard zusammen 1951 die VSG Frankfurt.[42]

Gelegentlich entstanden Versehrtensportgruppen auch aus Eigeninitiative. In Hamburg hatten sich 1936 verschiedene Weltkriegsveteranen an die örtliche DLRG mit der Frage nach Schwimmmöglichkeiten gewandt. Die DLRG übermittelte die Anfrage an die damalige 18-jährige Frieda Steffens, die die erste Bademeisterin der Stadt Hamburg war. Frau Steffens übernahm zehn Jahre lang bis Ende des Zweiten Weltkriegs die Betreuung dieser Schwimmgruppe, die eine der Mitbegründergruppen des Hamburger Versehrtensportvereins werden sollte.[43] Auch in Essen soll auf Initiative des damaligen dortigen Turnlehrers Karl Schmidt vor dem Zweiten Weltkrieg eine Gruppe von Menschen mit Behinderungen Gymnastik und Gerätturnen absolviert haben; Schmidt selbst war dann 1955 einer der Mitbegründer der VSG Essen.[44] Zu diesen, in den 1930er-Jahren formierten Sportgruppen kamen schließlich noch diejenigen Versehrtensportvereinigungen hinzu, die, wie in Aachen, Göppingen oder Hannover, bereits in der Weimarer Republik gegründet worden waren, wobei derartige Gründungen, wie etwa die Göppinger private Versehrtensportgruppe unter Dr. Zeller, nach 1933 vom Regime offenbar besonders unterstützt worden sind.[45]

Das NS-Regime hatte mit der gezielten Förderung des Sports für blinde, gehörlose, körperbehinderte und kriegsversehrte Menschen bis 1939 relativ flächendeckend vielfältige Möglichkeiten zum Versehrtensport geschaffen oder bereits bestehende Gruppen nachhaltig unterstützt. Die zufälligen, isolierten und privaten Behindertensportinitiativen vor 1933 wurden vom NS-Regime ausgebaut und systematisiert. Es darf aber nicht vergessen werden, dass dieser Ausbau nicht etwa aus humanitären Zwecken erfolgte, sondern radikal in den Dienst des Nationalsozialismus gestellt wurde, um das Regime arbeitsökonomisch nachhaltig zu stützen und die Fürsorge systematisch zu entlasten. Dies geschah nicht nur auf Kosten derjenigen Menschen mit Behinderungen, die als angeblich erbbelastet, jüdisch oder arbeitsunfähig galten und ausgegrenzt oder ermordet wurden, sondern auch auf Kosten der Gesundheit der arbeitsfähigen Menschen mit Behinderungen, denen zugemutet wurde, um jeden gesundheitlichen Preis dem Regime körperlich und ökonomisch zur Verfügung zu stehen. Sport war hier nur Mittel zum Zweck.

4. Versehrtensport im Zweiten Weltkrieg (1939–1945)

4.1 Versehrtensport in der Wehrmacht

Der unmittelbare Vorläufer des Versehrtensports der 1950er-Jahre, der in den heutigen modernen Behindertensport münden sollte, war der Sport mit Kriegs- und Zivilversehrten während des Zweiten Weltkriegs. Hier finden sich nicht nur die Auffassungen, Techniken und Sportarten des späteren Versehrtensports wieder, sondern hier lassen sich gehäuft auch diejenigen entscheidenden personellen Kontinuitäten nachweisen, die sich vor 1933 bzw. 1939 bereits schon angedeutet hatten. Viele Funktionsträger im Versehrtensport und etliche Versehrtensportler dieser Zeit sind wichtige Stichwortgeber und Motoren des Nachkriegsversehrtensports gewesen und prägten den späteren Behindertensport in hohem Maße. Aus diesem Grund ist die Entwicklung des Sports mit Versehrten nach 1945 ohne eine nähere Betrachtung des Versehrtensports im Nationalsozialismus nicht zu verstehen und in seiner historischen Entwicklung auch nicht einschätzbar.

Bereits kurz nach Kriegsbeginn im Jahre 1939 führte das Oberkommando der Wehrmacht für die Reservelazarette flächendeckend Verwundetensport ein. Dies geschah auf Initiative des oben schon erwähnten einflussreichen Sportarztes Dr. Arthur Mallwitz, der bereits seit dem Ersten Weltkrieg Erfahrungen im Versehrtensport gesammelt hatte und auch jetzt in dem ihm zugeteilten Reservelazarett 124 Berlin-Britz (Wehrkreis 3) systematisch Verwundetensport zu betreiben begann. Aufgrund seiner sportärztlichen Überzeugung und seiner versehrtensportlichen Erfahrungen aus dem Ersten Weltkrieg drängte Mallwitz die Heeresverwaltung massiv, die allgemeine Einführung des Versehrtensports in den Reservelazaretten zu veranlassen. Die Heeressanitätsverwaltung unter ihrem Generalinspektor Dr. Siegfried Handloser, dem Vorgesetzten der Sanitätseinheiten des Heeres, der 1947 im Nürnberger NS-Ärzteprozess zu lebenslanger Haft verurteilt werden sollte, folgte Mallwitz Ratschlägen. Für das Regime war dabei von besonderem Interesse, dass Mallwitz hinsichtlich der Rehabilitation Verwundeter rein leistungs- und breitensportlich dachte und die sportlichen Prinzipien der Leistungssteigerung auf die funktionelle Nachbehandlung für Versehrte übertragen wollte, um zu mehr Effektivität zu gelangen. Dies war etwas Neues, denn zuvor hatte man im Bereich der medizinischen Nachsorge bei Menschen mit Behinderungen in der Hauptsache auf Bewegungstherapie, Rehabilitation und leichte Turnübungen gesetzt und die Leistungsprinzipien des Sports – schneller, höher, weiter – bei der Behandlung eher ignoriert.

Die Motive des Staates, eine Systematisierung des Verwundetensports zu verfolgen, lagen auch hier auf der Hand: Die potentiellen Kriegsversehrten, deren körperliche Rehabilitation im und nach dem Ersten Weltkrieg zwar punktuell betrieben, aber in seiner Gesamtheit eher vernachlässigt worden war, sollten nun grundlegend körperlich so weit wiederhergestellt werden, dass ihre Arbeitkraft auch weiterhin für das Regime von Nutzen war, und sei es auch nur für den Verwaltungs- und Schreibdienst. Vom Einsatz des Sports versprach man sich deshalb eine ganze Menge, da dessen Verwendung bei Verwundeten über die Idee der bloßen medizinischen Rehabilitation hinaus ging und aus Kranken und Verwundeten möglicherweise wieder (wenn auch eingeschränkte) Leistungsträger machen konnte.

Ein zweiter Punkt war, dass die Wiederherstellung der Versehrten zudem erhebliche Kosten sparen konnte, die man sonst für die Versorgungsrenten der Invaliden hätte ausgeben müssen. Denn das NS-Regime hatte ab 1939 aus politischen und ideologischen Gründen für Kriegsversehrte etliche kostenintensive Zulagen und Vergünstigungen geschaffen, die das Budget des Finanzministeriums stark belasteten. Darunter fielen das als „Ehrensold" ideologisch aufgewertete Versehrtengeld, das unabhängig von anderen Einkünften gezahlt wurde, und eine als „Führergabe" bezeichnete, 1941 eingeführte Alterszulage. Und dazu gehörten ferner eine kostenlose Heilbehandlung, Sterbegeld, Witwen-, Waisen- und Elternbezüge – ebenfalls ohne Anrechnung anderer Einkünfte – sowie Brautrenten. Schon 1939 wurde das Kriegsbeschädigtengesetz darüber hinaus auf mögliche zivile Kriegsopfer angewendet. Diese Leistungen wurden nicht schamvoll als staatskassenbelastende Almosen verkauft, sondern als Kriegsprämie für die militärische nationalsozialistische Elite, die „Soldaten, (aufgefasst), welche bei opferfreudigem Einsatz ihrer Gesundheit und ihres Lebens (...) einen Körperschaden erlitten haben". Da, wie es hieß, „die Wehrmacht (...) als Waffenträger der Nation ein Grundpfeiler des nationalsozialistischen Staates (ist), (und) der Dienst in der Wehrmacht (ein) Ehrendienst" war, besaß der versehrte Soldat ideologisch, sozial und finanziell einen hoch anerkannten Status. Und so war es auch im Gegenzug die „Ehrenpflicht des Staates, für seine Soldaten so zu sorgen, dass ihnen aus der Ableistung des aktiven Wehrdienstes kein Nachteil entsteht".[46] So gehörte die Einführung eines flächendeckenden Versehrtensports zwar auch zur Fürsorgemaßnahme der Verwundeten und diente als Möglichkeit zur Leistungssteigerung der Arbeitskraft der Versehrten, er wurde aber auch initiiert, um etwaige Rentenkosten in Grenzen zu halten.

Dass der nationalsozialistische Staat den Versehrtensport so prompt und systematisch in seine Kriegsvorbereitungen mit einschloss, hatte aber nicht nur etwas mit der NS-Ideologie zu tun, möglichst jeden verwendbaren Deutschen, und damit auch jeden bildungs- und arbeitsfähigen Menschen mit Behinderung, für den nationalsozialistischen Krieg zu missbrauchen. Der Versehrtensport konnte auch deshalb so rasch eingeführt werden, weil der Staat bereits 1933 aus demselben Grund den vorher lange vernachlässigten Behinderten- und Kriegsversehrtensport gefördert und systematisiert hatte und nun auf diese selbstgeschaffenen Grundlagen zurückgreifen konnte. Sport für Menschen mit Behinderungen war für das NS-Regime 1939 damit nichts Neues.

So verfügte der Heeressanitätsinspektor Generaloberstabsarzt Dr. Siegfried Handloser im November 1939 für die Reservelazarette, dass zur „Ergänzung der physikalischen Heilmaßnahmen (...) Sport und Arbeit frühzeitig in den Heilplan einzuschalten" seien. Die jeweiligen Chefärzte hatten dabei die Sportarten und den Lehrplan für die Verwundeten zu bestimmen, über den Nationalsozialistischen Reichsbund für Leibesübungen, dem damaligen Dachverband der Turn- und Sportvereine, Lehrkräfte heranzuziehen und über die Ortssportgemeinschaftsführer die Übungsstätten der lokalen Turn- und Sportvereine in den Übungsbetrieb einzubeziehen. Als geeignete Übungen wurden Geschicklichkeitsübungen, Gehschulen, Hürdengehen, Radfahren, Marschübungen, Leichtathletik und Schwimmen angesehen. Je nach regionaler Lage des Lazaretts kamen noch Wandern, Bergsteigen und Skilaufen zur Übungspalette hinzu. Rudern, Fechten, Ballspiele (Fußball, Handball), Turnen, Tischtennis und Leicht- und Schwerathletik ergänzten die Versehrtensportdisziplinen. Weitere Zusatzerlasse der nächsten Jahre regelten dann die grundsätzliche Notwendigkeit des Versehrtensports und die professionelle Vorbereitung und systematische Durchführung über entsprechende Lehrkräfte und Fortbildungen, die von Mallwitz und anderen ausgebildeten Fachkräften geleitet werden sollten. Schon 1941 konnten zumindest theoretisch beinahe sämtliche regulär betriebenen Sportarten auch als Versehrtensportvarianten durchgeführt werden.[47]

1942 wurde der Sport als Therapie in den deutschen Reservelazaretten zur Pflicht. Bis dahin gab es zwar gelegentlich Versehrtensportwettkämpfe, der „eigentliche Leistungssport trat den therapeutischen Zielen gegenüber (aber noch) in den Hintergrund". Mit fortschreitender Kriegsdauer 1942 wurden die Versehrten in den Lazaretten jedoch verstärkt dazu angehalten, nach ihrer Therapie Leistungssport zu betreiben und Wettkämpfe durchzuführen. Auch Mallwitz, der sich nach 1945 als Leistungssportkritiker hervortun sollte, befürwortete noch den Leistungssport der Versehrten im Krieg als ein „wesentliches Mittel der Anspornung", weil durch das „Leistungserlebnis im Sport der Verwundete wieder zur Gemeinschaft zurückgeführt würde. Er lernt Unterordnung". Denn, so die Zeitschrift NS-Sport, „Leistungssport und Kampfsport werden dem Versehrten die letzten Hemmungen gegenüber Nichtversehrten nehmen". Diesen Durchhalteparolen folgte dann 1944, in Anbetracht der jetzt drohenden Niederlage, die Einführung des täglichen Verwundetensports, „um die Kriegsbrauchbarkeit zu verbessern". Die Wiederherstellung des Kriegsversehrten wurde damit voll in den Dienst des „totalen Kriegs" gestellt; ob der tägliche Sport für Verwundete therapeutisch überhaupt sinnvoll war, wurde nicht gefragt. Auch Ärzte wie Mallwitz, der später zu einem wichtigen Motor des bundesdeutschen Versehrtensports werden sollte, unterstützten kritiklos auf Kosten der Verwundeten ihre Mobilmachung für den „totalen Krieg".[48]

Die flächendeckende Systematisierung des Verwundetensports erfolgte rasch auf allen Ebenen, immerhin mussten bis zum Kriegsende in 21 Wehrkreisen mit Tausenden von Lazaretten mehrere Millionen verwundeter Soldaten versorgt werden, von denen etliche auch zum Versehrtensport geführt werden sollten. So wurden zunächst einmal geeignete Lehrkräfte benötigt. Rekrutiert wurden Krankengymnastinnen, die in einer der rund zehn Ausbildungsstätten im Deutschen Reich, an denen z.T. bekannte Orthopäden wie Wolfgang Kohlrausch, Franz Schede oder Rudolf Klapp unterrichteten, eine zweijährige Ausbildung absolviert hatten. Für den Sport in den Lazaretten selbst wurden Vereinssportlehrer, Sport- und Turnlehrer und Hochschulsportlehrer engagiert, die z.T. von den Fachämtern des Nationalsozialistischen Reichsbundes für Leibesübungen (NSRL), dem damaligen Dachverband des deutschen Sports, vermittelt wurden, sowie von der DAF und von der KdF fortgebildete Sport- und Turnlehrkräfte. Etliche dieser Lehrkräfte verfügten über Sonderausbildungen zum orthopädischen Turn- und Sportlehrer oder hatten bereits vor 1939 in Einrichtungen für Menschen mit Behinderungen Sport mit Zivilbehinderten betrieben. Die mit Fortdauer des Kriegs aufgetretenen personellen Engpässe wurden mit Vereinsübungsleitern, ehemaligen (verwundeten) guten Sportlern oder Sporthilfslehrern überbrückt; später wurden Schwesternhelferinnen des Deutschen Roten Kreuzes, die zu Hilfskrankengymnastinnen umgeschult wurden, für den Sport mit Verwundeten herangezogen.[49]

Die Wehrkreise organisierten die Fortbildungen für die Sportlehrer, die in vielen Fällen von Dr. Arthur Mallwitz selbst vermittelt und geleitet wurden. Als zusätzliches Lehrpersonal stellten sich Versehrtensportärzte und bereits ausgebildete Versehrtensportlehrer zur Verfügung. Zu ihnen gehörten viele Sportlehrer und Ärzte, die nach 1945 in den Vereinen oder Verbänden den Versehrtensport aufbauen sollten, wie etwa Dr. Wolfgang Lettenbaur in Niedersachsen oder Dr. Rolf Sasse in Berlin.[50] Dabei fungierte die SS-Sportheilstätte Hohenlychen unter dem SS-Brigadeführer und Chefarzt Professor Dr. Karl Gebhardt[51] als die wohl qualifizierteste Institution für Verwundetensport und für Fortbildungen zum Versehrtensportlehrer. Die SS hatte in Hohenlychen eine sehr gut ausgebildete und hochqualifizierte Ausbildungstruppe versammelt; schließlich sollten die zur Elite gehörenden versehrten SS-Leute eine besonders gute Verwundetenfürsorge erhalten. Zum SS-Personal in Hohenlychen gehörten mit dem Gehschullehrer und Ingenieur Herbert Wenzel oder mit dem Chirurgen Dr. Richard Schulze Fachkräfte, die nach 1945 den Versehrtensport in ihren späteren Wohnorten Remscheid und Braunschweig mitbegründen und unterstützen sollten. Zu den in den Kursen der Wehrmacht und der SS ausgebildeten Sportlehrern bzw. generell zu den Versehrtensportlehrern in den zahlreichen Lazaretten zählten ebenfalls etliche spätere Mitbegründer und Funktionsträger im Versehrtensport auf Orts-, Landes- oder Bundesebene wie etwa Karl Kurt Karwath, Kurt A. Wegner und Gerhard Buchholz in Niedersachsen, Walter Hummel, Franz Speth und Hein Wilhelm Loof in Bayern, Dr. Ernst Axt, Hermann Jopski, Rudolf Siegert und Georg Gebhardt in Hessen oder Eugen Weinmann in Baden Württemberg. Schon an diesen Zusammenhängen ist die personelle Kontinuität des professionellen Versehrtensports im „Dritten Reich“ mit dem Versehrtensport nach 1945 deutlich erkennbar.[52]

Die Aus- und Fortbildungen wurden flankiert von aktuellen Forschungen und Fachpublikationen zum Thema Versehrtensport. Neben Mallwitz, der als ausgesprochener Spezialist seit den 1910er-Jahren immer wieder über Versehrtensport geschrieben und geforscht hatte, nahmen nun auch andere Fachärzte an der Diskussion teil; die meisten dieser Fachkräfte verfügten über Erfahrungen in ihren eigenen Lazaretten und berichteten darüber in einer eigenen „Schriftenreihe über ärztliche Sonderfürsorge“, die bis 1944 erschien. Neben Fürsorge-, Ausbildungs- und Eingliederungsaufgaben für die Kriegsversehrten ging es immer wieder um Erfahrungen mit Sport und Rehabilitation. Schnell entstand ein ausgesprochenes Fachforum für das Thema Versehrtensport, und es dürfte nicht verwundern, dass viele der mit Verwundetensport konfrontierten Fachärzte wie Karl Sell, Fritz Weiß oder Hans Scholtyssek nach 1945 nicht nur weiter publizierten und forschten, sondern auch als Sportärzte Funktionsträger in Versehrtensportvereinen oder -verbänden wurden.[53]

Neben den Fachpublikationen, auf die sich die Kriegsverwundetenfürsorge auch nach 1945 noch stützen sollte, begannen etliche Lazarettärzte damit, Filme zum Versehrtensport zu drehen. Sie dienten nicht nur als Lehr- und Anschauungsmaterial für Sportlehrer und Sportärzte, sondern waren auch ganz massiv mit Durchhalteparolen für Versehrte durchsetzt und gaben die tatsächliche negative Situation der Versehrten positiv verfälscht wieder. Um die angeblichen körperlichen Fortschritte und die Wiederverwendbarkeit der Versehrten durch Sport zu demonstrieren, wurden die im Film gezeigten Sport- und Turndisziplinen nicht etwa von sportlichen Anfängern, sondern von erfahrenen Spitzensportlern demonstriert, die nach ihrer Amputation immer noch mit Leichtigkeit Turnübungen oder Leichtathletik durchführen konnten. Mallwitz selbst hatte schon 1918 einen entsprechenden Lehrfilm gedreht und auch jetzt in seinem Lazarett einen mehrteiligen Film anfertigen lassen, der zwar vorwiegend Übungs- und Anschauungsmaterial enthielt, aber auch mit Abschnitten, in denen „der Einsatzbeschädigte wieder (als) vollwertiges Glied in Familie, Volk und Wirtschaft“ gezeigt wurde, massive Kriegspropaganda betrieb. Neben Mallwitz hatten auch Ärzte in anderen Wehrkreisen Filme gedreht; so ist ein professioneller Propaganda- und Lehrfilm aus einem Magdeburger Lazarett überliefert, für den der Arzt Dr. Lettenbaur verantwortlich war. Diese Filme wurden nicht nur vor ausgesuchtem Fach- und Lehrpublikum gezeigt, sondern waren ebenfalls Bestandteil der Wochenschauen für die

Bevölkerung an der Heimatfront, wo sie mit ihren Durchhalteparolen Zuversicht verbreiten sollten.[54]

Über die tatsächliche Umsetzung der Anordnungen für den Versehrtensport und die konkreten Sportmöglichkeiten vor Ort in den Lazaretten inklusive der Wettkämpfe lässt sich nur schwer etwas sagen. Die meisten Berichte über Sport bei Verwundeten sind propagandistischer Art und daher wohl eher zu positiv formuliert; nur selten wurden daher Probleme und Mängel erwähnt. Mit fortschreitender Kriegsdauer dürften aber versehrtengerechte Übungsstätten in den Lazaretten eher Mangelware gewesen sein. Mallwitz sprach 1943 davon, dass bei Raumproblemen auch Baracken, Flure oder Gänge der Krankenstationen zum Sport verwendet werden sollten. Auch schien es mit der Beschickung von geeigneter Sportbekleidung und von Sportgeräten Schwierigkeiten gegeben zu haben, so dass bereits 1942 „die kleineren Lazarette im Notfall ohne Übungsgeräte auskommen“ oder Geräte „in Werkstätten und Bastelstuben“ selbst hergestellt werden mussten. Zum Teil wurden Übungsgeräte einfach von den Heimatvereinen oder von den Schulen konfisziert.[55] Auch schien eine qualifizierte Betreuung vor Ort nicht immer gegeben zu sein, in vielen Lazaretten gab es – Zeitzeugen nach zu urteilen – noch nicht einmal eine Möglichkeit zum Verwundetensport. So berichtete etwa der spätere Vorsitzende der VSG Bielefeld, Udo Graf zu Eulenburg, dass es in dem Lazarett, in dem Eulenburg seine Verwundung auskurierte, für Verwundetensport lediglich einen unfähigen Sportlehrer gegeben habe, so dass Eulenburg als erfahrener Turner und Sportler den Lazarettsport schließlich selbst geleitet habe.[56]

4.2 Versehrtensport in der SS

Nicht nur die Wehrmacht betrieb Versehrtensport, sondern auch die SS. Dies kam nicht von ungefähr. Der Sport gehörte zum Pflichtprogramm der Waffen-SS und der Allgemeinen SS.[57] Gemäß des eigenen Eliteanspruches besaß der Sport, der im SS-Hauptamt ab 1937 ein eigenes Unteramt (Amt X für Leibesübungen) erhielt, einen ausgesprochen hohen Stellenwert. Die Dienstpläne der bewaffneten SS-Verbände sahen sieben Wochenstunden Sport vor, die der Allgemeinen SS drei Wochenstunden Sport. In den Nachwuchskaderschmieden der SS, den Junkerschulen, deren Sportlehrer z.T. hervorragende Leistungssportler waren, gehörten Sport und sportliche Wettkämpfe zu den obligatorischen Lehrfächern der (weltanschaulichen) Ausbildung. Schon ab 1932 musste jedes heiratswillige SS-Mitglied eine Bescheinigung über das erlangte SA- oder Reichssportabzeichen vorweisen. Ab 1937 konnte ohne Leistungsabzeichen überhaupt nicht mehr geheiratet werden. Ab 1939 war dann der Erwerb des Abzeichens eine wesentliche Beförderungsvoraussetzung für SS-Führer.[58] 1936 war die Quote der Sportabzeicheninhaber in der SS daher von 26,9% auf 44,7% gestiegen, 1937 erreichte sie sogar 47,3%.

Die SS war gehalten, sich an den jährlichen NS-Kampfspielen zu beteiligen und dabei zu gewinnen – wenn dieses Ziel auch oft verfehlt wurde. Die internen SS-Wettkämpfe selbst besaßen dabei mit Schießwettbewerben, Vielseitigkeitsübungen, Hindernislauf und Handgranatenziel- und -weitwurf eine paramilitärische Komponente, im Gepäckmarschwettbewerb führte die SS sogar eigene deutsche Meisterschaften durch.[59] Diese Elitehaltung wurde über ein eigenes Leistungsabzeichen – die „Germanische Leistungsrune“ – repräsentiert. Sie war für die ausländischen SS-Verbände gedacht, da ihnen die Ablegung des deutschen SA- und Reichssportabzeichens nicht gestattet war.[60] Um dieses Abzeichen zu erwerben, mussten „Kurse oder Lehrgänge auf der SS-Reichsschule (für Leibeserziehung in Prag besucht werden), die von erstklassigen Sportlehrern geleitet“ wurden. Hier soll gegen Kriegsende auch der SS-Obersturmführer Kurt A. Wegner als SS-Sportlehrer gearbeitet haben, der nach dem Krieg ein vielbeachteter Blindensportlehrer und 1954 Landesversehrtensportwart des Versehrten-Sportverbandes Niedersachsen wurde.[61]

Bei einer derartig intensiven Sportsozialisation wurde selbstverständlich auch kriegsversehrten SS-Männern der Sport nicht nur empfohlen, sondern zur Pflicht erklärt. Sportunterricht gehörte daher zum festen Bestandteil der Sonderlehrgänge für versehrte Führeranwärter an den SS-Junkerschulen.[62] Allein in der SS-Junkerschule in Bad Tölz wurden zwischen 1943 und 1945 über 1.000 versehrte SS-Führerbewerber regelmäßig im Sport unterrichtet, der eine Schwerpunktbedeutung sogar für kriegsblinde Anwärter besaß. Dabei wurden in Sportarten wie Leichtathletik, Prellball, Sitzhandball und Hallenhandball, Schwimmen, Sitzfußball, Basketball, Hallenhockey und Faustball angeblich hervorragende Leistungen erbracht. Da die Halle der Schule in Kriegszeiten eine der wenigen unzerstörten Sportstätten in der Gegend war, wurden hier Wettkämpfe zwischen den SS-Leuten und den umliegenden Wehrmachtsmannschaften und Ortsvereinen durchgeführt. 1942 fanden hier die bayerischen Leichtathletikmeisterschaften statt. Dabei trugen auch die Versehrtensportler der SS-Junkerschule in der Sporthalle Wettbewerbe gegen die Versehrten der Genesendeneinrichtungen und den Lazaretten der Umgebung aus und erhielten somit eine kontinuierliche Wettkampfpraxis.[63]

Eine weitere Möglichkeit für verwundete SS-Leute, Versehrtensport zu betreiben, bot die SS-Stammkompanie z.b.V. Da sich in SS-Genesenden-Kompanien viele versehrte ehemalige Lehrer, Berufsschullehrer und Sportlehrer befanden, wurde als Fort- und Weiterbildungsmaßnahme 1943 für sie die Stammkompanie z.b.V. ins Leben gerufen. In einer Kaserne in Hamburg-Langenhorn liefen für sie mehrere Lehrgänge, die Schriftverkehr, Maschinenschreiben, Stenographie, Geschichte, Deutsch, Mathematik und Versehrtensport beinhalteten; letzterer wurde von versehrten Sportlehrern u. a. mit dem Ziel unterrichtet, das Versehrtensportabzeichen abzulegen. Die Handball- und Fußballmannschaft (arm- und beinamputierte Soldaten) der Kompanie spielte auch gegen Mannschaften des Heeres und der Luftwaffe, die im Raum Hamburg stationiert waren. Die Absolventen erhielten nach den Lehrgängen Stellen im Innendienst, bei Ersatz-Bataillonen oder wurden an die Junkerschule Bad Tölz überwiesen.[64] Viele dieser verwundeten und sportsozialisierten SS-Leute traten nach 1945 in Versehrtensportvereine ein und prägten sie mit.

Etliche kriegsversehrte SS-Männer erhielten auch in der SS-Sportheilstätte Hohenlychen, die gleichzeitig noch Ausbildungsstätte für Versehrtensport war, eine sportliche Nachbetreuung, die besser gewesen sein dürfte als der Versehrtensport der normalen Wehrmachtssoldaten. Der gesamte Stab in Hohenlychen gehörte zur SS und besaß eine entsprechende Eliteeinstellung in Bezug auf den (Versehrten)Sport. War Hohenlychen vor dem Krieg noch eine Spezialabteilung für Sport- und Arbeitsschäden, eine Rekonvaleszenz- und Trainingsstätte u. a. auch für den deutschen Olympiakader von 1936 und eine Weiterbildungsinstitution für Sport bei Körperbehinderten gewesen, so änderte sich dies rapide mit Kriegsbeginn, als die SS in Hohenlychen immer stärker die Oberaufsicht über den Sport erhielt. Nun bildete die SS hier ihre eigenen Sportlehrer für den Kriegsversehrtensport weiter. Neben der ideologischen Schulung war selbstverständlich auch die Steigerung der Leistungsfähigkeit der Verwundeten das Ziel. Hohenlychen wurde schnell zu einer wesentlichen Keimzelle des SS-Versehrtensports.[65]

Viele spätere Funktionsträger des bundesdeutschen Versehrtensports – und auch Mitarbeiter späterer Sportheilstätten wie Hellersen bei Lüdenscheid[66] –

verfügten über eine hohenlychener Fortbildung oder gehörten selbst zum SS-Stammpersonal der berühmten Sportheilstätte. So absolvierten etwa die späteren niedersächsischen Landesversehrtensportwarte und damaligen SS-Mitglieder Karl Kurt Karwarth und Kurt A. Wegner sowie auch Gerhard Buchholz, der nicht in der SS war, eine Versehrtensportlehrerausbildung in Hohenlychen bei dem Leiter Professor Karl Gebhardt. Auch der spätere Bundesversehrtensportwart Hermann Jopski, der aktiver Leichtathlet und Handballspieler und ausgebildeter Sportlehrer war, drang während einer Fortbildung „in Hohenlychen in die Anfangsgründe (des Versehrtensports) ein". Und der spätere Mitbegründer der VSG Wuppertal und langjährige Landes- und Bundesversehrtensportwart Peter Paulus, der SS-Sportlehrer war, soll, einem Zeitzeugen nach, in Hohenlychen ebenfalls an Versehrtensportlehrgängen teilgenommen haben.[67] Dazu kamen noch die oben erwähnten ehemaligen Mitarbeiter von Hohenlychen selbst, die nach 1945 im Versehrtensport tätig waren. Durch diese personelle Kontinuität wurde die Erinnerung an die SS-Heilstätte Hohenlychen in den Vereinen und Verbänden des Versehrtensports der Bundesrepublik kontinuierlich aufrechterhalten.[68] Das ehemalige SS-Sportsanatorium Hohenlychen galt, auch in Sportärztekreisen, als Symbol für fortschrittlichen Versehrtensport und qualifizierte Versehrtensportlehrer, so dass ehemalige Hohenlychen-Absolventen – ungeachtet ihrer Beziehung zur SS – in den Vereinen beinahe automatisch einen Vertrauensvorschuss erhielten.

4.3 Das Reichsversehrtensportabzeichen

Im Laufe des Krieges wuchs der Druck auf die Heeresleitung enorm, die vielen Verwundeten für den Arbeits- und Kriegseinsatz schnell wiederherzustellen. Zugleich und aus dem selben Grund änderte sich auch der Versehrtensport. Nun wurden die Schwerpunkte zunehmend auf Leistung und Wettkampf gelegt, um die Versehrten noch rascher funktional und mental wieder einsatzfähig zu machen. Diese Entwicklung führte 1942 schließlich folgerichtig zur Schaffung eines auf Höchstleistung fußenden Versehrtensportabzeichens. Mit der Einführung dieses Abzeichens forderte die Heeresleitung, die für die Verletzungen der Soldaten ja verantwortlich war, noch den Verwundeten zusätzliche Leistungssteigerungen für den „Endsieg" ab. Der Staat gab diese politische Initiative verfälschend als angeblich persönliches Engagement des einzelnen Kriegsbeschädigten aus, der unbedingt und aus eigenem Antrieb Leistung zeigen wolle. So sprach Mallwitz verharmlosend davon, die Erlangung des Abzeichens diene allein dem „Ehrgeiz des Verwundeten", denn damit sei den Versehrten „eine sehr schöne Aufgabe gestellt, die zum fleißigem Üben anhält".[69]

Der für die Bedingungen des Versehrtensportabzeichens zuständige Kreis bestand aus Dr. Arthur Mallwitz für die Heeressanitätsinspektion, Professor Dr. Karl Gebhardt für die SS-Heilstätte Hohenlychen, Johannes Runge, dem früheren Olympiateilnehmer und jetzigen Ministerialrat für Sport, für das Kriegsministerium sowie aus Vertretern des Dachverbandes des deutschen Sports, des Nationalsozialistischen Bundes für Leibesübungen (NSRL), und des Reichssportamtes. Hinzu kam noch der Oberregierungsrat Hans Ritter von Lex, der als Jurist im Innenministerium für Sport zuständig war und der 1944 die Abzeichenbedingungen in Buchform herausgab.[70] Das Gremium vertrat nachdrücklich den Standpunkt, dass das Versehrtensportabzeichen kein „bloßer Gnadenakt und damit Ausfluß eines falschverstandenen, von den Versehrten selbst am schärfsten abgelehnten Mitleids", sondern eine „Leistungsauszeichnung" sei, die „vielseitiges und überdurchschnittliches sportliches Können" zeigen müsse, und die Versehrten daher ihr Abzeichen „nicht leichter erwerben sollten als die Unversehrten".[71]

Damit wurde subtil Druck auf die Versehrten ausgeübt, „ihren ungebrochenen Leistungs- und Kampfwillen im Versehrtensportabzeichen einmal mehr unter Beweis zu stellen". Denn der „Beschädigte (wünsche) keine Gnade", sondern fordere angeblich „die Respektierung seines Strebens, als vollwertiges Glied in der Volksgemeinschaft zu stehen". Da für ihn „Bezeichnungen wie Krüppel und Invalide (…) schwere Beleidigungen" seien, wolle er „nicht zu den Leuten gehören, die die Hand aufmachen".[72] Denn es „handelt sich ja bei den Kriegsversehrten gerade um eine Auslese der besten Männer, die vollwertig wieder der Lebensfreude und ihren Arbeitsplätzen zuzuführen eine herrliche Aufgabe ist".[73]

Es waren wohl manipulierende Bemerkungen dieser Art, die viele Kriegsversehrte positiv für die NS-Zeit eingenommen haben. Und es war diese NS-Politik, die die Kriegsversehrten bis weit nach 1945 politisch nachhaltig geprägt hat und vielen von ihnen das Gefühl gab, dass der Kriegsversehrte vom „Podest des Ehrenbürgers der Nation", der er in der Zeit des Nationalsozialismus angeblich gewesen war, in der Nachkriegszeit „vielfach in die Sphäre eines bemitleideten Krüppels (…) hinabgestoßen worden" sei.[74]

Das Versehrtensportabzeichen konnte sowohl von Kriegsversehrten beider Weltkriege als auch von zivilgeschädigten Körperbehinderten erworben werden, da das Sportabzeichen die Einsatz- und Arbeitsfähigkeit der Menschen mit Behinderungen allgemein fördern sollte. So strebten auch Zivilbehinderte den Erwerb des Abzeichens ungeachtet der enorm hohen Anforderungen an, die höher waren als die Bedingungen für die Erlangung des Versehrtensportabzeichens nach 1945. Nach §7 der Anordnung zum Erwerb des Sportabzeichens konnten daher „kriegsversehrte und sonstige körperbehinderte Männer (...) das Versehrtensportabzeichen (erwerben), wenn sie trotz einer erheblichen und dauernden Leistungsbeeinträchtigung eine fünffache, verschiedenartige, die durchschnittliche Leistungshöhe gleichartiger Versehrter übersteigende Gutleistung unter angleichenden Bedingungen nachweisen". Damit sollten sie, und dies zeigt wieder die politische Instrumentalisierung der Versehrten, „zum eigenen Besten und zum Nutzen der Volkskraft zu einer Steigerung ihrer gesammten (sic!) Leistungsfähigkeit" gelangen.[75]

Es gibt jedoch Hinweise darauf, dass die Leistungsabzeichen vorwiegend nur von denjenigen Männern abgelegt wurden, die bereits vor ihrer Verwundung über sportliche Erfahrungen verfügt hatten. Zumindest fiel es diesen Sportlern leichter. So zeigte es sich in einem Freiburger Lazarett, dass „sämtliche Übungen mit sehr geringen Ausnahmen (frühere Leistungssportler!) nur nach eingehendem Training erfüllt werden konnten".[76]

Die Männer mit körperlicher Behinderung – für Frauen war die Erlangung des Abzeichens nicht vorgesehen – wurden in die Kategorien A (blind) und (körperbehindert) eingestuft, wobei letztere noch differenzierter in Fuß-, Zehen-, Unterschenkel-, Oberschenkel-, Unterarm- und Oberarmamputierte sowie Gliedmaßenversteifte unterteilt wurden. Zur Kategorie B gehörten alle, die in Gruppe A nicht berücksichtigt worden waren, wie Gelähmte oder Hirngeschädigte. Dabei galten für blinde Sportler beim Laufen, Werfen (inklusive Keulenwerfen), Marschieren, Turnen und Schwimmen die Mindestanforderungen des herkömmlichen Reichssportabzeichens, beim Hoch- und Weitsprung, die aus dem Stand durchgeführt werden sollten, galten geringere Anforderungen. Die Körperbehinderten mussten ebenso wie die Absolventen des herkömmlichen Reichssportabzeichens alle den DLRG-Grundschein vorweisen. Neben den leistungsmäßig relativ hoch angesetzten Leistungsprüfungen im Laufen und Hüpfen, Werfen und Stoßen, Radfahren und Wassersport,

Gerätturnen und Skilaufen waren, wie beim Reichssportabzeichen auch, paramilitärische Disziplinen wie Klein- und Großkaliberschießen, Keulenwerfen, Dauermarsch (5 Kilometer mit Prothese), Kraftradfahren und Segelfliegen vorgesehen. Der Versehrte wurde damit zu erheblichen Leistungen herausgefordert; dies zeigt einmal mehr den totalen Einbezug jedes bildungs- und arbeitsfähigen Menschen mit Behinderungen in die Belange des NS-Staates.[77]

Das Reichsversehrtensportabzeichen wurde bis April 1945 über 10.000 Mal verliehen. Angesichts der problematischen Kriegssituation ab 1943, den häufig unzulänglichen Übungsmöglichkeiten sowie den ausgesprochen hohen Leistungsanforderungen ist dies eine hohe Zahl. Möglicherweise liegt dies auch an den flächendeckenden Möglichkeiten, die Prüfung für das Reichsversehrtenportabzeichen abzulegen. Es konnte in Reserve-Lazaretten und Genesendenheimen, Heeresverwaltungsschulen, SS-Junkerschulen und Stammkompanien der SS und HJ-Ordensburgen sowie in Turn- und Sportvereinen, in der DLRG, in Betriebssportvereinen der KdF und Hochschulsportinstituten erworben werden. Darüber hinaus scheint es auch ein SA-Wehrsportabzeichen für versehrte Soldaten gegeben zu haben, das in Organisationseinheiten der SA, aber auch in Reserve-Lazaretten erlangt werden konnte.[78] Als Prüfer fungierten Sportoffiziere, Sportärzte und Sanitätsoffiziere, Stadt- und Kreissportlehrer bzw. entsprechende zivile und militärische Sportabzeichenobleute, Hochschulsportlehrer und Turn- und Sportlehrer; häufig finden sich diese Prüfer nach 1945 in entsprechenden Positionen im (Versehrten)Sport wieder.[79] Normalerweise wurde in jeder Versehrtensportgruppe der Erwerb des Sportabzeichens automatisch mittrainiert, sei es nun in einer SS-Junkerschule, einem Hochschulinstitut für Sport oder einer SS-Stammkompanie.[80] Zahlreiche Absolventen des Versehrtensportabzeichens waren so motiviert, dass sie nach 1945 weiter in Versehrtensportgruppen trainieren und Sport treiben sollten.

Neben dem Lazarettsport mit seinen Möglichkeiten zum Training für das Abzeichen gab es auch entsprechende Initiativen an der „Heimatfront“. So wurde bereits Ende 1942 auf dem Reichssportfeld in Berlin unter der Aufsicht eines Stabsarztes eine Sportgemeinschaft für Kriegsversehrte und Körperbehinderte gebildet. Sie umfasste Kriegsversehrte des Ersten und Zweiten Weltkriegs, die „gemeinsam mit Opfern der Arbeit aus Betrieben, Versehrten nach Verkehrsunfällen und nach schwierigen Sportunfällen nach abgeschlossener Behandlung“ mehrmals wöchentlich zusammenkamen, um als „Übungsgemeinschaft für Versehrtensport" für das Ablegen der Prüfung zu trainieren. Diese Institution blieb bis April 1945 bestehen.[81] Auch in anderen Großstädten wie Düsseldorf, Hamburg oder Hannover formierten sich Sportgemeinschaften, die für die Erlangung des Versehrtensportabzeichens übten. So gründete in Düsseldorf der damalige Oberbürgermeister 1943 offiziell eine „Kriegsversehrten-Sportarbeitsgemeinschaft", an der „auch alle körperbehinderten Männer teilnehmen" konnten. In Hamburg traf sich im selben Jahr im Sternschanzenpark eine Versehrtensportgruppe, die unter der Anleitung des Amts für Leibesübungen, der NSKOV und der KdF für das Sportabzeichen übte. In Hannover trainierten ab 1943 mehrere hundert Kriegs- und Zivilversehrte unter der Aufsicht des Stadtturnrats und des Turnklubbs Hannover für den Erwerb des Versehrtensportabzeichens. In Augsburg gab es unter der Belegschaft der kriegswichtigen Messerschmidt-Werke Sportgruppen mit Kriegs- und Zivilversehrten; hier übte der spätere Bayerische Landesversehrtensportwart Walter Hummel als Sportlehrer mit den Versehrten und führte dabei auch Versehrtensportfeste durch.

Bei der Mehrzahl der Übenden in diesen Sportgruppen dürfte es sich um Versehrte mit sportlichen Vorerfahrungen gehandelt haben. In Hannover trainierte z. B. der oberschenkelamputierte ehemalige Olympiasieger im Wasserball von 1928 und Olympiazweite von 1932 und 1936, Fritz Gunst, mit. Bis April 1943 – also knapp ein halbes Jahr nach der Einführung – waren reichsweit bereits über 800 Sportabzeichen an Zivil- und Kriegsversehrte verliehen worden.[82]

Eine Fallbeispieluntersuchung, die 1943 an einer Gruppe Kriegsversehrter im Sportkreis Fulda angestellt wurde, zeigt dabei die näheren Umstände des Trainings und der Abnahme des Abzeichens. So meldeten sich zwischen Juni und September 1943 54 Männer mit Körperbehinderung, darunter zwei Zivilpersonen, zur Abnahme des Versehrtensportabzeichens an. Nur die wenigsten von ihnen waren amputiert, der überwiegende Teil litt an einer Versteifung eines Körperteils. Von diesen 54 Bewerbern schieden 29 aus, da sie die obligatorischen Mindestleistungsbedingungen nicht erfüllten; so konnten 14 von ihnen nicht schwimmen. Von den restlichen 25 Männern, unter denen sich auch ein SS-Oberscharführer befand, waren 22 Bewerber zwischen 1914 und 1924 geboren, zwei weitere zwischen 1912 und 1915 und einer im Jahre 1890. Trainiert wurde zweimal die Woche außerhalb der Dienstzeit in den Genesenden-Kompanien bzw. der Behandlungszeit in den Lazaretten. Neben dem Begleitarzt standen ein NSRL-Vertreter des Kreises Fulda und ein selbst kriegsversehrter Übungsleiter zur Verfügung, der bereits das Abzeichen absolviert hatte. Nach vier Monaten fanden die Prüfungen statt, die auch alle Bewerber erfolgreich absolvieren konnten.[83]

Neben diesen städtischen und behördlichen Initiativen nahmen sich auch die Turn- und Sportvereine der Kriegsversehrten an; auch hier konnte man das Versehrtensportabzeichen absolvieren. In etlichen Vereinen gab es schon immer mal wieder Kriegsversehrte des Ersten Weltkriegs, die sich auch mit ihrer Behinderung in das Vereinssportleben eingefügt hatten. So plante die NSKOV, dass es „in jedem Sportverein künftig Gruppen geben (soll), in die sich die Kriegsversehrten mit verschiedenartigen Verwundungen einfügen können“. Denn, so hieß es, es gebe „keine Verwundung, für die nicht geeignete Sportarten bis an das Lebensende Erholung und Freude zu geben vermögen.“ Die Vereine warteten angeblich nur darauf, dass sich „die kriegsversehrten Kameraden bei ihnen zum Sport melden“, denn „unsere Verwundeten werden dort ebenso wie in jeder anderen Lebensgemeinschaft der Deutschen die Ehrenbürger der Nation sein“. Ob derartige ideologische Fahnenappelle die Realität in den Turn- und Sportvereinen tatsächlich auch adäquat widerspiegelten, ist kaum zu ermitteln. Zumindest in einzelnen Turn- und Sportvereinen lassen sich aber dennoch Versehrtensportgruppen nachweisen, die auch für das Versehrtensportabzeichen trainiert haben. So gab es etwa im Turnklubb Hannover 1943 eine Sportgruppe mit Versehrten, von denen im Herbst desselben Jahres 17 Sportler ihr Abzeichen absolviert haben.[84]

Schließlich gab es an verschiedenen Hochschulstandorten für kriegs- und zivilversehrte Studenten die Gelegenheit, Versehrtensport zu betreiben und das Versehrtensportabzeichen zu absolvieren. Dies war auch schon deshalb notwendig, weil mittlerweile eine hohe Zahl der immatrikulierten Männer kriegsversehrt war und es für alle Studenten eine Sportpflicht gab. Nun waren vor allem die Institute für Leibesübungen gefordert. In Hannover wurde es „den Studierenden der Techn. Hochschule und der Tierärztlichen Hochschule (…) freigestellt, im Hochschulinstitut für Leibesübungen eine eigene Übungsgemeinschaft unter verantwortlicher Leitung des Herrn Regierungsrats Vogel zu bilden“.[85] In Jena trainierten ab Oktober 1943 im Institut für Leibesübungen schon über 100 kriegsversehrte Studenten.[86] Im Institut für Leibesübungen an der Technischen Hochschule Braunschweig wurde auch auf „die Notwendigkeit systematischer Leibeserziehung für die versehrten Studierenden“ hingewiesen und daher bereits im Wintersemester 1941/42 einige Gruppen gegründet. Für die zivil- und kriegsversehrten Studenten wurden zwei Übungsstunden wöchentlich festgelegt, wobei die Anfängergruppe Schwimmen lernte und diejenigen, „die den Wunsch hatten, das Versehrtensportabzeichen zu erlangen“, sowohl Schwimm- als auch Sporttraining erhielten. Bis zum Sommer 1944 sei „die Zahl der studierenden Versehrten weiter gestiegen“ und damit auch ein „größerer Zugang“ zum Sport zu verzeichnen gewesen; allerdings geben die Berichte keine Zahlen an.[87]

Zwar sollte das Reichsversehrtensportabzeichen isoliert und nur im Rahmen einer entsprechenden Versehrtengruppe trainiert werden, doch wurde ganz allgemein davon ausgegangen, dass Kriegsversehrtensport – nicht ziviler Behindertensport! – nach dem Krieg im Rahmen „heimatlicher Sportvereine oder in der KdF-Sportgemeinschaft“ weiter betrieben werden sollte, um den Kriegsversehrten, der ja nicht als „Behinderter“ im engeren Sinne, sondern als „verhinderter Gesunder“ galt, nicht von der rassisch begründeten „NS-Volksgemeinschaft“ abzusondern. Entsprechende Diskussionen um den künftigen Ort des Versehrtensports endeten in der Regel mit der Ablehnung der Bildung eigener Versehrtensportvereine zugunsten einer Eingliederung der Kriegsversehrten in herkömmliche Turn- und Sportvereine.[88]

Genau dies war die Tendenz schon nach 1918, und es sollte zunächst auch die Tendenz nach 1945 zumindest in der Bundesrepublik Deutschland werden. Hätte sich die Eingliederung der Versehrten in herkömmliche Turn- und Sportvereine nach 1945 tatsächlich auch durchgesetzt, wäre möglicherweise, genau wie nach 1918 auch schon, überhaupt keine autarke Behindertensportbewegung entstanden.

Der NS-Versehrtensport war – zumindest auf dem Papier – hervorragend organisiert, und er versuchte mit der NS-eigenen Totalität, jeden Versehrten zum Sport zu bewegen. Dahinter standen jedoch nicht Humanitätsdenken, Gesundheitsideen oder gar körperliche Selbstbestimmungsvorstellungen, sondern einzig und allein das Ziel der möglichst schnellen, effektiven und reibungslosen Wiedereingliederung der kriegsversehrten Soldaten in die Arbeitswelt und den (eingeschränkten) Kriegsdienst; gerade während des Kriegs benötigte das

NS-Regime jeden arbeits- und leistungsfähigen Menschen für den vermeintlichen „Endsieg“. In diesem Sinne wurden auch die Menschen mit Behinderungen vom Staat instrumentalisiert und benutzt, und der staatlich geförderte Versehrtensport hatte an diesem politischen Missbrauch seinen Anteil.

II Die Entwicklung des Versehrten- und Behindertensports in den westdeutschen Besatzungszonen und in der Bundesrepublik Deutschland (1945–1990)

1. Die Situation der Menschen mit Behinderungen in den ersten Nachkriegsjahren und in der frühen Bundesrepublik

Nach Beendigung des Zweiten Weltkrieges stand die Bewältigung der Kriegsfolgen im besetzten Deutschland – neben der Entnazifizierung und der Versorgung der Opfer des Nationalsozialismus – für die Alliierten an erster Stelle. Einer der dringendsten Probleme betraf dabei die Frage der Kriegsopferversorgung, ging doch die Zahl der mittelbar und unmittelbar Betroffenen, unter denen sich noch Flüchtlinge und Vertriebene sowie Internierte und Kriegsgefangene befanden, in die Millionen. Die Frage, wie viele Personen nach Kriegsende und in den ersten Nachkriegsjahren als kriegsversehrt oder auch als zivilbeschädigt galten und wer von ihnen im Rahmen der Kriegsopferversorgung und der zivilen Fürsorgeeinrichtungen betreut wurde, ist nur schwer zu beantworten. Dies lag neben fehlenden bzw. von unterschiedlichen Prämissen ausgehenden Statistiken auch daran, dass im Laufe der ersten Jahre die Zahlen aufgrund von zwischenzeitlichen Todesfällen, vermehrt heimkehrenden (versehrten) Soldaten und neu- und nachbeantragenden Kriegsopfern schwankten. Im Ganzen jedoch war die Zahl von 1945 bis 1952 stark angestiegen; danach scheint sie allmählich gesunken zu sein.

Zu den unmittelbar von der Kriegsopferversorgung betroffenen Personen gehörten kriegsversehrte Rentenempfänger, Leichtbeschädigte, Witwen und Hinterbliebene, nicht antragsberechtigte Angehörige und weitere, von den Kriegsversehrten wirtschaftlich abhängige Personen. Ihre Zahl wird auf etwa ein Fünftel der damaligen Bevölkerung geschätzt, d.h. auf etwa acht Millionen Menschen. Dabei rechnete man 1952, als die meisten Gefangenen heimgekehrt waren, zum engeren Kreis der Kriegsbeschädigten etwa 4,36 Millionen anerkannte Kriegsopfer, d.h. Leistungsempfänger, sowie weitere 740.000 Personen, deren Anträge bislang noch unerledigt waren. Unter diesen Gruppen befanden sich 1950 etwa 675.000 schwerbeschädigte Personen – darunter

22.000 Frauen sowie 34.000 durch Kriegseinwirkung versehrte Zivilpersonen – mit einer Minderung der Erwerbsfähigkeit (MdE) von 50% und mehr. Zu dieser Zahl kamen dann noch, zumindest im Jahr 1950, etwa 350.000 Zivilversehrte hinzu, allerdings waren nur diejenigen erfasst, die jünger als 65 Jahre waren und eine MdE von 50% und mehr besaßen. 1957 wurde die Zahl der Menschen mit Körperbehinderungen mit oder ohne amtlicher Anerkennung grob auf etwa drei Millionen geschätzt; unter den amtlich anerkannten Menschen mit Behinderungen befanden sich 1,4 Millionen Kriegsbeschädigte und 458.000 Opfer von Berufskrankheiten oder Berufsunfällen. Dazu zählte man 350.000 weitere Menschen mit Körperbehinderungen und 181.000 Menschen mit angeborenen Leiden; davon waren lediglich etwa 200.000 Menschen mit ihren Behinderungen amtlich anerkannt.[1]

Die Alliierten und die dann 1949 gegründete Bundesrepublik standen dabei vor mehreren ineinandergreifenden Problemen der Kriegsopferversorgung. Die Nationalsozialistische Kriegsopferversorgung (NSKOV) war aufgrund ihrer Auflösung bzw. ihres Verbotes durch die Alliierten nicht mehr für die Kriegsopfer zuständig. Das in der NS-Zeit geltende Reichsfürsorgegesetz wurde zusammen mit dem Wehrmachtsfürsorge- und Versorgungsgesetz daher mit dem Kontrollratsgesetz Nr. 34 vom 20. August 1946 aufgehoben. Die Alliierten und die Bundesrepublik mussten dann neue Regelungen für die Definition und Anerkennung von Kriegsopfern und Zivilbeschädigten aufstellen und neue Maßstäbe für die Berechnung der Renten und Fürsorgegelder entwerfen sowie eine solide Finanzierung finden. Die Kriegsopferversorgung war ausgesprochen teuer. Im Jahre 1950 ergab die Auszahlung an Kriegsbeschädigte und Kriegshinterbliebene für das gesamte Gebiet der Bundesrepublik eine Summe von 1,6 Milliarden Mark.[2]

Die Leistungsentwicklung in den vier Besatzungszonen gestaltete sich in der jeweiligen Höhe und Art der Unterstützung zunächst unterschiedlich. Allerdings stellte ihr übereinstimmend niedriges Niveau letztendlich eine gemeinsame Reaktion der Alliierten auf die materielle Sonderstellung der dekorierten Kriegsversehrten im nationalsozialistischen Staat dar. Das NS-Regime hatte, wie bereits erwähnt, aus politischen und ideologischen Gründen ab 1939 für Kriegsversehrte und zivile Kriegsopfer etliche Zulagen und hohe Vergünstigungen geschaffen. Ihr Ziel war die Wiederherstellung der Wehrhaftigkeit und der Arbeitsfähigkeit; und dies wurde auch finanziell konsequent umgesetzt.[3]

Die Alliierten interpretierten die militaristische und ideologische Grundeinstellung der NS-Kriegsopferversorgung nun allerdings als „Kausalzusammenhang von Kriegsverletzung und Unterstützung des Nationalsozialismus"; die Kriegsopferfrage wurde von den Alliierten mit der Frage nach der Kriegsschuld verkoppelt. Sie bemühten sich daher, die in der NS-Zeit erworbene – und auch von zahlreichen Wehrmachtssoldaten so empfundene – Sonderstellung der Kriegsversehrten aufzubrechen. Dies stieß auf Widerstand, denn die Kriegsversehrten beharrten auch weiterhin auf die gesellschaftliche und materielle Anerkennung ihres Schicksals.

Die Alliierten reagierten auf die Erwartungen der versehrten Soldaten mit einer Verringerung und Entmilitarisierung der Leistung. Nach Kriegsende wurde mit der Aufhebung der Versorgungsgesetze die Auszahlung der Militärrenten gestoppt, so dass vorerst keine weiteren Zahlungen erfolgen konnten, wobei in der sowjetischen Zone sogar bis 1947 keine Leistungen an Kriegsversehrte ausgezahlt wurden. Nur in der französischen Zone blieben das Reichsversorgungsgesetz und das Wehrmachtsfürsorgegesetz vorerst bestehen, so dass die Versorgung der Kriegsversehrten hier deutlich besser blieb als in den anderen Zonen.

Die Kriegsversehrten der britischen und amerikanischen Zone aber wurden – wie auch die Menschen mit Zivilbeschädigungen – 1945 in die zivile Sozialversicherung übernommen, die nach den Prinzipien der Unfallversicherung geregelt war. Die kriegsversehrten Soldaten verloren somit ihren Behindertensonderstatus als Kriegsbeschädigte. Wie auch die zivilbeschädigten Menschen erhielten sie ab 1945 bzw. mit der amtlichen Neuregelung 1946/47 lediglich eine schmale Rente von 40 Reichsmark pro Monat, die in ihrer geringen Höhe mit der üppigeren NS-Kriegsrente nicht vergleichbar war, wobei die Heilbehandlung weiterhin gewährleistet blieb. Im Gegensatz zur NS-Zeit wurden zusätzliche Einkünfte und Vermögen jedoch auf die Leistungen angerechnet. Mit dieser zeitweiligen Gleichsetzung von Zivil- und Kriegsversehrten wurde der Militarisierung und Bevorzugung der Kriegsversehrten gegenüber den Zivilbeschädigten entgegen gearbeitet. In diesen ersten Jahren der Besatzung wurde damit die Grundlage der Versorgungsberechnung bzw. des Versorgungsanspruches nicht etwa an der Ursache des Schadens bemessen – wie in den Jahrzehnten zuvor –, sondern an der Schwere des Schadens, egal ob die Behinderung zivil- oder kriegsbedingt war.[4]

Nach der Gründung der englisch-amerikanischen Bizone weichten jedoch die Alliierten die Gleichbehandlung von Zivil- und Kriegsbeschädigten allmählich auf. Im Mai 1947 wurde mit der Sozialversicherungsdirektive eine separate Kriegsopferregelung geschaffen, die bis zur Verabschiedung des Bundesversorgungsgesetzes 1950 maßgeblich bleiben sollte. Auch die von der Fürsorge bis dahin ausgeschlossenen versehrten Berufssoldaten wurden nun in die Regelung eingebunden.[5] Für die Rentenberechnung wurde jetzt ein einheitlich (geringer) fiktiver Jahresarbeitsverdienst von 1.800 Reichsmark angenommen, der zu einer monatlichen Höchstrente von 100 Reichsmark führen konnte. Diese Rente war insgesamt jedoch immer noch geringer als in der NS-Zeit.[6]

Die Gewährung von Versorgungsleistungen wurde anfangs noch von der jeweiligen politischen Belastung des Antragstellers abhängig gemacht; schließlich hatten die Alliierten zunächst noch eine ausgesprochen rigide antimilitaristische Haltung gegenüber dem besetzten Deutschland eingenommen. Aber diese Haltung wurde im Lauf der Zeit schwächer und entfiel schließlich völlig. Zum einen hatte das damit zu tun, dass man einen großen Teil der deutschen Bevölkerung nicht gegen sich aufbringen wollte, zum anderen hatten die Westalliierten schon früh die politische Einbindung Westdeutschlands in das atlantische Bündnissystem im Auge. Dazu gehörte auch eine spätere deutsche Wiederbewaffnung, und hierfür war man auf die Mitarbeit der ehemaligen Soldaten und Offiziere des „Dritten Reiches“ angewiesen.

Doch zunächst ging man noch rigide vor. Die Sozialversicherungsdirektive Nr. 1 der alliierten Militärverwaltung verweigerte im August 1945 allen ehemaligen Mitgliedern von NS-Organisationen die Versorgungsrenten. Dies galt auch für die in den Nürnberger Prozessen als verbrecherische Organisation eingestufte Waffen-SS. Doch schon im Mai 1947 sah die Direktive Nr. 27 vor, dass nur noch NSDAP-Mitglieder oder an die NSDAP angeschlossenen Verbandsmitglieder nicht anspruchsberechtigt sind. Doch am 5. Juli 1947 wurde der Kreis der Versorgungsberechtigten bereits erweitert. Nun erhielten auch diejenigen Personen Leistungen, die im militärähnlichen Dienst – Wehrertüchtigungslagerdienst, Organisation Todt, Reichsarbeitsdienst, Technische Nothilfe, Krankenpflege, Luftschutzpolizei u. ä. – gestanden hatten. Außerdem wurden auch den als „nicht freiwillig der Waffen-SS beigetretenen“ bezeichneten Personen Leistungen gewährt. Die Auslegung dieser Regel wurde großzügig gefasst, als „Beitrittszwang“ bezeichnete man auch die ab der Kriegsmitte zunehmenden Versetzungen von der Allgemeinen SS und der Polizei zur Waffen-SS. Zwar erhielten mit der Anordnung vom 30.1.1948 die freiwilligen Angehörigen der Waffen-SS damit immer noch keine Leistungen für Gesundheitsschädigungen durch Kriegseinwirkung. Doch dies änderte sich bereits im Juli desselben Jahres. Jetzt wurden auch freiwillig eingetretene Waffen-SS-Leute bis zum Unterscharführer in die Versorgung mit aufgenommen, wobei die höheren Ränge der versehrten freiwilligen Waffen-SS-Angehörigen lediglich eine Heilbehandlung erhalten konnten.

1949 wurde schließlich auch diese Einschränkung gekappt. Nun waren nur noch die als „Hauptschuldige" oder „Belastete" in die Gruppen 1 und 2 der Direktive des Kontrollrats Nr. 38 vom 12.10.1946 eingestuften Personen mit Kriegsbeschädigung von den Leistungen ausgeschlossen. Das Kriterium der politischen Belastung verlor in Bezug auf die Versorgung Kriegsversehrter unter den Westalliierten damit immer mehr an Bedeutung.[7]

Die von den Alliierten eingeschlagene Entwicklung in der Versorgungs- und Kriegsopferpolitik sollte sich auch in der 1949 gegründeten Bundesrepublik weiter fortsetzen. Auch die zuständigen Gremien der Bundesrepublik sahen eine künftige Eingliederung der Kriegsversehrten in die Sozialversicherung als ungeeignet an und führten die von den Alliierten allmählich begonnene Politik der bevorzugten Kriegsopferfürsorge weiter fort. Auch hierfür war ein wesentlicher Grund der „Kalte Krieg" bzw. die Wiederbewaffnung und Remilitarisierung der Bundesrepublik, die zu einer Aufwertung der früheren Wehrmacht führten: „Der Zusammenhang zwischen einer angemessenen Versorgung der Kriegsopfer und der Akzeptanz der neuen Bundeswehr war allen Beteiligten stets gegenwärtig". Denn es gab politisch keine Alternative zur Gleichbehandlung der Kriegsopfer bzw. der Kriegsversehrten und der künftigen Wehrdienstbeschädigten der neuen Bundeswehr. So schloss sich der Entwurf der Bundesregierung zum Bundesversorgungsgesetz, das 1950 in Kraft trat, auch an das Reichsversorgungsgesetz des NS-Regimes an. Als Entschädigungstatbestand galt nun die „Schädigung durch militärähnlichen Dienst und durch unmittelbare Kriegseinwirkung", wobei jetzt auch durch „Kriegseinwirkung geschädigte Zivilisten" einbezogen wurden. Damit stellte man die Schadensursache als Kriterium für die Bewilligung bzw. für die Höhe der Fürsorge wieder über die Schwere des Schadens. Dadurch wurde der Unterschied in der Versorgung bzw. der Anerkennung zwischen Kriegsversehrten und Zivilbehinderten grundsätzlich wieder hergestellt. In diesen Zusammenhang gehört auch die, historisch gesehen unzulässige, Anerkennung der Waffen-SS als Formation der Reichswehr, weil man der Ansicht war, dass auch die Angehörigen der Waffen-SS versorgt werden müssten. Zudem wurden nun auch die als politisch Belastete eingestuften Kriegsversehrten in die Versorgung einbezogen, so dass 1950 sämtliche, von den Alliierten eingeführten Anordnungen und Restriktiven in Bezug auf die Fürsorge und Versorgung der Kriegsopfer und Kriegsbeschädigten wieder rückgängig gemacht worden waren.[8]

Das 1950 in Kraft getretene Bundesversorgungsgesetz vereinheitlichte damit erstmalig die in den drei Westzonen zuvor unterschiedlich ausbezahlten Renten und regelte die Übernahme von Heilbehandlungen sowie die Arbeits- und Berufsförderungen der Kriegsbeschädigten und Kriegsopfer. Das Grundproblem blieb die ungesicherte Finanzierung. So hatte der damalige Bundeskanzler Konrad Adenauer schon 1949 die Parole ausgegeben, den Kriegsopfern lediglich einen „ausreichenden Unterhalt" zu gewähren. Die Versorgung sollte so bemessen sein, dass sie, abgesehen von erwerbsunfähigen Schwerbeschädigten, nicht etwa eine lebenslange Rente garantierte, sondern einen Anreiz zur Arbeitsaufnahme darstellte. So sah die Gesetzgebung eine niedrigere Grundrente vor, die ab einer MdE von 30% gestaffelt nach Schwere der Beschädigung einkommensunabhängig bezahlt wurde. Darüber hinaus wurde eine einkommensabhängige Ausgleichsrente gewährt, die nur gezahlt wurde, wenn das Einkommen einen bestimmten Betrag nicht überstieg. Um diese Vorgabe sozial abzufedern, waren jedoch zahlreiche großzügige Anrechnungsvorschriften für die Ausgleichsrente vorgesehen. In den folgenden Jahren kam es mehrfach zu Erhöhungen der Kriegsopferrenten; neben der Grundrente wurden die Ausgleichsrenten, die anzurechnenden Einkommensgrenzen und die Pflegezulage erhöht. Zwar klagten die an der Gesetzgebung beteiligten Parteien und Organisationen stets über die angeblich unzureichenden Zahlungen, wobei die Zahl der Empfänger der Ausgleichsrenten schon in den 1950er-Jahren zu sinken begann. Dennoch war der politische Wille, die Leistungen zu verbessern, grundsätzlich vorhanden, sie blieben lediglich durch Rücksichten auf den Haushalt der Bundesregierung eingeschränkt.[9]

In dem 1950 in Kraft getretenen Bundesversorgungsgesetz wurde auch die Heilbehandlung der Kriegsversehrten geregelt. Wurden dabei anfangs nur reine Heilmaßnahmen bezuschusst oder ganz finanziert, so galt ab 1952 auch der Versehrtensport als eine mögliche abzurechnende Maßnahme, vorausgesetzt jedoch, er fand im Anschluss an eine Behandlung im Krankenhaus oder im Rahmen orthopädischer Versorgungsstellen statt. 1956 wurde dann mit der 5. Novelle zum Bundesversorgungsgesetz der Versehrtensport der Vereine als Heilmaßnahme anerkannt. Aufgrund dieser Neuregelung wurden die Kosten für die Übungseinrichtungen, die Beschaffung und Instandsetzung der Sportkleidung sowie für Geräte und Lehrmittel nun erstattet.[10]

Mit der 1945 anvisierten Neuregelung der Versorgungsleistungen für Kriegsopfer und Kriegsbeschädigte entwarfen die Alliierten auch bald ein allgemeines Schwerbeschädigtenarbeitsgesetz. Auch hier stand – wie schon vorher – an erster Stelle der Versuch, Menschen mit Behinderungen über Leistung und Erwerbsarbeit an die geltenden sozialen Normen anzupassen. Daher wurde der Grad der Behinderung auch jetzt nur an der Möglichkeit zur Erwerbsarbeit gemessen und nicht nach anderen sozialen Komponenten konstruiert. Den Alliierten ging es dabei allerdings nicht um die berufliche Wiedereingliederung lediglich der Kriegsversehrten, sondern um eine allgemeine Berufsfürsorge für alle Menschen mit Körperbehinderungen. Vor dem Hintergrund, dass 1946 ca. 50% der Arbeitssuchenden Menschen mit Behinderungen waren, war die Ursache der Beschädigung im Hinblick auf eine mögliche berufliche Integration völlig unerheblich. Einen erhöhten Pflichtbeschäftigungssatz für Menschen mit Behinderungen wollte man jedoch – bis auf die sowjetische Zone – vorerst nicht einführen, obwohl auch in der alliierten Politik die Wiederherstellung der wirtschaftlichen Leistungsfähigkeit der Menschen mit Behinderungen eine hohe Priorität hatte. Vor allem in der britischen und auch in Teilen der amerikanischen Zone hatte man aufgrund eines Überangebotes an Arbeitskräften, das durch die vielen Flüchtlinge und Heimatvertriebenen bedingt war, kein Interesse an einer verstärkten Einstellung nicht vollleistungsfähiger Arbeitskräfte. Dies änderte sich 1947, als der Länderrat die Einstellungspflichtquote für schwerbeschädigte Kriegs- und Zivilversehrte zoneneinheitlich auf 10% für öffentliche Verwaltungen, Versicherungen und Banken und auf 8% für private Betriebe festsetzte. Die Ausweitung der Pflichtquote auf Menschen mit Zivilbeschädigungen ist in der Bundesrepublik 1953 jedoch teilweise wieder zurückgenommen und erst 1974 im Schwerbehindertengesetz verwirklicht worden.[11]

Insgesamt gesehen stellten die Rehabilitations- und Fürsorgegesetze der Bundesregierung – im Gegensatz zu den Jahren der alliierten Besatzung – die Unterschiede zwischen Kriegs- und Zivilbehinderten wieder her und waren dadurch für eine, z.T. bis heute gängige, juristische, soziale und gesellschaftliche „Rangfolge“ der Menschen mit Behinderungen mit verantwortlich. Dabei hat die Gewichtung der Behindertenpolitik der Bundesregierung, dem Grad der Arbeitsfähigkeit und der Rehabilitation den Vorrang vor der Rentenversorgung zu geben, die gängigen Sichtweisen auf Menschen mit Behinderungen ebenso geprägt wie die hohe Bewertung der Ursache des Schadens vor der Schadensschwere selbst. Allein schon die privilegierte Versorgungssituation der Kriegsopfer und Kriegsversehrten, die umfangreichere und bessere Leistungen erhielten als Menschen mit „zivilen“ Behinderungen, zementierte deren gesellschaftliche und soziale Vorrangstellung zu anderen Menschen mit Behinderungen. An oberster Stelle dieser auch juristisch geprägten „Rangordnung“ standen demnach die Kriegsbeschädigten. Die Arbeitsopfer, Frühinvaliden und von Invalidität bedrohten Arbeitnehmer nahmen einen niedrigeren „Rang“ ein, gefolgt von nichterwerbstätigen Menschen mit Körperbehinderung. Am Ende der Prioritätenskala der Rehabilitationspolitik und der Gesetzgebung standen die Menschen mit geistiger oder psychischer Behinderung.[12] Dies rief bei den betroffenen Benachteiligten und anderen kritischen Zeitgenossen, gerade in der Zeit der 1960er- und 1970er-Jahren, Ärger und Empörung hervor: „Wir stehen vor der Tatsache“, schrieb 1967 ein betroffener „Zivilbehinderter“ prononciert, „dass alle Körperbehinderten, die als Kriegsopfer gelten, vorbildlich versorgt sind. Man hat diese vorbildliche Versorgung sogar auf die SS ausgedehnt, und sogar (...) Henker (von Konzentrationslagern) nicht ausgenommen. Da war man wirklich überwältigend großzügig. Nur bei den armen unschuldigen Opfern der Kinderlähmung und sonstigen Schwer-Zivil-Gelähmten verweigert man die Gleichberechtigung mit den Kriegsopfern“.[13]

Die Entwicklung der Versorgungs- und Heilbehandlungsgesetzgebung sowie der Schwerbeschädigtenarbeitsgesetze wurde von den vier großen Kriegsopferverbänden begleitet, die sich bald nach 1945 gründen sollten. Von ihnen konnte sich nur der VdK, der Verband der Kriegsbeschädigten, Kriegshinterbliebenen und Sozialrentner, nicht auf etwaige Vorläufer im Kaiserreich oder in der Weimarer Republik beziehen. Dabei gab es anfangs erhebliche Gründungsschwierigkeiten, da – bis auf den VdK – alle diese Verbände

1933 gleichgeschaltet und in die NSKOV eingegliedert worden waren. Da der NSKOV 1945 verboten wurde, konnten diejenigen Mitglieder, die ab 1933 zwangseingegliedert worden waren, ihre alten Verbände nicht so ohne Weiteres wieder gründen. Erschwerend kam hinzu, dass die Alliierten eine Politik der Gleichsetzung von Kriegs- und Zivilbeschädigten verfolgten. Daher ließen sie bis 1948/49 nur Neugründungen zu, die als Mischverbände organisiert waren und auch Zivilbeschädigte aufnahmen. Diese Entwicklung traf die Kriegsversehrten in ihrem Selbstverständnis außerordentlich stark.

So gründeten sich nach 1945 zunächst der VdK, der Reichsbund und der Bund Deutscher Hirnbeschädigter als Mischverbände. Dies führte letzten Endes dazu, dass zumindest VdK und Reichsbund – die heute Sozialverband VdK bzw. Sozialverband Deutschland (SoVD) heißen – trotz der Abnahme der Anzahl der Kriegsversehrten auch zahlenmäßig außerordentlich stark sind. Demgegenüber stand der Bund der Kriegsblinden Deutschlands (BKD), der 1916 gegründet wurde und bis 1940 einigermaßen autark blieb. Er lehnte das Mischverbandssystem ab und wurde nach 1949 wieder eine reine Kriegsopferorganisation ohne die Integration der Zivilblinden, was in der Folgezeit auch in den Versehrtensportvereinen häufig zu Konflikten führen sollte.[14]

Die Aufhebung der Sozialleistungen für Kriegsversehrte jedoch bescherte den Verbänden bald einen außerordentlich starken Zulauf. Dabei unterschied das neue politische und soziale Aktionsfeld die frischgegründeten Verbände VdK und Reichsbund stark von den alten Veteranenverbänden der Zeit vor 1933 und machte sie bald zu einem wichtigen Faktor in der künftigen Gestaltung des Versorgungsrechtes. Dabei agierte der VdK insgesamt konservativ und der Reichsbund eher SPD-nah – was Kooperationen auf Kreis- und Ortsebene aber nicht ausschloss –, wobei beide Konkurrenzorganisationen ab 1949 auch entsprechende Mitglieder im Bundestag besaßen. Jetzt erhielten die Verbände auch auf Bundesebene ein stärkeres politisches Mitspracherecht und wurden in die Beratungsgremien für Kriegsopferfragen einbezogen. Im Rahmen des am 25. Mai 1950 ins Leben gerufenen Beratenden Beirats für Versorgungsrecht wurden dann der VdK, der Reichsbund, der BKD und der jetzt so genannte Bund hirnverletzter Kriegs- und Arbeitsopfer an der Neuregelung des Versorgungsrechtes beteiligt, obwohl sie sich mit ihren Vorstellungen und finanziellen Forderungen, die bei ihrer Umsetzung die Hälfte der Bruttoausgaben des Bundes ergeben hätten, nicht durchsetzen konnten.[15]

Insgesamt war das Bundesversorgungsgesetz für die Kriegsversehrten und Kriegsopfer eine herbe Enttäuschung – besonders im Vergleich zur großzügigen Versorgung im NS-Regime, aber auch für die vorher besser gestellten Kriegsversehrten der französischen Zone. Auch im europäischen Vergleich schnitt das BRD-Gesetz schlecht ab. Es wurde eine weit geringere einkommensunabhängige Grundrente gezahlt, als die Sozialverbände dies anvisiert hatten. Denn die Rente verkörperte das Entschädigungsprinzip, wurde entsprechend den Eigenmitteln der Kriegsopfer gewährt und sollte den sozial Bedürftigen das Existenzminimum sichern. Später gelang es über das Engagement der Kriegsopferverbände dann, die zusätzlich gezahlte Ausgleichsrente durch Anhebung der Grundrente in diese einzugliedern und damit insgesamt zu erhöhen. Gut leben konnte man davon jedoch nicht. Das Gesetz verkörperte die Idee der gesundheitlichen Wiederherstellung und die Förderung zur Arbeitsaufnahme und nicht eine lebenslange Rentenzahlung. Zudem deuteten sich weitere Verschlechterungen an, so die Herabstufung für bestimmte Verletzungen, die eine Rentenminderung bedeuten konnte. So wurde z. B der Verlust der rechten Hand 1956 in der BRD mit einer MdE von 50% bewertet, während sie in Österreich, Kanada, England, Finnland und Holland mit 60%, in Belgien mit 65%, in den USA und Jugoslawien mit 70%, in Italien und Neuseeland mit 75% und in Frankreich sogar mit 85% angesetzt wurde. Allerdings lag der Anteil der anerkannten Kriegsopfer an der Gesamtbevölkerung in der BRD mit 8,8% am höchsten, während er in Frankreich bei 3,5% und in den USA bei 1,37% lag.[16]

Diese Gesetzgebung, die die Kriegsversehrten gegenüber dem NS-Regime benachteiligte und ihnen die ihrer Meinung nach berechtigten Ansprüche vorenthielt – wobei ihnen zunächst auch noch die Rolle des militaristischen Kriegsschuldigen zugewiesen wurde – musste die Betroffenen gegen den neuen Staat und die Alliierten aufbringen. Zwar verbesserte sich mit dem neuen Bundesversorgungsgesetz die Lage der Kriegsversehrten gerade in der Bizone – vergleicht man sie mit der Periode zwischen 1945 und 1949 –, für die besser gestellten Kriegsversehrten in der französischen Zone aber brachte die neue Gesetzgebung Rückschritte. Im Ganzen macht sich bei den Kriegsversehrten ein Gefühl der Wertlosigkeit breit. Sie, die im Vergleich mit anderen Menschen mit Behinderungen von der Bundesgesetzgebung bevorzugt versorgt wurden, empfanden sich als sozial, finanziell und gesellschaftlich degradiert und erniedrigt, weil gerade sie vor 1945 anderes gewohnt waren.[17]

Die angebliche soziale, gesellschaftliche und körperliche Abwertung ließ die Kriegsversehrten zu politischen Ressentiments greifen; viele engagierten sich in den folgenden Jahren in revanchistischen Veteranenverbänden und NS-Ehemaligenorganisationen. Wenn Gerd Brinkmann, der damalige Vorsitzende des Deutschen Versehrtensportverbandes und Geschäftsführer des VdK, zum 10-jährigen Jubiläum des Verbandes 1961 bemerkte: „Der Kriegsversehrte galt nichts mehr, er war in der Turbulenz der ersten Nachkriegsjahre vom Podest des Ehrenbürgers der Nation vielfach in die Sphäre eines bemitleideten Krüppels und oft in noch schlimmere Regionen hinabgestoßen worden", so drückte er nur eine Opferhaltung aus, die viele Kriegsversehrte empfanden.[18] Wie in der Nachkriegszeit in der Kriegs- und auch Tätergeneration vielfach üblich, wurde auch hier die Selbstdefinition als „Opfer" großzügig gedehnt und der Begriff „Wiedergutmachung", der ursprünglich auf Verfolgte des Nationalsozialismus angewendet worden war, auf Kriegsteilnehmer, Kriegsversehrte, Ausgebombte, Flüchtlinge und Vertriebene übertragen.[19] Diese Sichtweise, ein Opfer zu sein, das im Krieg seinen Kopf hingehalten habe und vom neuen Staat nicht mehr genügend unterstützt wurde, veranlasste deshalb auch kriegsversehrte Sportler mitunter zu herabwürdigenden Stellungnahmen gegenüber anderen sozialen Randgruppen. Es war diese allgemeine Problematik des Verhältnisses der Kriegsversehrten zum Staat und zu Zivilbeschädigten, die auch den Versehrtensport lange Jahre hinweg politisch und sozial prägen sollte.

2. Sport und Versehrtensport in den unmittelbaren Nachkriegsjahren

Mit der Kapitulation und der alliierten Besatzung im Mai 1945 wurden alle NS-Organisationen und NS-Gliederungen aufgelöst und verboten. Zu den verbotenen Organisationen gehörten auch die Turn- und Sportvereine und ihr Dachverband, der Nationalsozialistische Reichsbund für Leibesübungen (NRSL), die seit den späten 1930er-Jahren als NS-Gliederungen galten. Ab 1933 hatten verschiedene Organisationen der NSDAP versucht, sich des freien Sports zu bemächtigen und ihn unter eine einheitliche Kontrolle zu bringen; zahlreiche Funktionsträger in Sport und Turnen hatten das NS-Regime darin unterstützt. Die staatliche Zwangsvereinheitlichung im Sport hatte zunächst dazu geführt, dass zahlreiche Erwachsene und Jugendliche nun in nationalsozialistischen Organisationen wie Reichsarbeitsdienst, SA, SS, KdF und Hitler-Jugend Sport betrieben bzw. betreiben mussten. Durch diese sportliche Inanspruchnahme drohten jedoch die Turn- und Sportvereine allmählich personell auszubluten. Schon 1937 waren von den ehemals rund sechs Millionen Vereinsmitgliedern nur noch 3,5 Millionen übrig geblieben. Um den restlichen Vereinssport schließlich völlig zu kontrollieren, wurde 1938 der Deutsche Reichsbund für Leibesübungen, der Dachverband der Turn- und Sportvereine, von der NSDAP zum Nationalsozialistischen Reichsbund für Leibesübungen (NSRL) umgewandelt und damit zu einer von der NSDAP „betreuten" Organisation gemacht. Die Turn- und Sportvereine galten nun als Parteizellen und verloren damit ihre rechtliche Unabhängigkeit als freie Vereine.[20]

Diese Entwicklung führte nun dazu, dass nach der Kapitulation auch die Turn- und Sportvereine verboten wurden, da sie als NS-Organisationen galten. Im Grunde jedoch gab es die Vereine bzw. das sportliche Leben natürlich noch, da die Funktionsträger und die Vereinsmitglieder sowie die Sportstätten und Sportausrüstungen immer noch vorhanden waren. So bemühten sich die (alten) Verantwortlichen sofort nach der alliierten Besetzung 1945 um die rasche Wiederbegründung ihrer Vereine. Da die Sportpolitik der Besatzungsmächte aber unterschiedlich ausgerichtet war, vollzog sich die Entwicklung des Sports in den Zonen zum Teil nicht einheitlich. Während die Amerikaner relativ liberal vorgingen und Wiedergründungen ohne große Einschränkungen rasch zuließen, machten die Franzosen und die Briten den Vereinen die Entnazifizierung ihrer Vorstände zur Auflage. Zudem wurden zunächst nur Sportorganisationen auf Stadt- und Kreisebene zugelassen. Allgemein galt, dass die Alliierten bemüht waren, die Vereine zu entmilitarisieren und zu entpolitisieren; dazu gehörten zeitweilige Verbote von als paramilitärisch eingestuften Sportarten wie etwa Boxen, Gewichtheben, Segelfliegen oder (Gerät)Turnen, letzteres vor allem in der französischen Zone.

Doch diese rigide Politik wurde relativ schnell abgemildert und schließlich ganz fallen gelassen. Schon im Sommer 1945 waren in der amerikanischen und britischen Zone wieder etliche Turn- und Sportvereine gegründet worden, in der französischen Zone hinkte die Gründungswelle aufgrund der restriktiveren französischen Sportpolitik zeitlich etwas hinterher. Zwischen 1946 und 1949 gab es aber in vielen (späteren) Bundesländern bzw. in den damaligen Teilländern wie Nord- und Südbaden, Rheinland, Pfalz oder Württemberg mit den Landesfachverbänden und Landessportbünden wieder überregionale Sportorganisationen; der letzte Landessportbund wurde 1950 in Rheinland-Pfalz gegründet. Im selben Jahr wurde auch der Deutsche Sportbund (DSB) ins Leben gerufen.

Schon kurz nach 1945 war die Sportstruktur in der späteren Bundesrepublik damit fest vorgezeichnet: Die Landes- und Bundesfachverbände betreuen die Sportarten, und die Landessportbünde sind für die Vereine in den Bezirken, Kreisen und Städten zuständig. Über dieser Struktur stand (bzw. steht) der Deutsche (Olympische) Sportbund, der – im Gegensatz zur starken Stellung des Dachverbandes in der NS-Zeit – nun als „schwacher Riese" mit einem relativ geringen eigenen Apparat die Landesportbünde und Bundesfachverbände betreut.[21]

Zwar bestand das NS-Regime nicht mehr und die Besatzungsmächte gaben eine neue (Sport)Politik vor, aber auch im Sport konnte von der vielzitierten „Stunde Null" und einem kompletten Neuanfang nicht die Rede sein. Ganz im Gegenteil: Trotz der kurzen „biographischen" Lücke im Sport im Frühling 1945 entstanden rasch verfestigte Strukturen, die sich auf personelle, organisatorische und regionale Kontinuitäten stützen konnten. Etliche alte Vereine gründeten sich mit ihrem Mitgliederstamm, jedoch unter anderen oder abweichenden Namen, wieder neu, viele alte Funktionsträger übernahmen wieder die Verantwortung im Vorstand, und die grundsätzlichen Strukturen der Sportorganisation wie Verein und Kreis, Fachverband und Bundesverband wurden wieder erneuert. Auch die traditionelle Definition von Sport und das konventionelle Sportverständnis blieben zunächst bestehen. Besieht man sich die frühen Sportfachverbände, so finden sich mit dem Deutschen Turnerbund und den Fachverbänden für Leichtathletik, Fußball, Schwerathletik, Schwimmen und Wassersport, Tischtennis, Tennis, Radfahren, Fechten, Hockey, Handball, Wandern, Kegelsport, Rollsport und Wintersport viele alte Organisationen mit ihren traditionellen Kernsportarten wieder.

Dies hatte auch damit zu tun, dass die Verantwortlichen im westdeutschen Sport vom Einheitsdenken geprägt waren und einer Zersplitterung des Sports in viele kleine Verbände und unabhängige Sonderorganisationen, die es in der Weimarer Republik gegeben und die die Organisation von Sport teilweise erschwert hatten, nicht wünschten. Es galt 1945 „Wege aus der Not zur Einheit" zu finden und einer drohenden Ausdifferenzierung und einer starken Zerklüftung des Sports entgegenzutreten. Daher wurden auch Organisationen wie die christlichen Sportverbände DJK und Eichenkreuz, die Betriebssportverbände, die Polizeisport- und Eisenbahnersportvereine, die Postsportvereine, die Freikörperkulturverbände oder der alte sozialdemokratische Rad- und Kraftfahrerbund Solidarität wie generell eine Wiederbegründung des Arbeitersports vom bürgerlichen Sport mit Misstrauen betrachtet und diese Organisationen von einer Eingliederung in die Landessportbünde und den Deutschen Sportbund fernzuhalten versucht. Für neue Sportarten, besondere Sportgruppen oder zusätzliche Sportverbände war aus sportpolitischen und -ideologischen Gründen daher kein oder nur sehr begrenzt Platz in den deutschen Sportorganisationen.[22] Diese verfestigten Strukturen müssen in hohem Maße mitbedacht werden, hält man sich die Situation der Versehrtensportler bzw. der Kriegsversehrten generell in den Jahren ab 1945 vor Augen.

Kurz nach 1945 war die allgemeine Situation, wie oben geschildert, für die meisten Kriegsversehrten – wie generell für Menschen mit Behinderungen – geprägt von erheblichen Belastungen. Sie besaßen in der Regel keine oder nur eine geringe finanzielle Absicherung. Nur wenige waren berufstätig, viele mussten mit zunächst sehr kleinen Renten über die Runden kommen. Ihre Verwundung, die häufig noch weiterer Behandlung bedurfte, hinderte sie erheblich daran, sich im Nachkriegsalltag rasch wieder zurecht zu finden. Viele waren zudem noch als Spätheimkehrer, Flüchtlinge und Vertriebene fremd in der neuen Umgebung und zunächst noch ohne integrierende Sozialkontakte.

Dazu kam, dass die Alliierten die Kriegsopferfrage mit der Frage der Kriegsschuld verkoppelten und den NS-Sonderstatus der Kriegsversehrten aufbrachen, so dass die Kriegsversehrten Versorgungsverschlechterungen hinnehmen mussten. Für die deutsche Bevölkerung wurden sie dazu noch zu einem „fleischgewordenen“ Symbol für den verlorenen Krieg, was zu einer zusätzlichen Statusminderung führte. Der persönliche Schock der Verwundung, zumeist einer Amputation, und das Gefühl, als Mensch (oder als berufstätiger Mann) nicht mehr vollwertig zu sein und seine aktive Rolle als Teil der Bevölkerung nicht mehr einnehmen zu können, traten noch hinzu und führten nicht selten zu Depressionen. Mochten viele die Situation, einen Mangel zu spüren oder darauf hingewiesen zu werden, so gut es ging tabuisieren, so gab es aber auch einzelne Betroffene, die ihre Lage offen aussprachen: „Am Anfang natürlich wiegt das Bewusstsein, ein Krüppel geworden zu sein, sehr schwer. Er weiß ja dann auch noch gar nicht, wie sich später alles entwickeln wird; er sieht nur die Schwierigkeiten, und leicht entstehen dann bei ihm Minderwertigkeitsgefühle, die durch das Erleben der eigenen Hilflosigkeit noch verstärkt werden“.[23]

Die Kriegsversehrten wurden nach Kriegsende daher recht schnell in soziale und gesellschaftliche Außenseiterpositionen gezwungen oder fanden sich in ihr wieder, und ihre Geschichte wurde tabuisiert. Erst im Laufe der frühen 1950er-Jahre sollten sie – auch aufgrund des Bundesversorgungsgesetzes 1950 und der schnell gewachsenen Lobby der Kriegsopferverbände – aus diesen Verhältnissen herausfinden und sich in die Nachkriegsgesellschaft besser eingliedern.[24] Doch etliche Tabuisierungen der Gesellschaft blieben. So fühlten sich viele Kriegsversehrte dazu veranlasst, ihre Amputation zu verbergen bzw. sie durch Ersatzglieder zu kaschieren, und sie wurden von den Fachleuten dazu animiert. Dies geschah nicht nur, um (vermeintliche) sichtbare soziale Benachteiligungen abzubauen und den Kriegsversehrten so zu ermöglichen, sich von Menschen ohne Behinderungen nicht mehr zu unterscheiden, sondern auch deshalb, weil man, wie man annahm, nur mit vollwertigen Gliedern in der modernen Arbeitsgesellschaft eine Chance auf ein „normales“ Leben habe. So empfahl der amputierte Arzt Gruenewaldt, nur mit Prothese Schwimmen zu gehen, da „der Anblick des Stumpfes für fremde Menschen doch etwas Erschreckendes hat. Ich ziehe es deshalb vor, dort zu baden, wo mich keine Fremden sehen können“. Schaffe es aber der Amputierte hingegen, „möglichst wenig aufzufallen“, so habe er „ein Recht darauf, stolz zu sein“, denn: „Man will (...) nicht wie ein Schwerkranker behandelt werden, denn man ist ja gar kein Kranker, sondern ein Gesunder mit einer körperlichen Behinderung“.[25] Im Grunde jedoch war gerade diese Aufforderung zur Unauffälligkeit völlig absurd, vor allem, weil der Krieg „seine unauslöschlichen Spuren hinterlassen hat“ und der „Bein- und Armamputierte (nach dem Krieg) zum selbstverständlichen Alltagsbild“ gehörte.[26]

Dennoch konzentrierten sich die Versorgungsärzte, Orthopädiemechaniker und Orthopäden und auch die vielen Autoren der frühen Fachbücher für Gehschulübungen, Gymnastik und Bewegungsanleitungen für Menschen mit Behinderungen darauf, den Betroffenen immer wieder zu vermitteln, so gut zu üben, dass sie niemandem zur Last fallen, möglichst wenig in der Öffentlichkeit auffallen und im Gegenteil sogar wieder voll leistungsfähig werden. So drängte etwa der kriegsversehrte Turnlehrer Wolfgang Beyer die Kriegsversehrten, so zu üben, dass „der behinderte Körperteil sich an den normalen Bewegungsablauf anpasst“. Die Gehtechnik der Beinamputierten, so der frühere Landesversehrtensportwart von Berlin, Herbert Kersten, solle „unauffällig“ sein und die Rückkehr zum „natürlichen Bewegungsablauf“ geschult werden. Vor allem in den Gehschulen und Lazaretten bemühte man sich, den Beinamputierten „einen möglichst natürlichen, unauffälligen und beschwerdefreien Gang mit den Kunstbeinen zu vermitteln“.[27] Am besten sei es jedoch, wenn die Prothese nicht etwa „totes Material“ bliebe, sondern zum Körper dazu gehöre: „Erst der Amputierte belebt (die Prothese) mit seinem Willen und lernt, sie zu beherrschen“.[28] Die völlige Integration der Prothese in den menschlichen Körper und der Wille des Kriegsversehrten zur unbedingten Anpassung an die Gesellschaft sollten nach Ansicht der Ärzte schließlich wieder zur vollen beruflichen Leistungsfähigkeit der männlichen Kriegsversehrten führen und sollte, wie Hans Lorenzen 1951 bezeichnenderweise die „Krüppelfürsorgepolitik“ der 1910er- und 1920er-Jahre zitierte, „aus einem zur Last liegenden Wohlfahrtsempfänger einen steuerzahlenden Mitbürger machen“; ein zentrales Motiv, das seit dem 19. Jahrhundert die Politik für Menschen mit Behinderungen bis in die jüngste Zeit hinein bestimmt.[29]

Wenn auch der Sport neben Gehschulen nach Ansicht einiger Fachleute ein wesentliches Element zur Erreichung von körperlicher Integration und beruflicher Rehabilitation von Menschen mit Behinderungen sei, so war doch der Sport für Kriegsversehrte in der unmittelbaren Nachkriegszeit nicht oder nur gering an der tatsächlichen Rehabilitationspraxis beteiligt, geschweige denn ein Bestandteil der sich wieder gründenden Vereine und Verbände im Sport. Dies hatte verschiedene Gründe, die zum Teil schon angesprochen wurden. Erstens waren viele Kriegsversehrte aufgrund ihrer persönlichen prekären Lebenssituation erst einmal daran interessiert, sich einen gesicherten sozialen, beruflichen und privaten (Neu)Anfang zu verschaffen, so dass für viele von ihnen Sport kein Thema war. Tatsächlich waren in den Anfangsjahren nach 1945 nur diejenigen an (Versehrten)Sport interessiert, die bereits eine sportliche Sozialisation besaßen wie etwa alte ehemalige Leistungssportler, die auch jetzt nicht auf ihren Sport verzichten wollten. Zweitens war, wie oben ausgeführt, in den Sportvereinen und Fachverbänden überhaupt kein sozialer, ideologischer und organisatorischer Platz für einen eigenständigen Kriegsversehrtensport. Die Organisationen des westdeutschen Sports waren kurz nach 1945 wieder verfestigt, und es blieb offen, ob, wie und wo man Menschen mit Behinderungen eingliedern oder unterbringen sollte.

Drittens besaß der Sport aufgrund des eher passiven Therapiegedankens, des sozialen Unauffälligkeitspostulats der Ärzte und des vorrangigen Ziels der lautlosen (Wieder)Eingliederung in den Beruf keinen angestammten Platz in der frühen Rehabilitationspolitik. Denn Versehrtensport wurde häufig ohne Prothese und mit leichter Sportkleidung durchgeführt und fand an öffentlichen Orten wie Schwimmbädern, Sportplätzen und Turnhallen statt. Versehrtensport wäre demnach nicht etwa eine Aktivität schamvoll versteckter Kriegsbeschädigter, sondern eine selbstbewusste und autonome öffentliche Handlung von Menschen mit Behinderungen gewesen. Dies lief der damaligen medizinischen und sozialen Vorstellung von unauffälliger Eingliederung, Unterordnung oder auch Absonderung von Menschen mit Behinderungen strikt entgegen und war daher Kritik und Angriffen ausgesetzt. Tatsächlich sind Äußerungen von Zeitgenossen belegt, die die sogenannte „öffentliche Zurschaustellung" von Versehrtensportlern stark irritierte, wenn nicht gar anwiderte.[30]

So konnte in der ersten Nachkriegszeit Versehrtensport zunächst nur an wenigen Stellen und in „geschützten" Räumen stattfinden, und neben den wenigen Institutionen, an denen nach der Kapitulation im Mai 1945 noch „offiziell" Versehrtensport ausgeübt wurde, waren es auch Einzelpersonen, die aus eigenem Antrieb und eigener Motivation heraus weiter mit anderen Kriegsversehrten privat Sport betrieben. Vielfach bestanden an diesen Orten noch Kontinuitäten bis weit vor 1945 im Versehrtensport, der nun einfach weiter fortgesetzt wurde. Und häufig waren es gerade derartige inoffizielle Initiativen und Kontinuitäten, die für die späteren offiziellen Gründungen der lokalen Versehrtensportvereine in hohem Maße mitverantwortlich werden sollten.

So gab es eine ganze Reihe von Versorgungskrankenhäusern, die nach der Kapitulation im Mai 1945 mit ihrer Belegschaft weiter bestehen blieben und von denen etliche neben Gehschulen auch Versehrtensport anboten. Hier waren neben Ärzten und weiterem Krankenhauspersonal auch Sportlehrer angestellt, die bereits im Nationalsozialismus mit den Verwundeten Versehrtensport betrieben hatten. Neben diesen Krankenhäusern bestanden auch nach dem Mai 1945 weiterhin noch nicht geschlossene Lazarette, und in einigen von ihnen wurde bis zu ihrer (baldigen) Schließung auch weiterhin Versehrtensport betrieben. Neben diesen Aktivitäten hatten aber auch die Fürsorgestellen einiger Städte selbständig Kurse für Versehrtensport auf die Beine gestellt, die unter anderem von ehemaligen (Versehrten)Sportlehrern oder Kriegsversehrten angeregt und auch betreut wurden. Darüber hinaus gab es private Initiativen von Sportärzten, (Versehrten)Sportlehrern oder Versehrtensportlern, die mit einer Gruppe Kriegsverwundeter auch weiterhin Sport betrieben, wobei man zum Teil die gemeinsam besuchten Sportkurse der (nun geschlossenen) Lazarette weiter fortführte. [31]

Im niedersächsischen Bad Pyrmont war es Gerhard Buchholz, der spätere Versehrtensportwart des niedersächsischen Versehrtensportverbandes, der nach der Kapitulation auch weiterhin im Versorgungskrankenhaus mit Kriegsversehrten Sport betrieb und interne Wettkämpfe durchführte.[32] In der orthopädischen Versorgungsstelle in München arbeitete der spätere bayerische Landesversehrtensportwart (1952–1956), Walter Hummel, ab 1946 als Sportlehrer mit Kriegsversehrten. Hummel war zudem noch unter dem Chefarzt Dr. Lässig und dem Assistenten Dr. Günter Marten im Versorgungskrankenhaus Werneck, in dem schon früh Versehrtensportfeste durchgeführt wurden, tätig; Marten selbst fungierte ab den 1950er-Jahren als Bundesspielwart im DVS.[33] Im bayerischen Possenhofen war ab 1946 der spätere Landesversehrtensportwart (1950–1952) Franz Speth als Sportlehrer im Versorgungsamt für den Versehrtensport zuständig. In Bad Homburg in Hessen betreute der Versehrtensportlehrer Georg Gebhard noch 1946 im Militärlazarett Kriegsversehrte beim Sport.[34] In Wuppertal sorgte schon ab Mitte 1945 der Leiter der städtischen Kriegsfürsorge zusammen mit dem Sportlehrer und späteren Landesversehrtensportwart Peter Paulus zunächst für die sportliche Betätigung der Kriegsversehrten.[35] Im Stuttgarter Lazarett übte der spätere Vorsitzende des Versehrtensportverbandes Württemberg, Eugen Weinmann, noch nach dem Krieg als Sportlehrer mit Versehrten und hielt nach der Auflösung des Lazaretts mit seiner Versehrtensportgruppe weiterhin Sportstunden ab; diese Tätigkeit hatte er auch später im Versorgungskrankenhaus inne.[36]

In Flensburg führte ab Mai 1945 der kriegsversehrte Sportlehrer und Sportler Wolfgang Beyer „auf Grund meiner Erfahrungen mit Versehrten den Sport an mehreren Flensburger Lazaretten“ durch.[37] In Frankfurt initiierte der langjährige städtische Sportlehrer Georg Vogel, der an den Spätschäden einer Verwundung im Ersten Weltkrieg litt, ab 1945 städtische Sportkurse für Kriegsversehrte.[38] In Göppingen betreute der Arzt Heinrich Zeller, der bereits in der Weimarer Zeit und im „Dritten Reich“ mit Kriegsversehrten geübt hatte, ab 1945 den Sport der Kriegsversehrten in den Zentralkliniken und in der alten Flakkaserne.[39] In Hamburg übte die DLRG-Lehrerin Frieda Steffens auch nach der Kapitulation mit Kriegsversehrten im Schwimmbad als lose Gruppe weiter; eine offizielle DLRG-Gruppe hatte sie schon seit 1936 angeleitet.[40] In Düsseldorf leitete ab 1946 der spätere Geschäftsführer der DVS, Hans Tüffers, eine private Gehschule, in der auch Sport betrieben wurde.[41] Im süddeutschen Müllheim trafen sich auch nach der Schließung des dortigen Lazaretts weiterhin noch Kriegsversehrte, um gemeinsam Sport zu treiben, den sie im Lazarett begonnen hatten.[42]

Auch ein paar frisch gegründete Kriegsopferorganisationen stellten sich an einigen Orten unmittelbar nach dem Krieg für die Versehrtensportler zur Verfügung, wenn es auch im Vergleich zur späteren flächendeckenderen Betreuung kurz nach 1945 nur ausgesprochen wenig lokale Initiativen gab. So besorgte der Reichsbund in Bremen schon 1946 für eine private Gruppe Kriegsversehrtensportler, die von einem ehemaligen Lazarettsportlehrer angeleitet wurde, eine Turnhalle zum Üben. In Hamburg fungierte der Reichsbund 1945/46 als Anlaufstation für eine Schwimmgruppe mit Kriegsversehrten. Und auch in Bayern kümmerte sich der VdK ab 1947 bereits früh um die Versehrtensportler.[43]

Dies waren aber regionale Ausnahmen. Normalerweise übten die meisten späteren Versehrtensportler zunächst noch gar nicht. So war anfangs vielerorts der Kreis der Kriegsversehrten, die Sport treiben wollten, zu klein, um überhaupt einen lokalen Übungsbetrieb aufnehmen zu können. In Anbetracht der problematischen Situation kurz nach Kriegsende verzichteten viele Kriegsversehrte zunächst einmal auf organisierten Sport oder reihten sich notgedrungen als einzelne Versehrte in einen herkömmlichen Sportverein ein, so weit dies übungs- und wettkampfmäßig möglich war.

Bei Letzteren handelte es sich in den überwiegenden Fällen um ehemalige Leistungssportler auf vormals relativ hohem Niveau, für die Sport auch nach ihrer Verwundung einfach zum Leben weiter dazu gehörte, und daher scheuten sie sich oft nicht, wenn die Möglichkeit gegeben war, trotz ihrer Verletzung an regulären Sportwettkämpfen teilzunehmen. Und dazu musste man Vereinsmitglied sein. Hinweise auf diese Praxis finden sich genug. So wurde der beinamputierte Hannoveraner Wasserballer Fritz „Itze" Gunst, der mit der Deutschen Mannschaft 1928 olympisches Gold und 1932 und 1936 je olympisches Silber geholt hatte, 1947 mit seiner Wasserballmannschaft der Wasserfreunde Hannover inoffizieller Deutscher Meister. Dabei war Gunst auch mit einem Bein zahllosen nichtversehrten Wasserballern überlegen.[44] Der 10.000-Meter-Läufer und durch eine Mine zum Ohnhänder gewordene Horst Kretschmar, der vor 1945 zu den besten Langstreckenläufern auf Reichsebene gehört hatte und 1950 den Versehrtensportverein Peine mitbegründete, lief 1947 in Köln bei den regulären Zonenmeisterschaften die Langstrecke mit. In seinem Heimatkreis dominierte er ab 1946 jahrelang sämtliche Wettbewerbe auf den Langstrecken mit „ausschließlich gesunder Konkurrenz".[45]

Der 1921 geborene Mediziner Manfred Loos, der 1939 Studentenmeister im Hochsprung mit 1,75 Meter geworden war und 1943 ein Bein verloren hatte, begann schon im Lazarett wieder mit Hochsprung; 1944 erzielte er dabei 1,40 Meter. Nach dem Krieg erreichte er dann bei einem Hallen-Leichtathletikwettbewerb im niedersächsischen Seesen als Tagesbester die Höhe von 1,62 Metern. 1947 wurde er in Hameln Versehrten-Zonenmeister im Hochsprung mit 1,77 Metern. Im selben Jahr errang Manfred Loos mit 1,76 Metern noch eine Vereinsmeisterschaft.[46] Der kriegsblinde Turner Bernhard Groh trat 1949 bei den Kreismeisterschaften im hessischen Dieburg im Siebenkampf an und wurde Kreismeister: Die Zeitschrift „Deutsches Turnen" benannte diese Leistung ausgerechnet nach Leni Riefenstahls Olympia-Film von 1936 als „Triumph des Willens“.[47] Auch der im Weltkrieg oberschenkelverletzte Sportlehrer Wolfgang Beyer machte entsprechende Erfahrungen: „Bei studentischen Wettkämpfen im Gerätturnen konnte ich sogar mit Gesunden konkurrieren und oftmals Erfolge erringen. Im Schwimmen erfülle ich noch spielend die Bedingungen des Reichssportabzeichens. Trotz meiner völligen Beinversteifung konnte ich (1946) normale Durchschnittsleistungen in der Leichtathletik erzielen. Ich springe heute 1,40 m hoch, 4,30 m weit und laufe die 100 m in rund 15 Sek“.[48]

Aber so kurz nach Kriegsende waren dies absolute Ausnahmen. Zu einer Zeit, als sich zumindest in der Bizone die Sportorganisationen auf Orts-, Bezirks- und Landesebene mit Vereinen und Verbänden schon wieder feste Strukturen gegeben hatten, war der Sport der (Kriegs)Versehrten in den meisten Fällen Privatsache oder bewegte sich im Rahmen von Rehabilitationsmaßnahmen. Es gab kurz nach 1945 bis auf wenige Ausnahmen noch keine Versehrtensportvereine, es gab keine einheitliche Betreuungsform, und organisatorisch war zunächst noch alles offen, so dass nur „wenige unserer ehemaligen Verwundeten (...) sich zu einer sportlichen Tätigkeit zusammen(finden) konnten.“ Zwar hatten die „meisten Versehrten durch Energie, Haltung und innerlichen Schwung wieder den Anschluß an das Leben gefunden, für eine Betätigung in einer Versehrtensportgruppe jedoch konnten die meisten (Versehrten) nicht gewonnen werden“. Auch deshalb lösten sich die „nach 1945 entstandenen Sportgruppen größtenteils“ wieder auf. So begann etwa in Neumünster eine private „versehrtensportliche Betätigung bereits im Sommer 1947“, sie schlief aber bald wieder ein; die VSG Neumünster sollte sich dann erst 1952 gründen.[49] Diese prekäre Situation änderte sich erst ab 1946/47 allmählich, ab den beginnenden 1950er-Jahren dann sehr schnell.

2.1 Die Anfänge des vereinsorganisierten Versehrtensports

Die sich nach Kriegsende rasch verfestigende Situation im Sport und die besonderen Umstände, mit denen die zum Teil durch Kriegsgefangenschaft erst spät heimgekehrten Kriegsversehrten nach 1945 konfrontiert wurden, waren wesentlich für die verzögerte Entwicklung des Versehrtensports in der Bundesrepublik verantwortlich. Als sich die ersten Kriegsversehrten (wieder) für Sport interessierten und sich erste Versehrtensportgruppen zu gründen beabsichtigten, standen sie bereits vor einer weitgehend abgeschlossenen Entwicklung der westdeutschen Sportorganisationen; einer Entwicklung, die dem Versehrtensport zunächst noch keinen Raum anbot. Sportinteressierte Kriegsversehrte standen somit mit ihren Vorstellungen noch allein auf weiter Flur und waren oft ohne Anbindungsmöglichkeit an eine Sportorganisation. Sie waren daher auf ihre eigenen Initiativen und auf die individuelle Situation vor Ort angewiesen, so dass die ersten frühen Gründungen je nach lokalen Möglichkeiten uneinheitlich vor sich gingen und von vielen Improvisationen geprägt waren.

Überblickt man die Zahl der ersten Zusammenschlüsse bis zur Gründung der Bundesrepublik, so dürften 1950 höchstens 100 Versehrtensportgruppen im gesamten Bundesgebiet einschließlich West-Berlins existiert haben. Aufgrund der dort bereits 1947 einsetzenden überregionalen Organisationstätigkeit durch den VdK konnte Bayern 1950 allein knapp 50 Gründungen vorweisen, während in den anderen Ländern die Zahl der Versehrtensportgruppen weit darunter und z. T. nur im einstelligen Bereich lag.[50] Dabei weisen alle diese Gruppen individuelle Gründungsgeschichten auf. Im Gegensatz zu den planmäßigen und offiziellen Wiedergründungen der regulären Turn- und Sportvereine entwickelten sich die Formierungen des Versehrtensports zumeist informell und besaßen einen ausgesprochenen Zufallscharakter. Abhängig von den örtlichen Bedingungen und personellen Zufälligkeiten entstanden daher viele dieser Gruppen nicht unmittelbar nach 1945, sondern je nach Ort und Gelegenheit stark zeitversetzt, manchmal sogar erst in den 1950er-Jahren.

So schlossen sich einige Kriegsversehrtensportler ihrem Heimatverein an, in den sie nach 1945 erneut wieder eingetreten waren. Andere kannten sich aus ihrer Zeit im Lazarett, im Versorgungskrankenhaus oder in der Gehschule. Oft gerieten sie beim Orthopädiemechaniker und beim Versorgungsamt miteinander ins Gespräch, oder sie begegneten sich bei Veranstaltungen der Kriegsopferorganisationen. Andere wiederum sprachen sich auf der Straße an, trafen sich zufällig im Schwimmbad, waren Nachbarn oder kannten sich über berufliche Zusammenhänge; einige reagierten auch auf Aushänge und Annoncen. Ein paar kannten sich schon aus aktiven (Versehrten)Sportzeiten oder anderen Gruppenzusammenhängen vor 1945, zum Teil auch schon vor 1933. Nur in den wenigsten Fällen wurden kontinuierlich bestehende Versehrtensportgruppen nach 1945 fortgeführt.

So trafen sich kurz nach 1945 Lüneburger Kriegsversehrte in ihrem alten Heimatverein, dem MTV Treubund Lüneburg, wieder und gründeten aus dem Bedürfnis heraus, als alte Turner erneut aktiv zu werden, hier 1947 eine eigene Versehrtensportabteilung, die vom MTV in seinem turnerischen Selbstverständnis unterstützt wurde. In Berlin hatten schon 1946 einige Versehrtensportler Kontakt zum Berliner Turnerbund aufgenommen und unter deren Anleitung eine Versehrtensportgruppe gegründet. In Lübeck traten 15 Kriegsversehrte zunächst dem MTV Lübeck bei und gründeten dort mit Unterstützung des selbst kriegsbeschädigten Oberturnwarts eine eigene Abteilung. In Minden/Westfalen betätigten sich heimgekehrte Kriegsversehrte sportlich zunächst wieder in ihren alten Heimatvereinen MTV Minden und TV Jahn Minden. In Reutlingen formierten 1946 die Kriegsversehrten zunächst im dortigen SSV eine Abteilung. Und in Ulm-Söflingen gründeten sechs kriegsversehrte ehemalige Mitglieder der TSG Söflingen nach ihrer Rückkehr 1947 aus der Gefangenschaft in ihrem Heimatverein eine eigene Gruppe.[51]

In Hildesheim und Stuttgart kannten sich die Versehrtensportgruppen noch aus dem dortigen Lazarett, in Düsseldorf bildete 1947 der Kern einer 1946 gegründeten Gehschule unter dem späteren DVS-Geschäftsführer Hans Tüffers die spätere Versehrtensportgruppe, und in Wuppertal war die frühe Vereinsgründung im Oktober 1945 einer Initiative des Sportlehrers Peter Paulus mit der Wuppertaler Kriegsfürsorge zu verdanken. In Müllheim fanden sich 1949 „frühere Lazarettinsassen (…) freiwillig zusammen, um sich sportlich zu betätigen“, und in Frankfurt/Höchst hatte die erst 1956 gegründete VSG schon die Jahre zuvor privat mit ihrem Orthopädiemechaniker Sport betrieben.[52] Bei einigen wenigen Sportgruppen standen sehr früh Reichsbund oder VdK Pate; im Allgemeinen setzten diese Kontakte aber erst viel später ein. So halfen in Bremen um 1946, in Fürth um 1950, in Lübeck 1952, in Lüdenscheid 1949 oder in Neumünster um 1950 die Kriegsopferorganisationen bei der Formierung und Sportausübung der Gruppen mit; zum Teil fungierten sie sogar zunächst als offizielle VdK- bzw. Reichsbund-Sportgruppen.[53]

Einige Kriegsversehrte begegneten sich zufällig im Schwimmbad oder auf dem Sportplatz und formierten erst einmal eine inoffizielle lose Gruppe, bevor sie sich zu einem Verein zusammenschlossen. So trafen sich 1947 in Augsburg einige sportbegeisterte ober- und unterschenkelamputierte Kriegsversehrte „zum Bolzen auf Krücken auf dem alten FCA-Sportplatz“, bevor sie 1949 eine

VSA gründeten. In Lörrach übten 1946 einige Sportler ebenfalls lose auf dem Sportplatz, bevor sie 1948 offiziell einen Verein formierten. In Marburg entwickelte sich aus einer etwa 1946 ins Leben gerufenen lockeren Schwimmgruppe, die von Dr. Gerd Sluet, dem späteren Bundesversehrtensportarzt geleitet wurde, erst 1952 allmählich eine VSG. In Wetzlar liefen sich um 1950 „sportbegeisterte Versehrtenschwimmer" zufällig im Schwimmbad über den Weg und trafen sich dann auch im Stadion, bevor 1952 ein Verein gegründet wurde. In Remscheid traf sich Ende der 1940er-Jahre eine lose Schwimmgruppe, deren Mitglieder sich zum Teil noch aus HJ-Zeiten und der Schule kannten, im Stadtbad, ehe 1952 die VSG Remscheid formiert wurde. In Wiesbaden formierte sich 1948 unter einem Sportlehrer eine private Schwimm- und Gymnastikgruppe, die sich erst 1957 als Abteilung der TuS Eintracht Wiesbaden anschloss. In Nürnberg bestand schon in den späten 40er-Jahren und „vor Gründung des VSVN (1953) eine aktive Schwimmabteilung, die regelmäßig im Volksbad ihre Trainingsstunden abhielt". Und in München leiteten die späteren Vereinsmitglieder Robert Straub und Hans Reindl bereits 1948 informell im Schwimmbad lose Versehrtensportgruppen an, bevor sich 1952 daraus ein Versehrtensportverein entwickelte.[54]

Häufig lernten sich die späteren Vereinsmitglieder auf der Straße oder über ihre Erwerbsarbeit kennen; kurz nach 1945 und dann verstärkt mit dem wirtschaftlichen Aufschwung in den 1950er-Jahren gab es etliche Firmen, die bevorzugt Kriegsversehrte einstellten. So wurde 1947 in Uelzen der spätere Kassenwart des niedersächsischen Versehrtensportverbandes (VSN), Heinz Klimkewitz, von einem ebenfalls kriegsversehrten Kollegen „im Amt" angesprochen, ob er mit ihnen privat Versehrtensport betreibe wolle; aus diesen informellen Anfängen entwickelte sich 1950 der VSV Uelzen. In Gießen wurde das spätere langjährige Vereinsmitglied Kurt Klicha 1953/54 auf der Straße angesprochen, ob er einer Versehrtensportgruppe beitreten möchte, aus der dann später der VSV Gießen wurde. In Wetzlar stieß Ende der 1940er-Jahre das spätere Gründungsmitglied der VSG Wetzlar, Eduard Wagner, bei seiner Erwerbsarbeit in der Büromaterialfirma Leitz auf andere Kriegsversehrte, die sich dann zu einer Sportgruppe zusammenschlossen. In Eschwege wurde Fritz Müller, der in der örtlichen Sparkasse arbeitete, 1955 im Dienst „vom damaligen Vorsitzenden" angesprochen, ob er nicht seinem Verein beitreten wolle. Und in Münster suchte der Gründer des VSV Münster, Walter Lietz, „nach

Freunden aus meiner früheren aktiven Sportzeit und anderen Körperbehinderten, die sportlich aktiv waren bzw. werden wollten" und gründete mit ihnen 1955 in einer Kneipe einen Versehrtensportverein.[55]

Eine andere Methode war das Aufgeben von Zeitungsannoncen und das Anbringen öffentlicher Aushänge. In Wuppertal konnte nach einem von Peter Paulus, dem späteren NRW-Landesversehrtensportwart, gestarteten Zeitungsaufruf schon Ende 1945 eine Versehrtensportgruppe gegründet werden. In Oldenburg hängte 1946 der spätere Landesblindensportwart Kurt Wegner ein Pappschild mit einem Gründungsaufruf in das Schaufenster eines Geschäftes; aus diesen Anfängen gründete sich die VSG Oldenburg. In Bremen sammelte der ehemalige Lazarettsportlehrer Garrelmann über eine „Plakataktion sportbegeisterte Kriegsversehrte" zusammen, so dass sich schon im August 1946 eine Versehrtensportgruppe gründen konnte. In Wattenscheid trafen sich 1951 auf eine Zeitungsmeldung sieben amputierte Kriegsversehrte und bildeten dann die örtliche VSG. In Eschwege hatte der spätere Gründer Ernst Kreutzer 1951 „durch die Presse alle Versehrten zu einer Zusammenkunft im Gasthaus" eingeladen, wo dann spontan die VSG gegründet wurde. In Aschaffenburg hatte der spätere Sportlehrer der VSG über eine Zeitungsannonce 1951/52 Kriegsversehrte zu einer Sportgruppe zusammengeführt. In Bremerhaven hatte der Gründer Dr. Friedhelm Wippermann 1952 im örtlichen „Blinkfeuer" eine Annonce für interessierte Sportler aufgegeben. In Bielefeld rief der spätere erste Vorsitzende Werner Borgstedt „Kriegsversehrte auf, wieder Sport zu treiben. Daraufhin fanden sich 10 Kameraden" zusammen und gründeten 1947 die VSG Bielefeld. Und in Heilbronn trafen sich 1950 Kriegsversehrte über einen Aufruf in einer Gaststätte und formierten dort die VSG Heilbronn.[56]

Leichter mit ihrer Gründung hatten es diejenigen Versehrtensportvereine, deren Mitglieder bereits vor 1945 Versehrtensport betrieben hatten; jedoch waren dies nur sehr wenige Gruppen. In Aachen bestand bereits von 1919 bis 1944 eine Versehrtensportgruppe, dessen Mitglieder 1946 einfach nur dort anknüpften, wo sie zwei Jahre zuvor aufgehört hatten. Zunächst trafen sie sich nach dem Krieg als Schwimmgruppe im ASV Aachen, bevor sie 1946 mit neuen Mitgliedern ihren Übungsbetrieb wieder aufnahmen. Die offizielle Gründung der VSG Aachen erfolgte aber erst 1954.[57] In Essen hatte schon vor dem Zweiten Weltkrieg ein Turnlehrer mit Kriegsversehrten Gerätturnen und Gymnastik betrieben. Nach 1945 wurde diese Tradition offenbar fortgesetzt, so dass

1947 Essener Versehrtensportler am Hamelner Zonensportfest für Versehrte teilnehmen konnten. Die VSG Essen gründete sich jedoch erst 1955.[58] In Frankfurt bestand seit 1936 eine Sportgruppe, deren Mitglieder über die städtischen Versehrtensportlehrer Georg Vogel und Georg Gebhard konstant bis 1957 betreut wurden, ehe sich dann aus versicherungstechnischen Gründen einige Versehrtensportler als eigene Abteilung der Turn- und Fechtgemeinde Frankfurt anschlossen, während der Rest 1956 einen eigenen Verein gründete.[59] In Göppingen hatte der dortige kriegsversehrte Arzt Dr. Heinrich Zeller seit den 1920er-Jahren privat eine Versehrtensportgruppe betreut, die ab 1939 und dann ab 1945/46 weiter als informelle Schwimm- und Gymnastikgruppe existierte. 1952 gründeten die Mitglieder dann die VSG Göppingen mit Dr. Zeller als Vorsitzenden.[60] In Hamburg gehörte die DLRG-Versehrtenschwimmgruppe von Frau Frieda Steffens, die schon 1936 formiert worden war, zu den Gründungsgruppen des 1952 ins Leben gerufenen Versehrtensportvereins ADV Hamburg.[61] In Karlsruhe bestand seit 1934 eine inoffizielle Versehrtensportgruppe, die auf den Sportanlagen der dortigen Hochschule trainierte; diese Gruppe bildete 1947 den Kern einer Versehrtensportgemeinschaft, die sich offiziell 1950 als Verein begründete.[62]

Eine Besonderheit unter diesen Gründungsgruppen, deren Mitglieder bereits vor 1945 Kontakt miteinander hatten, stellt die BSG Köln dar, die 1947 ins Leben gerufen wurde. Ihre Gründungsgruppe bestand nicht aus ehemaligen Sportlern oder Versehrtensportlern vor 1945, sondern war ursprünglich ein Kölner Zweig der katholischen Sturmschar gewesen, eine Gruppe aus der bündischen Jugendbewegung vor 1933. Ihre antinationalsozialistischen Mitglieder hatten gemäß ihrer jugendbewegten Einstellung schon immer gemeinsam Sport betrieben, und die Männer hatten dann später im Krieg über ihre Frauen auch weiter Kontakt gehalten. Nach dem Krieg trafen sie sich dann in Köln wieder und erneuerten ihre alten bündischen Kontakte. Ihre kriegsversehrten Gruppenmitglieder gingen gemeinsam im Stadtbad schwimmen, wobei schnell andere Kriegsversehrte hinzustießen, so auch der spätere Vizepräsident der ADV, Hans Lorenzen, der dann die sportliche Leitung der Gruppe übernahm. 1948 gründete sich aus diesen Traditionen heraus die VSG Köln, die jedoch bald ihre bündisch-jugendbewegte Struktur verlieren sollte.[63]

All diese Gruppen besaßen zwar unterschiedliche Gründungsgeschichten, allen war aber gemeinsam, dass sie zunächst ohne bzw. ohne genügende Anbindung an eine Dachorganisationen existierten und vielfach auf sich gestellt waren und zudem häufig auch finanzielle Schwierigkeiten hatten, ihren Verein überhaupt am Leben halten zu können. Denn bis etwa 1950 bestanden noch keine oder kaum übergeordnete Versehrtensportverbände, und in vielen Regionen, wenn auch nicht überall, weigerten sich zunächst noch – bis auf die Turnverbände – die traditionellen Sportorganisationen, die Versehrtensportgruppen, die in keinen etablierten Fachverband zu passen schienen, zu unterstützen. Zudem verfügten die in der Regel relativ kleinen Gründungen zunächst über wenig Finanzkraft – erst 1956 wurde über einen Zusatz im Bundesversorgungsgesetz Versehrtensport als ambulante Heilmaßnahme finanziert – und ihre Sportausstattungen waren häufig mager. Auch standen in der Frühzeit nicht immer genügend Sportstätten zur Verfügung, so dass die Sportausübung erschwert wurde. All diese Probleme konnten aufgrund der isolierten Situation vieler Versehrtensportgruppen nur individuell vor Ort gelöst werden. Vieles lief nur über persönliche Beziehungen oder Kontakte; manchmal war auch der Zufall im Spiel.

In Bielefeld stellte die Stadt schon 1947 den Versehrtensportlern, die keine Kontakte zu den Kriegsopferorganisationen und zum Landessportbund besaßen, eine Halle zur Verfügung. In Aschaffenburg arbeitete der spätere Sportlehrer der VSG im städtischen Sportamt und konnte seine Beziehungen nutzen; über die örtliche VdK-Gruppe erhielt man dann 1952 die ersten Zuschüsse. In Lübeck bekam die 1952 gegründete Gruppe deshalb Unterstützung vom örtlichen MTV, weil deren Oberturnwart selbst kriegsbeschädigt war. In Lüdenscheid spielte die 1946 ins Leben gerufene Versehrtensportgruppe mit Unterstützung des dortigen Pfarrers zunächst Tischtennis im Konfirmandensaal des Lutherhauses, bis dann 1950 der örtliche VdK mit der Stadtverwaltung über eine Nutzung der Turnhalle und des Schwimmbads verhandelte.[64]

In Mannheim knüpfte Karl Drees, der dortige Gründer der VSG und spätere Landesversehrtensportwart, der in einem Orthopädiefachgeschäft arbeitete, über die Orthopädiemechanikerinnung 1948 Kontakte und besorgte Spenden für den jungen Verein, während die Stadt der Gruppe die Schwimmhalle zur Verfügung stellte. In Münster half 1955 der Leiter des Sportamts, Dr. Bruno Saurbier, der vor 1945 das Hochschulinstitut für Sport in Prag aufgebaut hatte und ein veritabler Nationalsozialist war, bei der Gründung der Sportgruppe. In Schweinfurt wurden die Gründung 1953 und die Anfangsjahre der Gruppe durch den Stadtsportbund und das Stadtsportamt unterstützt. In Hannover half 1949/50 ebenfalls der dortige Stadtsportamtsleiter, Heinrich Kabus, bei der Gründung. Der ehemalige Arbeitersportler Kabus war zugleich noch der Vorsitzende des Kreissportbundes, Vertreter einer Kriegsopferorganisation und Vorstandsmitglied eines Vereins zur Förderung des Versehrtensports. In Göttingen hatte die Stadt in den späten 1940er-Jahren sogar einen eigenen Beauftragten zur Gründung eines Versehrtensportvereins berufen. Auch in Siegen half die Stadtverwaltung dem Verein bei seiner Gründung im Jahre 1959 durch die Bereitstellung des Stadtbades für die Übungsstunden, aber die bürokratisch und organisatorisch geebneten Verhältnisse der späten 1950er-Jahre sind mit der ungeordneten Frühzeit bis 1950 natürlich kaum vergleichbar.[65]

Schwierigkeiten waren an der Tagesordnung. In Eschwege wandte sich die 1951 gegründete Gruppe zunächst an den Sportverein Jahn Eschwege, der Geräte, die Turnhalle und einen Gymnastiklehrer kostenlos zur Verfügung stellte; ein Masseur vom Krankenhaus half ebenfalls. Generell jedoch soll die Gründung „nicht einfach gewesen sein (...). Gab es doch Politiker, die gerne gesehen hätten, wenn die Kriegsversehrten einfach in Schubladen verschwänden“. Auch in Heilbronn war die Gründung 1950 mühsam, da kein Geld vorhanden war und etliche Kriegsversehrte befürchteten, dass sie bei einer Besserung ihrer Schäden durch Sport Rentenkürzungen zu erwarten hätten; eine unrealistische, damals aber weit verbreitete Angst, die den Vereinen und Verbänden oft begegnete. Auch in Minden hatte die 1951 gegründete Gruppe lange Zeit Probleme wegen ungeklärter Finanzen, bis 1956 das Versorgungsgesetz in Kraft trat.[66]

In Wattenscheid stellte die Stadt der 1951 gegründeten Gruppe zwar eine alte primitive Turnhalle zur Verfügung, aber die Sportler wurden weder durch VdK und Reichsbund noch durch die lokalen Sportorganisationen unterstützt, auch fehlten zunächst geeignete Übungsleiter.[67] In Müllheim hatte der dortige VdK 1949 zwar die Versehrtensportgruppe ins Leben gerufen, aber trotz diverser Erleichterungen wie Freifahrkarten der Bahn war der Aufbau mühsam, da der Stadtsportbund keine Unterstützung anbot, es keine Übungsleiter gab und kaum jemand sportliche Erfahrung besaß.[68] Und in Nürnberg gingen alle drei Vorläufergründungen des erst 1953 gegründeten VSV Nürnberg nach kurzer Zeit wieder ein: der 1946 ins Leben gerufene Hilfsverein Versehrtensport Ansbach, die ebenfalls 1946 formierte Versehrten-Tischtennisgruppe und die 1949 gegründete VSA im VdK Nürnberg. Fehlende Übungsstätten, wenig Sportgeräte, Wohnungsnot und Umschulungen der Mitglieder waren die Gründe.[69]

Wie sehr lokale Besonderheiten und Ausnahmesituationen die Gründungen und die ersten Jahre der Vereine aber auch im positiven Sinne individuell prägen und fördern konnten, zeigen drei völlig unterschiedliche Beispiele aus Hamburg, München und Frankfurt. In Hamburg waren es gleichzeitig die alte DLRG-Versehrtensportgruppe um Frieda Steffens von 1936, die Versehrtenschwimmgruppe des Reichsbundes und Versehrtensportgruppen, die sich ihren alten Vereinen wieder angeschlossen hatten, die die Gründung des Hamburger Versehrtensports kurz nach 1945 beschleunigten. Anfang der 1950er-Jahre erhielten sie dann rasch organisatorische und finanzielle Unterstützung vom Hamburger Sportbund, vom Reichsbund, vom Bund der Kriegsblinden Deutschlands (BKD), vom Sozialamt und vom Sportamt; beteiligt waren auch Unternehmen wie die Shell-AG.[70]

In München war es eine Gruppe vom Sportlehrern und Mitarbeitern der Fürsorgestellen, die den VSV München auf die Beine gestellt hatte, unter ihnen befand sich auch Ministerialrat Dr. Alexander Szilagi, der 1969 eine Dokumentation zur Geschichte der Kriegsopferfürsorge schreiben sollte. Die Finanzierung wurde wesentlich durch den VdK gestützt. Besondere (auch finanzielle) Hilfe erhielt der Verein noch durch den Bayerischen Blindenbund, dessen Vorsitzender Dr. Herbert Demmel mit anderen Zivilblinden schon früh dem VSV München beigetreten war und somit eine sportliche Allianz zwischen Kriegs- und Zivilbehinderten förderte, die in anderen Vereinen zu diesem Zeitpunkt eher ungewöhnlich war.[71]

In Frankfurt hatte seit 1936 unter der Leitung der städtischen Sportlehrer, Georg Gebhard und Georg Vogel, der als Gegner des NS-Regimes von 1942 bis 1945 im Konzentrationslager Dachau inhaftiert war, bereits eine Versehrtensportgruppe bestanden, die ab 1945 fortgesetzt und von der Stadt finanziert wurde. Diese kostenlosen Kurse, an denen Hunderte von Kriegsversehrten teilnahmen, fanden an fünf Tagen in der Woche statt und wurden bis in die späten 1950er-Jahre beibehalten. 1956 gründete sich dann die VSG Frankfurt. Schon 1951 hatten sich jedoch einige Versehrtensportler aus versicherungstechnischen Gründen von den Kursen abgespalten und sich als eigene VSG der Turn- und Fechtgemeinde Eintracht Frankfurt von 1861 angeschlossen; Vorsitzender dieser VSG war ebenfalls Georg Vogel.[72]

Die frühen Gründungen von Versehrtensportgruppen waren, das zeigt diese Übersicht, stark abhängig von der jeweiligen individuellen und regionalen Situation vor Ort. Sie gingen nicht einheitlich vonstatten und wurden nicht über eine zentrale Organisation gesteuert. Vieles blieb dem individuellen Engagement einzelner Kriegsversehrter überlassen. Manchmal half die städtische Verwaltung, manchmal leisteten die Sportbünde und die lokalen Vereine Hilfestellungen, und manchmal kümmerten sich die regionalen Kriegsopferverbände um den Versehrtensport. Nur in den wenigsten Fällen konnten die Versehrtensportler – wie die regulären Turn- und Sportvereine – an die Kontinuität einer bereits bestehenden Versehrtensportgruppe wie in Frankfurt, Karlsruhe oder Aachen anknüpfen. Zudem besaßen die wenigen Sportgruppen kaum Kontakt untereinander, in der Regel waren sie komplett isoliert und blieben zunächst auf sich gestellt. Aus diesen Gründen gingen auch die Gründung und Etablierung von Versehrtensportvereinen in den ersten Jahren nur sehr schleppend und außerordentlich zögerlich voran. Erst mit der flächendeckenden Etablierung von Landesverbänden ab etwa 1950, die gleichzeitig auch die schon früh diskutierte Frage der überregionalen Organisation im Versehrtensport klären sollte, zogen die Gründungen der Versehrtensportvereine an.

2.2 Die Gründung und Etablierung der Landesverbände

2.2.1 Organisation und Betreuung der frühen Versehrtensportgruppen

Mit einer Gesamtzahl von schätzungsweise 100 Versehrtensportgruppen in West-Berlin und im Bundesgebiet war die Riege der Versehrtensportler bis etwa 1950 ausgesprochen schwach besetzt, zumal Bayern mit etwa 50 Vereinigungen allein schon die Hälfte der Gruppen stellte. Dazu kam, dass diese 100 Gruppen nicht gleich organisiert, sondern im Gegenteil sehr unterschiedlich konzipiert und eingebunden waren. Einige Gruppen bildeten eigenständige Sportvereine, andere waren an regionale Turn- und Sportvereine angeschlossen, wieder andere bildeten Sportabteilungen der örtlichen Kriegsopferorganisationen, und etliche weitere waren nur lose in informellen Zusammenschlüssen organisiert; dazu kamen noch zahlreiche Versehrtensportler, die als Einzelpersonen Mitglieder in Abteilungen regulärer Turn- und Sportvereine waren und ihren Sport, so gut es ging, gemeinsam mit Sportlern ohne Behinderung betrieben. 1950 fasste Hans Lorenzen, der später Vizepräsident der ADV bzw. des DVS werden sollte, das Organisationswirrwarr zusammen: „Die Organisation wird überall verschieden sein. Es gibt allein vier Beschädigten-Organisationen, die sich nicht besonders freundlich gegenüberstehen. Hinsichtlich der bestehenden Versehrtensportgruppen sind zu unterscheiden solche, die von Fürsorgestellen unterhalten werden, von Sport-, von Turnvereinen, Rudervereinen, Schwimmvereinen, Gesundheitsämtern, von Werken und Betrieben, Landesversicherungsanstalten und sogar von Privatpersonen und Gemeinden. Es ist also ein fachliches Vielerlei."[73]

Erschwerend kam hinzu, dass viele Versehrtensportgruppen in den ersten Jahren nach 1945 – auch aufgrund ihrer geringen Zahl – zumindest in den nördlichen und westlichen Bundesländern kaum Kontakt untereinander und auch keine Kenntnis voneinander hatten und daher mehr oder weniger auf sich gestellt waren. Die einzigen überregionalen Beziehungen liefen über alte private, militärische oder berufliche Verbindungen, die noch aus der Kriegszeit stammten und über überregional arbeitende Versorgungsämter und Krankenhäuser, in denen man sich zufällig über den Weg lief: „Zu Anfang wussten sie nichts voneinander. Sie gründeten unabhängig für einander, bis sie sich kennenlernten und im Treffen der Gemeinschaften Wettkämpfe durchführten".[74]

Schließlich trat man über die wenigen Zonen-, Landes- und Bundesversehrtensportfeste in Verbindung, wie etwa im württembergischen Göppingen (1946–1948), im niedersächsischen Hameln (1947), im bayerischen Wendelstein (1948), in Köln, Wuppertal, Bremen und Frankfurt (1947/48), in Stuttgart-Feuerbach (1950) oder auf Schloss Werneck (1951). Die Feste wurden von Krankenhäusern oder Vereinen ausgeschrieben, über Zeitungen und private Kontakte bekannt gemacht und fanden zum Teil (und auf verschlungenen Wegen) überregionale Beachtung, wenn sie insgesamt auch klein blieben. So kamen zum Zonensportfest in Hameln 1947 Versehrtensportler aus Niedersachsen, Hamburg, Bremen und Nordrhein-Westfalen, wenngleich nicht alle auch in Vereinen organisiert waren. Zum dritten Landessportfest in Göppingen 1948 kamen bereits 130 Versehrtensportler. Und 1949 wurden drei Versehrtensportler aus Kiel – die Wege waren damals noch weit – von Sportkameraden eingeladen, an einem bayerischen Versehrtensportfest teilzunehmen; ein Jahr später nahmen sie auch am Versehrtensportfest in Stuttgart-Feuerbach teil.[75]

Trotz dieser überregionalen Kontakte waren die meisten Gruppen regional eher isoliert und blieben mit ihren internen Problemen vorerst alleine. Nur die wenigsten Gruppen waren organisatorisch der Turn- und Sportbewegung angeschlossen; viele waren daher auch nicht Mitglied im örtlichen Kreis- oder Stadtsportbund und im jeweiligen Landessportbund. Dies bedeutete wiederum, dass viele Versehrtensportler auch nicht versichert waren. Ihre Gruppen besaßen nur wenige Sportgeräte und verfügten nur selten über vernünftige Sportstätten. Ausgebildete Übungsleiter waren Mangelware. Insgesamt waren die Finanzen knapp, Improvisation wurde groß geschrieben.

Diese prekäre Organisationssituation im Versehrtensport und die je nach regionalen Gegebenheiten völlig verschiedene Organisationsanbindung der Versehrtensportgruppen veranlasste etliche Funktionsträger, über eine einheitliche Organisationsform nachzudenken und entsprechende Projekte anzuschieben. Zwei wichtige Fragen waren die nach der lokalen Organisationsform und der künftigen überregionalen Betreuung, denn beides hing eng zusammen. Beschloss eine Versehrtensportgruppe, ihren inoffiziellen Status einer losen Form zu verlassen und eine offizielle Anlaufstation zu werden, so kam entweder eine Anbindung an eine Kriegsopferorganisation oder an eine Sportorganisation in Frage; beides wurde schon kurz nach 1945 ausprobiert. Dabei waren die Kriegsversehrtensportler – trotz der starken Anbindung in Bayern an den VdK – im Grunde der Meinung, dass sie sich als alte Sportler eher der Turn- und Sportbewegung anschließen sollten, da hier die Bedürfnisse der Versehrtensportler – Versicherung, Sportbetreuung, Wettkampf, Ligaspiele – grundsätzlich gedeckt werden konnten, während die Kriegsopferorganisationen eher für Rentengesetzgebung, Versorgung und Rehabilitation zuständig waren.

Der zweite Punkt betraf die Organisationsform innerhalb des Sports selbst. Sollte man sich als Abteilung einem Turn- und Sportverein anschließen, nur intern Sport treiben und an regionalen Wettkämpfen teilnehmen? Sollte man sich als eigenständige Abteilung bzw. als eigenständiger Verein einem verwandten Fachverband anschließen? Oder sollte man gar einen eigenen (Landes)Verband gründen, einen eigenen Ligabetrieb aufziehen und gar eigene „Deutsche Meister" ausspielen? Vor allem der letzte Weg verfügte zwar über den Charme völliger Unabhängigkeit, er bedeutete jedoch in der Geschichte des Behindertensports komplettes Neuland und musste erst entsprechend überdacht werden. Da es in den meisten Bundesländern, von Bayern abgesehen, nur eine Handvoll Versehrtensportgruppen gab, die sich zudem überregional alleine gar nicht organisieren konnten, blieb zunächst nur eine direkte

Anbindung an andere Sport- und Turnvereine und an entsprechende Landesfachverbände.

So versuchten die Versehrtensportgruppen, z.T. mit, z.T. ohne Vereinsstatus zunächst einmal, einem Stadt- oder Kreissportbund und damit einem Landessportbund beizutreten. Wenn der jeweilige Beitritt von den Sportorganisationen bewilligt wurde, waren die Gruppen damit zumindest unfallversichert und partizipierten theoretisch auch an den entsprechenden Zuschüssen im Sport. Das Problem war nur, dass die Organisationsstruktur im Sport in vielen Ländern bereits kurz nach 1945 abgeschlossen war (vgl. oben) und sich die alten Sportfachverbände mit ihren traditionellen Sportarten bereits (wieder) begründet hatten. Der Versehrtensport, der völlig andere oder abweichende Sportarten ausübte, sowie andere Randsportarten oder Randorganisationen wie Wandern, Bergsteigen und Freikörperkultur oder Betriebssportverbände oder Sportverbände, die sich auf Arbeitersporttraditionen beriefen, nahmen eine Sonderstellung ein und waren als Außenseiter kaum oder gar nicht in die Landessportbünde integriert. Viele Funktionsträger im Sport waren der Ansicht, gerade die Außenseitergruppen trügen zu einer befürchteten vermeintlichen Zersplitterung der Sportorganisation in viele kleine Gruppen bei. Daher versuchten zumindest einige Landessportbünde, die Aufnahme von entsprechenden Verbänden und Vereinen zu verhindern. Dazu kam noch ein finanzielles Argument: Je mehr Fachverbände an den gedeckelten Zuschüssen der Landessportbünde partizipierten, desto weniger Geld erhielt der einzelne Verband.

Zudem wurden gerade Versehrtensportler aufgrund ihrer Behinderung, die als Symbol für den verlorenen Krieg und als soziales und sportliches Tabu galt, von nicht allen, aber doch einigen Landessportbünden nicht gern gesehen. So startete 1950 der LSB Niedersachsen eine Umfrageaktion unter seinen Mitgliedern über die Gründung und Eingliederung von Versehrtensportgruppen, wobei sich 29 Stadt- und Kreissportbünde gegen und lediglich vier für eine Gründung eigenständiger Versehrtensportvereine aussprachen. Dies passte zu einer Äußerung von Heinrich Hünecke, dem damaligen 1. Vorsitzenden des LSB, der sich noch 1952 gegen einen öffentlichen Wettkampfbetrieb der Versehrtensportler aussprach mit der Begründung: „Die teilweise unästhetische Zurschaustellung der Versehrten findet nicht die Billigung des Vorstandes“.[76] Und noch 1952 hieß es auf einer Tagung der Landessportbünde im Deutschen Sportbund: „Gegenüber dem Versehrtensport kam einmütig zum

Ausdruck, dass dieser in ein Fahrwasser geraten sei, das seinen eigentlichen Zweck nicht mehr fördere. Den Versehrtensport müsse man als Sportorganisation ablehnen".[77]

Aber was bezeichnete man noch 1952 als den „eigentlichen Zweck" des Versehrtensports, und in welches „Fahrwasser" seien die Versehrtensportler angeblich geraten? Nach Ansicht der Sportbünde und Fachverbände – aber auch nach Meinung der Sportärzte der Zeit – sei Versehrtensport im Wesentlichen als Heilmaßnahme und für die Rehabilitation sowie für das Allgemeinbefinden und die Erhaltung und Stärkung der Arbeitskraft zuständig. Versehrtensport als reine Rehabilitationsmaßnahme könne daher nicht als „Sport" bezeichnet werden und habe damit in der deutschen Sportorganisation auch nichts zu suchen.

Diese Ansicht traf jedoch kaum die Realität. Denn die Mehrzahl der Versehrtensportler hatte in der Regel eine Sportsozialisation aufzuweisen; unter ihnen gab es etliche ehemalige Leistungs- und Spitzensportler auf zum Teil hohem Niveau. Diese ehemaligen Leistungssportler wollten nicht etwa lediglich Gehübungen und Rehabilitationsmaßnahmen durchführen, sondern natürlich auch wieder ihren Sport – als Breitensport und Leistungssport – betreiben, und zwar nicht etwa für sich allein und isoliert von der Öffentlichkeit sondern, genau wie im „herkömmlichen" Sport ebenfalls im Rahmen von öffentlichen überregionalen Wettkämpfen und Ligaspielen und gegebenenfalls sogar auch auf internationalen Sportfesten. So hatten viele Versehrte kurz nach 1945 auch wieder mit Sport begonnen, und es gibt etliche Beispiele dafür, dass Kriegsversehrte wieder an Meisterschaftswettkämpfen teilnahmen und mit Sportlern ohne Behinderungen gemeinsam auf Sportfesten um den Sieg kämpften.[78]

Da die Sportbünde und -verbände eine eigene Versehrtensportorganisation ablehnten, aber die Versehrtensportler selbst sich innerhalb des Sportes organisieren wollten, musste ein Kompromiss her. Er fand sich in Gestalt der Turnverbände der Länder, die bereit waren, die Versehrtensportler unter bestimmten Bedingungen in ihre Reihen aufzunehmen. Dies hatte verschiedene Gründe. Zunächst kamen etliche Versehrtensportler und auch Versehrtensportübungsleiter wie der einflussreiche Hans Lorenzen ursprünglich aus dem Turnen – er war vor dem Krieg Oberturnwart in Cottbus gewesen –, so dass hier bereits gute Verbindungen bestanden. Zweitens förderten die Turner aufgrund ihres turnerischen Selbstverständnisses vor allem die Idee des

„Gesundheitssports" und der Breitenarbeit, d.h. Leibesübungen für alle. In diese „Breitensportidee", die dem Leistungssport kritisch gegenüberstand, passte das „Versehrtenturnen" auch ideologisch noch am besten hinein. Und drittens hatte die Deutsche Turnerschaft um 1900 bereits das Gehörlosenturnen und nach 1918 partiell auch den Versehrtensport betreut, so dass den Turnern „Behindertensport" nicht fremd war.

Aufgrund des turnerischen Selbstverständnisses konnte eine Betreuung der Versehrtensportler nur zu bestimmten Bedingungen erfolgen. So sollten die Versehrten nach Wunsch der Turnverbände möglichst keine eigenständigen Versehrtensportvereine bilden, sondern lediglich abhängige Abteilungen in Turnvereinen gründen. Sie sollten sich sportlich weitgehend von der Öffentlichkeit fernhalten und keine eigenen Meisterschaftswettbewerbe durchführen. Und sie sollten generell weder Leistungssport treiben noch Höchstleistungen anstreben, sondern vorwiegend Gesundheitssport und Heilmaßnahmen durchführen.[79] Daher standen die Turnerbünde von Anfang an den leistungsbezogenen Versehrtensportfesten sehr kritisch gegenüber: „Wir sehen unseren Arbeitsschwerpunkt in stiller und menschlich betonter Tätigkeit".[80]

Ganz nach turnerischer Tradition wurde daher vor allem das „gesundheitliche Allgemeinbefinden (der Versehrten)" gefördert. An diesen Vorgaben hielten die Turner noch bis 1954 fest: „Es geht kurz darum, ob das Höchstleistungsprinzip beim Turnen Beschädigter allein bestimmend und überragend zu beurteilen ist oder ob es andere Werte gibt, die bei Beschädigten gleichbedeutend oder höher zu veranschlagen sind. Es ist klar: das gesundheitliche Allgemeinbefinden steht zuerst über allem."[81].

Die generelle Aufnahmebereitschaft der Turner hatte zur Folge, dass sich in etlichen Ländern die Turnverbände – zum Teil mit Unterstützung der jeweiligen Landessportverbände und der Kriegsopferverbände – der Versehrtensportler annahmen und sie betreuten; in einigen Ländern erfolgte diese Betreuung schon in den späten 1940er-Jahren. Zur Betreuung setzten die Turnverbände bzw. später der Deutsche Turnerbund (DTB) Landesversehrtenturnwarte ein, die ab den frühen 1950er-Jahren aufgrund ihrer Zugehörigkeit zu den Landesturnausschüssen zum Vorstand des jeweiligen Landesturnverbandes gehörten, wobei der DTB selbst offenbar keinen Bundesversehrtenwart eingesetzt hatte.[82] 1952 verzeichneten der Nordbadische Turnverband, der Bayerische Turnverband, der Berliner Turnverband, der Hessische Turnverband, der Landesturnverband Mittelrhein, der Niedersächsische Turnverband, der Rheinhessische Turnerbund, der Rheinische Turnerbund, der Schleswig-Holsteinische Turnverband, der Turnerbund Schwaben und der Württembergische Turnerbund je einen Versehrten(turn)wart. Zu diesem Zeitpunkt verfügten die Turnverbände von Westfalen, Hamburg, Bremen, Pfalz, Saarland und Südbaden nicht, nicht mehr oder noch nicht über einen Landesversehrtenwart, obwohl etliche dieser Verbände noch 1950 einen entsprechenden Vertreter besessen hatten.[83]

Die meisten dieser Versehrtenturnwarte waren selbst kriegsversehrt; etliche stammten aus den Reihen der Turner, einige jedoch waren aber auch Versehrtensportler von außen ohne frühere Kontakte zu den Turnern. Viele von ihnen sollten nach der Gründung der Landesversehrtensportverbände Sportwart ihres Verbandes werden, wobei einige parallel dazu eine Zeitlang auch noch der Versehrtenwart des jeweiligen Turnerbundes blieben; eine gewisse personelle Kontinuität war also vorhanden. So wurden bzw. waren die Versehrtenturnwarte und „Turnbrüder" von Nordrhein-Westfalen (Hans Lorenzen), Hessen (Dr. Rudolf Siegert), Niedersachsen (Karl Kurt Karwath), Baden (Karl Drees), Württemberg (Eugen Weinmann) und Bremen (Josef Pappert) gleichzeitig bzw. später Versehrtensportwarte ihrer Landesverbände oder übernahmen andere Funktionen im Vorstand, wohingegen frühe Initiatoren des Versehrtenturnens in Schleswig-Holstein, Rheinland-Pfalz und Westfalen wie Werner Bombor, Martin Bitter und Nikolaus Müller später keine Funktionen im Versehrtensport mehr inne hatten.[84]

Da die Allianzen zwischen den Sport- und Turnbünden in den jeweiligen Ländern jedoch ganz verschieden waren und die Versehrtensportler je nach Land auch unterschiedlich bzw. unterschiedlich gut organisiert waren, konnten die konkreten Betreuungssituationen jeweils stark differieren. In einigen Ländern gab es zeitlich parallel laufende Versehrtensportgruppen in und außerhalb der jeweiligen Turnerbünde, ja sogar bereits Fachgruppen bzw. Vorformen von Landesfachverbänden im Versehrtensport. In den günstigsten Fällen kam es hier zu festen Personalunionen – so war der württembergische Versehrtenturnwart Eugen Weinmann gleichzeitig auch der Leiter der Fachgruppe Versehrtensport im dortigen LSB – oder man kannte sich gar nicht bzw. akzeptierte sich einfach nicht. Daher konnten die Angaben über die jeweilige Situation im Versehrtensport je nach Organisation unterschiedlich, ja widersprüchlich sein.

Auf einer der ersten Tagungen der Versehrtenwarte der Turnerbünde in Frankfurt im Herbst 1950 wurde die Situation wie folgt zusammengefasst: In Westberlin bestehe seit 1946 „ein selbständiger Versehrtensportbund, der sich dem Turnerbund angeschlossen hatte“; hier gab es anscheinend enge Kontakte.[85] In Hessen kamen dagegen die wesentlichen Impulse vom Frankfurter Stadtamt für Leibesübungen, vom Landessportbund und vom Turnerbund, letztere engagierten sich seit 1947 im Versehrtensport. Und in Württemberg bestand schon seit etwa 1948 eine eigene Fachgruppe, die mit der Landesregierung und dem LSB eng zusammenarbeitete. Dagegen waren den Versehrtenwarten der Turnerbünde von Bayern, Schleswig, Mittelrhein, Rheinhessen, Schwaben und Niedersachsen merkwürdigerweise so gut wie keine Versehrtensportinitiativen bekannt.[86] Dies entsprach jedoch nicht den Tatsachen. In Bayern hatte schon 1947 der Bayerische Landessportverband (BLSV) mit dem VdK „eine Betreuungsstelle für Beschädigtensport im BLSV“ gegründet, die Sportgruppen formieren und in den Vereinen verankern sollte. Dies hätte Fritz Burges, der bayerische Vertreter der Versehrtenwarttagung von 1950, wissen müssen, da er in Nürnberg eine Versehrtensportgruppe selbst mit gegründet hatte. Und in Niedersachsen gab es bereits ab 1946 Versehrtensportvereine, die sich im Frühjahr 1950 zu einem provisorischen Versehrtensportverband zusammengeschlossen hatten; dies hätte aber der niedersächsische Vertreter der Tagung, der Turner Paul Löbe, ebenfalls wissen müssen.[87]

Diese Unstimmigkeiten hatten nicht nur damit zu tun, dass etliche Gruppen und Vereine aufgrund der wenige Jahre nach dem Weltkrieg immer noch schwierigen Kommunikationswege kaum etwas voneinander wussten und es dadurch Koordinationsprobleme gab, sondern auch damit, dass die Turner die Situation im Versehrtensport kontrollieren wollten und jede Unabhängigkeitsbestrebung und alternative Gründung aus den Reihen der Versehrtensportler selbst torpedierten oder ignorierten. Die Turner lehnten den Leistungssport ab, und auch etliche Versehrtenwarte der Turnerbünde, die später im Versehrtensportverband Funktionen übernehmen sollten, standen, wie Lorenzen, dem Leistungssport kritisch gegenüber und wollten eher Breitenarbeit und Rehabilitation fördern. Abgesehen von ärztlichen und gesundheitlichen Bedenken aufgrund der körperlichen Verfassung der Sportler mit der Begründung, Wettkämpfe vor allem von „unausgebildeten Versehrten“ könnten „persönliche Schädigungen (hervorrufen), die sich oft erst später bemerkbar machen", seien besonders Wettkämpfe zwischen Versehrten und Unversehrten, vereins- bzw. regionsübergreifende Sportfeste sowie vor allem die „Schaustellung Versehrter" bei öffentlichen Wettkämpfen „nicht zu vertreten". Damit wurde einem Liga- und Wettkampfbetrieb sowie einer öffentlichen Ausspielung von Meisterschaftskämpfen eine Absage erteilt. Zwar mussten die Versehrtenwarte notgedrungen berücksichtigen, dass natürlich gerade im Sport „ein Höchstleistungsstreben jedem Menschen innewohnt", und viele Versehrtensportler ehemalige Leistungssportler waren. Aber dies führte insgesamt nur zu dem lauwarmen Kompromiss, höhere Leistungen nur Geübten zuzugestehen, Wettkämpfe nur unter „Könnern" abzuhalten, Sportfeste nur „im internen Betrieb als Bestandteil des täglichen Übens" zu gewähren und überregional lediglich „benachbarte Gruppen zu einem freundlichen Wettstreit aufzufordern und als gelegentlichen Höhepunkt dann Wettkämpfe innerhalb größerer Räume" zuzulassen, die jedoch „nicht in breitester Öffentlichkeit" stattfinden dürfen: „Willkommene Zuschauer sind die Angehörigen, versehrte Kameraden und Betreuer, aber keine Neugierigen!"

Zwar wurde – völlig zu Recht – darauf hingewiesen, dass nur Wettkämpfe ausgetragen werden konnten, die „dem besonderen Schaden Rechnung tragen" und es keine körperliche Überlastung geben durfte: „Üben stärkt, Nichtüben schwächt, Übertraining schadet, dosierte Übung heilt", wie die vielzitierte Losung von Arthur Mallwitz, dem „Nestor" im Versehrtensport, lautete. Aber dennoch wurde damit sämtlichen, bislang auf eigene Regie abgehaltenen Versehrtensportmeisterschaften wie denjenigen von Hameln, Göppingen oder Feuerbach eine klare Absage erteilt. Damit hatten sich zunächst zwar die „Hardliner" im Versehrtenturnen durchgesetzt, aber Versehrtenwarte wie Hermann Jopski und Dr. Rudolf Siegert aus Hessen oder Eugen Weinmann aus Stuttgart, die selbst Leistungssportler bzw. Leistungsturner gewesen waren, warnten schon 1950 die Versehrtenwarte vor einer zu rigorosen Wettkampfeinschränkung der Versehrtensportler und plädierten dagegen für leistungsorientierte öffentliche Sportfeste.[88]

Nicht nur diese Einschränkung störte die meisten Versehrtensportler. Ein zweites Manko ergab sich daraus, dass nicht etwa die Versehrtensportler selbst bzw. ihre Gruppen die bis dahin noch kargen finanziellen Mittel, die ihnen nur Verfügung standen, selbstständig verwalten konnten, sondern sie nur indirekt über die Turnbünde zweckorientiert zugewiesen bekamen. Als Mittler standen hier die Versehrtenturnwarte, die das Geld verwalten sollten und über die finanzielle Zuwendung vor allem die Lehrgänge organisierten und nicht etwa in den systematischen Aufbau von Abteilungen oder gar Wettkämpfen investierten.[89] Die Weigerung der Turner, die Verwaltung der Gelder den Versehrtensport-Abteilungen selbst zu überlassen, hatte drittens auch damit zu tun, dass die Turnverbände – wie viele Landessportbünde – an einer Selbständigkeit des Versehrtensports bzw. an einer Gründung einer eigenen Organisation nicht interessiert waren. Generell riet man von der Etablierung unabhängiger Vereine und Abteilungen im Versehrtensport ab. Noch 1952 fuhr der DTB die konsequente, aber mittlerweile unrealistische Politik, die „Leibesübungen der Versehrten in allen Stufen der turnerischen Organisation, insbesondere in den Turnvereinen selbst, zu fördern, ohne jedoch eine eigene Organisation mit verantwortlichen Warten aufzubauen", vor allem auch, um „den übertriebenen Wettkampfsport der Versehrten zu steuern". So wollte der DTB vor allem die Betreuung vor Ort übernehmen, während die Aufgabe, den Versehrtensport bundesweit zu finanzieren, zu beaufsichtigen und zu lenken, dem Sozialministerium in Verbindung mit dem Kultusministerium zustehe; Versehrtensport sei, so meinten die Turner, eben Rehabilitation und kein Sport.[90]

Die unrealistische Vorgehensweise des DTB und seiner Landesturnverbände führte relativ rasch zu Komplikationen; viele Versehrtensportler, die schon im „Dritten Reich" als kriegsversehrte Sportler Leistungssport betrieben und Sportgruppen gegründet hatten, fühlten sich nun gegängelt und mit ihren Wünschen nach gleichberechtigtem Wettkampfsport und eigenständiger Verwaltung abgelehnt.[91] Als kleines Rädchen im Getriebe des DTB und seiner Turnerbünde mussten die Versehrtensportler auf ihre finanzielle und organisatorische Eigenständigkeit und auf Wettkämpfe verzichten. Der Verzicht auf Unabhängigkeit musste langfristig ihre Existenz und damit die Umsetzung ihrer Ziele bedrohen. Denn nur selbständige Verbände waren in der Lage, systematisch Vereine zu gründen und eine Wettkampfstruktur zu schaffen. Die Versehrtensportler fühlten sich daher bei den Turnern fachlich und auch menschlich nicht optimal betreut. So suchte der Versehrtensport der Länder zunehmend nach eigenen Wegen, direkt und ohne die Turner von den Landessportbünden und dem DSB als eigene Gruppe betreut zu werden und damit gleichzeitig die eigene Unabhängigkeit zu festigen. Der Weg dahin konnte nur über die Gründung eigener Landesverbände und eines Bundesverbandes beim gleichzeitigen Abschied vom DTB führen.

2.2.2 Die Gründung der Landesverbände

Da die Ausgangssituation und die Gründungsverhältnisse der Vereine im Versehrtensport, wie gezeigt, in jedem Bundesland unterschiedlich waren, und die Versehrtensportler von den Turn- und Sportorganisationen, den Fürsorgestellen und den Landesregierungen unterschiedlich unterstützt wurden, bestanden auch für die Landesverbände ganz verschiedene Gründungsituationen.

In Bayern war der Versehrtensport landesweit schon früh organisiert, da alle betroffenen Gruppen und Verbände trotz diverser Differenzen weitgehend an einem Strang zogen. Zwar gab es in den unmittelbaren Nachkriegsjahren auch in Bayern nur sehr wenige Versehrtensportgruppen – Nürnberg (1946), Neumark und Augsburg (1947), München (1948) –, aber der in Bayern ausgesprochen rührige VdK sorgte dafür, dass in denjenigen Orten, in denen eine funktionsfähige VdK-Geschäftsstelle existierte, auch entsprechende Versehrtensportgruppen gegründet wurden. Der VdK war es auch, der früh versuchte, den Versehrtensport über Bezirksgruppen regional zu gliedern; über Versehrtensportwettkämpfe, die der VdK ab 1948 organisierte, wurden weitere Kontakte, auch zu anderen Ländern, geknüpft. Am 15.11.1947 trafen sich in München Vertreter des Bayerischen Landessportverbandes (BLSV), darunter der Spartenleiter Turnen, des VdK und des Versehrtensports und riefen eine „Betreuungsstelle für Beschädigtensport im BLSV" ins Leben, der Kreise und Bezirke benannte, Sportgruppen gründete und sie mit dem BLSV in Kontakt bringen sollte, wobei der VdK hier eine Vorreiterrolle einnahm. Durch diese Gründung gab es 1950 bereits 50 Sportgruppen mit 2.200 Mitgliedern.

Differenzen zwischen dem BLSV und dem VdK führten dann dazu, dass die Versehrtensportler begannen, einen eigenen Landesverband aufzubauen, der, wie alle anderen Fachsparten auch, gleichberechtigt und direkt im BLSV arbeiten und vom VdK unabhängig agieren sollte. Am 2.6.1952 gründeten die Versehrtensportgruppen die Arbeitsgemeinschaft Bayerischer Versehrtensport (ABV), der zunächst nur als Sparte und noch nicht als Verband im BLSV organisiert war. Der bayerische LSB hatte sich jahrelang „hartnäckig geweigert, den Versehrtensport als eigene Sparte in seinen Reihen zu führen". Nun war zumindest die Versicherungsfrage gelöst und der Anschluss an den Sport gefunden.

Erst am 15.5.1954 wurde der ABV in Bayerischer Versehrtensportverband e.V. (BVS) umbenannt und als Landesverband in den BLSV eingegliedert.[92]

In Württemberg gingen die wesentlichen Impulse von der bereits 1945 gegründeten Versehrtensportgruppe Stuttgart-Feuerbach aus, die von dem (Lazarett)Sportlehrer Eugen Weinmann geleitet wurde, der in den nächsten Jahren die Entwicklungen maßgeblich mitbestimmte.[93] 1946 wurde in den Zentralkliniken in Göppingen, in denen schon vor und dann im Zweiten Weltkrieg eine Sportgruppe für Versehrte existierte, die auch nach 1945 weiter bestand, das erste Landesversehrtensportfest veranstaltet. Es folgten weitere Landesmeisterschaftsfeste.[94] Auch dadurch kam es rasch zu weiteren Gründungen von Versehrtensportgruppen in Reutlingen (1946), Aalen, Kirchheim und Ulm-Söflingen (1947), Heidenheim sowie Tübingen und Nürtingen (1948 und 1949). Die rasche Zunahme an Vereinen forderte eine gemeinsame Organisation und eine Anbindung an den LSB Württemberg, um die Interessen des Versehrtensports besser vertreten zu können. Eugen Weinmann, der auch als Versehrtenwart im württembergischen Turnerbund fungierte, setzte sich daher mit dem LSB Württemberg in Verbindung und formierte 1948 hier eine Fachgruppe Versehrtensport, über die er (auch bei der Regierung) Gelder beantragen, Wettkämpfe finanzieren und Lehrgänge durchführen konnte.[95] Am 19.12.1954 wurde die Fachgruppe regulär als Württembergischer Versehrtensportverband in den LSB eingegliedert. 1961 verfügte der Verband über 50 Versehrtensportabteilungen.[96]

Am 19./20.8.1950 hatte die Fachgruppe in Stuttgart bereits das 1. Deutsche Versehrtensportfest veranstaltet, auf dem (allerdings inoffizielle) Deutsche Meisterschaften ausgetragen wurden. Im Rahmen dieses Sportfestes, zu dem etwa 250 Sportler gekommen waren, gründeten die Anwesenden einen „Deutschen Versehrten-Sportverband". Weinmann wurde Vorsitzender, der Badenser Versehrtenturnwart und Vorsitzender der VSG Mannheim, Karl Drees, wurde zweiter Vorsitzender und Sepp Kreutzer aus Südwürttemberg übernahm die Geschäftsführung; der Verband wurde damit ausschließlich von Baden-Württembergern geleitet. Anlässlich der Gründung der Bundes-ADV 1951 wurde dieser frühe DVS jedoch wieder aufgelöst.[97]

Generell war in den Ländern des späteren Baden-Württembergs aufgrund der historisch bedingten autonomen Ländervielfalt die Lage höchst komplex, und diese Komplexität findet sich auch in den Sportorganisationen wieder, formierten sich doch in Baden und Württemberg sofort auch verschiedene Landessportbünde, was auch auf den Versehrtensport Einfluss nehmen sollte. Der Württembergische Versehrtensport war anfangs, analog zu den Turnerverbänden, noch unterteilt in die Länder Württemberg-Hohenzollern (Schwaben) und Württemberg, wobei der schwäbische Versehrtenturnwart Bernhard Habisreutinger an den Versehrtenwarttagungen in Frankfurt und auch an der ADV-Gründungstagung 1951 teilnahm; maßgeblich blieb aber Eugen Weinmann für Gesamtwürttemberg. In Baden hingegen hielten sich die Zweiteilung und damit auch der Organisationsunterschied viel länger.

In Nordbaden gehörte Karl Drees zu den wesentlichen Initiatoren. Er war Gründungsmitglied und 1. Vorsitzender der 1948/49 gegründeten VSG Mannheim, außerdem Versehrtenwart im nordbadischen Turnverband und Landessportwart der Fachgruppe Versehrtensport im Badischen Sportbund, die am 18.5.1950 ins Leben gerufen wurde, sowie zweiter Vorsitzender des 1950 von Weinmann gegründeten Deutschen Versehrten-Sportverbandes. Fachgruppen-Vorsitzender des Badischen Versehrtensports war Heinrich Melcher, der auch Vorsitzender der 1950 gegründeten VSG Heidelberg war. Die Gruppe, zu der auch die 1950 gegründete, aber aufgrund inoffizieller Vorläufer noch ältere VSG Karlsruhe gehörte, war zunächst klein. 1951 zählte Karl Drees rund 250 Aktive, die sich zwar auch in den Vereinen, aber wohl auch noch in Kreisversehrtensportgruppen trafen. Einige Jahre später benannte sich dann die im LSB Nordbaden organisierte Fachgruppe in Badischer Versehrtensportverband um.[98]

In Südbaden gab es bereits ab 1946 inoffizielle Versehrtensportgruppen, seit 1948 war die VSG Lörrach offiziell existent, es folgten Freiburg (1949) mit einer Versehrtenfußballmannschaft sowie Badenweiler, Lahr, Radolfzell, Rastatt, Emmendingen und Wolfach (1949/50).[99] Motor war der Freiburger Rudolf Tondre, ein ehemaliger Fußballer, der ab 1948 als Ohnhänder den VdK-Ortsverband Freiburg dominiert hatte. Aufgrund Rudolf Tondres VdK-Anbindung nahm der südbadische VdK die Versehrtensportgruppen unter seine Fittiche, verankerte sie in seiner Satzung und betreute sie. Diese starke Anbindung könnte möglicherweise dazu geführt haben, dass der Turnerbund Baden (Südbaden) keinen Versehrtenwart eingesetzt hatte und die Turner somit hier vollkommen außen vor blieben. Im Mai 1951 zählte Tondre rund 400 aktive

Sportler, von denen er am 7.10.1951 250 Mitglieder, d. h. neun Versehrtensportgruppen, zum Versehrtensportverband Baden formierte, der zunächst allein (auch finanziell) vom VdK unterstützt wurde. Im Februar 1952 wurde der Verband ins Vereinsregister eingetragen und am 10.6.1952 als Anschlussverband in den Badischen Sportbund aufgenommen, womit die Angliederung an den VdK hinfällig wurde und der Verband nun innerhalb des Sports organisiert war. 1961 zählte der Verband 24 Vereine mit 950 Mitgliedern.

1963 schlossen sich die beiden badischen Verbände im Versehrtensport dann zu einem Gesamtverband Nord-Süd zusammen; ihre beiden Unterverbände aber verblieben in den beiden Landessportbünden Nord- und Südbaden.[100] Dabei wirkte sich zusätzlich die Sonderstellung des Gesamtlandes Baden-Württemberg, sich zwei Landessportbünde Baden und Württemberg mit je eigenen Fachverbänden zu leisten, auch auf den Behindertensport aus. Es gab immer wieder Bestrebungen des Landes und auch im DBS zur Vereinheitlichung beider Behindertensportverbände. 1980 wurde ein Gesamtverband Baden-Württemberg gegründet, dem dann die Gesamtaufsicht über die Abrechung mit dem Versorgungsamt und mit den Krankenkassen und Rentenversicherungsträgern oblag. Diese Konstruktion war von Anfang an ungeliebt und fand bei den beiden Unterverbänden kaum Anhänger. Während der Vorsitz zunächst alle zwei Jahre zwischen Baden und Württemberg wechselte, wurde später ein Vorsitzender von außen gewählt. Im Jahre 2005 wurde er schließlich wieder aufgelöst.[101]

In Hessen schritt die Entwicklung relativ zügig und schon sehr früh voran; Impulsgeber war hier die Stadt Frankfurt, die bereits unmittelbar nach dem Krieg und als einzige westdeutsche Stadt groß angelegte und von der Stadt finanzierte Lehrgänge und Übungsbetriebe für Versehrtensport aufzog, aus denen sich die VSG Frankfurt entwickeln sollte.[102] Aus diesen Anfängen heraus formierten sich weitere Versehrtensportabteilungen in Wiesbaden (1948), Darmstadt (1949), Wetzlar (1950), Eschwege, Offenbach und Kassel (1951), Marburg und Fulda (1952) sowie Gießen (1953).[103] Obwohl es immer wieder Differenzen gab, kümmerten sich anfangs der Hessische Turnerbund und der LSB Hessen um die Betreuung der wenigen Versehrtensportgruppen. Der Sportlehrer Hermann Jopski, der bereits im Krieg Versehrtensportlehrgänge in Hohenlychen absolviert hatte, wurde 1947 vom LSB Hessen als Beauftragter für den Versehrtensport eingesetzt; 1949 war er dann Mitbegründer der VSG Darmstadt und später bis 1957 Landesversehrtensportwart. Der ehemalige Oberstabsarzt Dr. Rudolf Siegert, der ebenfalls im Zweiten Weltkrieg für Versehrtensport in Lazaretten zuständig war, wurde 1947 Versehrtenturnwart im Hessischen Turnerbund.[104] Zusammen mit den Frankfurter Versehrtensportlern und mit Hilfe von Hans Lorenzen aus Köln wurden dann ab 1950 in Frankfurt verschiedene Arbeitstagungen für Versehrtenturnwarte durchgeführt. Aus diesen Zusammenhängen heraus und im Nachklang der im Mai 1951 erfolgten Gründung der Bundes-ADV wurde am 15.8.1951 schließlich die ADV Hessen ins Leben gerufen. Zu dieser konstituierenden Sitzung versammelten sich neben Dr. Siegert für den Turnerbund, Jopski für den LSB sowie Gerhard Vogel und Gerhard Gebhard für den Versehrtensport der Stadt Frankfurt noch der ehemalige Lazarettsportarzt Dr. Karl Sell, der später Sportarzt der VSG Wetzlar, Chefarzt des Sportsanatoriums Isny und Kuratoriumsmitglied der ADV wurde, der Frankfurter VdK-Geschäftsführer Studtrucker (der Reichsbund war nicht anwesend), Vertreter des LSB Hessen, der DTB-Turnkreise und sogar der Bundesgeschäftführer des DTB, Konrad Sczygiol. Dabei wurde bemängelt, dass der LSB Hessen auf die Gründung einer Sparte Versehrtensport verzichtet habe, woraufhin man nun einen eigenen ADV Hessen gründete, dessen Aufgaben die Förderung des Versehrtensports durch die Organisation von Gruppen und Kreisen, die Durchführung von Lehrgängen und Arbeitstagungen und die Ausarbeitung eines Versehrtensportabzeichens seien. Zwar stehe die Finanzierung noch nicht, der VdK hatte sich aber bereit erklärt, Räume und Personal in seiner Geschäftsstelle zur Verfügung zu stellen. Kurz nach der Konstituierung der ADV Hessen gründeten sich schnell weitere Versehrtensportgruppen; waren es 1950 noch drei Vereine, so zählte man 1953 bereits 17 und 1955 schon 23 Versehrtensportgruppen.[105]

In Niedersachsen führten die Auseinandersetzungen der Versehrtensportler mit dem Niedersächsischen Turnverband 1952 zur Gründung eines eigenen Landesverbandes. Bis etwa 1950 existierten in Niedersachsen rund ein Dutzend Versehrtensportgruppen, die älteste wurde in Oldenburg 1946 gegründet. Schon 1947 richtete der VSV Hameln ein großes überregionales Versehrtensportfest aus, zu dem auch Sportler aus anderen (Bundes)Ländern angereist kamen. Um die niedersächsischen Versehrtensportgruppen besser koordinieren zu können, trafen sich 1950 Vertreter der bis dahin bekannten Gruppen unter der Federführung des VSV Hannover, dessen Initiatoren bereits vor 1945 in Niedersachsen den Versehrtensport organisiert hatten, und gründeten am 14.5. einen provisorischen Landesverband, der jedoch über keinerlei Satzung und Finanzen verfügte. Um Lehrgänge durchzuführen und zumindest unfallversichert zu sein – der LSB Niedersachsen weigerte sich, Versehrtensportvereine aufzunehmen –, schlüpfte man auch hier unter das Dach der Turner. Aber hier stießen die Versehrten schnell auf die schon angesprochenen Differenzen und Konflikte, die die Turner generell mit dem Versehrtensport hatten. So gründeten die Versehrtensportler im April 1952 dann endgültig einen Versehrtensport-Verband Niedersachsen (VSN); auch sie hatten mit Karl Kurt Karwath und Dr. Wolfgang Lettenbaur zwei Vorstandsmitglieder, die schon auf Bundesebene im ADV aktiv waren. Zum Zeitpunkt der Gründung verfügte der Verband über 11 Vereine mit etwa 480 Mitgliedern. 1953 wurde der VSN provisorisches Mitglied im LSB Niedersachsen und erhielt 1957/59 dann endgültig – der LSB hatte sich aus auch finanziellen Gründen lange dagegen gewehrt – den vollwertigen Landesverbandsstatus.[106]

Auch in Schleswig-Holstein führten die Konflikte mit den Turnern 1951 zur Gründung eines eigenen Landesverbandes, was umso bemerkenswerter war, da zum Zeitpunkt der Gründung neben der 1951 frisch gegründeten VSG Oldenburg nur in Kiel eine Versehrtensportgruppe bestand, die aufgrund ihrer zeitweiligen Zugehörigkeit zum Turnverein in Kiel dazu noch stark turnerisch geprägt war.[107] Auch der Turnverband von Schleswig-Holstein bemühte sich, die Organisation und die Leibesübungen der Versehrten zu übernehmen und nach ihren Maßstäben – abhängige Gliederungen in den Turnvereinen, kein Wettkampf- und Leistungssport –, zu steuern. Hier strebten die Versehrtensportler ebenfalls nach Unabhängigkeit. Auf der ersten Sitzung der Bundes-ADV wurde Walter Rieper, der 2. Vorsitzende des VSV Kiel, zum Versehrtensportwart in Schleswig-Holstein ernannt, obwohl es zu der Zeit noch keinen Landesverband gab; dies war die gängige Praxis der jungen ADV, die Ansprechpartner in den Ländern brauchte. Rieper ging damit in Konkurrenz zum Versehrtenturnwart des Schleswig-Holsteinischen Turnverbandes, Werner Bombor. Auch aus diesem Grund zog sich der Turnverband allmählich aus der Betreuung zurück, benannte bis 1956 aber weiterhin noch einen Versehrtenturnwart. Im Anschluss an die ADV-Bundesgründung versammelte Rieper dann am 31.10.1951 in Kiel eine Gruppe, die aus Kieler Versehrtensportlern, dem Sportärztebund, Vertretern der Fürsorgestelle und des Versorgungsamts, des LSB und des DTB, des Kieler Stadtamts für Leibesübungen und des Hochschulsports, des Reichsbundes und des BKD (der VdK fehlte) bestand. Es wurde festgelegt, dass nach Vorbild der Bundes-ADV nun auch auf Landesebene eine ADV gegründet werden sollte, um entsprechende Aufgaben des Bundes auch regional im Land Schleswig-Holstein erfüllen zu können.[108]

In der Folgezeit hemmten erhebliche Konflikte zwischen dem Reichsbund und dem VdK – es ging um beiderseitige Vorwürfe des Neutralitätsbruchs – die Weiterentwicklung der Landes-ADV. Schließlich einigte man sich auf den Kompromiss, den Reichsbundvorsitzenden als ADV-Vorsitzenden und den VdK-Vorsitzenden als Stellvertreter zu berufen; dies entsprach auch den Größenverhältnissen der Verbände. 1954 war die ADV Anschlussverband im Landessportbund Schleswig-Holstein geworden und verfügte auch über eine Satzung. Aber sie war kein eingetragener Verein, da sie sich nicht als Sportverband, sondern als unabhängige Vereinigung zur ideellen Förderung des Versehrtensports in Schleswig-Holstein empfand.

1956 wurde dies alles grundsätzlich geändert. Die alte ADV, deren Mitglieder aus einer Anzahl natürlicher Personen bestand, beendete ihre Arbeit und gründete nun einen neuen Verein, die Versehrtensportgemeinschaft Schleswig-Holstein (VSG), die sich als Dachorganisation des schleswigholsteinischen Versehrtensports verstand und deren Mitglieder jetzt die Versehrtensportvereine waren. Der Zweck der VSG bestand in der Betreuung aller sportreibender „beschädigter Männer, Frauen und Jugendlicher", in der Gründung neuer Vereine, in der Förderung des Wettkampfgedankens und in der Zusammenarbeit mit den entsprechenden Behörden und Verbänden.[109]

In Nordrhein-Westfalen kam es erst 1953 zur Gründung eines eigenen Landesverbandes, obwohl auch hier die Turnerbünde schon früh einen eigenen Versehrtenwart gestellt hatten, in Wuppertal seit 1945 der erste Versehrtensportverein bestand und mit Hans Lorenzen, Hans Tüffers, der ab 1951 von Düsseldorf aus die Bundeszeitschrift „Der Versehrtensportler" herausgab, und Gerd Brinkmann etliche Versehrtensportler aus Nordrhein-Westfalen 1951 entscheidenden Anteil an der Gründung der Bundes-ADV besaßen. 1950 waren der Turnfunktionär und Dozent der Sporthochschule Köln, Hans Lorenzen, und der amputierte Bielefelder Kunstturner Martin Bitter vom rheinischen bzw. westfälischen Turnerbund als Versehrtenwarte berufen worden und nahmen an den Arbeitstagungen der Turnerbünde für Versehrtenwarte teil. Nahezu gleichzeitig hatten sich in den Regionen einige Versehrtensportgruppen gebildet, die aber untereinander kaum Kontakte besaßen. Darunter befanden sich die Gruppe aus Aachen, die schon 1926 gegründet worden war, die 1946 gebildeten VSG Remscheid und VSG Bielefeld, in der Bitter und Udo Graf zu Eulenburg führend waren, die 1946/47 ins Leben gerufenen VSG in Essen, Düsseldorf, Lengerich, Spenge, Lüdenscheid, Minden und Köln, die 1948 zusammengekommene VSG Herford, die 1949 gegründete Gruppe in Derne und die 1951 gebildete VSG Wattenscheid. Die inoffizielle Formierung vieler dieser Vereine ging zum Teil noch weiter zurück.[110]

Erst nach der Gründung der Bundes-ADV begann man auch in Nordrhein-Westfalen, diese Gruppen systematisch zu sammeln; im November 1952 starteten vorbereitende Besprechungen, die von der VSG Düsseldorf unter Hans Tüffers, Paul Delaunoy und Fritz Minini ausgingen. Aber erst am 1.3.1953 gründeten die 20 bestehenden VSG in Nordrhein-Westfalen gemeinsam die AG Versehrtensport des Landes NRW und setzten Wolfgang Stubenhöfer als ersten Vorsitzenden ein, dem 1954 Eberhard Rosslenbroich, dem späteren Vorsitzenden auf Bundesebene, folgen sollte. Gefördert von der Landesregierung und den Kriegsopferverbänden – auch hier waren etliche hohe Funktionsträger im Versehrtensport gleichzeitig Funktionäre im VdK –, und trotz anfänglicher Widerstände im Landessportbund, zählte der Landesverband 1961 bereits 145 und 1963 dann 172 Vereine mit 10.000 Mitgliedern.[111]

Auch in Rheinland-Pfalz nahmen sich zunächst die Turner der Organisation der Versehrtensportler an; der Turnverband Mittelrhein hatte zwischen 1950 und 1952 den Versehrtenwart Nikolaus Müller eingesetzt.[112] Vor allem in Koblenz waren die Versehrtensportler schon früh aktiv. Klaus Müller, der spätere Versehrtensportwart des Landesverbandes Rheinland-Pfalz, war ein ehemaliger Kunstturner, der schon vor dem Krieg Oberturnwart in Koblenz-Güls war und ab 1949 als aktiver Versehrtentuner auftrat. 1950/51 gründete der spätere Vorsitzende des Landesverbandes, Bernd Hermann, dann mit der VSG Rot Weiß Koblenz den ersten Versehrtensportverein in Rheinland-Pfalz.[113] 1952 formierten sich weitere Versehrtensportgruppen und noch im selben Jahr konnte – offenbar ohne Zutun der Kriegsopferverbände und des rheinland-pfälzischen LSB – mit Unterstützung des Versorgungsamtes und der Hauptfürsorgestelle die ADV Rheinland-Pfalz gegründet werden. 1953 zählte der junge Verband bereits 13 Gruppen mit 700 Mitgliedern.[114]

Im Saarland dagegen kam es aufgrund seines sportpolitischen Sonderwegs zu einer stark verzögerten Entwicklung im Versehrtensport. Das Saarland gehörte nach 1945 zur französischen Besatzungszone, in der eine sehr rigide Sportpolitik gefahren wurde; so waren als militärisch oder paramilitärisch eingestufte Sportarten wie Gewichtheben, Segelfliegen, Turnen oder auch Schießen länger verboten als in anderen Besatzungszonen. Zudem sollte als Antwort auf die deutsche Besetzung Frankreichs von 1940 bis 1944 das Saarland insgesamt an Frankreich angeschlossen werden oder zumindest einen autonomen Status erhalten. So sollte auch der saarländische Sport anfangs an die französische Sportorganisation angegliedert werden, die politischen Autonomiebestrebungen führten ab 1950 jedoch zunächst einmal zu einer eigenen Sportautonomie mit eigenen Nationalmannschaften. Erst anlässlich der Rückkehr der Saar in die deutsche Staatsgemeinschaft ab 1954/55 vernetzte sich auch der Sport mit den bundesrepublikanischen Sportorganisationen.[115]

Daher hatte sich auch die Gründung von Versehrtensportgruppen stark verzögert. Erst im Oktober 1956 hatte sich mit der VSG St. Ingbert die erste Versehrtensportgruppe des Landes gebildet, und zwar mithilfe des VdK-Ortsverbandes. Kurz vor Ende des Jahres wurde in Dudweiler die zweite Versehrtensportgemeinschaft formiert. Der Verband selbst gründete sich am 15.12.1956; der VdK-Saarland lud dazu federführend zahlreiche Vertreter der Hauptfürsorgestelle, der Versorgungsverwaltung, des saarländischen Versehrtensports und mit Gerd Brinkmann und Hans Tüffers wesentliche Funktionsträger der Bundes-ADV ein. Erster Vorsitzender des ADV-Landesverbandes Saarland wurde Hermann Hammer, der Mitglied der VSG Neuweiler von ihrer Gründung 1958 bis zur Auflösung 1969 war, und 1958 die Landesleitung an Hans Schneider abgab, der den Verband bis 1964 und dann noch einmal von 1969 bis 1979 führen sollte. 1957 benannte sich die Arbeitsgemeinschaft in Saarländischer Versehrtensportverband um und wurde damit ein regulärer Fachverband. 1958 zählte der Verband 300 Mitglieder in 14 Sportgruppen, und 1960 verfügte man über 540 Mitglieder in 20 Gruppen.[116]

Die Entwicklung der Versehrtensportverbände in den Stadtstaaten Bremen, Hamburg und West-Berlin waren ausgesprochene Sonderfälle, da hier zumindest anfangs Verband und Verein der jeweiligen Stadt identisch waren. In Bremen hatte sich schon 1946 eine Versehrtensportgruppe gebildet, die von einem ehemaligen Lazarettsportlehrer geleitet wurde. Unterstützt wurde sie vom Reichsbund, der Hauptfürsorgestelle für Schwerkriegsbeschädigte und vom Landesturnverband Bremen.[117] Konnte anfangs die Hallenmiete noch durch Mitgliedsbeiträge finanziert werden, so geriet man nach der Währungsreform in Schwierigkeiten, die jedoch durch die Unterstützung des Reichsbundes behoben werden konnten. Auch dadurch zog die Mitgliederzahl an, so dass 1951 bereits zwei Gruppen in Bremen und eine in Bremerhaven bestanden. Die Gründung der Bundes-ADV gab den Bremern so viel Auftrieb, dass am 12.8.1951 beide Bremer Gruppen sich offiziell zur Versehrten-Sportgemeinschaft Bremen e.V. zusammen schlossen. Vorsitzender und Sportwart des Vereins, der 32 Mitglieder umfasste, wurde Albert Ullner, der ein Jahr später 1952 auch den Vorsitz der dann gegründeten ADV-Land Bremen übernahm. 1964 gründete sich ein zweiter Bremer Verein, der Verein für Versehrtensport, der 1993 mit dem VSV Bremen fusionierte. Verein und Verband waren damit in Bremen über weite Strecken hinweg identisch.[118]

Auch in Hamburg beeinflussten verschiedene Gruppen und Personen die Gründung der ersten Versehrtensportgemeinschaften, die schließlich die ADV Land Hamburg gründen sollten. Eine Versehrtenschwimmgruppe bestand seit etwa 1936 unter der Leitung der DLRG-Trainerin Frieda Steffens, die ab 1945 lose von ihr weitergeführt wurde. Dazu kam eine weitere Versehrtenschwimmgruppe und eine Tischtennisgruppe, die seit etwa 1946 vom Reichsbund initiiert und betreut wurden. 1950 gründete sich dazu noch um das Ehepaar Annedore und Bernhard Maasch eine Gruppe für Blindensport. Wieder andere Versehrte, „die schon vor ihrer Beschädigung Sport betrieben hatten", waren nach 1945 ihren alten Hamburger Vereinen wieder beigetreten und trieben dort Versehrtensport. Obwohl in Hamburg der Versehrtensport damit schon früh und breit initiiert war, nahm an den Fachtagungen der Versehrtenwarte Frankfurt und auch an der Gründung des ADV in Bonn 1951 kein Hamburger Vertreter teil, wahrscheinlich, weil der Hamburger Turnerbund keinen Vertreter für Versehrtenturnen besaß. Erst die Gründung der Bundes-ADV im Mai 1951 veranlasste die Hamburger Versehrtensportler, die ab 1951 überwiegend beim Reichsbund organisiert waren, ihre Gruppe als Sportverein anzumelden und über ihn bzw. mit ihm die ADV Land Hamburg zu gründen. Der Reichsbund entließ die Gruppe danach in die Selbständigkeit, und der neue Landesverband, der mit dem Verein Hamburger Versehrtensport praktisch identisch war, übernahm die Regeln der ADV. Die ADV Land Hamburg bzw. der Versehrtensportverein gründete in der Folgezeit etliche organisationsabhängige Sportgruppen und betreute sie vom Mutterverein aus. Gab es anfangs erst zwei Gruppen mit etwa 50 Personen, so zählte der Verband unter ihrem Vorsitzenden Walter von Appen 1953 bereits 400 Mitglieder. 1961 gab es in Hamburg dann 23 Versehrtensportgruppen.[119]

In Berlin lagen die Dinge ähnlich, wenngleich sie noch komplizierter und – aufgrund der widersprüchlichen und zum Teil mangelhaften Überlieferung – verworrener waren; zudem ist für die Frühzeit nicht ganz klar, welche der Gruppen ausschließlich in West-Berlin oder auch in Gesamtberlin vertreten waren. Als Keimzelle des eigentlichen Versehrtensports in Westberlin darf der Amputierten-Sportverein Berlin (ASB) gelten, der sich, so die offizielle Verlautbarung, 1948 aus einer kleinen informellen Gruppe von Beinamputierten heraus gegründet habe und schon früh über ein eigenes Informationsblatt, die „Vereinsnachrichten des Amputierten-Sportvereins“ verfügt haben soll.[120] Tatsächlich aber reichen die Wurzeln dieses Vereins offenbar noch weiter zurück: 1950 gab der damalige Versehrtenturnwart, städtische Gehschullehrer und Vorsitzender des ASV Berlin, Karl Perey, bei der Frankfurter Versehrtenwarttagung zu Protokoll: „Seit 1946 besteht ein selbständiger Versehrtensportbund, der sich dem Turnerbund anschloss“. Wenn wir annehmen, dass dieser Versehrtensportbund wohl ein Verein bzw. eine Vorform eines Vereins war, und wir weiterhin berücksichtigen, dass der Turnerbund – wie fast überall auch – tatsächlich die Versehrten betreute, und schließlich noch hinzufügen, dass ab 1947 das Hauptamt für Leibesübungen in Berlin von der Stadt den Auftrag erhielt, Versehrtensport zu organisieren, so muss tatsächlich schon mindestens ab 1946 in Berlin Versehrtensport durchgeführt worden sein.[121]

Der ASV Berlin bzw. ASB, der in Schöneberg seinen Sitz hatte und 1950 offiziell in das Vereinsregister eingetragen wurde, funktionierte in den ersten Jahren ähnlich wie der Versehrtensportverein Hamburg: Er bildete mit über 100

Mitgliedern die Muttergruppe des Berliner Versehrtensports und gründete in den anderen Bezirken abhängige Unterabteilungen, die er mit ausgebildeten Sportwarten beschickte und zentral leitete. 1953 hatte der ASV bereits für sieben Berliner Bezirke Sportwarte ausgebildet. Schon 1951 hatte sich der ASV, der jetzt über knapp 250 Mitglieder verfügte, in Versehrten-Sportverein Berlin (VSV bzw. VSB) umbenannt, um sich an die westdeutschen Vereinsnamen anzugleichen, die zumindest im Namen – anders als bislang der ASV – keinen signifikanten Unterschied in der Art der Behinderung machten.[122]

Am 26.4.1952 wurde dann nach dem Vorbild der Bundes-ADV und in Anwesenheit des Bundesvorsitzenden Gerd Brinkmann die AG Berliner Versehrtensport (ABV) gegründet. Da zu dieser Zeit lediglich der ASV als einziger reiner Berliner Versehrtensportverein bestand, wäre auch hier der Verein mit dem Landesverband identisch gewesen. Möglicherweise auch deshalb, aber auch um die Idee des „Versehrtensports" weiter zu verbreiten, holte man noch den Berliner Blindensportverein von 1928, den Berliner Taubstummen-Schwimmverein von 1900 und den Berliner Sport-Club Komet für Gehörgeschädigte, der 1949 die Nachfolge des alten Fußball-Club von 1912 angetreten hatte, ins Boot. Gemeinsam gründete man den Berliner Dachverband. Vorsitzender und Sportwart wurde der gebürtige Schlesier Bruno Fröhlich, der zugleich auch Vorsitzender des VSV war. In der Folgezeit besetzte man den Vorstand annähernd paritätisch. Auf Fröhlich folgte von 1957 bis 1962 der Vorsitzende des Blindensportvereins, der mit 13 Jahren erblindete Heinz Tolzmann, der zuvor zweiter Vorsitzender der ABV war, und auf diesen folgte der VSVler Heinz Sandmann, der den Vorsitz bis nach 1971 inne hatte. Die AG Berliner Versehrtensport war damit der einzige Landesverband, der, zumindest über die ersten Jahrzehnte hinweg, eigenständige Blindensport- sowie Gehörlosensportvereine gleichermaßen in sich vereinte, was bedeutete dass die ABV der einzige Landesverband war, in dem lange Zeit die Menschen mit Zivilbehinderungen und nicht die kriegsversehrten Sportler in der Überzahl waren.[123]

Entscheidend für die weitere Entwicklung des Landesverbandes in Richtung eines Verbandes, in dem die Versehrtensportvereine später die Überhand erhalten sollten, war die Unabhängigkeitsbestrebung der Bezirksgruppen des VSV Berlin, die selbständige Vereine gründen wollten. Schon ab Ende 1953 und in der Mehrheit 1954 formierten sich Vereine in Spandau (1953), Schöneberg, Wilmersdorf, Neukölln und im Wedding. 1955 kamen noch die Versehrtensportvereine von Tempelhof, Frohnau, Tiergarten, Steglitz und Kreuzberg dazu, wobei der VSV Kreuzberg der umbenannte ehemalige Mutterverein VSV Berlin war und damit als dessen Nachfolger gelten kann. 1971 zählte der Verband, der seit 1960 das Provisorium der ADV Land Berlin abstreifte und sich als ordentlicher Landesverband BVS installierte, 19 Vereine; darunter war immer noch der alte Blindensportverein aktiv, während die Gehörlosen- und Schwerhörigensportvereine zumindest zu den Mitgliederversammlungen keine Vertreter mehr schickten.[124]

1952, allerspätestens aber 1956 – also relativ spät in Bezug auf die anderen Landesfachverbände im Sport –, war die Gründung der Landesverbände im Versehrtensport damit abgeschlossen, und es ist bemerkenswert, dass außer den frühen (inoffiziellen) Fachgruppen in Württemberg, Hessen, Bayern und Niedersachsen der eigentliche Anteil der Landesgründungen erst nach der Initiierung des Bundesverbandes im Mai 1951 erfolgte. Die Bundes-ADV war damit – trotz oder wegen der unterschiedlichen und unterschiedlich schwierigen Gründungsverhältnisse in den Ländern – der eigentliche Motor für die Gründung der Landes-AGs, wenn diese nach ihren Formierungen auch schnell ihren landeseigenen unabhängigen Weg einschlagen sollten.

2.2.3 Aufgaben der Landesverbände

Die frisch gegründeten Landesverbände des Versehrtensports standen gleich zu Beginn vor einem großen Dilemma: Sie mussten eine Unmenge an neuen Aufgaben bewältigen, aber sie verfügten – zumindest in den Anfangsjahren – lediglich über ein Minimum an Finanzen, denn in vielen Fällen war eine kontinuierliche Unterstützung durch Regierungsstellen, Sportbünde und Kriegsopferverbände nicht gewährleistet, zum Teil fehlte sie auch ganz.

Die dringlichsten Aufgaben der Landesverbände waren überall die selben: Anregung, Koordinierung und Betreuung von lokalen Vereinsgründungen, Planung und Durchführung von Übungsleiterlehrgängen und Fortbildungen, Planung und Durchführung von Wettkämpfen und Ligaspielen sowie die Etablierung eines Versehrtensportabzeichens. Darüber hinaus waren die Landesverbände verantwortlich für die Anbindung des Versehrtensports an die Landessportorganisationen und fungierten als Bindeglied zu ihrem eigenen Bundesverband. Als 1956 dann durch das Bundesversorgungsgesetz Vereinsversehrtensport als reguläre Entschädigungsleistung und damit als offizielle Heilmaßnahme anerkannt wurde, wurden die Landesverbände in das Verfahren zur Anerkennung der Versehrtensportgruppen und in die Abrechnung der „Versehrtenleibesübungen" eingebunden. Erst ab diesem Zeitpunkt war der Versehrtensport finanziell abgesichert, denn nun wurden die Kosten für die Benutzung der Übungsstätten, für den Übungsbetrieb und den Transport zur Sportstätte, für die Beschaffung und Instandsetzung von Sportkleidung und für Geräte und Lehrmittel erstattet. Die Vereine mussten die Kosten beantragen, und die Verbände übernahmen die Abrechnungsvorgänge, koordinierten sie und leiteten sie an die zuständigen Stellen weiter.[125]

Bis dahin jedoch benötigten die finanziell schwachen Landesverbände gesicherte und konstant fließende Gelder, die sie sich zunächst von den Landessportbünden, den Regierungsstellen und den Kriegsopferverbänden erhofften. Die Landesverbände waren aus zwei Gründen finanziell klamm: Zum einen waren die meisten von ihnen aufgrund der geringen Zahl der Versehrtensportvereine nur sehr klein, und die Vereine selbst verfügten in der Regel ebenfalls über wenige Finanzen und fielen als Beitragszahler daher aus. Und zum anderen waren viele von ihnen nicht oder noch nicht Mitglied in den Landessportbünden, was zum Teil an ihrer vorläufigen Verfassung als AG ohne Satzung und Vereinsstatus lag. Sie konnten daher nicht über die regelmäßigen Finanzausschüttungen der Landessportbünde verfügen und nur in geringem Maße an deren Fortbildungsmaßnahmen partizipieren. Die Finanzierung des Versehrtensports über die Anerkennung als gesetzliche Heilmaßnahme war Anfang der 1950er-Jahre noch nicht in Sicht, so dass man sich auch von der Regierung keine gesicherten Gelder erhoffen konnte. Zudem ging damals unter denjenigen Versehrtensportlern, die rentenberechtigt waren, die unbegründete Angst um, eine Verbesserung ihres Gesundheitszustandes durch Versehrtensport würde automatisch zur Herabstufung der Minderung der Erwerbsfähigkeit (MdE) und damit zum Verlust ihrer Versehrtenrenten führen, was trotz der hartnäckigen Dementi der Verbände immer wieder zur Verunsicherung unter den Kriegsversehrten führte.[126]

Die Finanzierungslage hing in den Anfangsjahren für die Landesverbände ganz individuell von ihrem Verhältnis zu den Landessportbünden, von ihren Kontakten zu den Landesregierungen und ihren Beziehungen zu den Kriegsopferverbänden bzw. von deren Einstellungen zum Versehrtensport ab. Daher war die Lage in den Landesverbänden, die sportorganisatorisch und sozialpolitisch Außenseiter bzw. Sonderfälle waren und keinen übereinstimmend geregelten Status hatten, zunächst ausgesprochen unterschiedlich. In Niedersachsen etwa musste der Landesverband VSN, der bei seiner Gründung 1952 über 11 Vereine verfügte, bis 1957 warten, ehe er als regulärer LSB-Landesfachverband auch in den Genuss der Sachmittel, der Versicherung und der Projektfördergelder kam. Da der LSB den VSN bis dahin nicht als Fachverband anerkannt hatte, konnte der LSB, der den Versehrtensport „als unästhetische Zurschaustellung" kritisierte, die Anträge des VSN nach eigenem Gutdünken bewilligen oder ablehnen, was er auch tat. Sporadische Unterstützung erfuhr der VSN in den Anfangsjahren nur vom Reichsbund, der gelegentlich mit Büroräumen und Material aushalf, sowie von einem, von Einzelpersonen aus Wirtschaft und Politik in Hannover gegründeten, Verein zur Förderung des Versehrtensports. Auch von der Landesregierung kam anfangs nicht viel Hilfe. Die Anträge des VSN an das Kultus- bzw. Sozialministerium auf Finanzhilfen wurden in der Regel abgelehnt, was damit zu tun hatte, dass der Vorsitzende des LSB Niedersachsen zugleich auch der zuständige Ministerialbeamte für Sport in der hannoverschen Landesregierung war. Erst ab den frühen 1960er-Jahren erhielt der VSN einen gesonderten Titel vom Sozialministerium, da der dort nun zuständige Sozialexperte Dr. Walter Auerbach ein Verfechter des Versehrtensports war und auch der damalige Ministerpräsident Georg Diederichs, beide SPD, zum VSN gute Kontakte besaß.[127]

In Hessen konnte der Landesverband, der über gute Beziehungen verfügte, von Anfang an mit finanziellen Mitteln der Fürsorgestellen, des VdK und des Wohlfahrtsverbandes rechnen, „ohne deren Mithilfe zur damaligen Zeit unser aller Arbeit im Sande verlaufen wäre". 1954 schließlich erhielt der Verband vom Innenministerium einen Zuschuss von 2.000 DM aus der Staatlichen Sportwetten GmbH, der sich schnell auf 30.000 DM erhöhte. Die finanziellen Zuwendungen weckten Begehrlichkeiten anderer Verbände, die jetzt plötzlich auch die Versehrtensportler betreuen wollten; jedoch wurde ministeriell klargestellt, dass die Betreuung eindeutig beim Landes- und Bundesverband lag.[128] In Schleswig-Holstein litt die 1951 gegründete ADV-S-H von Anfang an unter finanzieller „Atemnot", die auch durch private Spenden nicht gelindert werden konnte. Zwar hatten sich im ADV-Vorstand Reichsbund und VdK engagiert und wollten auch finanziell einen Obolus betragen, es brachen aber ständig Konflikte zwischen den beiden Kriegsopferverbänden auf, die eine Anfangsfinanzierung zu verhindern drohten. So wurde das Bundesversehrtensportfest auf List 1952, dessen Organisation in den Händen der ADV-S-H lag, zum überwiegenden Teil von der Schleswig-Holstein-Hilfe für Kriegsopfer finanziert. Auch für die ADV-S-H galt, dass erst mit der Umwandlung der AG in einen ordentlichen Landesverband, mit der Aufnahme in den LSB als ordentlicher Fachverband und mit dem Bundesversorgungsgesetz von 1956 die Finanzierung des Versehrtensports gesichert war.[129]

In Hamburg gab es ebenfalls „Anfangsschwierigkeiten, die zum größten Teil finanzieller Art waren und die Fortführung des Versehrtensports mehr als einmal in Frage stellten". Doch über Zuschüsse des Reichsbundes, der Deutschen Shell AG und der Sozial- und Arbeitsbehörden, ohne deren Hilfe die Lage schwierig geworden wäre, konnten die Finanzprobleme bis zur Absicherung 1956 überwunden werden. In Bremen sorgten anfangs die Hauptfürsorgestelle mit 4.000 DM jährlich sowie der Reichsbund für die Finanzierung, wobei die Hallenbäder kostenlos zur Verfügung gestellt wurden; der Landessportbund Bremen indes beteiligte sich nicht an der Unterstützung des Versehrtensports.[130] Auch in West-Berlin gab es, nicht zuletzt aufgrund der starken Fraktion der Zivilversehrtensportler, lange Zeit große finanzielle Schwierigkeiten. Noch 1951 bedauerten „ 10.000 Amputierte, dass sie nicht die Unterstützung bekommen wie allgemein im Westen", auch da „70% aller Versehrten erwerbslos" seien. Zwar habe der Magistrat schon 1947 eine Förderung beschlossen, es sei aber „bisher wenig zu sehen".[131] Noch 1953 beklagte der Verband die wenigen zahlenden Vereinsmitglieder, die mangelnde finanzielle Unterstützung von außen und die ausbleibenden Toto-Mittel. 1954 verbesserte sich die Lage etwas, wobei aus Toto- Mitteln jeder Versehrtensportler jährlich zwei DM bekam und die Stadt jährlich 35.000 DM an Zuschüssen zahlte, was jedoch angesichts der misslichen Lage gerade in Berlin, so die Berliner ADV, wo es mehr Kriegsversehrte als in anderen Ländern gebe, von denen die meisten arbeitslos seien, nicht ausreiche. Erst später flossen über den Berliner Senat, das Versorgungsamt und den Sportverband Berlin mehr Mittel, bevor auch in West-Berlin ab 1956 die finanzielle Lage endgültig gesichert war.[132]

In Bayern gab es zwar anfangs ebenfalls große Probleme, „die Finanzierung von Übungsleiterlehrgängen, Veranstaltungen und anderen Verpflichtungen sicherzustellen", wobei der Bayerische Landessportverband bis 1954 zum Landesverband auf Abstand ging und daher nicht an der Sportfinanzierung beteiligt war, aber die guten Kontakte des VdK zur Landesregierung ermöglichten es, dass bald eine jährliche staatliche Zuwendung von 40.000 DM gewährleistet wurde. Ab 1960 installierte die Regierung einen eigenen Titel für die Finanzierung des Versehrtensports.[133] In Nordrhein-Westfalen begann die Arbeit ebenfalls „ohne jede finanzielle Grundlage", und man war „mit allem, was auf uns zukam, auf uns gestellt". Im LSB gab es anfangs ebenfalls Widerstände gegen die Gründung von Versehrtensportgruppen und den Landesverband, und nur vereinzelt unterstützten Gemeinden und Städte den Versehrtensport. Ende 1953 konnte der spätere Landesvorsitzende Eberhard Rosslenbroich, der gleichzeitig Mitglied des Landesvorstandes des Reichsbundes war, die Regierung veranlassen, die AVNRW regelmäßig zu unterstützen. Ab 1954 wurde der Landesverband jährlich mit fünf- bis sechsstelligen Summen gefördert, und ab 1956 war die Finanzierung des Versehrtensports dann endgültig gedeckt.[134]

In Württemberg dagegen waren es die hervorragenden Kontakte von Eugen Weinmann, der ab der Gründung der Fachgruppe Versehrtensport im Jahre 1948 finanzielle Mittel für Fortbildungen, Sportfeste und Sportausstattungen von den Ministerien, den Fürsorgestellen, den Versorgungsanstalten, den Sportorganisationen sowie von einzelnen Städten und Privatpersonen erhielt. Die entsprechenden staatlichen Stellen waren hier überzeugt davon, dass Versehrtensport eine notwendige Voraussetzung zur beruflichen und gesundheitlichen Integration der Kriegsversehrten sei, so dass, wie 1951 das Arbeitsministerium an den Landesfürsorgeverband in Württemberg schrieb, der Versehrtensport „in jeder Hinsicht unterstützt werden" soll.[135]

In Nord- und Südbaden wurden nach der Gründung der Fachgruppen 1950 bzw. 1952 schnell die Weichen für eine organisatorische Eingliederung als ordentliche Landesverbände in die Landessportbünde gestellt, so dass zumindest die Unfall- und Haftpflichtversicherung geregelt war. Die Landessportbünde und die anderen Fachverbände sorgten darüber hinaus für regelmäßige Unterstützung und für Zuschüsse aus den Toto-Lotto-Mitteln, so dass die Versehrtensportverbände bis zur endgültig gesicherten Finanzierung durch das Bundesversorgungsgesetz 1956 keine großen Probleme hatten.[136]

Insgesamt schien die Finanzierung des Versehrtensports durch öffentliche Haushalte und die Sportorganisationen in den süddeutschen Ländern noch am besten und am schnellsten gesichert gewesen zu sein, während die norddeutschen Länder hier schwierigere Verhältnisse vorfanden. Erst ab 1956, als im Zuge des Bundesversorgungsgesetzes auch die Vereine wuchsen und die Mitgliedsbeiträge zu fließen begannen, konnte man ganz allgemein von einer guten finanziellen Absicherung des Versehrtensports sprechen.

Obwohl die finanzielle Absicherung über das Bundesversorgungsgesetz erst Jahre nach der Gründung der Landesverbände erfolgte, gab es doch eine Anzahl von Projekten, die die Verbände – zum Teil gemeinsam mit der Bundes-ADV – schon vorher planen, anschieben, durchführen und auch finanzieren konnten. Dass die Projekte gelangen, hatte nicht nur mit der (partiellen) Unterstützung der Kriegsopferverbände, der Fürsorgestellen, der Landesregierungen und einzelnen Sportorganisationen zu tun, sondern auch mit dem Einsatz und dem Enthusiasmus der Versehrtensportler selbst, ohne deren Engagement vieles nicht verwirklicht worden wäre.

Einer der wichtigsten Aufgaben der Landesverbände war die Gründung und Ausbreitung weiterer Versehrtensportgruppen, deren Zahl, wie oben schon gezeigt, kurz nach der Etablierung der Landesverbände rasch zuzunehmen begann, da es mit den Verbänden nun endlich eine konkrete Anlaufstelle für potentielle Vereinsgründungen gab. Die Verbandsfunktionäre koordinierten nicht nur die Anfragen der Gruppen und begleiteten dann ihre Gründungen. Sie schoben in den einzelnen Orten auch aktiv über persönliche Kontakte, Zeitungsannoncen und Werbeveranstaltungen zusammen mit den örtlichen Sportorganisationen und Kriegsopferverbänden die Gründungen an und schickten dann Übungsleiter oder Sportwarte in die neuen Gruppen, um sie übungstechnisch anzuleiten und organisatorisch zu stabilisieren. Dazu knüpften sie über örtliche Fürsorgestellen, Versorgungskrankenhäuser und Versorgungsämter, in denen häufig sportinteressierte Ärzte arbeiteten, weitere unterstützende Netzwerke, die wiederum für die Gründung und Betreuung neuer Gruppen Sorge trugen. Die Gründung von Bezirken trug dann mit dazu bei, die Zahl der Versehrtensportgruppen weiter zu steigern und zu koordinieren.[137] Mit den zum Teil erst spät zum Erfolg gelangten Bemühungen, als Fachverband von den jeweiligen Landessportbünden aufgenommen zu werden, kam die Arbeit der Landesverbände hinsichtlich der Etablierung ihrer organisatorischen Arbeit dann zu einem vorläufigen Abschluss.

Eine notwendige Voraussetzung für eine erfolgreiche Vereinsarbeit war die Gewährleistung eines durchgängig geregelten versehrtengerechten und sportlich vielfältigen Übungsbetriebes, wobei die Vielfältigkeit dadurch eingeschränkt war, dass in den ersten Jahrzehnten nur bestimmte Sportarten als Heilmaßnahme anerkannt wurden und damit auch als abrechnungsfähig galten. Für diese Sportarten benötigten die Vereine Übungsleiter und Sportlehrer mit entsprechend speziellen Aus- und Fortbildungen, die die Landesverbände und die ADV bzw. der DVS im Rahmen von Kursen organisierten und finanzierten. Vor der Etablierung dieser Fortbildungen war der Übungsbetrieb der Gruppen vielfach noch „hausgemacht" und improvisiert. In Ermangelung an Fachkräften leiteten manchmal erfahrene (versehrte) Sportler den Trainings- und Spielbetrieb. In vielen Fällen wurde der Übungsbetrieb aber auch von (versehrten) Sport- und Turnlehrern angeleitet, die bereits vor 1945 eine Zusatzausbildung im orthopädischen Turnen, im Sonderturnen oder im Versehrtensport erworben und auch schon entsprechende Sportgruppen in Lazaretten oder bei Versehrtensportwettkämpfen angeleitet hatten.[138] Nun ging es darum, die unterschiedlichen Erfahrungen und Ausbildungen zu vereinheitlichen, über Fortbildungen zu aktualisieren und zu spezialisieren und sie offiziell zu institutionalisieren. Dafür waren die Landessportwarte und auch der Bundessportwart verantwortlich.

Über die Lehrgänge, die der DTB in den frühen 1950er-Jahren für ihre Versehrtenturnwarte organisiert hatte, erhielten etliche Versehrtenwarte, die später Sportwarte der Landesverbände werden sollten, bereits Einblicke in die Arbeit im Versehrtensport. Hier spielte der kriegsversehrte ehemalige Turner und Pädagoge Hans Lorenzen, der später im ADV-Vorstand tätig war, eine zentrale Rolle, die er noch weiter ausbaute.

Lorenzen verknüpfte seine eigenen Erfahrungen mit denen der anderen Versehrtensportlehrer aus dem letzten Krieg, wertete die Schriften von Versehrtensportärzten wie Arthur Mallwitz, Frohwald Heiß, Wolfgang Kohlrausch, Karl Sell, Hans Scholtyssek oder Wolfgang Lettenbaur aus, band die Erfahrungen aus dem orthopädischen Schulturnen und der „Krüppelfürsorge" der Weimarer Zeit mit ein und verfasste 1951 das wegweisende Buch „Leibesübungen mit Körperbeschädigten", dessen 1961 erschienene, stark erweiterte Ausgabe als „Lehrbuch des Versehrtensports" aus dem Übungs- und Fortbildungsbetrieb bald nicht mehr wegzudenken war. Lorenzen definierte und systematisierte den Behindertensport, besprach die pädagogischen und übungstechnischen Probleme und Voraussetzungen, stellte Schadensklassen auf und schlug dann auf die speziellen Bedürfnisse der Sportler abgestimmte Sportarten vor, die zunächst Gymnastik, Bodenturnen und Schwimmen umfassten, bald aber um Leichtathletik, Rudern, Tanzen, Tischtennis, Radfahren, Fechten, Wintersport und um kleine und große Spiele erweitert wurden. Dabei ging Lorenzen schon 1961 über den Sport bei amputierten und blinden Menschen hinaus und nahm auch querschnittsgelähmte und hirngeschädigte Menschen sowie Menschen mit Konstitutionsschäden und inneren Schäden (Diabetes, Rheumatismus etc.) in seinen Übungskanon mit auf.

Die Bücher von Lorenzen waren zunächst die einzige Übungsgrundlage für die Vereine; es ist bezeichnend, dass – zumindest in Niedersachsen – der Landesverband jedem neugegründeten Verein das Buch von Hans Lorenzen für seine ersten Schritte im Versehrtensport überreichte. Das Buch wurde somit zur ersten Übungsgrundlage. Schon 1948 konnte Lorenzen in der frisch gegründeten Sporthochschule Köln das Lehrfach „Versehrtensport" für die Ausbildung von Diplomsportlehrern installieren; gleichzeitig bildete er hier in mehrwöchige Lehrgängen auch Vereinsübungsleiter aus, die die Landesverbände nach Köln schickten. Über Exkursionen zu Blindenschulen, Versehrtensportfesten, Versorgungskrankenhäusern, Gehörlosenschulen und Gehschulen verzahnte Lorenzen die Ausbildung seiner Studierenden mit den Erfahrungen der Vereine und Verbände im Versehrtensport. Zusammen mit anderen Sportpädagogen und Sportärzten wie Dr. Richard Schulze, Dr. Günter Brumm oder Herbert Kersten führte er Forschungen durch, die in die Veröffentlichung von Lehrbüchern mündeten. Darüber hinaus band er die Sportwarte und Sportärzte der Landesverbände und die Sportlehrer der Blindenschulen in seinen Lehrbetrieb ein. Über dieses Netzwerk bildete Lorenzen im Laufe der Jahrzehnte etliche Sportlehrer, Sportwarte und Übungsleiter aus, die dann den Landesverbänden zur Verfügung standen und die später, als die Mitgliedszahlen in den Ländern sehr stark gestiegen waren, selbst Fortbildungen anboten und Übungsleiter ausbildeten. Mit dem langjährigen Bundessportwart Prof. Dr. Horst Kosel, dem Nachfolger von Lorenzen, und dem damaligen Vorsitzenden der VSG Bielefeld, Udo Graf zu Eulenburg, der schon im Lazarett als Übungsleiter tätig gewesen war, erarbeitete Lorenzen auch die Grundlagen der Übungsleiterausbildungen im DVS.[139]

Für die Aus- und Fortbildungen standen den Landesverbänden und dem Bundesverband ab und vor den 1950er-Jahren diverse Landessportschulen und Versehrtensportheime zur Verfügung, wobei jedoch die herkömmlichen Sportschulen nicht behindertengerecht ausgebaut waren. In Niedersachsen fanden die Lehrgänge in der Landesturnschule Melle, in den Sportschulen von Bassum und Westerstede oder in Versorgungseinrichtungen wie in Bad Pyrmont statt, nach der Gründung der Bezirke zumeist in deren Eigenregie. In Nordrhein-Westfalen standen die Sportschule in Hennef und die Sportheilstätte Hellersen, ein früheres Reservelazarett, zur Verfügung, wobei in Hellersen „die Fachärzte der früheren (SS-)Heilstätte Hohenlychen" arbeiteten, die mit Versehrtensport und Orthopädie vertraut waren.[140] In Württemberg wurden die Lehrgänge ab 1948 in der Sportschule Ruit bei Stuttgart und in der Landessportschule Tailfingen durchgeführt, zu diesen Lehrgängen kamen auch Versehrtensportler aus Baden. Ab seiner Eröffnung Ende 1952 wurden viele Lehrgänge, aber vor allem auch Kuren für versorgungsberechtigte Schwerbeschädigte, im ADV-Sportsanatorium in Isny abgehalten; zum Personal gehörten von Anfang an erfahrene Versehrtensportärzte und -sportlehrer wie Dr. Karl Sell und Eugen Weinmann. In Bayern fanden etliche frühe Lehrgänge auch der Bundes-ADV im Versorgungskrankenhaus Schloss Werneck bei Schweinfurt statt, wo auch Versehrtensportfeste durchgeführt wurden. Ab 1967 konnte der Landesverband dann ein eigenes Sportheim in Unterjoch für seine Ausbildungskurse nutzen.[141] In Hessen wurden die Lehrgänge zunächst in Frankfurt beim Sport- und Badeamt oder in der Landessportschule beim LSB abgehalten. Auch im Saarland wurde „großzügig die Landessportschule zur Verfügung gestellt". Und in Berlin und Bremen konnten ab den 1960er-Jahren eigene „Versehrten-Freizeitheime" für Fortbildungen und Sportfeste genutzt werden.[142]

Zumindest in den 1950er-Jahren war der Bedarf an Ausbildungen und Kursen größer als das Angebot. 1953 etwa fanden in zehn Bundesländern insgesamt elf Fortbildungen statt. Bei 205 vorhandenen Sportwarten, unter denen sich etliche examinierte Turn- und Sportlehrer befanden, waren 162 in der Fortbildung begriffen. Ihre Zahl reichte nicht aus. Berechnungen ergaben, dass 1954 mit 650 Sportwarten zu rechnen sei, die in den 271 Sportgruppen mit über 17.000 Mitgliedern zu tun hätten, was einem problematischen Verhältnis von einem Übungsleiter auf 26 Teilnehmer entsprochen hätte. Auch deshalb forcierten in den folgenden Jahrzehnten die Landesverbände ihre Übungsleiterfortbildungen.[143]

Eine frühe, unabhängig voneinander in Angriff genommene Aufgabe der Landesverbände war die Schaffung eines eigenen Sportabzeichens für Versehrte. Dies erfolgte auch, weil die Sportorganisationen insgesamt wieder mit der Neueinführung eines Deutschen Sportabzeichens befasst waren, so dass das Thema in der Luft lag. Das Motiv der Landesverbände, ein Versehrtensportabzeichen zu schaffen, fußte dabei in erster Linie darauf, eine allgemeine Hebung der Grundleistungen zu erzielen, unterschiedliche Leistungen anzugleichen und die Sportler dazu zu animieren, regelmäßig und dauerhaft auf einem gewissen Niveau Sport zu treiben. So wollte man „den vielen Kriegsversehrten wieder Gelegenheit geben (...), sich vielseitig sportlich zu betätigen. Durch die Schaffung eines Sportabzeichens wollte man dazu den Anreiz geben".[144]

Zwischen 1942 und 1945 hatte es – wie oben gesehen – schon einmal ein entsprechendes Leistungsabzeichen für Versehrte gegeben. Daher konnte man zwar an einen Vorläufer anknüpfen, man musste ihn aber um die nationalsozialistischen Elemente bereinigen und ihn konsequent auf die bundesrepublikanische Sportrealität zurechtstutzen.

Schon 1950 begann der hessische Versehrtensport zusammen mit dem LSB Hessen mit der Schaffung eines Versehrtensportabzeichens für männliche zivil- und kriegsbeschädigte Bewerber. Im selben Jahr stellte auch der LSB Nordrhein-Westfalen erste Richtlinien für den Erwerb auf. Zu den damals abgeprüften Leistungen gehört auch das später wieder fallengelassene 400-Meter-Hüpfen ohne Prothese (Mindestleistung 3 Minuten, 13 Sekunden).[145] Und in Württemberg gab es wohl schon 1949 die Gelegenheit, „am Rande" der Versehrtensportlehrgänge in Ruit, „das Versehrtensport-Abzeichen zu erwerben", wenn auch die sportlichen Richtlinien und die Zuständigkeit der Abnahme nicht überliefert sind.[146]

1951 lagen schließlich sieben verschiedene Landesverbandsfassungen für ein Versehrtensportabzeichen vor. Nachdem sich die Versehrtensportwarte auf die hessische Fassung als Vorbild geeinigt hatten, konnte 1952 die erste Auflage des bundesweit gültigen Bedingungsheftes in Druck gehen. Dabei wurde auf die Schaffung eines speziellen Versehrtensportabzeichens wie zwischen 1942 und 1945 verzichtet. In Anlehnung an das DSB-Sportabzeichen wurde vielmehr ein Sportabzeichen nach Versehrten- bzw. Behindertenbedingungen entworfen, dessen Prüfungsdurchführungen nur über den DSB und nicht eigenmächtig über eine Versehrtensportgruppe erfolgen durften. Für die Schaffung des Abzeichens arbeitete die ADV eng mit dem Referenten des Deutschen Sportabzeichens, des späteren Vorsitzenden des LSB Niedersachsen, Albert Lepa, zusammen, der vor 1945 in seiner Heimatstadt Hannover bereits schon (Versehrten)Sportabzeichenbeauftragter gewesen war.[147]

Nach dem Muster des allgemeinen Deutschen Sportabzeichens wurden für das Versehrtensportabzeichen ebenfalls fünf Leistungsgruppen und drei Altersstufen (Gold, Silber, Bronze) geschaffen. Zunächst wurden lediglich männliche Bewerber mit Körperbehinderung berücksichtigt; erst im Laufe der frühen 1950er-Jahre plante der Hessische Sportärzteverband erstmals „nach den Bedingungen des normalen Sportabzeichens ein solches auch für versehrte Frauen auszuarbeiten". 1954 kam es zu ersten Differenzierungen. Nun wurden auch Ohnhänder, blinde Frauen und die blinde weibliche und männliche Jugend berücksichtigt. 1955 kamen noch Doppelbeinamputierte hinzu, jetzt waren „zwanzig Beschädigungsformen im Sportabzeichen berücksichtigt". 1983 wies das Abzeichen dann eine Ausdifferenzierung in 35 Beschädigungsgruppen auf. Es wurde jedoch immer schwieriger, auf die völlig verschiedenen Arten von Behinderung, die die Öffnung des Bundesverbandes DBS für alle Menschen mit Behinderungen mit sich brachte, mit genauen Kategorien zu reagieren. Ohnehin gab es immer schon Diskussionen und Konflikte um die Eingruppierung von Behinderungsarten in entsprechende Klassen für das Sportabzeichen, da Behinderungsarten eben nicht genormt sind und sich alle – auch bei scheinbar „gleichen" Schäden – eben doch unterscheiden. Die Möglichkeiten und Grenzen der Vergleichbarkeit und damit auch der Chancengleichheit bei Wettbewerben waren und sind eine Herausforderung und betrafen auch die internationale „Schadensklasseneinteilung" für die Paralympics. Eine sinnvolle Einteilung blieb in der Folgezeit eine der großen Aufgaben der Verbände.[148]

Das Problem der Schadensklassen betraf natürlich auch die Wettkämpfe und Sportfeste der Versehrtensportler, deren Organisation auf Landesebene eine weitere wichtige Aufgabe der frühen Verbände war. Denn die meisten der damaligen Versehrtensportler wollten nicht einfach nur Gehübungen und

Rehabilitationssport absolvieren, sondern (wieder) echten Leistungs- und Wettkampfsport betreiben, so wie viele dies vor ihrer Verwundung gewohnt waren. Von Anfang an bestand daher ein regelrechter Drang zum Wettkampfsport. Zu einer Zeit, als es noch kaum Vereine und Verbände im Versehrtensport und daher auch keine offiziellen Verbandsmeisterschaften gab, wurden bereits (inoffizielle) Sportfeste und Meisterschaftskämpfe organisiert, die einzelne Versehrtensportgruppen oder frühen Verbände wie etwa die Fachgruppe Württemberg initiierten. Zunächst wurden lediglich Vergleichswettkämpfe zwischen einzelnen benachbarten Sportgruppen durchgeführt.[149] Aber schon zwischen 1946 und 1949 kam es zu überregional ausgeschriebenen Sportfesten in Göppingen, Hameln, Köln, Wuppertal, Frankfurt, Bremen, Lüdenscheid, Oberstdorf und am Wendelstein, die als Württembergische Landesversehrtensportfeste (Göppingen 1946–1948) oder Zonenmeisterschaften (Hameln 1947) deklariert worden waren. Hier versammelten sich die sport- und wettkampferfahrenen Kriegsversehrten, um in verschiedenen Disziplinen ihre „Deutschen Meister" unter sich auszumachen.[150]

Von 1946 bis 1948 führten die Zentralkliniken im württembergischen Göppingen, das bereits eine längere Versehrtensporttradition aufweisen konnte, unter den Ärzten Dr. Heinrich Zeller und Dr. Karl Winker, der dann Landesvorsitzender wurde, drei Landes-Versehrtensportmeisterschaften für Arm- und Beinamputierte durch. Die jeweils über 100 Teilnehmer maßen sich in Schwimmen, Gerätturnen und Leichtathletik; 2.000 Zuschauer waren anwesend. Schon im Frühjahr 1948 trafen sich in Württemberg auch die Blindensportler zu einem Sportfest. Auf diesen Sportfesten traten bereits auch Versehrtensportler aus anderen Zonen an, so war aus Bad Pyrmont in Niedersachsen der spätere Landesversehrtensportwart Gerhard Buchholz mit einer Mannschaft angereist.[151]

1946 richtete die frisch gegründete Versehrtensportsparte von Hameln 07 in Niedersachsen die wohl ersten Zonenmeisterschaften im Versehrtensport aus. Mitveranstalter war der „Beauftragte für das Versehrtensportwesen Sportbund Niedersachsen", und als Obmann der Kampfrichter fungierte Hans Lorenzen. Zu dieser Zeit bestanden in Niedersachsen lediglich vier Versehrtensportvereine. Daher musste ein größeres Versehrtensportfest schon zonenweit ausgeschrieben sein. Neben etlichen niedersächsischen Versehrtensportlern kamen auch Vertreter aus Hamburg, Bremen, Köln, Essen, Remscheid, Minden, Wesermünde, Bielefeld, Rheine und Aachen. Die Wettkämpfe waren ausgesprochen leistungsorientiert, und es wurden die Zonenmeister im Langstreckenlauf, im Hochsprung und im Handball ermittelt.[152] Geworben wurde mit der Anwesenheit des kriegsversehrten „(Hochsprung)Weltrekordmanns Alfred (eigentlich Manfred) Loos".[153] Der Mediziner Manfred Loos war 1939 Studentenmeister im Hochsprung mit übersprungenen 1,75 Metern geworden. 1943 oberschenkelamputiert, begann er im Lazarett wieder mit dem Hochsprung, stellte in den Folgejahren mehrere inoffizielle Rekorde auf und startete mit Erfolg auch wieder bei herkömmlichen Meisterschaften. In den nächsten Jahren tauchte Loos bei allen wichtigen Versehrtensportfesten als Wettkämpfer auf.[154] Eine im Jahre 1947 im niedersächsischen Ibbenbüren angesetzte Herbstinterzonenmeisterschaft, die als Fortsetzung der Hamelner Zonenmeisterschaft geplant war und zu der 50 Versehrte angereist waren, scheiterte allerdings an Organisationsschwierigkeiten.[155]

1949 veranstaltete die frisch gegründete VSG Lüdenscheid in Nordrhein-Westfalen ein größeres erfolgreiches Sportfest, obwohl sie zu der Zeit in der Umgebung die einzige Versehrtensportgruppe war. Die Verantwortlichen wollten mit ihrem öffentlichen Fest zeigen, „dass ein Kriegsbeschädigter trotz seines Kriegsleidens noch zu mehr taugt als Beten, Pförtner(arbeit)". Zudem war das Sportfest auch als Werbeveranstaltung geplant, um die „Sport- und Turnvereine (dazu) anregen, Versehrtensportabteilungen aufzuziehen".[156] Im Mai 1950 organisierte die württembergische VSG Feuerbach die „Grossveranstaltung (der) Versehrtenmeisterschaften im Handball", zu der „mindestens 20 Mannschaften württ. Vereine vertreten waren: Es waren ausserordentlich harte und kampfbetonte Spiele. Anwesend war auch der Chefarzt des Versorgungskrankenhauses Stuttgart-Berg. Die Veranstaltungen werden stets ärztlich überwacht. Die körperliche Schulung der Versehrten findet durch diese Spiele zweifellos eine ausserordentliche Steigerung".[157]

1948 führte der bayerische VdK am Wendelstein die ersten Ski-Wettkämpfe für Versehrte durch; an den Start gingen über 100 oberschenkelamputierte Skifahrer, die mithilfe des von Franz Wendl 1943 konstruierten Krückenski ihre Torläufe absolvierten und „durch ihr Beispiel andere Versehrte zur aktiven sportlichen Betätigung veranlaßten". 1949 wurden in Oberstdorf dann die zweiten „Landesskimeisterschaften" mit 200 Skiläufern „aller Beschädigtengruppen" durchgeführt. Auch hier handelte es sich bei den meisten Teilnehmern um kriegsversehrte erfahrene Leistungssportler und nicht um Anfänger.[158] Und am 1. und 11.2.1950 fanden in Berchtesgaden die ersten „Internationalen Skimeisterschaften für Versehrte“ mit 200 Teilnehmern statt; als Auszeichnungen wurde der „Silberne Lorbeer“ und „McCloy-Ehrenpreise“ des Hochkommissars der Alliierten verliehen. Auch diese Wettkämpfe waren ebenfalls schon „echte Meisterschaften, wenn man bedenkt, dass Oberschenkelamputierte eine 1.110 m lange Strecke mit 150 m Höhenunterschied bewältigen mussten“.[159]

Durch diese Sportfeste angeregt und von vielen Versehrtensportlern dazu aufgefordert, veranstaltete dann Eugen Weinmann mit seiner Fachgruppe Versehrtensport im LSB Württemberg am 19. und 20.8.1950 das „1. Deutsche Versehrtensportfest“ in Stuttgart-Feuerbach, dem Gründungsort des ersten Versehrtensportvereins der Nachkriegszeit, der VSG Feuerbach. 246 beinamputierte Sportler aus Süd- und Südwestdeutschland, Nordrhein-Westfalen, Hessen, Hamburg und Schleswig-Holstein kamen, um sich an den (inoffiziellen) Meisterschaften in Leichtathletik, Gerätturnen, Schwimmen und Turmspringen zu beteiligen und um 20 Wettkämpfe durchzuführen. An der Finanzierung der Ehrenpreise beteiligte sich die Hauptfürsorgestelle des Landes. Als Schirmherr konnte der damalige Bundespräsident Theodor Heuss gewonnen werden, der für die beste sportliche Leistung das Silberne Lorbeerblatt gestiftet hatte. Über 50m-Kraul wurden Leistungen zwischen 31 und 35 Sekunden erzielt, im Weitsprung ohne Prothese wurden bis zu 4,45 Meter erreicht, und der damals bekannte „Sportfesttourist“ Manfred Loos erzielte im Hochsprung 1,70 Meter. Unter den Teilnehmern befanden sich auch künftige Funktionsträger im Versehrtensport wie Hans Tüffers, der spätere Bundesgeschäftsführer der ADV.[160]

In Rahmen dieser Meisterschaft wurde morgens schließlich ein Deutscher Versehrtensportverband unter Eugen Weinmann und Karl Drees gegründet, der ein Jahr später offiziell in die ADV aufgehen sollte.[161]

Insgesamt waren diese Meisterschaftskämpfe des Versehrtensports ausgesprochene Hochleistungssportveranstaltungen mit erfahrenen (versehrten) Leistungssportlern. Ihre Leistungssportpraxis stand damit in Widerspruch zu der gängigen Auffassung der Turn- und Sportverbände sowie etlicher Versehrtensportfunktionsträger wie Lorenzen und Mallwitz, die den Leistungssport zugunsten Rehabilitation und Breitensport vehement ablehnten.

Die Landesverbände setzten nach ihrer Gründung Anfang der 1950er-Jahre diese Tradition der (Landes)Sportfeste weiter fort und installierten, als genügend Vereine gegründet worden waren, schließlich auch Ligaspiele und Landesmeisterschaften, während die landesübergreifenden Sportfeste ab 1951 von der ADV mit dem ausrichtendem Landesverband gemeinsam organisiert wurden. So setzten die Landesverbände etwa von Württemberg, Bayern und Niedersachsen ihre schon in den 1940er-Jahren organisierten Sportfeste einfach weiter fort und installierten bald auch einen geregelten Ligabetrieb, denn gerade unter den alten Sportlern war hier die „Nachfrage (...) sehr groß“. Dadurch wurde man veranlasst, Spezialveranstaltungen anzubieten und Sportfeste auch „auf den Bezirks- und Gemeinschaftsebenen zu fördern, um allen Versehrten das Mitmachen zu ermöglichen“. In der Folgezeit gab es zahllose Veranstaltungen für Leichtathletik, Schwimmen, Tischtennis, Wintersport und Spiele.[162] Bald folgten dann auch andere Landesverbände wie Nordrhein-Westfalen, Schleswig-Holstein, Rheinland-Pfalz, Baden, Berlin oder das Saarland.[163] So wurden im Jahre 1953 in den Ländern 16 Kreis- und Bezirkssportfeste in den Disziplinen Leichtathletik, Schwimmen, Tischtennis, Faust- und Handball und Ski sowie fünf Landessportfeste durchgeführt. Daneben „kamen noch 11 verschiedene Lehrgänge als Schwimm- und Leichtathletik-Grundausbildungslehrgänge, bei denen ebenfalls sportliche Wettkämpfe in kleinerem Rahmen, ohne Siegerehrung ausgetragen wurden“.[164] Schon früh setzte man auch eigene Sportfeste für Blinde an, so gab es 1955 ein Deutsches Blindensportfest in Wuppertal.[165] Dabei verfolgte man auch mit den Sportfesten die Idee der Steigerung der Leistung, der allgemeinen Fitness und der Lebensfreude durch die regelmäßige Teilnahme: „Es macht dem Versehrten aber auch eine große Freude, zeigen zu können, was er trotz der Versehrtheit leistet und dass er dem Gesunden nicht nachzustehen braucht. Vom pädagogischen und psychologischen Standpunkt her werden daher von allen Ländern Wettkämpfe gefordert“.[166]

Vor allem anfangs ging die Einführung von Wettkämpfen und Ligaspielen aber nicht ohne Konflikte vonstatten, denn die Idee des Leistungsvergleichs stand bei vielen Sportärzten und Funktionsträgern des Versehrtensports in der Kritik: Es gab auch hier ausgesprochene Leistungsgegner. Die Gründe waren vielfältig. Neben medizinischen Bedenken bezüglich einer zu hohen körperlichen Belastung und der Befürchtung, die ohnehin großen sportlichen Unterschiede zwischen geübten alten Sportlern und ungeübten Neulingen könnten sich vergrößern und dadurch Ungeübte abschrecken, kam vor allem von den

Turnern unter den Versehrten immer wieder die turnerisch geprägte Auffassung, nur ein vernünftiger Breitensport, der die Leistungsaspekte vernachlässige, könne eine breite körperliche Fitness für alle Sportler gewährleisten, da Leistungssport nur etwas für Professionelle und daher für eine Minderheit sei. Diese Position hatten schon die Turnverbände als ehemalige Betreuer der Versehrtensportler ins Spiel gebracht. Außerdem wurden Stimmen laut, die sich gegen die angebliche „Zurschaustellung" von Versehrten bei öffentlichen Wettkämpfen wandten; für diese Meinung war eine Mischung aus Scham, Peinlichkeit, konservativem Ästhetikempfinden, konventionellen Körper(vor)bildern und unbewältigten Kriegsneurosen verantwortlich. Doch diese Fraktion, die zahlenmäßig nicht unbeträchtlich war, konnte im Endeffekt gegen die erdrückende Realität der Sportpraxis und die sportliche Sozialisation vieler Kriegsversehrter, die Leistungssport und Wettkampf gewohnt waren, wenig ausrichten, so dass sich genau wie in anderen Verbänden auch hier ein geregelter Wettkampf- und Ligabetrieb entwickelte. Allerdings sollte das Problem der stets auseinanderklaffenden Schere zwischen Leistungssportlern auf der einen Seite und Breitensportlern bzw. Rehabilitationssportlern auf der anderen Seite vor allem auch mit der Öffnung des DBS für alle Menschen mit Behinderungen immer wieder aufbrechen.

2.2.4 Mitgliederprofile und Mitgliederentwicklung

Beileibe nicht alle Menschen mit Behinderungen traten (und treten) einem Versehrten- bzw. Behindertensportverein bei oder trieben in einer anderen Organisation Sport, ganz im Gegenteil: Lediglich ein geringer Prozentsatz der Menschen mit Kriegs- und Zivilbehinderungen, deren Zahl nach 1945 in Deutschland in die Millionen ging, war (und ist) auch sportlich engagiert. Von 1951 bis 1953 waren etwa 10.000 Sportler in der ADV organisiert, zwischen 1954 und 1955 zählte die ADV rund 20.000 Mitglieder, und 1956, als das Bundesversorgungsgesetz zu greifen begann, trieben etwa 26.000 Menschen Sport in einem Versehrtensportverein. 1960 waren im, ab 1957 so genannten, DVS 30.000 Sportler aktiv, 1971 rund 67.000 Menschen. 1981 verfügte der nun DBS genannte Bundesverband über knapp 100.000 Mitglieder und 2000, zehn Jahre nach der so genannten Wiedervereinigung von Ost- und Westdeutschland, betrieben schon über 300.000 Sportlerinnen und Sportler in einem Behindertensportverein Leibesübungen. 2007 war die Mitgliedszahl im DBS auf 500.000

Personen angestiegen, und zu Beginn des Jahres 2011 wurden schließlich über 570.000 Mitglieder gezählt.

Schon anfangs gab es ein ausgesprochenes Missverhältnis zwischen der absoluten Zahl der in der BRD lebenden Menschen mit Behinderungen und denjenigen, die auch in einem Sportverein aktiv waren. 1960 etwa trieben nur 5% aller Menschen mit Behinderungen Sport in einem entsprechenden Versehrtensportverein.[167] Gegenwärtig wird die Gesamtzahl der Menschen mit Behinderungen in Deutschland auf etwa 10% der Gesamtbevölkerung geschätzt, wobei die Definition von „Behinderung" jedoch äußerst unscharf ist. Knapp über sieben Millionen Menschen sind als „Schwerbehinderte" erfasst worden, wobei als Definition die Gewährung eines Schwerbehindertenausweises gilt. Mit anderen Worten: Gegenwärtig sind auch nicht mehr als 8% aller Menschen mit Behinderungen in einem Behinderten- und Rehabilitationsverein aktiv. Zum Vergleich: Der DOSB verfügt heute über etwa 26–27 Millionen Mitglieder – die Zahlen variieren –, wobei Doppel- und Mehrfachmitgliedschaften berücksichtigt werden müssen. Dennoch ist schätzungsweise etwa ein Viertel der Gesamtbevölkerung Deutschlands in einem Sport- und Turnverein angemeldet.

Neben einer Analyse der Ursache dieses Missverhältnisses provoziert dieser Befund nicht nur die Frage, wer warum keinen Versehrtensport betrieb bzw. Behindertensport betreibt, sondern vielmehr die Frage, wer und aus welchen Gründen sich trotzdem sportlich engagierte. Mit anderen Worten: Gibt es so etwas wie einen Typus „Versehrtensportler" bzw. „Behindertensportler" mit entsprechenden Merkmalen, Motiven und Verhaltensmustern, der sich von all den anderen Menschen mit Kriegs- oder Zivilbeschädigung unterschied, die offenbar – zumindest in den ersten Jahrzehnten nach 1945 – nicht oder kaum dazu zu bewegen waren, sich einem Versehrtensportverein anzuschließen?

Versucht man, sich über die Biographien dieser frühen Versehrtensportler dieser Frage zu nähern – unter der Voraussetzung ausreichend aussagefähiger Daten – so fallen gewisse übereinstimmende Merkmale auf, die sich bei vielen dieser Sportler finden und die aufgrund der vorliegenden Quellen verallgemeinert werden können.[168] Ein „typischer" Versehrtensportler der Nachkriegsjahre war männlich, etwa zwischen 1910 und 1927 geboren, militärisch sozialisiert, kriegsbeschädigt und mit sportlichen Vorerfahrungen, die in einer aktiven Vereinsphase, in der Hitler-Jugend (die ab den Jahrgängen 1926 verpflichtend war) oder bzw. und im Wehrdienst erworben und vertieft wurden. Das Niveau dieser sportlichen Vorerfahrung konnte von einfachem Breitensport über den Erwerb von Sportabzeichen bis hin zu Leistungs- und Wettkampfsport auf Landes- oder auch Reichsebene reichen und sogar Deutsche Meisterschaftsehren beinhalten. Darüber hinaus verfügten etliche Versehrtensportler bereits vor 1945 auch über Erfahrungen im Verwundetensport. Zudem konnten viele spätere Funktionsträger auf Vereins-, Landes- oder Bundesebene auch auf Tätigkeiten als Übungsleiter, Trainer und Sportlehrer verweisen, und zwar oft schon vor 1945. Etliche von ihnen verfügten zudem noch über selbsterworbene praktische Kenntnisse oder sogar über eine fundierte Ausbildung als Orthopäde, Versehrtensportlehrer, Blinden(sport)lehrer oder Sonderturnlehrer.

Aber auch andere Vereinsmitglieder hatten schon vor 1945 ausgedehnte berufliche Erfahrungen mit Menschen mit Behinderungen gehabt, sie arbeiteten als Orthopädiemechaniker, als Spezialisten in Fürsorgestellen und „Krüppelheimen“, als Ärzte in Krankenhäusern, Versorgungsanstalten und Lazaretten oder waren als Sportärzte in entsprechenden Einrichtungen tätig. Viele von ihnen waren ebenfalls kriegsversehrt und besaßen daher einen zusätzlichen Bezug zum Versehrtensport. Etliche Versehrtensportler waren darüber hinaus Flüchtlinge und Heimatvertriebene, die über einen (Versehrten)Sportverein versuchten, in ihrem neuen Heimatort sozialen Anschluss zu finden und sich zu integrieren. Und eine überwiegende Zahl der frühen Vereinsmitglieder war noch Mitglied oder gar Funktionsträger in einem der beiden großen Kriegsopferverbände. Sicher: Es gab in den ersten Nachkriegsjahrzehnten auch Kinder und Frauen mit Kriegs- und Zivilbeschädigungen sowie auch Männer mit Zivilbeschädigungen in den Vereinen, von denen nicht wenige ebenfalls eigene sportliche Vorerfahrungen besaßen und auch Mitglied in einer Behindertenorganisation waren. Aber das Gros der frühen Vereinsmitglieder dürfte die oben genannten Merkmale eines „typischen“ Versehrtensportlers aufgewiesen haben; Merkmale, die in ihrer Gesamtheit dazu führten, dass diese frühen Vereinsmitglieder engagierte „Spezialisten“ auf ihrem Gebiet waren und über die notwendigen Kontakte verfügten, um erfolgreich Versehrtensportvereine und -verbände zu gründen und sie in der Sportlandschaft zu positionieren.

In zahlreichen Vereinen und Verbänden tummelten sich so von Anfang an erfahrene Sportler. So besaßen die Gründungsmitglieder der VSG Aschaffenburg im Jahre 1952 alle Breitensporterfahrung, bei den Gründern des SV Augsburg 1947 handelte es sich um „sportbegeisterte Ober- und Unterschenkelamputierte", der Berliner VSV Neukölln wurde 1954 von ehemaligen aktiven unversehrten Sportlern ins Leben gerufen, und auch in der VSG Bielefeld versammelten sich nach der Gründung 1946/47 etliche sportlich vorerfahrene Kriegsversehrte.[169] In der 1953 gegründeten VSG Gießen gab es von Anfang an etliche Sportler mit Vorerfahrungen, in Hamburg schlossen sich „viele von denjenigen, die schon vor ihrer Beschädigung Sport betrieben hatten, (zunächst) ihren alten Vereinen an", bevor sie den Versehrtensportverein gründeten, im VSV Kiel waren 1950 „ehemalige Spitzensportler, die als Schwerstverwundete den Krieg überlebt hatten, die Motoren" der Gründung, und auch in der VSG Lahr wollten 1950 die Gründer, alles Männer mit Kriegsbeschädigung, „trotz ihrer Behinderung in der Beweglichkeit ihrem Hobby Sport wieder nachgehen."[170] Die VSG Lörrach wurde 1946 von Sportlern gegründet, um „auf der noch vorhandenen Grundlage den früher ausgeübten Sport wieder aufzunehmen", und auch in der VSG Lübeck war es den Gründern „wichtig, an vorherige sportliche Leistungen anzuknüpfen oder zu einer neuen körperlichen Ertüchtigung zu kommen". Von den 25 Gründern der VSG Minden hatten bereits viele schon vor dem Krieg Sport betrieben, und auch in der VSG Münster versammelten sich 1955 viele Kriegsversehrte mit „einer früheren aktiven Sportzeit".[171]

In der VSG Neumünster hatten sich 1952 Kriegsversehrte zusammengefunden, die „trotz ihrer Behinderung wieder Sport treiben" wollten, der VSV Schweinfurt wurde 1953 von Personen gegründet, „die nach dem Krieg als Versehrte bemüht waren, ihre sportlichen Aktivitäten wieder aufzunehmen". Die VSG Feuerbach wurde von Eugen Weinmann und anderen ins Leben gerufen, die schon im Lazarett zusammen Sport getrieben hatten, und in der VSG der TSG Ulm-Söflingen versammelten sich 1947 kriegsversehrte Turner der TSG.[172] Auch die VSG Wattenscheid wurde 1951 von Sportlern mit Vorerfahrungen gegründet, in der VSG Wetzlar versammelten sich zur Gründung 1950 einige „sportbegeisterte Versehrtenschwimmer", und auch in der VSG Wiesbaden gab es 1948 etliche alte Sportler, die trotz ihrer Verwundung wieder Sport treiben wollten.[173]

Schon 1949 resümierte Eugen Weinmann in Württemberg: „In der Hauptsache handelt es sich ja um ehemalige Sportler, die nur durch den Verlust eines

Beines oder gar beider Beine durch Ausübung von Sport, Spiel und Schwimmen neue Lebenskraft und neuen Lebensmut in sich aufnehmen." In diesem Bewusstsein wurde auch Sport getrieben: „Der aktive Sportler von einst", so formulierte es noch 1968 Hans Stöver, der damalige Vorsitzende des niedersächsischen Landesverbandes VSN, „war, nachdem der Chirurg das Operationsmesser aus der Hand legen konnte, nicht gewillt, nun im Sport allein in die Rolle des Zuschauers gedrängt zu werden".[174]

Die sportlichen Vorerfahrungen dieser Personen variierten sehr stark, vom Vereinsbreitensport über den Bezirksleistungssport bis hin zum (inter)nationalen Spitzensport war alles versammelt, und es gab einige Sportler mit äußerst bemerkenswerten Sportkarrieren und Leistungen bis hin zu Nominierungen zu den Olympiakadern für 1936 oder (den ausgefallenen Spielen) für 1940. Die Breitensporterfahrungen waren auch schon vor 1945 bzw. vor 1933 an den herkömmlichen Reichssportabzeichen ablesbar, und wenn es auch damals die üblichen Sportabzeichen für Frauen, Männer und Jugendliche gab, so besaßen doch einige der späteren Versehrtensportler darüber hinaus auch Spezialabzeichen bestimmter Sportdisziplinen wie Schwerathletik, Radfahren, Schwimmen, Turnen, Zehnkampf, DLRG oder Segelflug, was auf die breite Erfahrung vieler späterer Versehrtensportler hinweist. Dazu finden sich aber auch Sportabzeichen von paramilitärischen und politischen Verbänden wie SA oder Hitler-Jugend, wobei die Aufnahme in die Hitler-Jugend die erfolgreiche Absolvierung von Sport- und Leistungsabzeichen voraussetzte. Außerdem gab es etliche Versehrtensportler, die zwischen 1942 und 1945 auch das Reichsversehrtensportabzeichen gemacht hatten und damit sogar auf Erfahrungen im Versehrtensport zurückblicken konnten.[175]

Es gab viele Sportler mit ausgedehnter Vereinswettkampferfahrung. In der VSG Bielefeld waren hervorragende Turner aktiv, wobei der Riegenturner Franz Krüger vor 1945 in der Westfalenriege geturnt hatte. Die frühe VSG Frankfurt beherbergte mit Karl Rothhaupt einen guten Kunstspringer und mit Willi Betz einen ehemaligen Langstreckenläufer auf Gaumeisterschaftsniveau. Der Vorsitzende der VSG im TV Koblenz-Güls, Klaus Müller, war vor dem Krieg ein sehr guter Kunstspringer gewesen. Paul Grünewald vom VSV München trieb vor seiner Oberschenkelamputation im Jahre 1941 Radsport, Segelflug, Wassersport und fuhr Ski. Paul Ruge vom VSV Kiel war vor dem Krieg ein guter 1500-Meter-Läufer auf Gaumeisterschaftsniveau gewesen. Karlheinz Cendrowski von der VSG Wattenscheid hatta vor dem Krieg Fußball bei Wattenscheid 09 gespielt, und Eduard Wagner von der VSG Wetzlar war als ehemaliges Mitglied im Sudetendeutschen Turnverband ein sehr guter Turner und Skifahrer.[176] Viele nach 1926 geborene Versehrtensportler hatten vor allem über den HJ-Sport ausgedehnte Wettkampferfahrungen auf Stadt-, Bezirks- und Gauniveau. So konnten etwa in den niedersächsischen Versehrtensportvereinen Hunderte von ehemaligen guten (HJ-)Breiten- und Leitungssportlern nachgewiesen werden.[177]

Etliche Versehrtensportler waren vor ihrer Verwundung Spitzensportler auf nationalem oder sogar internationalem Niveau gewesen; gerade diese Klientel dachte nicht daran, nach ihrer Rekonvaleszenz lediglich Rehabilitationsübungen oder von der Öffentlichkeit abgeschottete interne Turnspiele zu veranstalten – wie etwa die Turnverbände dies für die Versehrtensportler vorgesehen hatten –, sondern wollte selbstverständlich auch weiterhin Leistungs- und Spitzensport betreiben.[178] So verfügte die VSG Frankfurt mit Willi Gierock, der bis 1943 mehrere Gaumeisterschaften als Weltergewichtsboxer gewann, und mit dem oberschenkelamputierten Versehrtensportlehrer Georg Vogel, der in den 1910er-Jahren ein sehr erfolgreicher Leichtathlet bei Eintracht Frankfurt gewesen war, über herausragende ehemalige Spitzensportler. Im VSV Kiel trainierten in den 1950er-Jahren mit Werner Asch ein ehemaliger Deutscher Hochschulmeister im Gerätturnen und mit Herbert Benecke ein ehemaliger Deutscher Hallenmeister der Deutschen Turnerschaft (1928) über 800 Meter. In der VSG Marburg war der langjährige Vorsitzende Walter Neumann, der aus dem rumänischen Banat stammte, 1936 für die rumänische Olympia-Mannschaft nominiert worden, war aber nicht zum Einsatz gekommen.[179] Alfons Prönnecke, Gründungsmitglied der VSG Müllheim 1949/50, wurde in seiner Jugend von einem ehemaligen Europameister auf der Mittelstrecke trainiert und nahm selbst als Mittelstreckenläufer an Landesmeisterschaften und HJ-Bannmeisterschaften teil. Der Gleiwitzer Ernst Plener, ehemaliger Vorsitzender des VSV Schweinfurt, spielte 1940 unter dem Reichstrainer Sepp Herberger zweimal in der Fußballnationalmannschaft. Der ehemalige Bundesspielwart Oswald Bonner war in den 1930er-Jahren im turnerischen Saar-Mehrkampf Dritter, nahm 1937 an den Reichsformationskämpfen teil und lief die 100 Meter in 11,4 Sekunden. Der Sportarzt Dr. Günter Marten, Mitglied der VSG Lüdenscheid und des VSV Schweinfurt, war vor seiner Verwundung mehrfacher schlesischer und brandenburgischer Jugendmeister im Tischtennis und in der Leichtathletik gewesen. Der frühere Spielwart im Hamburgischen Landesverband für Versehrtensport und DVS-Fachwart für Bogenschiessen, Walter Malchow, der über etliche (Spezial)Sportabzeichen verfügte, war hessischer Bezirks- und Gaumeister im Schwimmen, 1939 im Boxen „Gebietsmeister von Kurhessen und 4. Deutscher Jugendmeister. In Holland wurde ich 3. bei den Niederländischen Zehnkampfmeisterschaften (1941)“.[180]

Der frühere Bundesversehrtensportarzt Dr. Gerd Sluet, der Mitglied in der VSG Marburg war, war 1939 Universitätsmeister des Akademischen Turnerbundes im Schwimmen und 1940 Deutscher Vize-Universitätsmeister im Waldlauf geworden. Der Hamburger Versehrtensportler Manfred Loos wurde 1939 mit 1,75 Meter Studentenmeister im Hochsprung.[181] Der ehemalige Sportwart des Versehrtensportverbandes Niedersachsen, Gerhard Buchholz, war 1933 Berliner Meister im Weitsprung geworden und mit dem SSC Berlin-Charlottenburg 1936 mit der 4 mal 100-Meter-Staffel Dritter der Deutschen Meisterschaften sowie 1942 Mannschaftsmeister geworden. Peter Holländer, der ehemalige Sportwart des VSV Osnabrück, spielte vor seiner Verwundung Fußball und wurde 1936 vom damaligen Reichstrainer Sepp Herberger als Auswahlspieler in einen Vorbereitungslehrgang für ein Länderspiel berufen. Der ehemalige Vorsitzende der niedersächsischen VSG Lindhorst, Wilhelm Kneiffel, war 1935 Südostdeutscher Meister im 30-km-Gehen. Der Vorsitzende des VSV Peine, Horst Kretschmar, war in den 1930er- und 1940er-Jahren bei mehreren Reichsmeisterschaften im 10.000-Meter-Lauf angetreten. Der frühere Vorsitzende des VSV Braunschweig, Hermann Kohlstock, hatte als Zehnkämpfer für die ausgefallenen Olympischen Spiele von 1940 trainiert. Fritz Gunst, Mitglied des VSV Hannover, war vor seiner Oberschenkelamputation Wasserballer gewesen und hatte mit seiner Mannschaft 1928 und 1932 Olympisches Gold und 1936 Silber errungen.[182] Das prominenteste Beispiel dürfte wohl der ehemalige Deutsche Meister und Europameister im Zehnkampf und Olympiateilnehmer von 1936, Hans-Heinrich Sievert, sein, der 1945 im Krieg einen Fuß verloren hatte und später in Bonn Sportreferent im Bundesinnenministerium wurde. Zwar beendete Sievert nach dem Krieg den aktiven Sport trainierte aber kurzzeitig noch bei den Hamburger Versehrtensportlern mit.[183]

Etliche dieser Hochleistungssportler trieben auch nach ihrer Verwundung und auch als „gestandene“ Versehrtensportler weiterhin Sport, z. T. auch Leistungssport, mit ihren „unversehrten" Kollegen. So war Karl Rath, der in der VSG Frankfurt/Höchst Versehrtensport betrieb, ein Kanute auf internationalem Niveau gewesen und nahm noch in den 1950er-Jahren trotz Oberschenkelamputation an den Kanu-Weltmeisterschaften der Sportler ohne Behinderung teil, später wurde er sogar noch Bundesslalomwart der Kanuten. Der frühere Vorsitzende der VSG Koblenz-Güls, Klaus Müller, war vor seiner Verwundung ein guter Kunstturner gewesen und errang noch nach dem Krieg im Sechskampf mehrere vordere Plätze bei Landes- und Bundesmeisterschaften.[184] Der Wasserballer Fritz Gunst errang mit der hannoverschen Wasserballmannschaft trotz Beinamputation 1947 noch eine inoffizielle „Deutsche Meisterschaft"; Zeitzeugen berichteten, dass Gunst trotz seiner Oberschenkelamputation noch etlichen unversehrten Wasserballern überlegen gewesen sei. Der Geher Wilhelm Kneiffel, der Stecksplitter im rechten Oberschenkel hatte, wurde mit seiner Eintracht Braunschweig 1949 Mannschaftsmeister im 30-km-Gehen. Und es gab einige kriegsversehrte Sportler, die trotz Armamputation oder als Ohnhänder nach 1945 auch weiterhin an Leichtathletik-Meisterschaften auf Bezirks-, Landes- oder Zonenebene teilnahmen und sich vorne platzieren konnten.[185]

Um dieses Niveau auch als kriegsversehrter Sportler halten und um die anderen Sportler gut trainieren zu können, bedurfte es erfahrener Sportlehrer und Trainer, und tatsächlich hatten etliche der Übungsleiter im Versehrtensport ausgesprochen gute bis sehr gute (Spezial)Ausbildungen und galten in ihrem Metier als anerkannte Fachleute. Vor allem in den frühen Vereinen waren zahlreiche (kriegsversehrte) Sportlehrer, Orthopäden und Sonderturnlehrer aktiv. Viele von ihnen hatten schon während des Krieges Kriegsversehrte und auch Versehrtensportler betreut, etliche hatten – zum Beispiel in der Sportklinik Hohenlychen – Zusatzausbildungen zum Versehrtensportlehrer absolviert und blickten auf eine lange Erfahrung zurück. Flankiert wurden diese Sportlehrer von zahlreichen Sportärzten – zumeist mit einer eigenen Sporterfahrung, zum Teil auch kriegsversehrt –, die schon vor 1945 in Versorgungsämtern, Lazaretten oder Krankenhäusern mit Kriegsversehrten und Versehrtensport in Berührung gekommen waren. So wurden etwa in den frühen Versehrtensportvereinen in Niedersachsen über 60 Personen ermittelt, die vor 1945 eine Ausbildung zum (Versehrten)Sportlehrer absolviert hatten oder als (Sport)Ärzte mit Kriegsversehrten in Berührung gekommen waren. Es waren genau diese Spezialisten, die nicht nur in ihren Vereinen, sondern später auch auf Landes- und Bundesebene Funktionen übernahmen und die Politik im Versehrtensport mitbestimmten.[186]

So war der erste Vorsitzende des VSV Berlin im Jahre 1950, Karl Perey, von Beruf Gehschullehrer. Der Vorsitzende der VSG Bielefeld, Udo Graf zu Eulenburg, ein ehemaliger Kunstturner, hatte als Versehrter im Lazarett die Übungsleitung für den Versehrtensport von einem „unfähigen Sportlehrer" übernommen und sich die Grundlagen selbst beigebracht, wenig später das Reichsversehrtensportzeichen absolviert und nach 1946 in seinem Verein als Übungsleiter fungiert. Der Sportlehrer der VSG Bremen, Garrelmann, hatte bereits im Lazarett Versehrtensport unterrichtet. Und in der VSG Frankfurt bestimmten mit dem Kriegsversehrten Georg Vogel und Georg Gebhardt Sportlehrer das Geschehen, die schon seit den 1920er- und 1930er-Jahren und später auch in Lazaretten Versehrtensport durchführten.[187] Der Vorsitzende der VSG Gelsenkirchen, Dr. Paul Preute, war ein ehemaliger (versehrter) Sportler, der Medizin und Sport studiert hatte und als Sportarzt arbeitete. Die VSG Göppingen wurde von einem Sportarzt geleitet, der seit den 1930er-Jahren Versehrtensportgruppen anleitete. Der Versehrtensport in Hamburg wurde von einer DLRG-Trainerin mitbestimmt, die seit 1936 mit Kriegsversehrten übte. Die VSG Lüdenscheid wurde anfangs von einem orthopädischen Turnlehrer, der auch Marinesportlehrer war, und einer Turn- und Gymnastiklehrerin geleitet, die 1936 an der Berliner Hochschule für Leibesübungen ein Diplom erworben und von 1941 bis 1943 bereits eine Versehrtensportgruppe geleitet hatte.[188] Der VSV Nürnberg wurde von einem kriegsversehrten Diplomsportlehrer geführt, der seit den frühen 1940er-Jahren immer wieder Kriegsversehrtensportgruppen betreut hatte. Die VSG Stuttgart-Feuerbach wurde von Eugen Weinmann, einem ehemaligen Lazarettsportlehrer, gegründet und betreut. Der Sportarzt der VSG Wetzlar, Dr. Karl Sell, der später Chefarzt im Versehrtensportheim Isny wurde, hatte ebenfalls bereits im Lazarett mit Versehrtensport zu tun.[189] Und in den Vereinen in Remscheid, Braunschweig, Hannover, Darmstadt, Oldenburg und Bad Pyrmont waren Sportlehrer bzw. Sportärzte beschäftigt, die vor 1945 in der berühmt-berüchtigten SS-Sportheilstätte Hohenlychen eine Zusatzausbildung zum Versehrtensportlehrer absolviert und bereits im „Dritten Reich" im Verwundetensport gearbeitet hatten.

Die Zusammensetzung der frühen Landesverbandsvorstände spiegelt diese Kontinuität. In Bayern waren mit Walter Hummel vom VSV Bad Tölz sowie Franz Speth und Robert Straub vom VSV München ab den 1950er-Jahren drei Sportlehrer im Landesvorstand, die auf Ausbildungen und Erfahrungen im Versehrtensport vor 1945 zurückblicken konnten. Im Landesvorstand in Berlin saßen mit Dr. Günter Brumm, Herbert Kersten und Rolf Sasse ausgewiesene Experten, die schon vor 1945 Versehrtensport unterrichtet oder in Landesheilanstalten gearbeitet hatten. In Hessen lagen die Dinge ähnlich: Der Vorsitzende des Landesverbandes, Dr. Ernst Axt, war vor dem Krieg Sportarzt und dann Sanitätssoldat, der Beauftragte für den Versehrtensport im LSB Hessen und spätere Bundessportwart, Hermann Jopski, besaß Sportlehrer- und Versehrtensportlehrerausbildungen und hatte 1928 und 1936 als Betreuer und Kampfrichter bei den Olympischen Spielen fungiert, und der Landessportwart Dr. Rudolf Siegert war ab 1923 Turnwart der Deutschen Turnerschaft und ab 1941 für Verwundetensport in diversen Lazaretten zuständig gewesen. In Niedersachsen saßen ebenfalls mehrere Sportlehrer und Sportärzte im Landesvorstand, die bereits im Krieg mit Versehrten und Versehrtensport zu tun gehabt hatten. Im nordrhein-westfälischen Landesvorstand konnten zumindest die schon erwähnten Hans Lorenzen und Dr. Gerd Sluet sowie der Landes- und Bundessportwart Peter Paulus, der in den 1930er-Jahren Sportlehrer, Erzieher und Jugendbetreuer gewesen war und das HJ-, SA- und Reichssportabzeichen absolviert hatte,[190] auf entsprechende Erfahrungen zurückblicken. In Schleswig-Holstein saßen mit Theodor Brodersen, Heinz Fuge, Dr. Hans-Ulrich Klose, Gerhard Probst und Dr. Wolfgang Küster Turn- und Sportlehrer (und Versorgungsamtsmitarbeiter) im Vorstand. Und im württembergischen Landesvorstand waren mit Eugen Weinmann, Dr. Karl Winker und Dr. Günter Marten Personen im Vorstand, die schon vor 1945 als Sportärzte und Sportlehrer Erfahrungen mit Kriegsversehrten und im Versehrtensport gesammelt hatten.[191]

Ein weiteres charakteristisches Merkmal für viele frühen Vereine und Verbände war der große Anteil an Flüchtlingen und Heimatvertriebenen; dies galt jedoch hauptsächlich für zonengrenznahe Bundesländer wie Hessen, Niedersachsen und Schleswig-Holstein. Aber auch in den Vorständen anderer Landesverbände konnte – trotz der zum Teil mageren Datenlage – dieses Phänomen beobachtet werden.[192] Mit Helmut Backhausen (Bayern), Bruno Fröhlich, Herbert Kersten, Werner Krause (Berlin), Walter Kloss, Bernhard Maasch (Hamburg), Hermann Jopski (Hessen), Adolf von Rennenkampff (Saarland), Walter Hohmüller, Hans-Ulrich Klose (Schleswig-Holstein) und Günter Marten (Württemberg) saßen Personen in den frühen Landesvorständen, die allesamt entweder aus der DDR oder aus Ostpreußen oder Schlesien stammten. Diese Tendenz setzte sich in etlichen Vereinen fort. Bei Vereinen wie der VSG Bielefeld und der hessischen VSG Frankfurt-Höchst, VSG Gießen, VSG Marburg und VSG Wetzlar waren etliche Heimatvertriebene und Flüchtlinge in den Vorständen.[193]

Ausgesprochen typisch für viele Vereine und Verbände war, wie bei der Schilderung der Gründungsituation der Versehrtensportvereine oben schon angedeutet, die hohe Zahl derjenigen Personen, die zugleich noch in einem Kriegsopferverband bzw. einem Behindertenverband Mitglied waren oder hier sogar Vorstandsfunktionen inne hatten. Gerade in den Vereinen der kleineren Städte arbeiteten die Verbände oft Hand in Hand miteinander; häufig schoben VdK und Reichsbund die Gründungen der Versehrtensportvereine an und unterstützten sie mit Adressenlisten, Werbematerial, Finanzen und Logistik. Doppelmitgliedschaften, vor allem auch in den Vorständen, waren hier typisch, denn man zog sozialpolitisch und versorgungsrechtlich am gleichen Strang.[194] Gerade für die Landesverbände, aber auch für den Bundesverband war es zum Teil von erheblicher Bedeutung, dass an den Vorständen auch Funktionsträger der Kriegsopferverbände beteiligt waren, wie überhaupt häufig auch Landesregierungsmitglieder, deren Aufgabe sich um Kriegsopfer drehte oder die im Innenministerium arbeiteten, oder auch Versorgungsamtsmitarbeiter in den Vorständen der Landesverbände für Versehrtensport saßen. Daher waren in den Landesvorständen von Baden, Bayern und Württemberg immer mehrere hohe VdK-Funktionsträger aktiv, und auch in Nordrhein-Westfalen oder Schleswig-Holstein beteiligten sich VdK- und Reichsbundfunktionäre an den Vorständen der Landesverbände. So war der Badische Landesversehrtensportwart Rudolf Tondre zugleich der Motor des VdK-Ortsverbandes St. Georgen, Karl Weishäuptl vom Landesverband in Bayern war VdK-Landesvorsitzender und Staatssekretär im Bayerischen Arbeitsministerium, der Landesvorsitzende in Nordrhein-Westfalen und DVS-Bundesvorsitzende, Eberhard Rosslenbroich, war im Landesvorstand des Reichsbundes, der saarländische Landesverbandsvorsitzende Adolf von Rennenkampff war VdK-Funktionsträger, und im schleswig-holsteinischen Verband saßen ausgewählte Vertreter von VdK und Reichsbund, wobei noch etliche Vorstandsmitglieder in Versorgungsämtern und Fürsorgestellen arbeiteten. Die Blindensportwarte der Verbände und des Bundesverbandes waren gleichzeitig noch in den Landes- und Bundesvorständen des Kriegsblindenverbandes BKD. Etliche weitere Funktionsträger der Vereine und Verbände waren dazu noch parteipolitisch in der SPD, der CDU oder der FDP engagiert.

Mit anderen Worten: Die Klientel der frühen Vereine und Verbände waren nicht einfach nur Sportler, sondern hatten intensive Bezüge zur Politik, zur Ministerialverwaltung und zu Kriegsopfer- und Flüchtlingsverbänden. Diese personelle Zusammensetzung der Vereine und ihrer Vorstände sowie der Landesverbände aus erfahrenen Versehrtensportlehrern und Sportärzten, aus Funktionsträgern der Kriegsopferverbände, Versorgungsamtsmitarbeitern und Ministerialbeamten ist ausgesprochen typisch für die Phase zwischen den 1950er- und den 1970er-/1980er-Jahren. Es handelte sich insgesamt um ein engmaschig geknüpftes Netzwerk aus Interessensverband, Sport und Politik, das effektiv funktioniert hat. Mit dieser Klientel, die auch aufgrund von Doppelmitgliedschaften ausgezeichnet Hand in Hand arbeiten konnte, war es lange Zeit möglich, die Belange des Kriegsversehrtensports sozial und finanziell erfolgreich zu vertreten und die Versehrtensportvereine breit und dauerhaft in der Sport- und Kulturlandschaft zu verankern. Aufgrund des hohen Alters der Kriegsversehrten und damit einhergehend der Überalterung der Vereine ab den 1970er-Jahren musste sich jedoch, auch in der Zusammensetzung der Vereinsmitglieder, zwangsläufig einiges ändern.

Trotz der scheinbaren zahlenmäßigen Übermacht der Kriegsversehrten hatte es in den Vereinen immer auch Menschen mit Zivilbehinderung, darunter auch Frauen und Kinder mit Körperbehinderung, gegeben. In den Vereinssatzungen wurden sie von Anfang an mitberücksichtigt, denn die Vorstände achteten darauf, ihre Vereine für „Kriegs- und Zivilbeschädigte“ bzw. für „alle Körperbehinderte“ gleichermaßen zu öffnen. Obwohl sie öffentlich kaum einmal erwähnt wurden, war die Zahl der Menschen mit zivilen Beeinträchtigungen zum Teil beachtlich groß, und einige von ihnen hatten auch schon früh lokale Vorstandsfunktionen übernommen. Da sich aber der Versehrtensport früh als Sport von Männern mit Kriegsbehinderung darstellte und auch so von außen wahrgenommen wurde, fielen die anderen Sportlerinnen und Sportler mit Behinderung weit weniger auf.

Immerhin bezifferte sich der Anteil der Menschen mit Zivilbeschädigung im Landesverband Nordrhein-Westfalen im Jahre 1956 schon auf 830 Personen, d.h. auf etwa 25% aller Vereinsversehrtensportler, darunter waren jedoch nur etwas über 100 Kinder und Jugendliche bis 21 Jahren. Unter den 3.312 gezählten Sportlerinnen und Sportlern befanden sich auch nur knapp 100 Frauen.[195] Im Landesverband Niedersachsen zählte man 1957 2.020 Menschen mit Kriegs- und 630 Menschen mit Zivilbehinderungen, 1960 war das Verhältnis 1.882 zu 1.047; damit war der Anteil der Menschen mit Zivilbeschädigungen von unter einem Viertel auf ein Drittel gestiegen. In Hessen waren 1956 964 kriegsversehrte und 201 zivilbeschädigte Menschen in den Vereinen aktiv, 1960 lag das Verhältnis bei 2.409 zu 603, der Anteil der Zivilbeschädigten war also von 17% auf 20% gestiegen.[196] Wenngleich Zahlen aus den anderen Landesverbänden für diese Zeit nicht vorliegen, kann man auch dort von ähnlichen Verhältnissen ausgehen. In Berlin war die Quote der Menschen mit Zivilbehinderungen durch den Einbezug des Blindensportvereins sowieso schon immer höher gewesen. Insgesamt scheint es also, als wenn das Bild des Verbandes als das eines reinen Kriegsversehrtenverbandes die Realität überdeckt hat: Es gab schon immer eine bemerkenswert hohe Zahl von Menschen mit Zivilbehinderungen in den Vereinen.

In der Folgezeit sollten sich die Zahlen dann aufgrund des altersbedingten Ausscheidens der Kriegsversehrten dramatischer verändern. Wenngleich die Anzahl der Älteren immer noch sehr hoch war, wuchs nun der Anteil der Kinder, Jugendlichen und Frauen. 1971 nahmen von 63.000 organisierten DVS-Mitgliedern schon über 23.000 Menschen mit zivilen Schäden an den Übungen teil, darunter befanden sich über 5.600 Frauen und 3.600 Kinder; d.h. ca. 5% der Versehrtensportler waren Kinder und Jugendliche. Zwar stieg bis 1971 die absolute Zahl der Kriegsversehrten im DVS immer noch an, dennoch wuchs der Anteil der Menschen mit Zivilbeschädigungen.[197] Auch aus diesen Gründen nahm der DVS bzw. der DBS immer stärkere Kurskorrekturen in Richtung auf einen allgemeinen Behindertensportverband vor, in dem Männer mit Kriegsversehrtheit und Jugendliche, Männer und Frauen mit Zivilbeschädigungen aller Art sowie später auch Menschen mit geistiger Behinderung sowie ältere Menschen mit typischen Alterserkrankungen gleichermaßen Sport treiben konnten. Im Jahre 2000 betrug die Zahl der Kinder und Jugendlichen im DBS knapp 10%; diese Quote sollte auch bis in die jüngste Zeit gehalten werden.[198]

2007 war die Gesamtmitgliedszahl des DBS schließlich auf über 400.000 Personen gestiegen, darunter befanden sich über 42.000 Jugendliche bis 21 Jahren; 28 % der Mitglieder waren zwischen 41 und 60 Jahre und 49 % über 61 Jahre alt.

2009 hatte die Anzahl der Personen ab 61 Jahren leicht abgenommen und der Anteil der Mitglieder zwischen 41 und 60 Jahren auf 32 % leicht zugelegt.[199] Zur gleichen Zeit war die Zahl der Kriegsversehrten im DBS stark gesunken. 1990 betrug sie noch knapp über 28.000. Im Jahr 2000 waren nur noch knapp 13.000 Kriegsversehrte gemeldet, und 2009 noch nicht einmal 3.800, wobei diejenigen Sportler, die in den Landesverbänden der fünf neuen Länder aktiv waren, insgesamt nur noch 150 Personen zählten. Damit sind heute nur etwa 0,6 % der im DBS organisierten Sportler Kriegsversehrte des Zweiten Weltkriegs.[200]

Der Deutsche Behindertensportverband hatte sich damit von einem internen Kriegsversehrtensportverband zu einem gesellschaftlich anerkannten und großen Sportverband für junge und alte Menschen mit Behinderungen und Beeinträchtigungen aller Art gewandelt, wobei jedoch das Problem der Überalterung ebenso blieb wie die schwierige Nachwuchsförderung und die auseinanderklaffende Schere zwischen Rehabilitations- und Breitensportlern auf der einen und Leistungssportlern auf der anderen Seite. Allein schon die Tatsache, dass die kriegsversehrten Leistungssportler und die zumeist ohne Sporterfahrung trainierenden Menschen mit Zivilbeschädigung in den Anfangsjahren sportlich auf völlig verschiedenen Leistungsstufen standen und beide Gruppen oft auch unterschiedliche sportliche Interessen hatten, konnte das Selbstverständnis und damit auch die sportlichen Vorstellungen in den Vereinen belasten und zu Auseinandersetzungen führen. Hinzu kam die problematische Finanzierungslage. Während der Sport der Kriegsbeschädigten von der Regierung finanziert wurde, konnte der Sport der Menschen mit Zivilbeschädigungen lange Zeit nicht mit einer entsprechenden Bezuschussung rechnen, so dass viele Kriegsversehrte oft der Ansicht waren, sie müssten ihre zivilbeschädigten Vereinskameraden finanziell mit durchschleppen bzw. draufzahlen. So ergaben sich schnell Konflikte, die die Vorurteile und die Selbstsicht vieler Kriegsversehrter, sie gehörten zu einer (beschädigten) militärischen Elite, noch weiter befeuerten. Auch dies hinderte viele Menschen mit Zivilbeschädigungen an einem Eintritt in einen Versehrtensportverein.[201]

Die Entwicklung hin zur Aufnahme von Männern, Frauen und Kindern mit Zivilbeschädigung verlief daher nicht geradlinig oder gar geplant, gerade in den ersten Jahrzehnten nach 1945 war sie häufig von Zufällen abhängig, spiegelte lokale Ausnahmesituationen wider oder war vereinzelt auch eine frühe, wenngleich immer noch verzögerte, Reaktion auf gesellschaftliche Veränderungen. Gerade für Frauen und Kinder mit Körperbehinderung war es in den tabubehafteten Nachkriegsjahrzehnten außerordentlich schwierig, aus ihrem privaten Nischendasein – vor allem die Kinder wurden von ihren Eltern zum Teil schamhaft versteckt – in die Öffentlichkeit eines Vereins zu treten; Insbesondere in solche Vereine, die, wie die Versehrtensportgruppen, stark männerdominiert waren und anscheinend gerade für Frauen keinen Platz boten.[202] In den ersten Jahren engagierten sich daher hauptsächlich diejenigen Frauen in den Vereinen, die einen kriegsversehrten Mann (häufig einen Blinden) hatten oder selbst kriegsversehrt waren, die vor einem Unfall bereits (Leistungs) Sport betrieben hatten oder selbst Sportlehrerin waren.[203] Und die meisten der Kinder in den frühen Vereinen waren entweder durch Kriegseinwirkung geschädigt oder polioerkrankt.

So traten in die Berliner Vereine VSV Kreuzberg und VSV Neukölln in den 1950er-Jahren schon Frauen ein, und in den späten 1950er-Jahren konnten dann Kinder-, Jugend- und Frauengruppen gegründet werden. Die VSG Bielefeld unter dem engagierten Udo Graf zu Eulenburg gründete 1956 die erste Kindergruppe des Landesverbandes; es waren „vorwiegend Fälle nach Poliomyelitis und Spastiker. Die Dysmeliekinder mit ihren schlimmen Conterganschäden kamen Anfang 1965 dazu, teils noch nicht einmal 4 Jahre alt“. Für etliche Vereine – Neumünster oder Remscheid stehen hier nur stellvertretend als Einzelbeispiele – waren die Kinder mit Conterganschädigungen ein Anlass, dauerhaft Kindergruppen zu gründen, wobei die VSG Remscheid schon 1955 eine Kindergruppe ins Leben gerufen hatte. 1959 konnte auch die VSG Lübeck eine Kindergruppe eröffnen, Frauen waren hier schon 1957 aktiv.[204] In die VSG Münster integrierte man ebenfalls schon früh Kinder und Jugendliche. Und der VSV Wuppertal unter Peter Paulus gründete 1957 dauerhaft eine Kindergruppe. Im VSV München konnte man bereits 1953 eine „Damenriege“ aufstellen; zudem war hier aufgrund des Engagements von Dr. Herbert Demmel, dem sportlichen Vorsitzenden des Bayerischen Blindenverbandes, schon sehr früh eine ganze Anzahl von Zivilblinden aktiv.[205]

Aber dies waren alles frühe Ausnahmen, die auch zu Beginn der 1970er-Jahre nicht viel weiter gediehen waren. So verfügte der Landesverband Bayern

1971 zwar über 24 Kindergruppen mit 850 Kindern, gleichzeitig jedoch besaß der Verband insgesamt über 11.000 Mitglieder. Im selben Jahr zählte der saarländische Verband nur sieben Kinder- und Jugendgruppen sowie zwei Frauengruppen. Zwar wurde in den Landesverbänden die kleine Zahl von Frauen und Kindern beklagt, und es gab viele Absichtserklärungen wie: „Der Jugend gehört aber die Zukunft und da muß unser Augenmerk besonders darauf bedacht sein"; konkrete Maßnahmen jedoch waren oft Mangelware. Noch 1971 konstatierte der Bundesversehrtensportwart Dr. Horst Kosel einen dringenden Nachholbedarf beim Kinder- und Frauensport: „Gemessen an der Zahl der Frauen im DVS haben wir verschwindend wenige Frauengruppen. In den meisten Fällen finden sich einzelne Frauen in Männergruppen. Es ist nicht anzunehmen, dass in solchen Gruppen den Interessen und den Bedürfnissen der versehrten Frauen voll Rechnung getragen wird".[206]

Im Wettkampfsport sah dies naturgemäß nicht anders aus: In den ersten Jahren gab es kaum Jugendliche und Frauen, die auf Landessport- oder gar Bundessportfesten um die Medaillen kämpften, auch weil sich hier die Zuständigen zunächst mit geeigneten Schadensklassen für Frauen und Kinder schwer taten. Beim 3. Deutschen Versehrtensportfest in List auf Sylt 1952 nahmen 700 Sportler teil, darunter waren lediglich zehn Frauen und nur wenige Jugendliche. Beim 1. Deutschen Versehrten-Schwimmfest in Berlin 1956 fanden sich nur ein paar Frauen, die in ihrer Klasse bzw. ihrer Sportart oft nur wenige Konkurrentinnen besaßen. So nahmen auch beim ersten Frauensportfest des DVS in Berlin 1961 lediglich Frauen aus Hamburg und Köln teil. Immerhin war die Veranstaltung so erfolgreich, dass sie künftig alle zwei Jahre fortgesetzt wurde. Beim Bundesfrauensportfest 1971 erwartete der DVS dann schon 120 Frauen. Erst relativ spät, im Jahr 1977, wurden erstmals Frauenbundesmeisterschaften für Spiele durchgeführt. In der Folgezeit gewannen die bundesdeutschen Frauen sogar im Basketball und Goalball Europa- und Weltmeisterschaften. Aber auch dies konnte nicht darüber hinwegtäuschen, dass noch in den 1980er-Jahren die Entwicklung im Frauensport als „nicht befriedigend" eingestuft wurde; bis zu diesem Zeitpunkt gab es im Bundesverbandsvorstand auch noch keine Vertreterin für Frauensport, während in den Sportausschüssen der Landesvorstände schon zum Teil seit den 1960er-Jahren Landessportwartinnen für Frauen- und Kindersport aktiv waren.[207]

Bei den Jugendlichen verlief die Entwicklung ähnlich, wobei zu den Kindern mit Körper- und Sehbehinderung im Laufe der Jahrzehnte auch Kinder mit Cerebralparese, Dysmelien, asthmatischen Erkrankungen, Lernbehinderung und geistiger Beeinträchtigung hinzukamen, was die sportliche Betreuung erschweren und verkomplizieren sollte. Sportfeste waren auch aus diesem Grund schwierig zu organisieren. So hatten sich zum Beispiel der rheinland-pfälzische Landesverband und einige seiner Vereine schon früh um den Kinder- und Jugendsport bemüht, aber erst 1969 konnte tatsächlich ein Landessportfest für Kinder und Jugendliche durchgeführt werden.[208] Und erst 1971 veranstaltete der DVS ein erstes Bundestreffen „versehrter Kinder und Jugendlicher", an dem lediglich 100 junge Menschen im Alter zwischen zehn und 20 Jahren teilnahmen.[209] Bei den Sportkursen lief die Entwicklung gleichermaßen verzögert: 1954 führten Vdk und der Bayerische Versehrtensportlandesverband den ersten Skikurs für „körperbehinderte Kinder" durch, im Sanatorium in Isny wurde im selben Jahr die wohl erste Kur für „versehrte Frauen", „junge Amputierte und schwerbehinderte Mädchen" durchgeführt, und 1955 eine Kur für kriegsbeschädigte Jugendliche angeboten. Und wie schon im Frauensport sollte auch im Kinder- und Jugendsport die Institutionalisierung durch entsprechende Fachwarte erst sehr spät erfolgen.[210]

Schon früh hatten jedoch einige Menschen mit Zivilbehinderung begonnen, Verantwortung in den Vorständen der Vereine zu übernehmen. Es waren zunächst hauptsächlich Männer, die in ihrer Kindheit und Jugend einen Unfall hatten oder mit einer Körperbehinderung geboren worden waren; dazu kamen noch sporterfahrene Männer, die erst im Laufe ihres Lebens geschädigt wurden und aufgrund ihrer sportlichen Vorerfahrung dann in einen Versehrtensportverein eintraten. So waren unter den ersten 70 Versehrtensportvereinen in Niedersachsen, die zwischen 1946 und 1960 gegründet wurden, bereits 15 Vereine, in deren Vorständen sich auch Menschen mit Zivilbehinderungen befanden; einige engagierten sich auch schon früh auf Bezirksebene oder im Landeshauptvorstand. Viele dieser Sportler verfügten über sportliche Vorerfahrungen bis weit vor 1945 hinaus; sie hatten Sport in den HJ-Bannen K (Körperbehindert) oder B (Blind), im Reichsbund für Körperbehinderte oder in einem Sportverein für Blinde betrieben oder waren vor ihrem Unfall oder ihrer Krankheit schon einmal Mitglied in einem Sport- und Turnverein gewesen.[211] Aber auch Frauen übernahmen in Einzelfällen schon früh Verantwortung auch in den Vorständen. So befanden sich in den Berliner Vereinen schon ab den 1950er-Jahren Frauen im Vorstand. Die VSG Darmstadt besaß mit Christiane Seipp ab den frühen 1950er-Jahren eine Geschäftsführerin. In der VSG Düsseldorf war die Frau von Hans Tüffers, dem DVS-Geschäftsführer, schon früh als Übungsleiterin tätig. Gleiches galt für Annedore Maasch, die Frau des Hamburger Blindensportlers Bernhard Maasch, und Frieda Steffens in Hamburg.[212] Auch für einige Vereine in Niedersachsen sind entsprechend frühe Beispiele belegt. Frauen als Vorsitzende ihres Vereins oder als Mitglieder in den Landesvorständen oder gar im Bundesvorstand dagegen sollten, mit sehr wenigen Ausnahmen, erst wesentlich später eine Rolle spielen; diese Entwicklung begann zumeist erst ab den 1980er-Jahren.[213] Gerade in den Versehrten- und Behindertensportvereinen war die Dominanz der Männer lange Zeit eine unüberwindbare Barriere.

Aber es gab auch nicht viele Männer mit Zivilbehinderung, denen in den ersten Jahren der Sprung auf die Landes- oder gar Bundesverbandsebene gelingen sollte. Eine Ausnahme stellte der 1915 geborene Peter Paulus dar, der 1945 Mitbegründer der VSG Wuppertal war. Der Sportlehrer Paulus war von 1953 bis 1976 Landesversehrtensportwart und von 1955 bis 1957 Bundesversehrtensportwart. Möglicherweise konnte er diese Positionen nur deshalb so früh übernehmen, weil seine „Kameraden" fälschlich annahmen, er sei kriegsversehrt. Tatsächlich jedoch wurde er 1932 als HJ-Führer in einer Straßenschlacht zwischen Nationalsozialisten und Kommunisten so stark verletzt, dass er auf einem Auge erblinden sollte.

Eine andere Ausnahme war der 1926 geborene Rolf Schäfer, der als Kind durch einen Unfall ein Bein verloren hatte, aber im Stuttgarter Schwimmverein und in der HJ dennoch viel Sport betrieb und ein guter Sportler geworden war. Nach dem Krieg wurde er Sportlehrer und trat schon 1950 der VSG Stuttgart-Feuerbach bei. Durch diese frühen Kontakte mit dem Versehrtensport wurde Schäfer 1961 Landesversehrtensportwart und 1994 Präsident seines Landesverbandes.[214]

Es gab jüngere Sportler mit Zivilbehinderung – häufig Poliogeschädigte –, die früh einem Versehrtensportverein beigetreten waren und ab den 1960er- oder 1970er-Jahren Verantwortung in den Vorständen übernehmen konnten. So war der 1948 geborene Wolfgang Tenhagen schon früh dem Versehrtensportverein Schleswig beigetreten und übernahm 1968 dessen Vorsitz. Dann wurde er Landessportwart und später Präsident des schleswig-holsteinischen Landesverbandes.[215] Der 1944 geborene Gerhard Knapp aus Heppenheim wurde 1967 Übungsleiter der VSG Heppenheim und deren Erster Vorsitzender. Heute leitet er den Hessischen Landesverband.[216] Auch der 1941 geborene Heiner Rust war schon früh dem VSV Osnabrück beigetreten – er wurde damals auf der Straße von einem Sportler des Vereins angesprochen – und wurde ab den 1960er-Jahren von Hans Stöver, dem damaligen Landesvorsitzenden, systematisch zu seinem Nachfolger aufgebaut. 1976 wurde er erstmals zweiter Landeschatzmeister, 1982 Vizepräsident und 1984 Präsident des niedersächsischen BSN.[217] So wuchs die Gruppe derjenigen Menschen mit Zivilbehinderung, die allmählich landes- und bundesweit Verantwortung übernahm, wenngleich das altersbedingte Ausscheiden der Kriegsversehrten immer noch der wichtigste Faktor der immer rascheren Veränderung in der Zusammensetzung der Vereinsmitgliedschaften und der Vorstände war.

Neben der verzögerten Übernahme von (Landes)Vorstandsämtern durch Männer mit Zivilbehinderung, die ganz allmählich die Kriegsversehrten ersetzten, begann der Versehrtensport ebenfalls erst sehr spät damit, den Kinder- und Frauensport auf Landes- und Bundesvorstandsebene zu institutionalisieren. In Niedersachsen wurde mit Margarete Buchholz zwar schon 1961 in den Hauptvorstand des VSN eine Landeskinder- und Frauenwartin berufen – bereits 1950 hatte der VSN kurzzeitig eine Beauftragte für den Frauensport installiert –, sie gehörte aber damit nicht dem engeren Landesvorstand an. Erst 1996 wurden erstmals zwei Warte für Kinder- und Frauensport in das Präsidium des BSN gewählt. Andere Landesverbände machten ähnliche Entwicklungen durch. So berief der Landesverband von Schleswig-Holstein 1971 Vertreter(innen) für Jugend- und Frauensport in seine Gremien. Das Amt der Jugendwartin übernahm Ursula Schmeer, die mit Horst Speerschneider 1977 auch eine Landesjugendordnung vorschlug, die 1980 in Kraft trat. Und im Saarland wurden 1977 mit Hermann Sottong und Helma Knobloch zwei Vertreter für Jugend- und Frauensport in den Sportausschuss berufen.[218]

Auf Bundesebene wurde 1973 mit Horst Rusch zwar der erste Jugendwart des DVS gewählt, Rusch musste aber gemeinsam mit dem im gleichen Jahr berufenen Fachausschuss für Kinder- und Jugendsport in der Folgezeit etliche Konflikte mit der Bundesgeschäftsführung austragen. 1978 wurde dann Franz Müller zum Bundesjugendwart berufen und mit Sigrid Frank vorübergehend eine Jugendsekretärin eingestellt. Seit 1979 bekleidet (bis heute) Detlev Lütkehoff, der 1982 kurzzeitig noch kommissarischer Bundesjugendwart wurde, den Posten des Jugendsekretärs. 1984 wurde mit dem Saarländer Adolf von Rennenkampff der vierte Bundesjugendwart in den Vorstand des DBS berufen, dem ab 1985 Gerhard Knapp, der schon erwähnte Präsident des hessischen Landesverbandes, und dann ab 1997 die Saarländerin Elfriede Mohr folgen sollten. Und außerordentlich spät, nämlich erst 1989, wurde Inge Falk als erste Beauftragte für den Sport der Frau in den Vorstand des DBS gewählt.[219]

Mit der strukturellen Veränderung der Mitgliedschaft im DBS hin zu Menschen mit Zivilbehinderungen gab es, wie oben schon gesagt, zwar immer weniger Kriegsversehrte in den Vereinen des DBS, und sie übernahmen allmählich auch weniger Vorstandsfunktionen in den Ländern. Prozentual gesehen waren sie aber in vielen Vereinsvorständen immer noch überproportional hoch vertreten. So waren bis in die 1990er und zum Teil bis nach 2000 immer noch Kriegsversehrte in den Vorständen aktiv. Auch im Präsidium des DBS sollte die Kriegsgeneration noch lange Zeit überproportional vertreten sein. So gehörten von 1985 bis 1989 im Präsidium des DBS von acht Personen nur zwei Mitglieder nicht zur Kriegsgeneration, und noch von 1997 bis 2005 war mit Theodor Zühlsdorf ein Vertreter der Kriegsgeneration der Präsident des DBS. Doch außer Zühlsdorf und den Ehrenpräsidenten Heinz Haep (gestorben 2004) und Eberhard Roßlenbroich (gestorben 1998) gehörte nun kein aktives Präsidiumsmitglied mehr der Kriegsgeneration an. Dafür setzte im DBS, in den Landeserverbänden und in den Vereinen eine andere, schon früh diskutierte Entwicklung ein: Vorstandsämter werden zunehmend nur noch mit Personen ohne Behinderung besetzt. Und obwohl die Frauen in den Vereinen des DBS mittlerweile zahlenmäßig überwiegen, sind sie in den Gremien und Vorständen der Vereine, Landesverbände und des DBS-Präsidiums bislang immer noch eindeutig unterrepräsentiert.[220]

Wenn es in den ersten Jahrzehnten des Deutschen Versehrtensportverbandes noch, wie gezeigt, einen „typischen" Versehrtensportler gab – männlich, kriegsversehrt, mit sportlichen Vorerfahrungen, leistungssportorientiert –, so lässt sich dies für die jüngere Entwicklung ab den 1980er-Jahren nicht mehr behaupten, obwohl die Führungsebene der Vorstände immer noch wesentlich homogener als die Mitgliedsebene der Vereine zu sein scheint. Einen Typus

„Behindertensportler“ verhindern die stark ausdifferenzierte Altersstruktur, die unterschiedlichen Personengruppen im Breiten- und Leistungssport, das mittlerweile ausgewogene Zahlenverhältnis zwischen den Geschlechtern und die Vielfältigkeit der „Behinderungsarten“ der Vereinsmitglieder. So gab es, um ein Landesbeispiel zu nennen, im Jahre 2002 im niedersächsischen Behindertensport 645 Gruppen mit Menschen mit Körperbehinderung, 79 Rollstuhlsportgruppen, 293 Gruppen mit Menschen mit geistiger Behinderung, 412 Herzsportgruppen, 137 Osteoporosegruppen, 82 ADS-Gruppen und 379 weitere Sportgruppen, deren Mitglieder so grundsätzlich verschiedene Behinderungen bzw. Krankheiten wie Asthma, Blindheit, Hörschädigungen, Morbus Parkinson, Cerebralparese, Morbus Bechterew, Krebs, Diabetes oder Multiple Sklerose aufwiesen, und für die alle ein besonderes sportliches Programm vonnöten war bzw. ist.[221] Von dem alten monolithischen Block des „typischen Versehrtensports“ ist heute nichts mehr geblieben.

3. Der Bundesverband DBS

3.1 Die Gründung der Arbeitsgemeinschaft Deutscher Versehrtensport

Als 1951 der spätere Deutsche Versehrtensportverband (DVS) als ADV, Arbeitsgemeinschaft Deutscher Versehrtensport, gegründet wurde, war die deutsche Sportvereinslandschaft mit ihrer Zweigliedrigkeit in Landessportbünde sowie Fachverbände auf Landes- und Bundesebene, deren Dach seit 1950 der Deutsche Sportbund DSB bildete, bereits fest organisiert. Der Versehrtensport hingegen verfügte zu dieser Zeit lediglich über etwa 50–100 Gruppen sowie über vier Landesorganisationen in Württemberg, Baden, Bayern und Niedersachsen, die jedoch keineswegs bereits den Status eines offiziell anerkannten Fachverbandes besaßen, sondern lediglich einen informellen provisorischen Fachgruppencharakter hatten. Darüber hinaus existierte seit 1950 ein „Deutscher Versehrten-Sportverband", den die Württemberger und Badenser Versehrtensportler unter Eugen Weinmann und Karl Drees während des „Ersten Deutschen Versehrtensportfestes" in Stuttgart-Feuerbach gegründet hatten und der geographisch lediglich auf Südwestdeutschland ausgerichtet war.

Bis zu diesem Zeitpunkt bestanden kaum überregionale Beziehungen und Bezüge im Versehrtensport; als einzige länderübergreifenden Bezugspunkte können die wenigen Versehrtenwarttagungen der Turnverbände und die sporadischen Versehrtensportfeste angesehen werden, auf denen sich auch Sportler und Versehrtensportfachleute anderer Zonen bzw. Bundesländer trafen. Als einzige öffentliche Diskussions- und Informationsforen standen ab 1949 lediglich die Zeitschrift „Deutsches Turnen" und dann ab 1950 die sportärztliche Zeitschrift „Leibesübungen – Sportarzt – Erziehung" zur Verfügung. Hier berichteten Hans Lorenzen, Dr. Arthur Mallwitz, Dr. Rolf Sasse, Dr. Hans Hoske und Dr. Wolfgang Lettenbaur – alles Fachleute, die bereits vor 1945 mit Versehrtensport befasst waren – sporadisch über die versehrtensportliche Entwicklung in Deutschland. Aber diese Periodika waren keine genuinen Verbandszeitschriften des Versehrtensports, auch wenn „Leibesübungen – Sportarzt – Erziehung" von 1951 bis 1952 als offizielles Organ der ADV fungieren sollte. Im Juli 1951 erschien dann mit dem „Versehrtensportler" eine verbandseigene Zeitschrift, die allerdings noch als Zeitschrift des Deutschen Versehrten-Sportverbandes von Weimann und Drees mit Sitz in Stuttgart firmierte. Ab

1952 fungierte „Der Versehrtensportler" schließlich als offizielles Organ der ADV und wurde ab jetzt auch jahrgangsweise bis zur Einstellung der Zeitschrift 1991 mit dem 40. Jahrgang durchgezählt.[222]

Im Rahmen der ab 1946 stattfindenden Versehrtensportfeste, sowie der ab 1950 vom DTB formierten länderübergreifenden Fachtagungen und über die Kontakte zu den Kriegsopferorganisationen Reichsbund und VdK kamen die späteren Gründer der ADV allmählich intensiver miteinander ins Gespräch. Auf den DTB-Versehrtenturnwarttagungen, an denen die späteren Funktionsträger der Landesverbände im Versehrtensport teilnahmen, wurden regelmäßig die organisatorische und personelle Situation des Versehrtensports in den Zonen und Ländern besprochen, die fehlenden Sportgelegenheiten der Versehrten beklagt und über bessere Organisationsmöglichkeiten nachgedacht. Einzelne Versehrtensportler wie etwa der Stuttgarter Gerd Brinkmann, die sich auch in den Kriegsopferverbänden engagiert hatten, stellten darüber hinaus noch Verbindungen zu den Funktionsträgern von Reichsbund und VdK, zu den Hauptfürsorgestellen und schließlich auch zu Landes- und Bundesministern her.

Eine aus diesen Fachleuten zusammengesetzte Gruppe begann schließlich ab 1950 damit, über eine zentrale Vertretung der Versehrtensportler auf Bundesebene nachzudenken. Sie organisierte verschiedene vorbereitende Treffen, an denen Versehrtensportler, Sportfunktionsträger, Funktionäre der Kriegsopferverbände und Regierungsmitarbeiter teilnahmen; etliche von ihnen waren in mehreren dieser Gruppen aktiv, viele waren kriegsversehrt. Im April 1951 wurde schließlich ein vorbereitender Gründungsausschuss gebildet, dem der Vorsitzende des Deutschen Versehrten-Sportverbandes, Eugen Weinmann, der VdK-Funktionsträger und Versehrtensportler Gerd Brinkmann sowie Helmut Bazille, VdK-Bundessekretär und SPD-MdB, angehörten. Sie schlugen eine „Bundes-Versehrtensport-Fachtagung" in Bad Godesberg mit allen bisher im Versehrtensport engagierten Personen vor. Hier sollten Überlegungen „zur Zusammenfassung und Vereinheitlichung des Deutschen Versehrtensports" angestellt und eine, dem bisherigen Versehrtensportverband von Weinmann übergeordnete Bundesorganisation für Versehrtensport gegründet werden.[223]

Die Fachtagung versammelte wichtige Funktions- und Entscheidungsträger des westdeutschen Versehrtensports sowie einflussreiche Vertreter der Kriegsopferorganisationen, der Ministerien, der Fürsorgestellen und des Sportärztebundes. Aus dem Versehrtensport waren die Versehrtensportwarte der Landesturnverbände und der Landesfachgruppen erschienen, lediglich die Vertreter aus Hessen und Schleswig-Holstein hatten sich entschuldigt. Der Reichsbund und der VdK hatten mit Max Wuttke und Erich Mende ihre Geschäftsführer geschickt; auch ein Vertreter des BKD war anwesend. Vom Bundesinnen- und Bundesarbeitsministerium kamen vier Vertreter, von der Sporthochschule Köln Hans Lorenzen, vom Deutschen Turnerbund der Geschäftsführer Konrad Sczygiol und vom Sportärztebund der Vorsitzende Dr. Arthur Mallwitz. Anwesend waren mit Dr. Karl Winker ein Vertreter des Deutschen Versehrtensportverbandes, mit dem Landesamtmann Paul ein Sprecher der AG der Hauptfürsorgestellen und mit Helmut Backofen ein Vertreter des Vereins für Schwerbeschädigten-Sportheime, der kurz vorher gegründet wurde, um mit Spendengeldern der Alliierten und des Bundes das Sportsanatorium Isny zu bauen und auszustatten. Schließlich war sogar noch der langjährige Vorsitzende des Deutschen Gehörlosensportverbandes, Heinrich Siepmann, anwesend, der jedoch bei der Gründung und der weiteren Entwicklung des Versehrtensportverbandes keine Rolle mehr spielen sollte. Der Gehörlosensportverband hatte bereits eine lange Geschichte hinter sich; er sollte auch in der Folgezeit autonom bleiben und – mit Ausnahme Berlins – höchstens auf regionaler oder lokaler Ebene Kontakte zum Versehrtensport aufrecht erhalten.[224]

Mit der Zusammenführung von zentralen, erfahrenen und einflussreichen Vertretern der verschiedenen Interessensgruppen des Versehrtensports bzw. der Kriegsopfer wie Dr. Arthur Mallwitz, Dr. Wolfgang Lettenbaur, Hans Lorenzen, Dr. Karl Winker, Helmut Bazille, Max Wuttke und Erich Mende konnte man auf dieser Fachtagung Wegweisendes entscheiden und anschieben. Vorbehaltlos unterstützt wurde die Gruppe von den wesentlichen Entscheidungsträgern der Ministerien und der Fürsorgestellen, die den Versehrtensport in den Ländern schon länger begleitet und auch diese Fachtagung finanziert hatten. Insgesamt versammelte sich bei dieser Tagung eine einflussreiche Lobby des Versehrtensports, die zentrale Maßnahmen starten und Vorgaben steuern konnte. Die Versammlung war sich schnell einig, dass nur die Zusammenarbeit zwischen Sportorganisation (praktische Arbeit), Hauptfürsorgestellen (Fürsorgepflicht) und Bund (Gesetzgebung) die Zukunft des Versehrtensports „ideell und materiell" sichern könne. Daher sollte eine entsprechende zentrale Organisation ins Leben gerufen werden. Nach einer Übersicht über den bisherigen

– recht unterschiedlichen – Organisationsstand des Versehrtensports in den Ländern der Bundesrepublik, „erklärten sich (dann) sämtliche Tagungsteilnehmer mit der Bildung einer selbständigen und unabhängigen Arbeitsgemeinschaft Deutscher Versehrtensport einverstanden. In das vorläufige Arbeitsgremium werden die folgenden 6 Herren einstimmig gewählt: Herr Dr. Mallwitz als Vorsitzender, Herr Dr. Lettenbaur als ärztlicher Vertreter, Herr Weinmann, Herr Lorenzen, Herr Mende, Herr Brinkmann, dem zunächst die vorläufige Geschäftsführung übertragen wird".

Damit wurden einflussreiche Personen in den Vorstand berufen, die wie Weinmann oder Lorenzen schon im Krieg Versehrtensport betrieben, wie Mallwitz und Lettenbaur gemeinsam den Sport in Kriegslazaretten aufgebaut hatten, oder wie Gerd Brinkmann, der 1960 Generalsekretär der AG Versehrtensport im Weltfrontkämpferverband war, allesamt Funktionsträger in Kriegsopferorganisationen oder bzw. und alte Versehrtensportler waren. Insgesamt wies der Vorstand personell eine deutliche Kontinuität zum Versehrtensport der Zeit zwischen 1939 und 1945 auf. Der zu dieser Zeit noch bestehende Deutsche Versehrten-Sportverband von Weinmann und Drees erklärte mit der ADV-Gründung seine Aufgabe für beendet und kündigte seine Auflösung an.

Die vordringlichsten und zentralen Aufgaben der ADV waren die Förderung der Breitenarbeit, die Ausbildung von Versehrtensportlehrern, die Pflege des Wettkampfgedankens „in einer den Versehrten angemessenen Form", die Ausarbeitung bundeseinheitlicher Richtlinien für den Versehrtensport und die Errichtung von als ärztliche Kuranstalten anerkannten Heimen für Versehrtensport. Die Ministerien stellten subsidiäre Hilfe zur Verfügung, die Kriegsopferverbände sicherten organisatorische Unterstützung zu und versprachen auch, sich im Rahmen der Heilfürsorgegesetzgebung für den Versehrtensport als abzurechnende Heilmaßnahme einzusetzen. Der Deutsche Turnerbund erklärte sich ebenfalls bereit, „dem Versehrtensport nach besten Kräften zu helfen". Anschließend beschloss die ADV die Einsetzung von Landesversehrtensportwarten, wobei sie – da sie im Grunde faktisch keine Befugnis hatte und es zu der Zeit nur vier Landesverbände gab – die schon über die Turnverbände installierten Versehrtenturnwarte in den Ländern einfach bestätigte. Als Organ der ADV wurden – wie schon erwähnt – die Zeitschriften „Der Versehrtensportler" sowie „Leibesübungen – Sportarzt – Erziehung" benannt. Als Fachbücher favorisierte die ADV die Lehrbücher von Hans Lorenzen (Leibesübungen mit Körperbeschädigten), Wolfgang Lettenbaur und Karl Kurt Karwath (Wegweiser für Versehrte) sowie Wolfgang Beyer (Körperbehinderte und Leibesübungen).

Einer der wichtigsten Beschlüsse der ADV betraf die künftigen sportlichen Richtlinien. Mit Dr. Mallwitz und Dr. Lettenbaur saßen Sportärzte sowie mit Lorenzen ein Turner und damit wesentliche Gegner des Leistungssports im Vorstand der ADV – wobei Mallwitz vor 1945 den (Hoch)Leistungssport von Versehrten noch gefördert hatte. So beschloss man, bei den Richtlinien für die vereinssportliche Praxis und bei der Einführung eines Bundesversehrtensportabzeichens den Schwerpunkt auf Breitenarbeit zu legen und auf Leistungssport und Meisterschaften weitgehend zu verzichten.

Dies lag jedoch nicht im Interesse der meisten Versehrtensportler, die die „Bedingungen (des Versehrtensportabzeichens) als zu gering betrachteten. Die Übungen sollen schwer sein, damit der Charakter des Sportabzeichens als Auszeichnung für eine außergewöhnliche Leistung erhalten bleibt“, so die Leistungsbefürworter Eugen Weinmann und Dr. Marten. Doch „dieser Punkt findet keinen Beifall“ des ADV-Gremiums. So beschloss die ADV – im Sinne der Turnverbände –, künftig den Begriff „Sportmeisterschaften“ zu meiden, die nächsten Sportfeste als „Sporttreffen“ auszuschreiben und die jeweiligen Gewinner nicht als „Meister“, sondern lediglich als „Sieger“ zu bezeichnen. Ob es sich bei diesem Vorgehen um eine Taktik handelte – schließlich ging es den anwesenden, finanzpolitisch wichtigen Vertretern der Ministerien und Fürsorgestellen nicht um selektiven Leistungssport, sondern um breite Heilmaßnahmen – oder tatsächlich auch eine sportliche Überzeugung darstellte, ist kaum zu klären. Zumindest wurde hier eine grundsätzliche sportpraktische Politik verankert, die in der Folgezeit jedoch bei den Versehrtensportlern selbst nicht durchsetzbar war und Konfliktpotential barg.

3.2 Von der ADV über die DVS zum DBS

Obwohl die ADV 1951 noch keinen offiziellen Vereinsstatus hatte, sondern eher eine lose Organisationsform war, begann der Vorstand sofort mit den wesentlichen Arbeiten. Im September 1951 veranstaltete die ADV im Versorgungskrankenhaus Schloss Werneck einen Einweisungslehrgang für Versehrtensport, an dem der ADV-Vorstand, etliche Gründungsmitglieder, Landesversehrtensportwarte und -ärzte sowie weitere Versorgungsärzte teilnahmen.

Hier wurden künftige Organisationsmöglichkeiten erörtert und angeschoben, etliche Fachleute, die zum Teil aus den Ministerien kamen, referierten über ärztliche, rechtliche und versorgungstechnische Aspekte des Versehrtensports, und unter der Leitung von Hans Lorenzen wurden dazu noch verschiedene Körperschulungen durchgeführt. In vier Arbeitsgruppen mit insgesamt 20 Personen – in der Regel Ärzte und einige Sportlehrer – wurden „Vorarbeiten für die am Ende des Lehrgangs zu verabschiedenden Richtlinien" für den Versehrtensport geschaffen. Sie bezogen sich auf die Themen Orthopädische Versorgung, Versorgung für Kranke mit inneren Leiden, Kuranstalten und Versorgungskrankenhäuser sowie Ausbildung von Versehrtensportlehrern.

Am 1.10.1951 veröffentlichte die ADV ihre ersten „Richtlinien für die Durchführung des Versehrtensports im Bundesgebiet". Sie beinhalteten „Leitsätze für den Versehrtensport als Heilmaßnahme im Sinne des Bundesversorgungsgesetzes" und gaben die Richtung „für die fachliche Breitenarbeit im Versehrtensport" vor. Die ADV empfahl den bestehenden Versehrtensportgruppen darin den Anschluss an bestehende Vereine als Abteilung oder die Gründung eines eigenen Vereins sowie den Beitritt in die entsprechenden Bezirke und Landessportbünde und gab dann offiziell die Anschriften der Landesversehrtensportwarte bekannt. Die Richtlinien für die praktische Arbeit beinhalteten zudem die Stellung des Sportarztes, den Einbezug der Versorgungsdienststellen und die Mitwirkung der Orthopädie im Versehrtensport; zudem wies die ADV noch einmal deutlich darauf hin, dass aktiver und erfolgreicher Versehrtensport nicht zu Rentenkürzungen führe, „soweit es sich um bleibende anatomische und funktionelle Schäden handelt". Die ärztlichen Richtlinien gaben Hinweise für die Begleitarbeit des Sportarztes in den Sportgruppen, wobei auch hier wieder deutlich darauf hingewiesen wurde, dass „Übung und Training dosiert durchgeführt" und „Rekordsucht vermieden werden" sollten. Weitere Richtlinien regelten die fachlichen Ausbildungsinhalte und Kurse der Versehrtensportwarte, ihre Prüfungen sowie ihre turnsportliche Vorbildung. Ein Abschnitt befasste sich mit dem Sport in Versorgungskrankenhäusern, der mit Gehschulen und Krankengymnastik die Vorstufe zum Versehrtensport bilden sollte, wobei „sportfähige Patienten dem Landesversehrtensportwart zu melden" seien. Der abschließende Punkt behandelte das Sportabzeichen für Versehrte, das in einem Sportabzeichenausschuss unter dem hessischen Sportarzt Dr. Siegert erarbeitet werde. Mit diesen Richtlinien vereinheitlichte die ADV den Versehrtensport in Deutschland erstmals organisatorisch und inhaltlich und brachte ihn offiziell auf den Weg.[225]

Die Gründung der ADV, ihre ersten Lehrgänge und die Veröffentlichung von verbindlichen Richtlinien waren die Initialzündungen für die künftige Organisation und Verbreitung des Versehrtensports. Noch im Jahr der ADV-Gründung formierten sich in Hessen, Schleswig-Holstein und Südbaden weitere Landesverbände, 1952 folgten dann Bayern, West-Berlin, Niedersachsen, Hamburg und Rheinland-Pfalz – einige von ihnen hatten schon vor 1951 inoffizielle Landesgruppen gebildet –, 1953 gründete sich der nordrhein-westfälische Landesverband, und 1956 schloss dann das Saarland die Gründungswelle ab. Die genannten Landesverbände waren in Folge der Bundesverbandsgründung entstanden, zu einem Teil war der ADV-Vorstand auch bei den Landesgründungen anwesend. Im Rahmen der Landesverbandsgründungen konnten sich auch verstärkt die Vereine erfolgreich formieren, da sie nun Ansprechpartner auf Landes- und Bundesebene besaßen, die ihre Gründungen gezielt bewarben, ins Leben riefen, steuerten und begleiteten. Zahlreiche Aktionen des Versehrtensports in den nächsten Jahren wie etwa die Schaffung eines Sportabzeichens, die Ausbildungskurse für Sportwarte und Übungsleiter und die Etablierung von Bundssportfesten fußten auf der engen Zusammenarbeit von Vereinen, Landesverbänden und Bundesorganisation. Selbst die Institutionalisierung der Kuranstalt und des Versehrtensportheims Isny in Württemberg, in dem später württembergische Fachleute wie Eugen Weinmann und Dr. Karl Sell arbeiteten, wurde mithilfe der Bundes-ADV lanciert, hier vor allem über das Engagement von Gerd Brinkmann, der neben seiner VdK-Tätigkeit noch zweiter Vorsitzender des Trägervereins für Schwerbeschädigten-Sportheime war. Und obwohl die ersten offiziellen Bundessportfeste in Werneck 1951, auf Sylt 1952 und in Alfeld 1953 von den Landesverbänden organisiert worden waren, trugen sie doch über ihren offiziellen Charakter deutlich die Handschrift des Bundesverbandes ADV.[226]

Mit der Gründung der ADV 1951 wurde die künftige Organisationsstruktur im Versehrtensport geschaffen. Sie etablierte sich erfolgreich ab 1952 und erfuhr dann 1956 über die Anerkennung des Vereinsversehrtensports als gesetzliche Heilmaßnahme einen zusätzlichen Boom, da sich aufgrund der finanziellen Absicherung nun flächendeckend Vereine gründen und auch dauerhaft halten konnten. Angesichts dieser Anfangserfolge ging auch die ADV daran, ihre eigene Organisation formal zu festigen, zu ordnen und zu institutionalisieren. So stellte die ADV im März 1952 den Antrag, als Verein ins Vereinsregister Bonn aufgenommen zu werden. Zu diesem Zweck beschloss die ADV auf einer entsprechenden Versammlung am 4.2.1952 ihre offizielle Gründung und gab sich eine Satzung. Wesen und Zweck des Vereins waren demnach die „Förderung von Leibesübungen für Beschädigte im Bundesgebiet und in West-Berlin als Heilmaßnahme, als Erholungsfürsorge, zur Steigerung und Erhaltung der Arbeitskraft". Die Formulierung „Beschädigte" schloss dabei alle Menschen mit (körperlichen) Behinderungen ein. Mitglieder konnten natürliche sowie juristische Personen wie Vereine und Verbände werden, wobei „besonders die auf Landesebene bestehenden Organisationen des Versehrtensports" gemeint waren.

Als Organe des Vereins fungierten Vorstand und Hauptvorstand sowie die Mitgliederversammlung und ein vom Hauptvorstand berufenes Kuratorium, dessen „Mitglieder natürliche oder juristische Personen sein (sollen), die den Versehrtensport fördern". Seine Aufgaben waren die Beratung und Unterstützung des Vorstandes, die Überwachung der Geschäftsführung und dic Genehmigung von Ausgaben ab einer bestimmten Höhe. Die neun Gründungsmitglieder waren außer Gerd Brinkmann, Hans Lorenzen und Hans Tüffers aus Nordrhein-Westfalen noch Dr. Rudolf Siegert, Rudolf Tondre, Walter Rieper, Karl Drees, Franz Speth und Eugen Weinmann als Vertreter der Landesverbände aus Hessen, Baden, Schleswig-Holstein, Nordbaden, Bayern und Württemberg. Den Vorstand bildeten Brinkmann vom Bundes-VdK, Lenz Inhauser vom VdK-Bayern, Hans Lorenzen von der Sporthochschule Köln (1.–3. Vorsitzende), der Sportlehrer und Begründer der VSG Düsseldorf, Hans Tüffers (Schriftführer) sowie Dr. Rudolf Siegert (Schatzmeister), der hessische Landesversehrtensportwart.[227] In der Folgezeit änderten sich die Funktionen und Zusammensetzungen im Vorstand, dessen Mitglieder nun spezifischere Aufgaben wahrnahmen. Ab der zweiten Vorstandswahl 1952 wurden ein Sportarzt und ein Sportwart in den Vorstand berufen, die in den folgenden Jahrzehnten mit Dr. Rudolf Siegert, Dr. Fritz Härting und Dr. Gerd Sluet und mit Eugen Weinmann, Peter Paulus, Hermann Jopski, Herbert Kersten, Horst Kosel und Heinz Haep als erfahrene Ärzte und Sportlehrer bekannt wurden. Sie saßen auch auf Landesebene in den Vorständen und ihre Erfahrungen mit und im Versehrtensport reichten in vielen Fällen bis weit vor 1945 hinaus. 1952 kam dann mit dem Reichsbund-Geschäftsführer Erich Mende, der 1957 im Wahlkreis München für den GB/BHE-Block (Vertriebene) antrat, noch der Gegenpart zu den VdK-Vertretern im Vorstand hinzu. Dr. Arthur Mallwitz, der als alter Fachmann für Versehrtensport die ADV noch mitbegründete, sich aber mit über 70 Jahren nun aus dem aktiven Geschehen zurückzog, wurde Ehrenvorsitzender, und der Schriftführer Hans Tüffers übernahm ab 1953 auch noch den Posten des Geschäftsführers, den er von 1958 bis 1979 dann hauptamtlich wahrnahm.[228]

In der ersten ordentlichen Mitgliederversammlung vom 10./11.5.1952, zu der über 30 Personen zusammenkamen, von denen die meisten bereits auf Landesebene Vorstandsfunktionen ausübten, wurden unter anderem die Mitglieder des Kuratoriums bestimmt, unter ihnen einflussreiche Leute, die politisch etwas bewegen konnten und über entsprechende Kontakte verfügten. Zu ihnen zählten: Helmut Bazille, MdB-SPD von 1949 bis 1969 und VdK-Bundessekretär ab 1946, Kurt Pohle, MdB-Sprecher der Kriegsopfer, ehemaliger SPD-Minister für Gesundheit und Wohlfahrt in Schleswig-Holstein und Kieler VSV-Mitglied, Dr. Fritz Härting, Obermedizinalrat und Vertreter des Bundesministers für Arbeit, Professor Carl Diem, Rektor der Sporthochschule Köln und einflussreichster Funktionsträger im deutschen Sport seit der Jahrhundertwende,[229] Dr. Richard Zöller, Vizepräsident des Bayerischen Landesverbandes für Versehrtensport und des Bundes-VdK, Willi Richter, MdB-SPD und Vertreter des DGB, Hugo Stortz, Bundesinnungsmeister des Orthopädieinnungsverbandes sowie die (Versehrten)Sportärzte Dr. Wolfgang Lettenbaur, Dr. Karl Sell und Dr. Anton Lässig. Damit wies das Kuratorium das für den Versehrtensport so typische wie auch einflussreiche Netzwerk aus Vertretern von Politik und Ministerium, Kriegsopferverbänden, Ärztebund und Sportorganisation auf.[230] Dass dieses Kuratorium nicht einfach nur schmückendes Beiwerk mit klingenden Namen war, sondern tatsächlich entscheidende Dinge auf den Weg brachte, zeigte sich anhand der 1956 in Kraft getretenen 5. Novelle zum Bundesversorgungsgesetz, die den ambulanten Versehrtensport der Vereine als Heilmaßnahme anerkannte und finanzierte. Hieran hatten die Mitglieder des Kuratoriums über ihre Beziehungen zu den Bundesministern „massgeblich und entscheidend mitgewirkt". Auch die „haushaltsmässige Sicherstellung der notwendigen Förderungsmittel für den Versehrtensport auf Bundesebene war ebenfalls eine der Hauptarbeiten des Kuratoriums", auch hier hatte das

Kuratorium seinen Einfluss auf die Politik massiv ins Spiel gebracht.[231]

Auf der Mitgliederversammlung vom 13.12.1953, die im Sportsanatorium Isny stattfand, konnte Brinkmann in seinem Geschäftsbericht dann auch auf „das stetige Anwachsen der Zahl der aktiven VS und VSGs in den einzelnen Ländern (verweisen), das nicht zuletzt auf die gute Lehrgangsarbeit und Werbetätigkeit der ADV zurückzuführen sei, wenn naturgemäß auch das Schwergewicht bei den Landesgruppen liege“. Nachdem die ADV bei den Bundesministerien erfolgreich Geldmittel eingeworben habe und sich diese Tendenz auf Landesebene fortzusetzen scheine, haben bislang „sieben von elf Bundesländern nunmehr feste Etatposten für die VS aufgenommen“. Brinkmann verwies darüber hinaus für 1953 auf fünf landesübergreifende Sportfeste sowie auf die Teilnahme am „6. Finnischen Versehrtensportfest“ in Mikkeli. Weiter nannte er die guten Beziehungen zu den Ministerien, den Kriegsopferbünden, der Sportpresse und zum Deutschen Sportbund, der die ADV als „Anschlussverband in den Beirat des DSB“ aufgenommen habe: Eine „weitere Verankerung im Deutschen Sportbund soll nicht angestrebt werden“, entschied die Mitgliederversammlung.[232]

Sollte dies ein freiwilliger Verzicht auf eine ordentliche Mitgliedschaft als Fachverband im DSB gewesen sein, die finanziell, versicherungstechnisch und organisatorisch einige Vorteile erbracht hätte, so verwundert diese Aussage. Auf der anderen Seite aber war der DSB – ähnlich wie viele Landessportbünde – immer bemüht, nach dem Ein-Platz-Prinzip so wenige Fachverbände wie möglich aufzunehmen, so dass eine Aufnahme der ADV als ordentlicher Fachverband in den DSB zu diesem Zeitpunkt ohnehin gar nicht möglich war. In der Tat wurde die ADV bzw. der DVS als ordentlicher Bundesfachverband erst am 11.11.1972 in den DSB aufgenommen.[233]

Im Laufe der nächsten Jahre stabilisierte sich die ADV auf hohem Niveau, und das Arbeitsaufkommen des Vorstandes war gleichermaßen gestiegen. Mit ihren umfangreichen administrativen, sportlichen und sportpolitischen Aufgaben auf Bundesebene verlor die ADV zusehends ihren provisorischen Status als lose Arbeitsgemeinschaft, da ihre Betätigung im Grunde der eines regelrechten Sportverbands gleichkam. 1955 stellte Brinkmann fest, dass „die Aufgaben der ADV ein derartiges Ausmass angenommen hätten, dass sie ehrenamtlich nicht mehr zu bewältigen seien“.[234] Zwei Jahre später wurde dann auch Hans Tüffers als hauptamtlicher Geschäftsführer eingestellt.

1957 trat die ADV in eine weitere Phase ein. Etliche Landesgruppen hatten ihren provisorischen Status als Landesarbeitsgemeinschaft der ADV aufgegeben und ihre Satzung derart geändert, dass sie nun als Landesfachverbände firmieren und als ordentliche Mitglieder in den Landessportbünden vertreten sein konnten. Diese Phase begann bei den Badener Gruppen schon früh nach ihrer Gründung um 1950, 1954 folgten die Landesverbände in Bayern und Württemberg, 1956 und 1957 zogen auch die Verbände in Schleswig-Holstein und Niedersachsen nach. Die ADV konnte sich dieser Entwicklung nicht verschließen.

In der Mitgliederversammlung vom 27./28.4.1957 wurde über die Änderung des bisherigen Status der provisorischen Arbeitsgemeinschaft in den Status eines regelrechten Verbandes diskutiert. Brinkmann wies nicht nur darauf hin, dass inzwischen „fast alle Landesverbände (...) als eingetragene Vereine mit ordentlich gewählten Vorständen (...) ihren Aufgaben nachkommen“, sondern vor allem auch darauf, dass die Bezeichnung Arbeitsgemeinschaft „nach der gesetzlichen Anerkennung des Versehrtensports durch Bundestag und Bundesregierung nicht mehr der Bedeutung der Organisation gerecht“ werde, da ein offizieller Verband „besser und nachhaltiger etwas für seine Mitglieder“ tun könne als eine Arbeitgemeinschaft. Daher beschloss man, den Namen der Arbeitsgemeinschaft in „Deutscher Versehrtensportverband e.V. (DVS)“ zu ändern. Nun war „ein neuer Verband geschaffen, der diesen Namen auch verdiene“. Die neue Satzung trug diesen Veränderungen Rechnung; als Mitglieder des DVS wurden neben natürlichen und juristischen Personen, die den Verein und seine Zwecke zu fördern beabsichtigten, nun an erster Stelle die Landesversehrtensportverbände benannt. Außerdem wurde der Begriff „Kuratorium“ durch „Beirat“ ersetzt.[235]

Mitten in diese Konsolidierungsphase des Versehrtensports der frühen 1960er-Jahre erschütterte ein interner Skandal den VdK, der unmittelbare Auswirkungen auf den DVS haben sollte. Im Zentrum dieser Affäre stand der kriegsversehrte Volkswirtschaftler Gerd Brinkmann, der zu dieser Zeit Geschäftsführer des VdK, Vorsitzender des DVS, Generalsekretär der AG Versehrtensport im Weltfrontkämpferverband und Träger des silbernen DSB-Lorbeerblattes war; ein in dieser Szene höchst einflussreicher Mann. Brinkmann galt als schillernde Persönlichkeit; er sprach mehrere Sprachen und galt als begnadeter Redner. Er wurde aber auch als autoritär, schwierig, leichtsinnig und geltungssüchtig geschildert. 1964 wurde er mit angeblichen Unterschlagungen im VdK in Verbindung gebracht und schied im selben Jahr „krankheitshalber“ aus der Geschäftsführung des VdK aus; nicht alle jedoch glaubten auch an eine Schuld Brinkmanns.[236] Dieser Rücktritt kostete Gerd Brinkmann trotz Beistands seines VdK-Kameraden Helmut Bazille auch seinen Vorsitz im DVS. Denn etliche Mitglieder des DVS-Präsidiums befürchteten, dass durch die VdK-Affäre auch der DVS in Mitleidenschaft gezogen werde. So legten die Mitglieder des Präsidiums – u. a. Eberhard Roßlenbroich, Hans Stöver, Bernd Herrmann, Lenz Imhauser und Herbert Kersten – im November 1964 Brinkmann „den Rücktritt aus Krankheitsgründen“ nahe.[237]

Am 22.12.1964 legte Brinkmann, nicht ohne Widerstand, dann auch den Vorstandsvorsitz im DVS nieder, wobei er mit Helmut Bazille über das Amtsgericht Bonn vergeblich versuchte, einen Notvorstand zu installieren mit der Absicht, später Bazille als Nachfolger für sich ins Spiel zu bringen. Doch am 17.1.1965 berief der DVS-Vorstand einen außerordentlichen Verbandstag in Düsseldorf ein, auf dem dann Eberhard Roßlenbroich, der nordrhein-westfälische Landesverbandsvorsitzende, mit 93 Stimmen bei 17 Enthaltungen zum Präsidenten gewählt wurde. Dem Opponenten Helmut Bazille wurde das Vertrauen als Beiratspräsidenten entzogen, und er schied ebenfalls aus dem DVS aus.[238] Der Vorabend der Wahl und die Abstimmung gerieten dabei nach Zeitzeugenaussagen offenbar zu einem Machtkampf zwischen Reichsbundmitgliedern – Roßlenbroich war Funktionsträger im Reichsbund – und VdK-Anhängern, die Kurt Rudhardt, den bayerischen Vizepräsidenten des DVS-Landesverbandes, als Vizepräsidenten des DVS lancieren wollten, wobei der Landesverband Nordrhein-Westfalen aber zunächst nicht mitzog. Kurt Rudhardt wurde dann doch Vizepräsident und Roßlenbroich DVS-Präsident; er sollte sein Amt schließlich bis ins Jahr 1984 behalten.[239] Die Affäre Brinkmann war im DVS – wie auch im VdK – zwar kein Geheimnis, dennoch wurde nach außen so gut wie nichts darüber laut, so dass sich der DVS in der Öffentlichkeit auch weiterhin geschlossen präsentieren konnte.[240]

In den späten 1950er-Jahren war der DVS endgültig ein herkömmlicher Bundesfachverband geworden, der genau wie andere Fachverbände im Sport seine Mitglieder sportlich betreute, für Fort- und Ausbildungen sorgte, Bundessportfeste veranstaltete und ausgewählte Sportler zu internationalen Sportwettkämpfen schickte. Und spätestens jetzt hatte auch der Vorstand des DVS eingesehen, dass die Versehrtensportler nicht nur Sportfeste veranstalten, sondern regelrechte Wettkämpfe um Zentimeter, Gramm und Sekunde absolvieren wollten. Die nachfolgenden Sportlergenerationen folgten dieser Idee des Leistungs- und Spitzensports. Vor allem auch über den Spitzensport gelang es, von der Idee der Therapie wegzukommen und einen Schritt auf die Gleichberechtigung im Sport aller Sportorganisationen zuzugehen.[241]

Bereits 1954 fuhren die ersten querschnittsgelähmten deutschen Sportler zu den englischen Stoke Mandeville-Sportwettkämpfen für Gelähmte, die 1948 von dem deutschjüdisch-englischen Neurochirurgen Ludwig Guttmann, der 1939 Nazideutschland noch verlassen konnte, erstmals veranstaltet wurden. Zunächst als lokaler Sportwettkampf des dortigen Krankenhauses installiert, fand das Sportfest im Laufe der nächsten Jahre eine derartige Beachtung, dass ab 1952 Sportler anderer Länder und Kontinente hinzukamen. In den folgenden Jahrzehnten nahmen dabei auch immer mehr deutsche Sportler mit Querschnittslähmung an den Spielen teil. Finanziert wurden die Reisen vom Innenministerium. 1960 fand das Sportfest in Rom und damit zum ersten Mal außerhalb Englands statt. In den folgenden Jahren wurden die um andere Schadensklassen erweiterten Spiele immer zeitlich parallel zu den Olympischen Sommerspielen abgehalten, ab 1988 auch regelmäßig im selben Land bzw. in derselben Stadt. Der breiteren deutschen Öffentlichkeit bewusst wurden die Spiele erst, als sie 1972 – im Jahr der Olympischen Spiele in München – in Heidelberg stattfanden.

Bis etwa in die 1970er-Jahre hinein nahmen dabei vorwiegend diejenigen deutschen Versehrtensportler an den Spielen teil, die bereits vor ihrer Verwundung sportliche Erfahrungen, zum Teil auf Leistungssportniveau, gemacht hatten. 1976 wurden zum ersten Mal auch Winterspiele durchgeführt. Als 1988 in Seoul die Spiele in Paralympics umbenannt worden waren und seitdem ausgesprochen eng mit den Olympischen Spielen der Sportlern ohne Behinderung (auch medial) verknüpft wurden, hatte sich der Nimbus der Spiele von „Behindertenwettkämpfen“ zu „Weltspielen der Sportler mit Handicap“ gewandelt.[242] Und die deutschen Athletinnen und Athleten, die über ihren Bundesfachverband DVS bzw. später DBS vorbereitet und organisiert wurden (und werden), konnten von Anfang an Spitzenleistungen erzielen und Medaillen gewinnen.[243]

Doch in den späten 1950er-Jahren, als die ADV sich in DVS umbenannt hatte, war diese rasante Entwicklung der Folgejahre noch nicht zu erahnen, was unter anderem auch daran lag, dass der DVS – trotz einer allmählich einsetzenden internen Veränderung – sich immer noch in der Hauptsache als Sportverband für Kriegsbeschädigte verstand. In den 1960er-Jahren sollte sich dann dieses Selbstverständnis langsam verändern. Es war zunächst der allmählich einsetzende Zulauf von Menschen mit Behinderungen, die nicht kriegsversehrt waren, die nach und nach die zahlenmäßige Gewichtung im DVS zu verändern begannen. Diese Veränderungen fanden in den Vereinen statt, deren Hauptklientel, die Kriegsversehrten, immer älter wurden, so dass viele Vereinsvorstände befürchteten, dass ihre Vereine über kurz oder lang überaltern, schrumpfen und damit handlungsunfähig werden würden. Trotz etlicher lokaler Widerstände begannen viele Vereine damit, mehr und mehr Menschen mit anderen Behinderungen aufzunehmen und Frauen- und Jugendgruppen zu bilden, wodurch der Anteil der Kriegsversehrten weiter zurückging. Auf diese Weise hatten viele Vereine zu Beginn der 1970er-Jahre Fakten geschaffen, denen sich der Bundesverband und auch die Landesverbände stellen mussten. Es ging dabei nicht nur um die interne Veränderung des Spiel- und Sportbetriebs, sondern vor allem auch um eine Neudefinition, ein neues Selbstverständnis der Vereinsmitglieder und der Vereine und damit auch um die Position des DVS nach außen. Der DVS musste sich in den 1970er-Jahren entscheiden: Wollte er ein – auch sprachlich – konservativer Verband bleiben, der in wenigen Jahrzehnten aufgrund der Überalterung nicht mehr existieren würde, oder wollte, ja musste er sich modernisieren?

Etliche Vereine des DVS hatten sich in den frühen 1970er-Jahren dazu entschieden, einen modernen Weg zu gehen und ihren Sportbetrieb auf Menschen mit bisher nicht betreuten Behinderungsarten auszudehnen, was – denn darauf lief es letzten Endes hinaus – in der Konsequenz auch eine Aufnahme von Menschen mit geistiger Behinderung bedeutete. Und diese Entscheidung zog oft auch eine Umbenennung von Versehrtensport- in Behindertensportverein nach sich. Damit war der DVS im Prinzip unter Zugzwang geraten und zog schließlich nach. So beschloss er auf einem außerordentlichen Verbandstag in Bensheim am 5.7.1975, sich in Deutscher Behindertensportverband (DBS) umzubenennen. Dieser Umbenennung waren etliche interne Treffen und Diskussionen vorangegangen, vor allem in den Landesverbänden, deren Vorsitzende bzw. Delegierte an den Bundesverbandstagen entscheiden und abstimmen, wurde dieses Thema zum Teil äußerst kontrovers besprochen. Als einer der Auslöser für die Diskussion bzw. die Umbenennung galt der aktuelle Sprachgebrauch der Sozialgesetzgebung, die den als Einengung aufgefassten Begriff „versehrt" durch den Oberbegriff „behindert" zu ersetzen begann. Daher befasste sich auch der DVS ab etwa 1974 in Anlehnung an die Begriffe der Gesetzgebung mit einer Namensänderung des Verbandes.[244]

Die Landesverbände, deren Vorsitzende Sitz und Stimme im Hauptvorstand des DVS (bzw. DBS) haben, reagierten auf die Umbenennungsdiskussion kontrovers. Je nach Herkunft und Einstellung der Landesvorsitzenden war man – auch hinsichtlich einer Umbenennung des eigenen Landesverbandes – unterschiedlicher Meinung und machte auch unterschiedliche Vorschläge. Die Landesverbände Baden, Württemberg und Saarland etwa lehnten eine Umbenennung (zunächst) ab, Niedersachsen und Schleswig-Holstein diskutierten kontrovers und Nordrhein-Westfalen sowie Bayern schienen zögerlich. So hatte der Landesverband Niedersachsen (VSN), in dessen Vorstand zunächst einige Mitglieder gegen eine Namensänderung waren, eine „Meinungsbefragung" durchgeführt mit dem Ergebnis, „einer Umbenennung des DVS in DBS zu(zustimmen). Für den VSN ist ebenfalls eine Umbenennung vorgesehen". Da aber „unter den Begriff Behinderte auch und vor allem der geistig Behinderte fällt, sollte nach Möglichkeit nicht nur für Behinderte plädiert werden". Vorgeschlagen wurde daher „Deutscher Versehrten-Sportverband. Fachverband für sporttreibende Körperbehinderte" oder „Deutscher Körperbehinderten-Sportverband". Für die Umbenennung des niedersächsischen Verbandes selbst plädierte man zunächst für eine ähnliche Lösung. Im Endeffekt aber schloss man sich der Entscheidung für die Umbenennung in DBS bzw. 1976 in Behinderten-Sportverband Niedersachsen an.[245]

Die Schleswig-Holsteiner diskutierten ebenfalls kontrovers. Die Ansicht im DVS-Vorstand, der Begriff „Versehrter" werde gesellschaftlich zu sehr mit einer Einengung auf „kriegsversehrt" assoziiert, teilte der Landesverband nicht: „Der Vorstand bezweifelte die Assoziation ‚Versehrter-Krieg' (…) und meinte, der Qualitätsname ‚Versehrtensport' müsse erhalten bleiben, ‚Behindertensport' solle ‚allenfalls im Untertitel erscheinen'". Daher vertrat der Landesverband, ähnlich wie andere Landesverbände auch, noch 1974 zunächst den Kompromiss „Deutscher Versehrtensportverband – Verband für sporttreibende Behinderte". Die endgültige Umbenennung des DVS in DBS nahm der Landesverband schließlich mit Bedauern hin.[246] Obwohl die Umbenennung „nicht ohne Widerstand seitens der kleineren Verbände" diskutiert wurde und „der Landesverband Baden eine Namensänderung grundsätzlich ablehnt",[247] wagte der DVS auf einem Außerordentlichen Verbandstag am 5.7.1975 in Bensberg eine Abstimmung. Stimmberechtigt war der Hauptvorstand sowie die Landesverbände, die je einen Delegierten schickten, auf die die jeweils anfallenden Stimmen übertragen wurden. Je nach Größe bzw. nach Beitragszahlungshöhe des Landesverbandes fiel eine unterschiedlich hoher Stimmenzahl an. Insgesamt waren 86 Stimmen zu vergeben, davon entfielen 66 auf die Landesverbände. Die Abstimmung ergab ein Ergebnis von 72 zu 14 Stimmen für eine Umbenennung. Rechnet man die Ablehnungsstimmen mit der Stimmenzahl der Landesverbände zusammen und berücksichtigt die im Vorfeld sich ablehnend geäußerten kleineren Verbände, so gibt es einige Hinweise, dass Baden (3 Stimmen), Rheinland-Pfalz (5 Stimmen), Saarland (2 Stimmen) und Württemberg (4 Stimmen) wohl gegen eine Umbenennung gestimmt haben dürften.[248] Das Ergebnis der Abstimmung selbst ist dennoch ausgesprochen bemerkenswert, da zu der Zeit im Bundesvorstand ausschließlich Kriegsversehrte saßen, von denen etliche den Begriff „Behinderte" als entwürdigende Herunterstufung empfanden. Insofern war man über seinen Schatten gesprungen.

Der Umbenennung des DVS in DBS folgten einige der Landesverbände mit der Namensänderung des eigenen Landesverbandes relativ zügig, während andere sich ausgesprochen viel Zeit ließen. Auch hier waren die Vorstände im Wesentlichen mit älteren Kriegsversehrten bestückt, von denen sich etliche gegen den neuen Namen wehrten. Dass es dennoch zu zahlreichen Umbenennungen kam, ist bemerkenswert. Dass die neuen Namen nicht einheitlich waren, sondern landesinterne Kompromisse gewählt wurden, wobei der Namensänderung des Bundesverbandes mal mehr, mal weniger übereinstimmend gefolgt wurde, dürfte angesichts der Zusammensetzung der damaligen Vorstände nachvollziehbar sein.

In Niedersachsen nannte man sich 1976 in Anlehnung an den DBS ebenfalls „Behinderten-Sportverband". Bayern benannte sich 1976 in „Bayerischer Versehrtensportverband. Fachverband für sporttreibende Behinderte" um und änderte 1984 mit einer Gegenstimme seinen Namen in „Behinderten- und Versehrtensportverband". Hamburg nannte sich ab 1977 „Behinderten-Sportverband Hamburg" (BSH), während der ursprüngliche Hamburger Mutterverein auch weiterhin noch Hamburger Versehrtensportverein hieß.[249]

Der Hessische Versehrtensportverband gab sich auf der Hauptversammlung am 26.3.1977 mit einer Enthaltung den Namen „Hessischer Behinderten-Sportverband" (HBS) und fügte 1994 den Begriff „Rehabilitationssport" in seinen Verbandsnamen mit ein, der Eingang in das Sozialgesetzbuch gefunden hatte. Die Schleswig-Holsteiner bedauerten die Umbenennung in DBS, zogen aber 1977 nach und nannten sich schließlich „Versehrten- und Behinderten-Sportverband". Im Vorstand gab es zahlreiche Diskussionen, und die Abstimmung ergab nur eine hauchdünne Mehrheit für den neuen Namen. Heute heißt der Landesverband „Rehabilitations- und Behinderten-Sportverband".[250] Der nordrhein-westfälische Landesverband änderte 1978 seinen Namen in „Behinderten-Sportverband NRW". Baden folgte ebenfalls 1978 mit der Änderung in „Badischer Behindertensportverband", seit 1998 heißt er „Badischer Behinderten- und Rehabilitationssportverband".[251] In Bremen beschloss die Hauptversammlung des Landesverbandes am 15.11.1979 seine Umbenennung in „Behinderten-Sportverband Bremen". Auch in Rheinland-Pfalz erfolgte die Umbenennung trotz Widerstände noch in den 1970er-Jahren.[252]

Die restlichen Landesverbände ließen sich zum Teil wesentlich mehr Zeit. Die Namensänderung des Landesverbands im Saarland in „Saarländischer Behindertensportverband" erfolgte am 19.3.1983; im Jahre 2001 nannte er sich schließlich in „Behinderten- und Rehabilitations-Sportverband" um. Der West-Berliner Versehrten-Sportverband änderte erst 1987 seinen Namen in „Behinderten-Sportverband Berlin. Fachverband für Versehrten-, Rehabilitations- und Breitensport". Seit 1999 nennt er sich „Behinderten-Sportverband Berlin. Fachverband für Rehabilitation durch Sport". Der Württembergische Verband wartete am längsten, nämlich bis 2006, mit der Umbenennung seines Namens in „Württembergischer Behinderten- und Rehabilitations-Sportverband". Seine Vorstandsmitglieder hatten nach der Umbenennung des DVS in DBS im Jahr 1975 ein Gutachten bei Walter Jens, dem bekannten Tübinger Philosophieprofessor, in Auftrag gegeben, der dann offenbar zu dem Schluss gekommen war, der Begriff „versehrt" sei ein ausgesprochen allgemeiner Begriff für Schädigung und daher nicht nur auf Kriegsverletzte zu beziehen. So blieben die Württemberger bei ihrem alten Namen.[253]

Die Umbenennungen trugen damit den personellen Veränderungen in den Vereinen und Verbänden Rechnung, die zum Teil bereits lange vorher begonnen hatten, wenn auch das Umdenken in den Köpfen vieler älterer Versehrtensportler noch etwas länger dauern sollte. Zwar änderten die meisten der Landesverbände nach der DVS-Umbenennung relativ zügig ihren Namen, dennoch gab es immer noch Verbände, die bis zum 21. Jahrhundert mit der Änderung ihres Namens warteten, obwohl zu der Zeit die Stimmen der Kriegsversehrten nur noch schwach zu hören waren und sie schon lange keine Rolle als Funktionsträger in den Verbänden mehr spielten. Auf Vereinsebene zeichnete sich, trotz aller Fortschritte schon in den 1960er- und 1970er-Jahren, ein ähnliches Bild ab. Diese verzögerte Nachholung gehört dabei zu einer der Problemlagen, die den deutschen Behindertensport von seiner Gründung ab viele Jahrzehnte hinweg beschäftigen sollten.

3.3 Problemlagen

3.3.1 Generationskonflikte und Vergangenheitsbewältigung

Der DVS startete 1951 in einer Außenseiterposition und musste sich in der bundesrepublikanischen Sportlandschaft erst noch mühsam durchsetzen. Er vertrat und vertritt Menschen, die gesellschaftlich zu Randgruppen gezählt wurden und werden. Ein solcher Verband kann sich nicht ohne innere und äußere Konflikte entwickeln. In der Regel handelte es sich um Konflikte, die in irgendeiner Form interne Hierarchien und Rangordnungen betrafen und festgefügte Traditionen und notwendige Veränderungen zum Inhalt hatten. Sie waren mehr als einfache Generationskonflikte und entstanden deshalb, weil hier heterogene Gruppen von Menschen mit Behinderungen mit unterschiedlicher Vergangenheit und Herkunft sowie verschiedenen Bedürfnissen und Zielen zusammentrafen, die zunächst lediglich über den kleinsten gemeinsamen Nenner „Sport“ miteinander in Beziehung traten und es miteinander aushalten mussten.

Für die Konflikte dürfte die schnelle Mitgliederentwicklung in den ersten Jahrzehnten des DVS bzw. des DBS – und die daran gekoppelte personelle Veränderung der Vereine – stark verantwortlich gewesen sein. Denn der DVS bzw. der DBS wandelte sich dabei von einem männerdominierten, konservativ geprägten und stark leistungssportlich orientierten Verband zu einer heterogenen Sportorganisation, die versuchte, Männer, Frauen und Kinder mit ganz unterschiedlichen Arten von Behinderungen gleichberechtigt mit sehr unterschiedlichen Sportangeboten zu versorgen. Und dazu musste er noch versuchen, diese Angebote im Rahmen der für Kriegsversehrte entworfenen Versorgungsgesetze auch für die Menschen mit Zivilbehinderungen zu finanzieren, denen zunächst keine vergleichbaren Leistungen zustanden. Gerade hier jedoch entstanden etliche Konflikte; auf einige wurde am Rande bereits schon verwiesen.

Die rapide historische Wandlung, die der Verband zu verkraften hatte, war einzigartig; kein anderer deutscher Sportfachverband hatte vergleichbare finanzielle und organisatorische Aufgaben und vergleichbare personelle und mentale Veränderungen zu schultern. Neben der eigenen Geschichte war es vor allem das Selbstverständnis, das viele der kriegsversehrten Sportler von dem der sportinteressierten Menschen mit Zivilbehinderung unterschied, so dass es schnell zu hierarchischen Konflikten kam. Viele Menschen mit Zivilbehinderungen waren oft sehr spät und nur unter Umwegen zum Sport gekommen und lebten im Bewusstsein, gesellschaftliche Außenseiter zu sein, die stigmatisiert und ausgegrenzt wurden. Dagegen hatten etliche der kriegsversehrten Sportler eine ausgewiesene Sportsozialisation hinter sich und betrachteten sich aufgrund ihrer nationalsozialistischen bzw. soldatisch-nationalen Prägung im „Dritten Reich" als ansonsten gesunde Elite, die lediglich bei ihrem Einsatz für „Volk und Vaterland" eine Beschädigung erlitten habe, für deren Behandlung der Staat aufkommen müsse. Typisch für diese elitäre Haltung war etwa die Bemerkung eines alten Marburger Versehrtensportlers mit ausgesprochener sportlicher Vorerfahrung, der meinte: „Ich war immer gesund, nur durch den Krieg verhindert".[254] Es gab deshalb viele Kriegsversehrte, die der festen Ansicht waren, der Begriff „Behinderung" träfe auf sie nicht zu, und sie hatten große Vorbehalte, ihre Vereine für Menschen mit zivilen Körperbehinderungen zu öffnen, ganz zu schweigen von Menschen mit geistiger Beeinträchtigung.[255] Als Folge dieser Haltung erhielt der Verband bald ein konservativ-soldatisches Image, und nicht nur in vielen Sportorganisationen war der DVS oft als ein „Haufen Ewiggestriger" verschrien. Er hatte damit – wie man es heute ausdrücken würde – ein ausgemachtes Imageproblem.

Darüber hinaus fühlten sich etliche Kriegsversehrte aufgrund des angeblich geringen staatlichen Versorgungsanspruchs von der Bundesrepublik im Stich gelassen, denn im „Dritten Reich" waren die Versorgungsleistungen aus politischen bzw. ideologischen Gründen viel umfassender gewesen. Wenn der damalige Vorsitzende des DVS, Gerd Brinkmann, 1961 zum 10-jährigen Jubiläum des Verbandes bemerkte: „Der Kriegsversehrte galt nichts mehr, er war in der Turbulenz der ersten Nachkriegsjahre vom Podest des Ehrenbürgers der Nation vielfach in die Sphäre eines bemitleideten Krüppels und oft in noch schlimmere Regionen hinabgestoßen worden“, so drückte er nur eine Opferhaltung aus, die zu der Zeit viele Kriegsversehrte bzw. kriegsversehrte Sportler empfanden.[256] Dazu kam noch, dass zwar der Kriegsversehrtensport ab 1956 vom Staat finanziert wurde, der Sport der Menschen mit Zivilbehinderungen aber (zunächst noch) nicht, so dass es einige kriegsversehrte Sportler gab, die ihre zivilversehrten Kameraden als „Schmarotzer“ empfanden, die sie auf eigene Kosten mit durchschleppen mussten.[257] Auch aus diesem Grund gab es im frühen Versehrtensport etliche Ressentiments gegenüber Menschen mit Zivilbehinderungen und sozial Schwache. So bezeichnete sich ein kriegsversehrter Vereinsvorsitzender mit NS-Vergangenheit 1963 einmal als „letzten Idealisten unserer Generation“, der sich von der Bundesrepublik hintergangen fühlte, da diese für „Sozialmaßnahmen für Säufer, Willensschwache, Hemmungslose und sonstige asoziale Elemente“ mehr Geldleistungen bereitstelle als für den Kriegsversehrtensport.[258]

Zwar gelang es vielen Kriegsversehrtensportlern, derartige gedankliche Barrieren, die einer NS-Sozialisation geschuldet waren, zu überwinden und gleichberechtigt mit anderen Menschen mit Behinderungen Sport zu treiben. So hatte zum Beispiel der frühere bayerische Landessportfachwart für Menschen mit geistiger Behinderung und Vorsitzende des VSV im TV Fürth 1860, Martin Ermer, schon früh „gegen den heftigen Widerstand alt gedienter Versehrtensportler“ mit Menschen mit geistiger Behinderung sportlich gearbeitet, und viele andere ältere Verehrtensportler taten es ihm gleich.[259] Dennoch gab es etliche alte Kameraden, die an ihrer hierarchischen Haltung festhielten und sich als „Edelversehrte“ – dieser Ausdruck kursierte lange Zeit im DVS bzw. DBS – betrachteten. So meinte der Vorsitzende der Kriegsblindenriege des VSV Braunschweig, der sich vehement lange Zeit weigerte, Zivilblindensportler aufzunehmen, im Jahre 1959: „Wir sind Kriegskrüppel und die anderen Menschen sind durch das Unglück oder die Schuld ihrer Eltern dazu geworden“. Diese herabsetzende Bemerkung zielte auf einen Erblindungsgrund wegen der angeblichen Geschlechtskrankheit von angeblich sozialschwachen

Eltern ab, ein unausrottbares Vorurteil, das durch die rassistische Ideologie des NS-Staates zusätzlich befeuert worden war.[260] Diese Haltung war sehr weit verbreitet. So gab es z.B. in der BSG Bielefeld – aber nicht nur hier – ähnliche Probleme zwischen Kriegsblinden und Zivilblinden. Auch hier empfanden einige Kriegsblinde die Zivilblinden als „degeneriert" und weigerten sich, Sport mit ihnen zu treiben. Dies führte dazu, dass Kriegsblinde zeitweise aus dem Verein ausgeschlossen wurden.[261] Es gab aber noch radikalere Positionen: Ein Versehrtensportarzt aus Hessen äußerte einmal: „Das Aufziehen der Spastiker lohne nicht, gleich sterben lassen und dem Sterben nachhelfen sei besser. Er selbst habe gerade den Totenschein in einem Fall ausgestellt, wo das spastisch gelähmte Kind ganz offensichtlich nicht natürlich gestorben sei".[262] Wenn diese Bemerkung auch extrem war und mit Sicherheit nicht die vorherrschende Meinung der Versehrtensportler wiedergab, so drückt doch diese Notiz die Haltung einer vom NS-Regime sozialisierten Generation von Kriegsteilnehmern und NS-Fanatikern aus; unter ihnen gab es etliche Vertreter, die Menschen mit Behinderung als „minderwertig" betrachteten und umgebracht hatten.[263]

So hatten etliche Menschen mit Zivilbehinderungen es nicht nur aufgrund ihrer persönlichen Krankheitsgeschichte, ihrer sportlichen Unerfahrenheit und ihrer gesellschaftlichen Stigmatisierung lange Zeit schwer, sich in einem Versehrtensportverein zu behaupten, sondern sie konnten hier auch noch zusätzlich auf Vorbehalte und Ablehnungen von Kriegsversehrten treffen, wobei es in der Regel Kriegsversehrte waren, die die Vorstände der Vereine und Verbände beherrschten und die Verbandspolitik bestimmten. So meinte der erste Vorsitzende der BSG Bielefeld, Günter Jesgarzewski, über seine Erfahrungen im Verein in den späten 1970er-Jahren: „In den Anfängen meiner Tätigkeit musste ich oft bei den unterschiedlichsten Veranstaltungen erkennen, dass die Ursache der Versehrtheit bzw. der Behinderung von entscheidender Bedeutung bei der Qualifizierung und Respektierung der eigenen Persönlichkeit war". Andere jüngere Sportler teilten diese von Jesgarzewski diskret geäußerte Erfahrung zweier Welten.[264] Auch aus diesem Grund war es für viele Vereine nicht immer einfach, „neue Mitglieder zu finden. Oft gilt es Hemmschwellen abzubauen".[265] Noch in den frühen 1970er-Jahren war nämlich, so eine prononcierte Bemerkung von Ernst Klee, „der Funktionärsstamm (im Behindertensport) überaltert und geistig zum Teil noch sehr in der Kriegszeit beheimatet (…), was zur Folge hat, dass allein schon aus diesem Grunde andere Behinderte sich bei den Kameradentreffen leicht fehl am Platz fühlen".[266]

Dies wurde bereits an den Umbenennungsdiskussionen in den Vereinen und Verbänden – vom Versehrten- zum Behindertensport – deutlich, durch die sich viele Kriegsversehrte aufgrund der ihrer Meinung nach unzutreffenden und herabwürdigenden Bezeichnung „behindert" stigmatisiert fühlten und daher der Umbenennung zum Teil erheblichen Widerstand entgegen setzten. So wurde die Umbenennung des schleswig-holsteinischen Landesverbandes 1990/91 in „Rehabilitations- und Behindertensportverband" nur mit einer dünnen Mehrheit genehmigt, da zu viele ältere Versehrtensportler „gegen jegliche Veränderung" waren.[267] Und die Umbenennung in Rheinland-Pfalz in den späten 1970er-Jahren, der sich viele alte Kameraden widersetzen wollten, da sie durch die Aufnahme von Menschen mit Zivilbehinderungen finanziell „ihre Felle wegschwimmen" sahen, konnte nur deshalb gelingen, weil die Befürworter der Umbenennung taktisch mit einer Verbandsspaltung drohten.[268] Einige alte Kameraden warfen daher das Handtuch oder wurden abgewählt wie zum Beispiel der langjährige Vorsitzende des nordbadischen Landesvorstandes, der nach dem Geschmack der Vorstandsmitglieder eine zu konservative Haltung gegenüber Kindern mit Conterganschädigung an den Tag legte und schließlich abgewählt wurde. Seine angebliche Äußerung, diese Kinder „sind Krüppel, die gehören hier nicht hinein", waren mit für den Bruch verantwortlich.[269]

In etlichen Vereinen stand man vor denselben Problemen, und sie wurden unterschiedlich gelöst.[270] So hatte der Landesverband in Schleswig-Holstein – das Beispiel könnte auch aus anderen Landesverbänden stammen – mit einigen Vereinen wie in Kronshagen oder Itzehoe, deren alte Kameraden sich gegen die Umbenennung stemmten und sich von den „Behinderten" distanzierten, lange Zeit Mühe. In Schleswig musste die Satzung geändert werden, die lediglich die Aufnahme von Menschen mit Körperbehinderung vorsah. Die VSA Glückstadt brach an ihrer (späten) Umbenennungsdebatte 1985/86 trotz eines Schlichtungsversuches durch den Landesverband sogar völlig auseinander und spaltete sich.[271] In der BSG Köln hatte es ebenfalls lange Zeit Spannungen zwischen Kriegsversehrten und Menschen mit Zivilbehinderungen gegeben; auch hier kulminierte die Auseinandersetzung in den Vereinsumbenennungen, die von „oben" gewünscht wurden.[272] In der VSG Remscheid gab es etliche alte Sportler, die sich der Umbenennung in „Behinderten- und Rehasportverein" widersetzten.[273] In Gießen traten alte Kameraden aufgrund der Umbenennung aus dem Verein aus.[274] Und auch in der VSG Wetzlar hat man sich „anfangs sehr schwer getan, Sportler (mit Zivilbehinderung) in die Sportgemeinschaft aufzunehmen. Erst ein Schreiben des Hessischen Behinderten-Sportverbandes vom 10.8.1978 änderte dies".[275] Es gab Vereinsmitglieder, die erleichtert aufatmeten, als die alten kriegsversehrten Vorstände allmählich denjenigen jüngeren Leuten Platz machen (mussten), die vehement für die Aufnahme von Menschen aller Behinderungen in die Vereine eintraten.[276]

Etliche Vereine änderten zwar bald ihren Namen von Versehrtensport- in Behindertensportverein, aber vielerorts behalf man sich auch mit Kompromissen. Eine weit verbreitete Möglichkeit fand sich mit dem Einbezug des Begriffs „behindert" bei gleichzeitiger Beibehaltung des Versehrtenbegriffs, so wie bei der „Versehrten- und Behindertensportgruppe Oldenburg" (VBSG). Einige Vereine behielten bei der Namensumbenennung das Kürzel „V" im Namen zwar bei, lösten ihn aber anders auf. So blieb bei Vereinen wie der VSG Wetzlar das Kürzel „VSG" im neuen Namen „Verein für Sport und Gesundheit" erhalten. Dies habe auch den Vorteil, dass, wenn der Begriff „Behinderten" nicht oder nur bedingt im Vereinsnamen auftauche, damit eine weitere Hemmschwelle für einen möglichen Vereinsbeitritt gefallen sei.[277] In diesem Sinne dürften auch die Vereinsnamen des ehemaligen VSV Schweinfurt, der nun „Breiten- und Vitalsportverein Schweinfurt" (BVSV) heißt, oder der VSG Lahr, die sich nun „Verein für Sporttherapie und Gesundheit" nennt, zu werten sein. Diese Vereine vermeiden Begriffe wie „Behinderung" und „Versehrtheit" jetzt völlig, so dass sie nur noch über das Namenskürzel „V" oder „B" als alter „Behindertensportverein" erkannt werden. Möglicherweise hat dies auch etwas mit der mittlerweile breiten Definition des Begriffs „Behinderung" zu tun, der davon ausgeht, dass jeder Mensch irgendwann einmal – bei Verletzungen, Krankheit oder im Alter – behindert, beschädigt oder beeinträchtigt sein wird.

Andere „Behindertensportvereine" haben selbst die Kürzel „V" oder „B" getilgt oder nicht mehr an entsprechender Stelle im Namen positioniert, so etwa der „Verein für Reha, Gymnastik und Bewegungsspiele Gießen" (VRGB), der 1953 als VSG Gießen gegründet worden war, oder die „Reha SG Siegen. Fachverein für Rehabilitation durch Sport", die 1959 als VSG Siegen ins Leben gerufen wurde. Hier ist ein Hinweis auf den ehemaligen Versehrten- oder Behindertensportverein gar nicht mehr erkennbar. Dieser Entwicklung zum

Trotz heißen aber immer noch etliche Vereine wie etwa die VSG Pforzheim, der VSV Nürnberg oder der VSV Wuppertal nach wie vor „Versehrtensportverein“. In Niedersachsen zum Beispiel sind es aktuell etwa noch ein knappes Dutzend, in Bayern heißen noch etwa 60 Vereine VSG, VSA oder VSV, wobei das Kürzel „V“ nicht unbedingt immer für „versehrt“ stehen muss, und in Baden haben noch 14 Vereine das Kürzel „V“ im Namen. Dabei gibt es offenbar einige Vereine, die aufgrund neuerer Entwicklungen sehr bewusst den Begriff „versehrt“ (wieder) im Namen tragen, da, so das Argument, die aktuellen Kriegschauplätze, in denen die Bundeswehr verwickelt ist, neue Kriegsversehrte hervorbrächte, die ja dann einem Versehrtensportverein beitreten könnten.[278]

Das Beharren vieler Versehrtensportler auf einer Vergangenheit, die lange Zeit nicht vergehen wollte, ist nicht nur einer allgemeinen NS-Sozialisation geschuldet, der vor allem die Geburtsjahrgänge ab 1926 ausgesetzt waren, die ihre gesamte Schulzeit im Nationalsozialismus absolvierten und ab 1936 zwangsweise in die Hitlerjugend eintreten mussten. Hier hatten sie eine besonders totale NS-Indoktrination erfahren und sollten diese Haltung nach 1945 vielfach weiter beibehalten. Darüber hinaus waren es vor allem etliche Ältere, die sich mit dem NS-Regime identifizierten und zum Teil hier auch Karriere gemacht hatten. Von Ausnahmen abgesehen, hielten viele von ihnen später auch im Versehrtensport an ihrer nationalsozialistischen Einstellung fest. Sie machten manchen jüngeren Vereinsmitgliedern damit das Leben schwer und versuchten immer wieder, notwendige Entwicklungen zu verhindern. Es gab etliche unter ihnen, die vor 1945 in der SS waren und in Führerpositionen gelangt waren oder in anderen NS-Organisationen wie der Deutschen Arbeitsfront (DAF), dem Reichsarbeitsdienst (RAD), der Sturmabwehr (SA) oder der Hitler-Jugend (HJ) leitende Positionen innehatten. Gerade diese Gruppe zeichnete eine ausgesprochene Elitehaltung aus; sie waren häufig gute bis sehr gute Sportler und oft auch noch (Sport)Erzieher, sie hatten studiert oder eine Verwaltungsausbildung genossen.[279]

Es ist angesichts der Anzahl an Sportlern, die auf eine NS-Vergangenheit überprüft werden müssten, nahezu unmöglich, halbwegs konkrete Zahlen oder Prozentverhältnisse nationalsozialistisch belasteter Versehrtensportler zu nennen; außerdem lagen nur für einen kleinen Teil von ihnen genügend biographische Daten vor, die eine Recherche im Bundesarchiv Berlin auch möglich machten. Daher konnten für diese Studie nur Stichproben vorgenommen werden, die sich vor allem auf die Landesverbände und den Bundesverband beziehen; hin und wieder konnten einzelne Vereinsmitglieder berücksichtigt werden, die von Zeitzeugen genannt wurden.

Allerdings liegt zusätzlich für die Verhältnisse in Niedersachsen eine Studie vor, die nähere Einblicke geben kann.[280] Danach hatten von 250 biographisch untersuchten Versehrtensportlern rund 20% eine NS-Vergangenheit. 20 von ihnen gehörten der SS an, und zwar der Waffen-SS, den KZ-Wachtruppen, dem (Verwaltungs)Hauptamt, dem Reichsicherheitshauptamt und dem Rasse- und Siedlungshauptamt, die für die „Umsiedlung", Ghettoisierung, Ausplünderung und Ermordung der Juden verantwortlich waren. Einige von ihnen hatten im Rahmen von SS-Sanitätsschulungen in der SS-Heilanstalt Hohenlychen Fortbildungen zum Versehrtensportlehrer gemacht oder waren dort im SS-Führerrang fest angestellt. Zehn Personen hatten Funktionen in der SA inne, und weitere zwölf arbeiteten hauptberuflich für die HJ, die DAF oder den RAD, zum Teil in hohen Positionen, als Sportlehrer oder in der ideologischen Schulung. Und ein weiteres Dutzend war Lehrer an einer NS-Eliteschule oder an einer Polizeischule; die Polizei wurde 1936 mit der SS zusammengelegt und war zum Teil in eigenen Polizei-Bataillonen am Vernichtungskrieg beteiligt. Von den 20 ehemaligen SS-Männern wurden zehn Personen später Vorsitzende oder zweite Vorsitzende ihres Vereins, die übrigen Belasteten waren Vorsitzende, Sportwarte, Sportärzte oder Übungsleiter ihres Vereins. Unter den 42 Landesvorstandsmitgliedern des niedersächsischen Versehrten- bzw. Behindertensportverbandes befanden sich zwischen 1950 und 1990 acht ehemalige SS-Angehörige und zwei ehemalige SA-Funktionsträger, darunter ein NS-Richter.

Unter diesen NS-Belasteten gab es einige mutmaßliche Verbrecher gegen die Menschlichkeit. Ein späteres Landesvorstandsmitglied war als SS-Angehöriger der Warschauer Gestapo für das jüdische Ghetto zuständig und gehörte überdies auch einer der berüchtigten SS-Einsatzgruppen an, die während des Polen- und Russlandfeldzuges an (Massen)Morden beteiligt waren. Nach 1945 wurde er zwar von der Justiz befragt, aber juristisch nicht belangt. Andere hatten weniger Glück. Ein späteres Vorstandsmitglied, der früher NS-Richter war, wurde im Zuge einer Überprüfung von Richtern, die am ehemaligen Volksgerichtshof Unrecht sprachen, 1980 eingehend befragt, wobei der Anfangsverdacht auf „versuchten Mord" schließlich doch fallen gelassen wurde. Und ein ehemaliger Landesversehrtensportwart wurde 1963 im Zuge des großen Galizien-Prozesses wegen Verdachts auf mehrfachen Mordes an Juden im Zentralen Arbeitslager Lemberg – er gehörte dort als SS-Sturmmann der Wachmannschaft an – verhaftet und vor Gericht gestellt. 1968 wurde er aus Mangel an Beweisen – die Anklage konnte sich nur auf mündliche Zeugenaussagen und nicht auf schriftliche Beweislagen stützen – freigesprochen. Während der fünfjährigen Haftzeit des verdächtigen Versehrtensportlers hatten zahlreiche Sportkameraden mit Unterstützung des Landesvorstandes ein Spendensonderkonto eingerichtet, von dem aus die Familie unterstützt und der Verteidiger bezahlt wurde. Die Schuldfrage indes stellte man sich nicht. Nach seiner Freilassung zog er nach Bremen, arbeitete dort als Sportlehrer an einer Schule und engagierte sich im Bremer Landesversehrtensportverband. 1983 erhielt er dann vom DBS die goldene Ehrenplakette für seine Verdienste um den Behindertensport. Unkenntnis, Verharmlosung und Vertuschung zeichneten zumindest bei diesem Fall die involvierten Landesverbände und den Bundesverband aus. Dass es keineswegs um Kavaliersdelikte ging, zeigt nicht nur die Verbrechensgeschichte der SS, sondern auch die Tatsache, dass ein Aufatmen durch den betreffenden Sportverein ging, als zwei der letztgenannten ehemaligen Gestapo- und SS-Leute ihren Vereinsvorstand und den Landesvorstand verließen.

Der niedersächsische Landesverband war jedoch beileibe nicht der einzige Landesverband, in dessen Vorstand NS-Belastete vertreten waren, die auch die Verbandspolitik mitbestimmten; selbst im Bundesvorstand finden sich über einen langen Zeitraum hinweg immer wieder NS-Belastete. So saß in einem der Badener Landesvorstände lange Zeit ein hoher RAD-Führer – ein ehemaliger Sportlehrer – an exponierter Stelle. Im bayerischen Landesvorstand waren zwei Landesversehrtensportwarte früher hauptberufliche Sportlehrer bei der DAF und seit 1932 bzw. 1937 in der NSDAP. Einer von ihnen war überdies aus der Kirche ausgetreten und „gottgläubig“ geworden; eine vor allem vom Reichsführer-SS Heinrich Himmler bevorzugte selbstgebastelte Glaubensrichtung, deren Anhänger an ein um jüdische Elemente bereinigtes Christentum und einen „arischen“ Jesus glaubten.[281] Im West-Berliner Landesverband saßen ein ehemaliger HJ-Kameradschaftsführer und ein SS-Rottenführer, der mit der Leibstandarte SS Adolf Hitler (LSSAH) 1943 in der Sowjetunion und in Oberitalien stationiert war. Letzterer wurde später Landes- und Bundessportwart und arbeitete als Gehschullehrer am Landesversorgungsamt Berlin. Im

Vorstand saß noch der Leiter der Orthopädischen Versorgungsstelle in Berlin, ein Sportarzt, der 1937 eine Doktorarbeit über „asoziale Geschlechtskranke“ geschrieben hatte und dieser Klientel eine strenge nationalsozialistische Erziehung angedeihen lassen wollte. Ein weiteres Mitglied des Vorstandes, ebenfalls ein Sportarzt mit Versehrtensportausbildung, der als „Landesarzt für Körperbehinderte“ arbeitete, war Sportreferent in der HJ und ab 1933 in der Reichsführung der gleichgeschalteten Deutschen Studentenschaft für das Kleinkaliberschießen verantwortlich gewesen.[282]

Zum Landesvorstand in Nordrhein-Westfalen gehörte in den 1960er-Jahren ein Schatzmeister, der ein ehemaliger SS-Unterscharführer war. Und der Landesversehrtensportwart der 1950er- bis 1970er-Jahre, der in den 1950er-Jahren auch Bundesversehrtensportwart war und eine Ausbildung als Sportlehrer besaß, war schon 1931 in die HJ eingetreten und arbeitete ab 1941 im Rang eines Obersturmführers als „Inspecteur für weltanschauliche Erziehung“ beim SS-Hauptamt, Abteilung Schulungsamt; er war also für die antisemitische Indoktrination der SS-Divisionen mit zuständig. Als alter Parteiangehöriger hatte er 1944 sogar den sogenannten Blutorden erhalten, zudem war er aus der Kirche ausgetreten und „gottgläubig“ geworden. 1945 gründete er einen Versehrtensportverein, dessen Vorsitz er übernahm, 1950 wurde er Sportlehrer an einer Waldorfschule, 1958 erhielt er die goldene Ehrennadel des DVS, 1962 die Sportplakette von Nordrhein-Westfalen, 1975 die Ehrenplakette des DBS und 1978 das Bundesverdienstkreuz.[283] Ein späterer saarländischer Landessportwart, ein hervorragender Turner, war 1933 in die NSDAP eingetreten und leitete ab 1944 als Kriegsversehrter das Kreisorganisationsamt seiner Heimatstadt. Nach dem Krieg wurde er dann aufgrund seiner Tätigkeit für das Regime für acht Jahre interniert.[284] Ein ehemaliger Präsident des saarländischen Landesverbandes, der kurzzeitig auch Bundesjugendwart war, hatte schon in seiner Jugend in Lettland als Stammführer, also als „Jugendwart“, „völkische Jugendarbeit“ betrieben und trat nach seiner „Einbürgerung“ ins „Reich“ 1939 sofort in die Waffen-SS ein. Hier wurde er bald als Nachwuchselite an der Braunschweiger SS-Junkerschule zum Führer ausgebildet und war von 1944 bis 1945 als SS-Untersturmführer Angehöriger der SS-Division „Totenkopf“.[285]

Ein langjähriger Vorsitzender des Landesverbandes in Schleswig-Holstein, ein ausgebildeter Sportlehrer, war schon 1930 in die NSDAP eingetreten und arbeitete 1934 für ein Jahr als „Geländesportlehrer“ in der militärischen Schulung der SA-Mitglieder beim Chef des Ausbildungswesens der SA, dem späteren Höheren SS- und Polizeiführer Ost, Friedrich Wilhelm Krüger. Ein langjähriger zweiter Vorsitzender des Landesverbandes und ehemaliger Vorsitzender eines Versehrtensportvereins sowie Träger des Bundesverdienstkreuzes trat 1938 in die SS ein; selbstverständlich war auch er „gottgläubig" geworden. Ein späterer Landesversehrtensportwart war zunächst Jungvolk- und dann Fähnleinführer in der HJ und trat schließlich der Waffen-SS bei.[286] Und der spätere Geschäftsführer des Landesverbandes war schon 1937 aus der Kirche ausgetreten, da er die „Entstehung der christlichen Kirchen aus der jüdischen" kritisierte. 1933 ging er zur SS und arbeitete als hauptamtlicher Mitarbeiter in der Schulungsabteilung einer SS-Totenkopf-Division. 1939 war er als Untersturmführer der 2. SS-Totenkopf-Division „Brandenburg" am Überfall auf Polen beteiligt. Seine Bemerkung über seine „Teilnahme am Einsatz im rückwärtigen Operationsgebiet" weist auf die Verbrechen dieser Division an polnischen Juden hin, die für diese Zeit (13.–30.9.1939) belegt sind.[287] Seine Karriere bei der SS beendete er im Rang eines Sturmbannführers (Major).[288]

Etliche dieser Landesverbandsvorstandsmitglieder hatten darüber hinaus nicht nur Vorstandsfunktionen in ihren Heimatvereinen inne, sondern auch Funktionen auf Bundesebene. Man kann zwar nicht behaupten, dass sich im Vorstand des DVS bzw. des DBS die ehemaligen SS-Leute überproportional ballten, aber die Anzahl der NS-Belasteten war für einen gewissen Zeitraum auch hier bedenklich hoch. So weisen von etwa 50 Personen, die zwischen 1951 und ca. 2000 Funktionen im Präsidium oder im Beirat innehatten, etwa 20% eine mehr oder minder hohe NS-Belastung auf. Unter diesen Personen waren einige, die lediglich in der NSDAP gewesen waren, wobei man jedoch deutlich darauf hinweisen muss, dass eine Mitgliedschaft in der NSDAP keinesfalls Pflicht war und die Zahl der NSDAP-Angehörigen bis Kriegsende lediglich – die Zahlen schwanken – etwa 8,5 Millionen betrug; und dies bei einer Gesamtbevölkerungszahl von etwa 60–70 Millionen Menschen. Dabei ist noch zu berücksichtigen, dass die Partei ab Mai 1933 bis ins Jahr 1937 eine Aufnahmesperre verhängt hatte, um unliebsame Opportunisten fernzuhalten.[289]

Es wurde schon darauf hingewiesen, dass in der SS ein ausgesprochen hoher Wert auf Sportlichkeit und sportliche Leistung gelegt worden war – unter anderem auch wegen einer angeblichen Vererbbarkeit dieser Eigenschaften –, denn man empfand sich als Elite. Normalerweise musste ein SS-Führer daher auch mindestens die üblichen Sportabzeichen absolviert haben, am liebsten waren der SS aber Leistungssportler auf möglichst hohem Niveau.[290] Zufall oder nicht: In der Tat hatten fast alle der ehemaligen SS-Leute, die sich im Bundesvorstand des DVS bzw. des DBS tummelten, eine Funktion als Vereins-, Landes- und Bundessportwart inne, wesentlich weniger Belastete waren Sportärzte oder hatten komplett andere Funktionen. So war der Bundesversehrtensportwart der Jahre 1963 bis 1966 Sportlehrer und Leistungssportler gewesen und hatte der Leibstandarte SS Adolf Hitler (LSSAH) angehört. Ein ehemaliger hamburgischer Landessportwart und DVS-Fachwart für Bogenschießen war mehrfacher Jugendmeister im Boxen und ein sehr guter Leichtathlet gewesen. Er hatte als ehemaliger Absolvent der SS-Junkerschule Bad Tölz später im Rang eines Hauptsturmführers ebenfalls der LSSAH angehört.[291] Der von 1955 bis 1957 im DVS amtierende Bundessportwart hatte als ideologischer Schulungsleiter und Sportlehrer (Obersturmführer) dem SS-Hauptamt angehört. Ein anderer ehemaliger Fachwart (nordisch) war 1937 einer SS-Wehrtruppe beigetreten. Ein ehemaliger DVS-Bundesfachwart für Blindensport hatte 1942 bis 1944 als SS-Unterscharführer der LSSAH angehört. Und ein anderer Bundesfachwart für Blindensport, der nach dem Krieg in Soest Blindenoberlehrer wurde, war erst HJ- und SA-Sportreferent und dann als Blindenlehrer noch der Führer der Blinden-HJ Schlesien gewesen. 1938 hatte er die Ansicht vertreten, dass sich die „Aufgaben der Blindenerziehung aus den rassenpflegerischen Merkmalen des nationalsozialistischen Staates ergeben“ müssen.[292] Einige der ehemaligen LSSAH-Mitglieder kannten sich bereits schon aus ihrer Zeit als Soldaten der Waffen-SS und konnten über ihre Tätigkeit im DVS später wieder Kontakte anknüpfen. Dass darüber hinaus auch beide Referenten für Blindensport nationalsozialistisch belastet waren, ist kaum verwunderlich angesichts der Tatsache, dass in etlichen Vorständen des Bundes der Kriegsblinden Deutschlands (BKD) viele ehemalige SS-Leute engagiert gewesen sind, von denen etliche auch Versehrtensport betrieben hatten.[293]

Ein ehemaliger Vorsitzender der ADV Hamburg und Mitbegründer und Mitglied des DVS-Präsidiums war in der NSDAP gewesen. Ein früherer Vizepräsident der ADV war in der SA gewesen; laut eines Zeitzeugen war er ausgesprochen autoritär.[294] Und ein ehemaliger Bundesjugendwart war in seiner Heimat Riga in Lettland erst Stammführer einer völkischen Jugendgruppe und später Untersturmführer in der SS-Division „Totenkopf“ gewesen. Ein ehemaliges Kuratoriumsmitglied der ADV, ein altgedienter Versehrtensportarzt und bekannter Chiropraktiker, war 1933 in den Stahlhelm und 1934 in die SS eingetreten; außerdem war er ab 1936 Mitglied der SA-Reiter.[295] Und ein anderer Bundesversehrtensportarzt war, trotz seiner früheren Zugehörigkeit zur evangelischen Jugendbewegung, 1933 freiwillig in der HJ eingetreten und engagierte sich dort bis 1936 als Jungzugführer; 1937 trat er in die NSDAP ein.[296] Erschreckend an dieser Aufzählung ist nicht so sehr die Anzahl der Belasteten, sondern eher die Tatsache, dass viele dieser Männer Ärzte, Sportlehrer, Fachwarte und Übungsleiter, also überwiegend Erzieher, waren. Wenn also zum Beispiel ein Versehrtensportler vor 1945 Führer einer völkischen Jugendgruppe gewesen war und später als Bundesjugendwart im Behindertensport fungierte, so deutet dies auf eine unheilvolle Erzieherkontinuität hin.

Etliche dieser belasteten Vorstandsmitglieder waren zugleich auch im Vorstand ihrer örtlichen Versehrtensportvereine. Wie hoch indes der Anteil an ehemaligen SS-Leuten bzw. NS-Belasteten insgesamt in den Vorständen der Versehrtensportvereine war, lässt sich nicht sagen; hier fehlen Quellen und nähere biographische Angaben, die für eine entsprechende Recherche notwendig wären. Aber Hinweise gibt es doch: In Niedersachsen gab es von den 1960er- bis zu den 1980er-Jahren in schätzungsweise zwanzig Vereinen Vorstandsmitglieder oder Übungsleiter mit NS-Belastung, und es gibt keinen Grund, diese Verhältnisse nicht auch auf andere Bundesländer zu übertragen. Die nachfolgenden Beispiele zeigen dies.

Der VSG Bad Godesberg wurde lange Zeit von einem Versehrtensportler geleitet, der Schüler einer NS-Eliteschule, der Napola Starnberg, war.[297] Im Vorstand des VSV Berlin saßen ein ehemaliger HJ-Kameradschaftsführer und ein ehemaliger SS-Rottenführer, und den VSV Neukölln leitete in den 1950er-Jahren ein ehemaliger SS-Rottenführer.[298] In der BSG Bielefeld machte ein ehemaliger SS-Hauptsturmführer der LSSAH lange Zeit vielen das Leben schwer.[299] In der VSG Düsseldorf war ein Vorsitzender vorher Unterscharführer in der SS gewesen. In der VSA im TSV Hessen Frankenfeld war ein Sportarzt engagiert, der 1931 in den NS-Studentenbund und 1933 in die NSDAP eingetreten war und auch der SA angehört hatte. 1937 wurde er Gutachter für das Reichssippenamt und 1944 Professor am Institut für Erbbiologie und Rassenhygiene in Rostock. Und in der BSG Frankfurt/Höchst engagierte sich ein Übungsleiter und ehemaliger Spitzensportler, der 1942 in die SS eingetreten war.[300]

In der RBSG Lübeck gab es ein Vorstandsmitglied, das 1938 in die SS eintrat. In der VSG Lüdenscheid war eine Übungsleiterin engagiert, die 1940 DAF-Gaubeauftragte für Frauen- und Kinderturnen gewesen war. Im Vorstand der mittlerweile aufgelösten VBSG Marburg saßen jahrzehntelang zwei ehemalige SS-Männer, einer von ihnen hatte zuletzt den Rang eines Hauptsturmführers bekleidet (Hauptmann).[301] Zwei der frühen Mitglieder des BVS München waren vor 1945 Gausportlehrer bei der DAF gewesen. Einer der Mitbegründer der VSG im TuS Plön war 1938 in die SS eingetreten.[302] In der VSG Remscheid engagierte sich ein ehemaliger SS-Hauptsturmführer als Versehrtensportarzt. Vor 1945 war er als Chirurg in der berüchtigten SS-Sportheilstätte Hohenlychen angestellt; ein „alter Kamerad" hatte ihn in den Verein geholt. Und ein langjähriger Vorsitzender des VSV Wuppertal war vor 1945 als SS-Obersturmführer Schulungsleiter für „weltanschauliche Erziehung" im SS-Hauptamt gewesen.[303] Darüber hinaus gab es in vielen Vereinen natürlich auch etliche SS-Männer ohne Vorstandsfunktion; belegt sind Fälle in Niedersachsen und Württemberg, aber dies dürfte auch für Vereine in den anderen Landesverbänden zutreffen. So tummelten sich zum Beispiel in der VSG Pforzheim und im Nachbarverein VSG Wildbad – in Wildbad gab es vor 1945 offenbar ein Lazarett – lange Zeit etliche SS-Mitglieder, allerdings hatten sie keine Vorstandsämter übernommen.[304]

Die Beispiele zeigen insgesamt, dass die NS-Belastung gerade in den frühen Vereinen und Verbänden zum Teil hoch gewesen ist. Dazu kommt noch, dass es unter dieser Gruppe noch einige ehemalige SS- und RAD-Mitglieder gab, die sich nach 1945 in den revanchistischen Ehemaligenverbänden der SS und des RAD, der HIAG und der Notgemeinschaft RAD, organisiert haben und auch dort ehrenamtlich tätig waren.[305] Und auch die konservative Haltung vieler alter Kameraden, die sich gegen die Aufnahme von anderen Menschen mit Behinderungen in die Vereine und gegen die Umbenennung der Vereine und Verbände gestemmt haben, zeigt, dass die Vergangenheit für viele Kriegsversehrte einfach nicht vergehen wollte und etliche von ihnen nicht in der Bundesrepublik angekommen waren. Zudem hat sich der Verband – wie andere Bundesfachverbände im Sport übrigens auch – selbst nie systematisch mit seiner Vergangenheitsbewältigung auseinandergesetzt. Dies hat möglicherweise auch daran gelegen, dass in den benachbarten Verbänden wie dem BKD oder dem Reichsbund bzw. dem Sozialverband Deutschland ähnliche biographische

Strukturen herrschten. Immerhin hat sich der Reichsbund noch von 1996 bis 2001 einen ehemaligen Waffen-SS-Mann als Bundesvorsitzenden geleistet, der früher auch Kassenwart des Versehrtensportvereins Braunschweig war.[306]

Dass allmählich die revanchistischen Kräfte aus den Ämtern der Vereine und Verbände des Behindertensports verschwanden, dürfte viel eher einem normalen Generationswechsel als einer bewussten Umgestaltung geschuldet gewesen sein, wobei mit dem Generationswechsel oft auch ein anderer Umgangston Einzug hielt, der den militärisch-soldatischen, konservativen Führungsstil der Älteren ablöste.[307] Darüber hinaus muss man auch bedenken, dass gerade den Jüngeren die problematische Vergangenheit vieler Versehrtensportler nicht bekannt war, und die alten Kameraden sich hier oft diskret verhielten und unter sich blieben. Wenn dennoch einmal zufällig eine mögliche NS-Belastung an die Öffentlichkeit geriet – zum Beispiel im Rahmen eines Interviews für die Zeitschrift „Behindertensport" –, so überging man dies jedoch stillschweigend und ohne nachzuhaken.[308] Allerdings trugen gerade die Aufnahme jüngerer Mitglieder und die Vereinsumbenennungen doch gelegentlich dazu bei, dass man sich in den Vereinen und Landesverbänden auf unterer Ebene sehr viel deutlicher der hemmenden Elemente und deren Wurzeln bewusst wurde und zum Teil auch dagegen arbeitete.

3.2.2 Interessenskonflikte und das Problem der Gruppenheterogenität

Die geschilderten Problemlagen zwischen verschiedenen Generationen, die aufgrund ihrer unterschiedlichen Herkunft, (Behinderungs)Geschichte und Einstellung die Einheit im Behindertensport oft erschwerten, durchziehen den DBS insgesamt. Die Probleme hingen alle miteinander zusammen. So war, wie oben schon angedeutet, die Aufnahme von Kindern und Frauen und die Bildung entsprechender Sportgruppen sowie die Vertretung dieser Gruppen auf Bundesebene ebenfalls lange Zeit ein Problem. Auch hier waren es zumeist die älteren, kriegsversehrten Männer, die zwar gegen den Sport von Kindern, Jugendlichen und Frauen in der Regel nichts einzuwenden hatten, aber die Bildung von eigenen Interessensgruppen und ihrer Vertretung auf Bundesebene eher misstrauisch bis ablehnend gegenüber standen; ihre Autorität als männerdominierter Veteranenverband stand hier auf dem Spiel. So wurde eine Bemerkung der Sportwissenschaftlerin Gudrun Doll-Tepper von 1991 – es ging um die Frage, ob der Verband noch immer ein Imageproblem habe –, der DBS vollziehe nun endlich den Übergang zu jüngeren Sportlern und „weg von diesem Kriegsversehrtenbild", im Kreis der älteren Sportkameraden negativ aufgenommen. Die „Männer der ersten Stunde" fühlten sich „diskriminiert" von einer Frau, die „damals noch in den Windeln" lag, wie die stereotypen Ausdrücke lauteten. Noch in den 1990er-Jahren waren damit die Fronten klar abgesteckt, doch sie begannen allmählich zu bröckeln.[309]

Auch im Kinder- und Frauensport begann die Entwicklung zuerst in den Vereinen. Es gab bereits in den späten 1950er-Jahren etliche Vereine, die Kinder- und Jugendgruppen – und auch schon Frauengruppen – gebildet hatten. Doch gerade in den tabubehafteten 1950er- und 1960er-Jahren war es schwierig, Kinder und Frauen dazu zu bewegen, einem Versehrtensportverein beizutreten, wie es umgekehrt auch für eine Frau eine Belastung war, sich als Einzelperson einer männerdominierten Sportvereinswelt anzuschließen. Sicher hatte der frühere Bundesversehrtensportwart Hans Lorenzen auch Recht, wenn er 1971 notierte, dass die „Zahl aktiver behinderter Frauen (in den Vereinen) verhältnismäßig gering" sei, was Lorenzen mit den damals herrschenden konservativen Schönheitsbegriffen und Ästhetikvorstellungen begründete. Es war ja auch noch nicht so lange her, dass mit derselben Begründung auch männliche Versehrtensportler auf öffentlichen Sportfesten nicht gerne gesehen wurden. Vor allem Kinder mit Behinderungen würden, so das Argument, von vielen Eltern aus Scham lieber zuhause verborgen, als in einem öffentlichen Sportverein angemeldet. Das Resultat sei eine „falsch verstandene Schonung (und) ein bewegungsarmes Leben". Daher forderte Lorenzen 1971 die Förderung von Kinder- und Frauensport sowie – und dies waren zu der Zeit entschieden ketzerische Gedanken – die „offizielle Berufung einer Frauenwartin".[310]

Diejenigen Frauen, die sich in dieser Zeit in einem Versehrtensportverein engagierten, waren in der Regel Begleiterinnen ihrer kriegsblinden Männer oder – diese Zahl war absolut gering – kriegsversehrte Frauen. Ganz wenige (jüngere) Frauen, die unfallgeschädigt waren, hatten entweder sportliche Vorerfahrungen und wollten auch nach ihrem Unfall auf Sport weiterhin nicht verzichten oder waren in einer Ausbildung als Sportlehrerin begriffen. Sie kostete es weit weniger Überwindung, einem Verein für Versehrtensport beizutreten, zumal sie oft hervorragende Sportlerinnen waren. In der Regel wurden diese Frauen freundlich aufgenommen. Sie erhielten über ihre Wettkampfleistung die Anerkennung ihrer männlichen Sportkameraden, und außerdem galt man, ohne viel zu investieren und zuzugestehen, als progressiver Verein.[311] So gelangten allmählich ab den 1950er-Jahren immer mehr Frauen in die Versehrtensportvereine, so dass ab den späten 1950er-Jahren schon vereinzelt Frauenabteilungen gebildet werden konnten. Und obwohl es vor allem den betroffenen Eltern „am Verständnis" fehlte und eine aktive Rekrutierung, wenn sie vereinzelt vorkam, auch unendlich mühsam war, gelang es vielen Vereinen doch allmählich, mehr und mehr Kinder mit Behinderungen zum Sport zu bewegen. Der rekrutierte „Nachwuchs" stammte dabei vor allem aus denjenigen Kindergenerationen, die entweder durch Krieg- oder Munitionseinwirkung verletzt wurden oder von Kinderlähmung und dem Conterganskandal betroffen waren. Es ist gerade im Behindertensport eine zwiespältige, im Grunde aber schmerzliche und auch zynische Tatsache, dass der Verband gerade in Bezug auf den Nachwuchs von medizinischen und gesellschaftlichen Missständen profitiert hat bzw. profitieren muss. Auf der anderen Seite ist der Sport natürlich eine Chance für diesen Nachwuchs, aus einem stigmatisierten Nischendasein herauszukommen und sein Leben eigenständig in die Hand zu nehmen. Eine gezielte Nachwuchsförderung ist – auch mangels Masse – dennoch kaum planbar. Während leistungsstarke Kinder und Jugendliche mit Behinderung früher in der Regel zufällig zum Behindertensport fanden, bemüht man sich aber seit der Mitte der 1990er-Jahre, den Nachwuchs mit dem Aufbau von Jugendabteilungen für Leistungssport gezielt zum Sport hinzuführen und direkt zu fördern. Dabei haben natürlich diejenigen Sportlerinnen und Sportler besonders gute Chancen, die vor ihrer Behinderung schon Sport betrieben haben.[312]

Der mühsame Weg, Kinder- und Frauengruppen in den Vereinen zu bilden, ist schon geschildert worden (vgl. oben 2.2.4), ebenso die ausgesprochen magere Vertretung der Frauen zumindest auf Bundesebene; in den Ländern ging man ab den 1970er-Jahren daran, Vertreter(innen) für Kinder- und Frauensport in die Gremien zu berufen. Dennoch war noch in den 1980er-Jahren die Entwicklung keineswegs befriedigend zu nennen. Auch in den letzten beiden Jahrzehnten, als immer mehr Frauen in die Vereinsvorstände gewählt wurden und häufig jetzt auch den Vorsitz innehaben, war und ist die Vertretung vor allem auf Bundesebene mangelhaft. Es war (und ist) auch die (zahlenmäßig) männliche Dominanz in den Vorständen auf Landes- und Bundesebene, die eine Repräsentanz der Frauen erschwert. Zwar gibt es einen Fachausschuss für Mädchen und Frauen im Behindertensport, zu dessen Aufgaben die Vertretung der Interessen von Mädchen und Frauen, die Gleichstellung von Frauen und Männern sowie die Umsetzung von Sportangeboten und Förderprogrammen für Mädchen und Frauen (auch in Führungspositionen) gehört. Dies ist ein Fortschritt.

Auf der anderen Seite fehlt bislang auch die breite Masse der Frauen. Daher ist auch der Versuch gescheitert, eine Frauenquote im DBS zu installieren. Von 1997 bis 2001 waren mit Dr. Christine Leutelt (Vizepräsidentin), Inge Falk (Beauftragte für den Sport der Frau) und Elfriede Mohr nur drei Frauen im elfköpfigen DBS-Präsidium vertreten. Momentan sind im engeren DBS-Vorstand überhaupt keine Frauen mehr vertreten, Ute Herzog und Marianne Buggenhagen sind lediglich kooptierte Mitglieder. Auch ein spezieller DBS-Frauenplan – etliche Landesverbände wie zum Beispiel Niedersachsen und Baden hatten bereits Frauenförderpläne[313] –, wurde bis jetzt nicht umgesetzt; ein entsprechender Appell verlief ungehört. Immer noch werden Frauen, so die Meinung eines ehemaligen Mitglieds des DBS-Präsidiums, auf Vorstandsebene „belächelt".

Der Aufbau einer autarken Jugendvertretung mit eigener Jugendordnung – und damit einer Eigenverantwortung gegenüber den Älteren – war ebenfalls ein Problem. Zwar gab es Kinder- und Jugendgruppen auf Vereinsebene, und seit den 1970er-Jahren wurden zumindest in einigen Landesverbänden schon Landesjugendspiele durchgeführt. Doch die Bundesjugendwarte, die seit 1977 zum DBS-Präsidium zählten, gehörten mit Franz Müller und Adolf von Rennenkampf zur Kriegsgeneration und waren zu der Zeit schon zwischen 50 und 60 Jahre alt. Dies war zwar nicht DBS-spezifisch, denn dieser Altersunterschied war oft auch bei den Jugendvertretungen anderer Sportverbände die Regel. Doch zu einer Zeit ab Mitte der 1970er-Jahre, als nicht nur im gesamten Deutschen Sport, sondern auch in der Gesellschaft die Eingliederung und Selbständigkeit von Kindern und Jugendlichen mit Behinderung – auch mit geistiger Behinderung – eines der großen Themen war und es zahllose Aktionsprogramme gab, konnte sich die DBS-Jugend weder selbst organisieren noch verwalten.[314] Dies lag unter anderem daran, dass sich der DBS Mitte der 1970er-Jahre noch als Sportverband für Erwachsene betrachtete; es gab einige Mitglieder des damaligen Präsidiums, die der Ansicht waren, eine Sportjugend passe nicht in den Bundesverband. Die Gruppe der sogenannten „Hardliner" lehnte dabei vor allem Kinder mit „spastischer Lähmung" sowie Kinder mit geistiger Behinderung ab. Mit dem Argument, diese Kinder und Jugendlichen könnten sich aufgrund ihrer Behinderung gar nicht selbst verwalten, wurde die immer lauter geforderte Selbständigkeit der Jugend zurückgewiesen.[315] Der DBS-Jugendausschuss konterte dieses Argument jedoch mit der völlig zutreffenden Bemerkung, dem DBS bräche mit seinem Beharren auf derart konservative Standpunkte die Jugend und damit die Zukunft des Verbandes weg. Noch 1985, als der DBS längst einen Jugendsekretär besaß, war die Zahl der im DBS organisierten Jugendlichen gegenüber 1983 um 1.000 gesunken und betrug nur noch 9,5% der DBS-Gesamtmitgliedszahl. Angesichts der sinkenden Tendenz bemerkte der damalige Jugendwart Gerhard Knapp sarkastisch, den Verantwortlichen müsste dabei sofort der Titel des Hemingway-Buches „Wem die Stunde schlägt" einfallen.[316]

Doch zu einer Zeit, als andere Fachverbände und der DSB längst schon eigenständige Jugendorganisationen hatten, konnte der DBS nicht mehr länger mauern. Als dann auch das Argument, man habe keine finanzielle Mittel für einen Jugendsekretär, vom Tisch war, weil das Ministerium die Finanzierung der Stelle übernahm, brachen die Dämme langsam, wenn auch nicht endgültig, denn die Verabschiedung einer Jugendordnung stand immer noch bevor.[317] So begann der neue Jugendsekretär, der Sportwissenschaftler Detlev Lütkehoff, damit, gemeinsam mit dem relativ neu installierten Ausschuss für Jugend, dem damals unter anderem Gerhard Knapp und Elfriede Mohr angehörten, eine Jugendordnung auszuarbeiten. Der Sportausschuss für Jugend war von den damaligen Bundesjugendwarten berufen worden und setzte sich aus Vertretern der Landesverbände zusammen; unterstützt wurde er von der Deutschen Sportjugend. 1979 wurde dem Präsidium dann der erste Entwurf einer Jugendordnung vorgelegt, der ihn aus fadenscheinigen Gründen ablehnte. Mehrere Jahre und einige abgelehnte Entwürfe später wurde 1985 schließlich doch noch eine Jugendordnung angenommen, die – vom Präsidium unbemerkt – die ursprüngliche Fassung von 1979 war. Mit der neuen Jugendordnung war damit im Grunde auch die Sportjugend des DBS, die Deutsche Behindertensportjugend (DBSJ), gegründet.[318]

All diese Probleme und Verzögerungen wurden jahrzehntelang durch die mangelnde und ungesicherte Finanzierung des Sports der Menschen mit Zivilbehinderung zusätzlich verschärft. Der Sport der Kriegsversehrten wurde ab 1956 über das Bundesversorgungsgesetz finanziert, während die Sportler mit anderer Behinderung lange Zeit über keine vergleichbaren Kostenträger verfügten und zum Teil in den Vereinen finanziell mitgetragen werden mussten. Die staatliche Finanzierung des Versehrtensports hing damit von der Ursache und nicht vom Grad der Behinderung ab. Diese finanzielle und soziale Ungleichheit vertiefte die ohnehin schon vorhandene hierarchische Kluft zwischen Sportlern mit Kriegs- und Zivilbehinderung. Es gab eindeutige Klassenunterschiede unter den Gruppen. Erst allmählich wurden die finanziellen Ungleichheiten abgemildert, und es kam zu neuen Regelungen. Der Anlass war, dass es ab den 1970er-Jahren immer mehr Menschen mit Zivilbehinderung in den Vereinen gab, während die Zahl der Versehrtensportler abzunehmen begann. So musste ein anderer Weg der Finanzierung gefunden werden, der lange Zeit dornig und mühsam war und mehr als einmal drohte, zur Sackgasse zu werden. Langjährige schwierige Verhandlungen zwischen dem DBS, den Ministerien und den Kostenträgern waren nötig, und mehr als einmal drohten Blockaden.

So sollte zum Beispiel 1975 eine Pauschalisierungsregelung in Kraft treten, die die bisherigen Zahlungen für den Kriegsversehrtensport pauschal um 50% zurückzufahren beabsichtigte, wobei die Verantwortlichen die Absicht hatten, Versehrtensport nur noch bis zum 70. Lebensjahr der Sportler zu finanzieren. Es folgten langjährige Verhandlungen über Kostendeckung und Abrechnungsvereinfachungen. Die Altersdeckelung bis 70 Jahre wurde nach erheblichen Protesten schließlich zurückgenommen. 1980 trat dann doch eine Pauschalisierungslösung in Kraft, bei der jedoch die Mittelverteilung und Verwendungskontrolle den Landesverbänden überlassen wurden.[319]

Im Oktober 1974 trat dann ein „Gesetz über die Angleichung der Leistungen zur Rehabilitation" in Kraft, das den Sport als eine ergänzende Leistung zur Rehabilitation für Kranken-, Renten- und Unfallversicherte vorsah und eine Anpassung der für die einzelnen Leistungsträger geltenden Gesetze forderte. Fachleute kritisierten daran vor allem, dass es keine Gesamtfinanzierung für alle Menschen mit Behinderungen und auch keine Gleichbehandlung gab, sondern zum Beispiel Arbeitslose oder Sozialhilfeempfänger bei einer Behinderung sehr viel stärker benachteiligt würden, während Arbeitsunfälle mit Querschnittslähmung über die Berufsgenossenschaft ausgesprochen gut abgesichert wären, da die „Unfallversicherungen der gewerblichen Wirtschaft die kapitalmäßig potentesten Rehabilitationsträger" seien.[320]

Die 1974 geforderte Anpassung erfolgte im Grunde aber erst in den 1990er-Jahren. Momentan gelten für den heute so genannten Rehabilitationssport – die

Vielzahl der Träger ist geblieben – je nach Fall die Bestimmungen der Krankenkassen, der Rentenversicherung und der Unfallversicherung, die die Durchführung und Ziele des Sports regeln. Als ergänzende und ärztlich verordnete Leistung gehört der Rehabilitationssport, der in Gruppen unter ärztlicher und sportfachlicher Betreuung durchgeführt wird, zum Bestandteil der allgemeinen Rehabilitation. Dazu zählen die Beseitigung, Linderung oder Ausgleichung der Behinderung, die Stärkung von Ausdauer, Kraft, Koordination und Flexibilität und die Förderung der Eigenmotivation sowie der Selbsthilfe. 1998 hat die Bundesregierung ihr Urteil in einem Bericht zur Lage der Menschen mit Behinderungen noch einmal bekräftigt und darauf hingewiesen, dass Rehabilitationssport etwa bei Mehrfachschäden, Herzinfarkt, Schlaganfall oder Querschnittslähmung eine wirksame Hilfe sei, die zugleich die „ganzheitliche Integration sowie eine Steigerung des Selbstwertgefühls“ fördere.[321]

Das Problem der Binnenhierarchien zwischen verschiedenen Gruppen mit unterschiedlichen Vorstellungen, die zum Teil gekoppelt waren mit jeweils unterschiedlichen Finanzierungsebenen, blieb aber im DBS bestehen. Als Beispiel für diese Problemlage kann die Konfliktsituation zwischen dem DBS und dem 1977 gegründeten Deutschen Rollstuhl-Sportverband (DRS) stehen. Querschnittsgelähmte Sportler waren schon frühzeitig im DVS organisiert und verfügten mit den englischen Stoke Mandeville-Spielen von Anfang an über ein internationales Podium für den Wettkampfsport. Etliche von ihnen waren (und sind) leistungssportorientiert und definieren sich in der Hauptsache über ihren (Wettkampf)Sport.[322] So fühlten sich die Rollstuhlsportler, von denen einige über ihre Berufsgenossenschaften finanziell sehr gut ausgestattet waren, vom DBS nicht richtig vertreten, der ihrer Meinung nach den Wettkampfsport und die einzelne Sportart vernachlässigte.

Im DBS war seinerzeit für den gesamten Sportbereich ein Gremium, der Sportausschuss, zuständig, der dem Rollstuhlsport zwangsläufig nicht den gewünschten Raum bieten konnte. Hinzu kam, dass der Sportausschuss keine Beschlüsse mit finanzieller Auswirkung fassen konnte. Dies lag in der Verantwortung des DBS-Hauptvorstandes, der sich aus den Mitgliedern des Präsidiums und den Vertretern der Landesverbände zusammensetzte, so dass der Rollstuhlsport nur geringe Möglichkeiten der Einflussnahme, z. B. auf die bedeutsame Verteilung der öffentlichen Finanzmittel, hatte. Es gefiel den Rollstuhlsportlern auch nicht, dass sie ihre Interessen auf nationaler und internationaler Ebene nicht selbst vertreten konnten, denn das war Sache des DBS.

In den 1970er-Jahren machten sich dann Verselbständigungstendenzen unter vielen Rollstuhlsportlern bemerkbar. Im Zuge der Gründung spezieller Rollstuhlsportgruppen und später auch Rollstuhlsportvereine war die Zahl der Rollstuhlsportler stark angewachsen. Momentan sind es etwa 9.000 Sportlerinnen und Sportler in über 300 Vereinen, darunter ein aufgrund gezielter Förderung ausgesprochen starker Kinder- und Jugendanteil von 25%. Allerdings machen die Rollstuhlfahrer insgesamt im DBS mit knapp zwei Prozent nur eine unter vielen Sportgruppen aus.

1977 gründete sich aus dieser erstarkten Position heraus dann schließlich der Deutsche Rollstuhl-Sportverband (DRS). Er war „gewiß kein Wunschkind des DBS", denn es herrschte seitens des DBS „die Befürchtung vor, dass sich der Behindertensport in Deutschland mit der Gründung dieses Fachverbandes zersplittern würde".[323] Denn die Vorstellung des DRS war es, dass jede Sportart im Behindertensport sich selbst organisieren und unter ein gemeinsames Nationales Paralympisches Dach schlüpfen solle, so dass der DBS schließlich funktionslos werden würde.[324]

Letztlich blieb der DRS zwar als Fachverband – gemeinsam mit den Landesbehindertensportverbänden – unter dem Dach des DBS. Dennoch herrschte ab den 1980er-Jahren zwischen dem DRS und dem DBS ein äußerst angespanntes Verhältnis, das seinen Grund auch in den unterschiedlichen organisatorischen und finanziellen Vorstellungen beider Partner fand. Dabei ging es um die Verteilung zweckgebundener Gelder, die Belastung von Gehaltskosten für hauptamtliche Mitarbeiter, die Finanzierung von Mehraufwendungen, die sportliche Vertretung und die gegenseitige Anerkennung. Der DRS drohte mit Austritt aus dem DBS und hatte sich – jedoch vergeblich – beim DSB um die Anerkennung als Spitzenverband bemüht. Der DBS indes wollte den DRS einbinden und schlug feste Absprachen vor, die in gegenseitigen Vereinbarungen mündeten.

1987 war die Stimmung auf dem absoluten Tiefpunkt: „Das Verhältnis zwischen DBS und DRS ist schlecht und durch Misstrauen geprägt, vor allem auch zwischen den beiden Schatzmeistern". Im Laufe der nächsten Jahre wurden die Vereinbarungen daher immer wieder überarbeitet, das Bestreben des DRS nach Selbständigkeit jedoch blieb bestehen. Zu Beginn des Jahres 2001 trat dann schließlich eine neue Vereinbarung in Kraft, die den finanziellen Rahmen des DRS zwischen DBS und DRS, die Nutzung der DBS-Räumlichkeiten durch den DRS, die internationale sportliche Vertretung des DRS durch den DBS und den Arbeitgeberstatus des DBS klärte.[325]

Repräsentanzfragen, Kompetenzverteilungen, gerechte Mittelverteilung, Versorgungsunterschiede und Hierarchietendenzen zwischen verschiedenen Sportgruppen von Menschen mit Behinderungen waren von Anfang an die Probleme, mit denen sich die Vereine und die Landes- und Bundesverbände auch international herumschlagen mussten. Dazu kam noch die Tendenz zur Zersplitterung: Während der DRS und der Schwerhörigen-Sportverband Fachverbände im DBS sind, sind Special Olympics Deutschland (SOD) und der Behinderten Golf Club Deutschland außerordentliche Mitglieder; der Gehörlosensport verfügt mit seinem Verband ohnehin seit 1910 über eine eigene Organisation und blieb trotz diverser gegenseitiger Versuche einer Annäherung – auch auf Vereinsebene – für sich.[326]

Besonders offensichtlich war diese Problemlage angesichts der 1989 erfolgten Gründung eines „Weltverbandes der Behindertensportler", bei dem 240 Delegierte aus 46 Nationen „sechs Weltverbände für Körperbehinderte, Querschnittsgelähmte, Blinde, Gehörlose, cerebral Bewegungsgestörte sowie für geistig Behinderte" vertraten. Vor allem die Rivalität unter den Verbänden machte sich nun bemerkbar: „Zum Beispiel haben die Rollstuhlfahrer mit einem Boykott der Paralympics 1992 in Barcelona gedroht, falls dort geistig Behinderte an den Start gehen sollten. Die geistig Behinderten, so argumentieren die Querschnittsgelähmten, würden das gerade gewonnene positive Image des Behindertensports ‚ankratzen'! Auch nicht glücklich (...) ist der Weltverband der Gehörlosen. Deren Präsident Gerald Jordan will abwarten, wie sich die Geschicke (...) entwickeln".[327]

Der westdeutsche Behindertensportverband und seine Fachverbände hatten damit seit der Gründung 1951 im Wesentlichen ein strukturelles Problem. Zwar wechselten die Partner, und es kamen neue hinzu. Die grundlegenden Differenzen, die in der gesellschaftlichen Ungleichheit der und zwischen verschiedenen Menschen mit Behinderungen zu finden waren, wurden dabei 1:1 auf den Behindertensport übertragen. Mit dem Fall der Mauer 1989 und dem Beitritt des DDR-Versehrtensportverbandes DVfV sollte sich dann eine weitere Veränderung ergeben.

III Die Entwicklung des Versehrten- und Behindertensports in der Sowjetischen Besatzungszone/Deutschen Demokratischen Republik (1945–1990)

1. Die Situation der Menschen mit Behinderungen in den Nachkriegsjahren

In der Sowjetischen Besatzungszone (SBZ), der späteren DDR, war die Frage der Versorgung von Menschen mit Zivil- und Kriegsbeschädigungen in den ersten Jahren zunächst von den Kontroversen zwischen der Sowjetischen Militäradministration in Deutschland (SMAD) einerseits und den Resten der bürgerlichen Verwaltung sowie des Freien Deutschen Gewerkschaftsbundes (FDGB) andererseits geprägt. Wie die bizonalen Alliierten fuhr auch die SMAD den Kriegsversehrten gegenüber, denn um sie ging es zahlenmäßig im Wesentlichen, einen harten Kurs, während die ostdeutsche Politik und die Verwaltung zunächst versuchten, die restriktive Haltung des SMAD abzumildern.
Wie auch in den anderen drei Zonen war 1945 in der SBZ die NS-Kriegsversorgungsorganisation verboten und die Zahlung von Renten und sonstigen Unterstützungen an Kriegsversehrte eingestellt worden. Dies betraf Hunderttausende. Kurz nach 1945 wurden in der SBZ und in Ost-Berlin etwa 400.000 bis 440.000 „Beschädigte" gezählt, die meisten von ihnen waren kriegsversehrt. 1957 war die Zahl der Schwerbeschädigten auf etwa eine Million angewachsen. Dabei führte die besonders rigorose Haltung der Sowjets, die ehemaligen Frontsoldaten – ganz ähnlich wie in der Bizone – pauschal als Kriegstreiber, Militaristen und Hitlers Fußvolk zu betrachten, zu einer konsequenten Ablehnung jeglicher Zahlung und Fürsorge im Sinne einer Militärrente. Die im Mai 1945 von der SMAD gestoppte Auszahlung von „Versehrtengeld" wurde mit der Bemerkung begleitet, „das Land (sei) im Interesse des werktätigen Volkes nicht in der Lage, Verpflichtungen aus Hitlers verlorenem Raubkrieg zu übernehmen".[1]

Wie in den Westzonen auch wurden die mittellosen Kriegsversehrten an die Sozialfürsorge überwiesen, wobei längst nicht alle auch versorgt wurden. Während man in den Westzonen in der ersten Zeit allen ehemaligen Mitgliedern von

NS-Organisationen die Sozialhilfe verweigerte, ging man in der SBZ noch ein Stück weiter. Hier wurden nicht nur „Führer und aktive Mitglieder der NSDAP und ihrer Gliederungen", sondern auch „ehemalige Militaristen, Junker, Inhaber von Konzernen, Trusts und anderen Arten von Monopolen, sowie Personen, deren Vermögen nach dem 8. Mai 1945 infolge verbrecherischer faschistischer Tätigkeit beschlagnahmt worden ist", komplett von der Sozialfürsorge ausgeklammert. Alle anderen erhielten, wie im Westen auch, eine pauschale Sozialversorgung; dabei wurden „Opfern des Faschismus" eine bevorzugte Behandlung in Aussicht gestellt.[2] Die Schwerbeschädigtenpolitik der SMAD schloss auch die Abschaffung der Versorgungsämter, die für die Rentenzahlungen zuständig waren, der orthopädischen Versorgungsstellen sowie der Hauptfürsorgestellen, die die Berufsfürsorge übernommen hatten, mit ein.

An ihre Stelle traten die Sozialämter mit „Schwerbeschädigtenreferaten", in denen die Unterscheidung zwischen Kriegs- und Zivilversehrte aufgehoben wurde, wobei alle Personen mit einer Minderung der Erwerbsfähigkeit über 50% als „schwerbeschädigt" galten; in den Schwerbeschädigtenausweisen wurde dementsprechend ebenfalls auf den Unterschied zwischen Kriegs- und Zivilversehrten verzichtet. Flankierend zu den Referaten wurden in der Verwaltung und in den Betrieben lokale Schwerbeschädigtenausschüsse ins Leben gerufen, die eine zusätzliche beratende Funktion für die Betroffenen übernahmen. Komplettiert wurden diese Maßnahmen durch die Einrichtung von Schwerbeschädigtenwerkstätten, die für die Berufsausbildung und die Umschulung aller Menschen mit Körperbehinderung sorgen sollten und ab den 1950er-Jahren zu Rehabilitationszentren ausgebaut wurden. 1951 lag die Einstellungspflicht von Menschen mit körperlicher Behinderung in den Betrieben bei 10% des Personals, wenn auch dieser Prozentsatz nicht immer erreicht wurde. Analog zu den „Behindertenwerkstätten" im Westen wurden daher zusätzlich Schwerbeschädigten-Genossenschaften eingerichtet, in denen Schwerbeschädigte einer Erwerbsarbeit nachgehen konnten. Bis Anfang der 1950er-Jahre wurden durch diese Maßnahmen zwei Drittel aller Schwerbeschädigten in der DDR in Arbeit gebracht.

Damit lag auch in der SBZ/DDR der Schwerpunkt der Behindertenpolitik von Anfang an deutlich auf beruflicher Rehabilitation vor Rentenzahlungen und Sozialfürsorge. Auch hier war die Sozialpolitik deutlich von der Idee der Erwerbsarbeit dominiert und die Schwerbeschädigtenpolitik auf die nivellierende Arbeitsgesellschaft aller „Werktätigen“ ausgerichtet. Der gravierende Unterschied zum Westen jedoch bestand in der sozialen und politischen Gleichbehandlung von Kriegs- und Zivilversehrten, die eine gesellschaftliche Nivellierung innerhalb der verschiedenen Gruppen von Menschen mit körperlicher Behinderung nach sich zog und auch das interne Selbstbild der Menschen mit Behinderungen in der DDR nachhaltig prägen sollte: Im Gegensatz zur Bundesrepublik machte man, zumindest in der Öffentlichkeit und in der Politik, keinen Unterschied zwischen Kriegs- und Zivilbehinderten.[3]

Doch der Weg dahin war steinig, und zumindest anfangs gab es behördliche Widerstände gegen die Politik der SMAD. So kamen viele Behörden, denen die SMAD zu forsch vorging, der angeordneten Schließung von Hauptfürsorgestellen und Versorgungsämtern für Kriegsversehrte nur zögerlich nach, und einige weigerten sich sogar: In Thüringen dauerte die Umstrukturierung bis April 1946, und in Sachsen-Anhalt widersetzte man sich sogar bis Juli 1948. Zudem wurden auch in der SBZ Überlegungen laut, analog zum Reichsbund oder zum VdK im Westen, ebenfalls eine separate Interessensorganisation für Kriegsversehrte zu gründen; eine Initiative, die – trotz der massiven Gegnerschaft der SMAD – auch von einigen Personen innerhalb des FDGB vorsichtig befürwortet wurde. Die überwiegende Zahl der Verantwortlichen des FDGB jedoch war der Ansicht, dass die Isolierung der als Militaristen verschrieenen Kriegsversehrten in einer eigenständigen Organisation ihrer Integration abträglich sei und ein „Zusammenschluss dieser Kreise (wohl eher) kriegstreiberischen Zielen“ dienen würde. Für den FDGB als Einheitsgewerkschaft war der Beitrag für einen gesellschaftlichen Einbezug aller Schwerbeschädigten die Erwerbsarbeit und nicht eine separate Interessensgemeinschaft.

Ab 1947 jedoch wurden im Umfeld der Schwerbeschädigtenausschüsse verstärkt Anfragen von blinden, gehörlosen und hirnverletzten Menschen nach eigenen Interessensorganisationen registriert, so dass man diesem Problem nicht mehr länger ausweichen konnte. Man ließ, allerdings erst 1957, schließlich als partikulare Interessensvertretung die Gründung des Allgemeinen Deutschen Blindenverbandes (ADBV) und des Gehörlosen-Verbandes zu.[4] Vorsitzender des ADBV wurde Dr. Dr. Helmut Pielasch, ein sportbegeisterter Kriegsblinder, der im internationalen Blindensport und als Vizepräsident (Blinde) des Deutschen Verbandes für Versehrtensport der DDR (DVfV) eine gewichtige Rolle spielen sollte. Trotz der vermeintlichen Nivellierung von

Kriegs- und Zivilblinden in einem gemeinsamen Verband war damit das Hierarchieproblem zwischen den Kriegs- und Zivilfraktionen, das im Westen so bedeutsam war, nicht aus der Welt geschafft. Auch im Blindenverband der DDR tummelten sich – unter Förderung von Helmut Pielasch – Kriegsblinde. Dabei übten auch Kriegsblinde mit „Vergangenheit in der Waffen-SS nicht nur staatliche, sondern auch Funktionen im Blindenverband aus“. In der Politik wurde dies selbstverständlich diskret verschwiegen, kritisierte die DDR-Propaganda doch ihrerseits selbstgerecht die Traditionsverbände der NS-Ehemaligenverbände und der Wehrmacht in der BRD.[5]

Stolpersteine gab es überall, und das verminte Feld der Kriegsversehrten war nicht immer einfach zu räumen. So witterte der SMAD bzw. die junge DDR-Führung auch in den Schwerbeschädigtenwerkstätten aufgrund der Konzentration von Kriegsversehrten eine „große politische Gefahr“, zumal hier hauptsächlich ehemalige Berufssoldaten arbeiteten, denen pauschal „antidemokratische Betätigung“ vorgeworfen wurde. Befeuert wurden die Befürchtungen von einem Vorfall im sächsischen Mittweida; hier sollte 1949 eine Beschädigtenwerkstatt geschlossen werden, was den Widerstand der Betroffenen hervorrief, der politisch hohe Wellen schlug. In der Folge wurde die Anzahl der Ausbildungsheime zugunsten einer betrieblichen Integration auf ein Minimum reduziert. Auch aufgrund dieser Vorfälle hatte eine eigene Interessensgemeinschaft für Kriegsversehrte in der DDR politisch keine Chance.[6] Ein weiteres Problem, das der Staat mit den (überwiegend) Kriegsversehrten hatte, war die mangelnde Versorgung mit orthopädischen Geräten. Häufig fehlten geeignete „Körperersatzstücke“, und aufgrund von Produktionsproblemen und Planungsfehlern kam es zu Engpässen wie etwa beim orthopädischen Schuhwerk.[7]

Trotz dieser massiven Ressentiments und der sozialen Fehlschläge gab die SMAD doch in einigen Punkten nach. So begann man in der SBZ, ähnlich wie in den Westzonen, ab April 1946 doch mit der Auszahlung rudimentärer Kriegsrenten, in deren Genuss jedoch nur diejenigen Kriegsbeschädigten kamen, die weder Offiziere, militärische Beamte oder NS-Aktivisten gewesen waren. Ab Oktober 1946 wurde der Ausschluss auf NS-Belastete begrenzt. 1948 kam es dann zu einer allgemeinen Rentenzahlung für Kriegsinvaliden und ihre Hinterbliebenen; ausgeschlossen blieben jedoch „Hauptschuldige“ und „Verurteilte“. In der Regel gingen die Renten an Witwen und Halbwaisen, während Kriegsversehrte nur zu einem geringen Bruchteil diese Leistungen erhielten, da die meisten wieder in Arbeit waren. 1949 wurden insgesamt 69.000 kriegversehrte Rentenempfänger gezählt, 1961 waren es nur noch 17.000. Diese Zahl blieb damit auch in Relation weit unter der Anzahl der kriegsversehrten Rentenempfänger der BRD. Zudem war die äußerst geringfügige, fast schon an der Symbolgrenze anzusiedelnde Kriegsrente nicht mit den wesentlich großzügigeren Kriegsrenten in der BRD zu vergleichen. Insofern konnte die DDR-Führung bzw. die SMAD an dieser Stelle ruhig ein Zugeständnis machen.[8]

Die SBZ/DDR fuhr in Bezug auf die Eingliederung und Versorgung von Menschen mit Körperbehinderung von Anfang an einen Integrationskurs durch Ausbildung und Erwerbsarbeit. Wenn sich diese Politik von der der BRD dabei nicht sonderlich unterschied, so stellte doch die rigorose Haltung der politischen Führung gegenüber den Kriegsversehrten, denen pauschal „Militarismus" und „faschistische Tendenzen" unterstellt wurden, einen komplett anderen Umgang mit den ehemaligen (versehrten) Soldaten dar. Den Kriegsversehrten wurde die Bildung eigener Interessensorganisationen verboten, und sie wurden gesellschaftlich, sozial und versorgungstechnisch (nahezu) so behandelt wie Menschen mit zivilen Körperschäden. Wenn die Kriegsversehrten auch eine schmale symbolische Rente erhielten und einige von ihnen – darunter ehemalige SS-Leute – sogar als Funktionsträger in Verwaltung und Verband tätig waren, so führte die restriktive Haltung der DDR-Führung zu einer nahezu völligen politischen und gesellschaftlichen Gleichbehandlung aller Menschen mit Körperbehinderungen. Vergleichbare Hierarchiegräben, wie sie aufgrund der Lobbypolitik für Kriegsversehrte in den Organisationen der Menschen mit körperlichen Behinderungen in der BRD lange Zeit an der Tagesordnung waren, sind unter den entsprechenden Gruppen und Organisationen in der DDR nicht auszumachen. In die Gleichbehandlung waren die Menschen mit geistiger Behinderung jedoch ebenso wenig eingezogen wie in der BRD.[9]

2. Sport und Versehrtensport in der SBZ und in der frühen DDR

Nach der Kapitulation des Deutschen Reiches im Mai 1945 verboten die Alliierten sämtliche NS-Organisationen; da die Sportvereine seit 1938 NS-Gliederungen waren, wurden auch sie aufgelöst. Während sich im Westen jedoch schnell wieder Vereine, Fachverbände und Landessportbünde gründeten – eine Entwicklung, die von den Westmächten unterstützt oder doch zumindest nicht behindert wurde –, verlief der Aufbau des Sports und der Sportorganisationen in der SBZ sowie in den ersten Jahren der DDR sehr viel zögerlicher, mit etlichen Brüchen und keineswegs so gradlinig wie im Westen. Das hatte auch damit zu tun, dass die Verantwortlichen in der SBZ anfangs noch nicht über ein übereinstimmendes Konzept zum Sport verfügten, sondern dieses erst mühsam entwickeln mussten.

Sportorganisationen waren theoretisch verboten, sportliche Betätigung aber nicht. Und so bildeten sich auch in der SBZ bzw. in Ost-Berlin unmittelbar nach Kriegsende wieder (informelle) Zusammenschlüsse, die Sport trieben. Hierbei handelte es sich hauptsächlich um kommunale Sportgruppen. Dabei wurde in der SBZ strikt darauf geachtet, dass sich keine selbständigen Vereine nach bürgerlichem Vorbild bilden konnten, denn hier vermutete man – auch aufgrund der angeblichen personellen Kontinuität zur Weimarer Republik und zum „Dritten Reich" – Antikommunismus, „Faschismus" und politische Reaktion. Da Sport zu Recht als Massenphänomen galt, fürchtete man in den bürgerlichen Sportvereinen einen machtvollen antikommunistischen Hort, der den Aufbau des Sozialismus gefährden könnte.

Anfangs übernahmen alte Arbeitersportler und Sportfunktionäre, die (schon vor 1933) in der KPD oder der SPD organisiert waren, Funktionen in den ersten Sportgruppen. Von 1946, dem Gründungsjahr der SED, bis 1949 lag die SED-Sportarbeit überwiegend bei ehemaligen Sozialdemokraten, von denen etliche der Idee einer vereinsorganisierten Volkssportbewegung anhingen oder alte Arbeitersportzusammenschlüsse wiederbegründen wollten. In dieser Phase kam es auf Kommunalebene immer wieder zu Anträgen auf Zulassung eines Vereins nach bürgerlichem Muster und zur Bildung von kommunalisierten Sportgruppen, die personell und geographisch den alten Vereinssport weiterführten. Außerdem wurden zunächst auch Sportgruppen und Werksportorganisationen gebildet, die nicht zugelassen waren. Ihre freien, zum Teil auf bürgerlicher Vereinsstruktur basierenden unpolitischen Gründungen standen anfangs in starker Konkurrenz zu den offiziellen Sportgruppen der FDJ, die ein politisch funktionalisiertes Sportverständnis verfolgten. Nachdem jedoch etliche alte SPD-Sportfunktionäre als „Revisionisten" diffamiert worden waren, von denen einige in die westliche Zone flüchteten, besetzte man die Sportreferate der SED mit politisch zuverlässigeren Parteigängern und dämmte die nicht erwünschten Sportgruppen ein. Allmählich übernahmen damit SED und FDJ die Monopolstellung im SBZ-Sport.[10]

Allerdings lag zu dieser Zeit immer noch kein tragfähiges und vor allem übereinstimmendes Konzept einer Sportorganisation vor. Im Gegenteil: In den Jahren bis etwa 1947/48 gab es verschiedene Trägergruppen für den Sport in der SBZ, so den wenig erfolgreichen Kommunalsport, der durch die Bindung an eine Verwaltungsinstitution für viele Sportler nicht attraktiv war, die alternative Volkssportverbandsidee der Sportverantwortlichen im Kulturausschuss der SED, die noch Bindungen an die alte SPD hatten, und die Sportgruppen der FDJ, die aber im Wesentlichen die Sportjugend an sich band und den Erwachsenensport überhaupt nicht berücksichtigte. Nach dem Vorbild der Massensportorganisationen in der Sowjetunion kam – neben der FDJ für den Jugendsport – für den Sport der Erwachsenen letztlich nur die Einheitsgewerkschaft FDGB in Frage. Über Betriebssportgemeinschaften (BSG) in den volkseigenen Betrieben könnte – so die Hoffnung – der Sport als Konzept einer kommunistisch dirigierten Einheitsorganisation am besten verankert werden und eine totale Erfassung der Sportreibenden gewährleisten.

Auf dieser Basis beschloss das Zentralsekretariat der SED am 1.6.1948, dass FDJ und FDGB künftig die gemeinsamen Träger der Sportgemeinschaften sein sollten. Am 1.10.1948 konstituierte sich dann über FDJ und FDGB der Deutsche Sportausschuss (DSA) und begründete damit die Demokratische Sportbewegung (DS), deren grundlegende Organisationen die BSG und die Kreissportausschüsse sein sollten. Es gab aber zwei wesentliche Probleme: Das eine bestand darin, dass für die Umsetzung dieses Sports nur versierte Fachleute in Frage kamen, von denen zwar etliche aus dem Arbeitersport, aber viele auch aus den nationalsozialistischen Sportorganisationen kamen. Und zum zweiten roch das System des Betriebssports zu sehr nach dem totalitären KdF-Sport der NSDAP. Zudem gab es bis 1954 in der DDR immer noch Sportgruppen –

vor allem auf dem Land und in Kleinstädten – mit traditionellen vereinsähnlichen Organisationsformen, die sich nur formal den Kreiskomitees angeschlossen hatten.

Um eine möglichst totale Sporterfassung zu gewährleisten und darüber hinaus auch eine qualifizierte Bestleistung im Sport zu erreichen, die den Sportverkehr der DDR auf internationaler Ebene erfolgreich machen sollte, reichte die DS bzw. der DSA nicht aus. So wurde am 24.6.1952 das Staatliche Komitee für Körperkultur und Sport (StaKo) gegründet, das als oberste Instanz alle sportlichen Ebenen inklusive der wissenschaftlichen Forschung und der schulischen Leibesübungen erfasste. Der DSA war künftig nur noch für die Organisation des gesamtdeutschen Sportes und für die Verbindung mit Westdeutschland zuständig. Doch auch diese Konstruktion erwies sich nicht als tragfähig, denn nun waren mit Staat, Partei, FDGB und FDJ zu viele Organisationen für den Sport zuständig und es kam vielfach zum Kompetenzwirrwarr. So wurde am 27./28.4.1957 der Deutsche Turn- und Sportbund (DTSB) der DDR als sozialistische Massenorganisation und Rechtsnachfolger des DSA gegründet. Der DTSB erhielt seine Weisungen vom Staatlichen Komitee für Körperkultur und Sport.

Der DTSB bekam eine einheitliche Verbandsstruktur, wobei die 14 bis dahin existierenden gewerkschaftlichen Sportvereinigungen im DTSB aufgingen. Die Basisorganisation für Freizeit- und Massensport des DTSB war jetzt die BSG; daneben entstanden mit Sportgemeinschaften und Sportclubs Organisationen für die Leistungsspitze. Analog zur politischen Ebene wurde der DTSB in Kreise und Bezirke gegliedert. Um international auftreten zu können, wurden die ehemaligen Sportartensektionen des DSA in Fachverbände umgewandelt, die im DTSB-Bundesvorstand vertreten waren.

Um gegenüber der sportpolitischen Konkurrenz mit der BRD besser abzuschneiden, strebte das Politbüro 1969 im internationalen Leistungs- und Spitzensport eine höhere Positionierung der DDR in der Nationenwertung vor allem bei den Olympischen Spielen an. Dafür wurden Sportarten mit potentiellen Medaillenchancen bevorzugt behandelt und erhielten einen Sport I-Status, der unter anderem eine bessere finanzielle Ausstattung, professionelle Trainingsmöglichkeiten, gezielte Nachwuchsförderung und eine „sozialistische Erziehung“ umfasste. Die nichtolympischen Sportarten – und dazu gehörte neben Badminton, Hockey, Rugby, Schach, Tennis und Tischtennis auch der

Versehrtensport – wurden entsprechend in einem Bereich Sport II zusammengefasst; ihre Förderung wurde zurückgefahren. Damit wurde ein Sportsystem konstituiert, das bis zum Zusammenbruch der DDR 1989/1990 bestehen sollte.[11]

So wie die Gründung und Ausbreitung von Versehrtensportgruppen in den Westzonen schwierig gewesen war und sich verzögert hatte, so stand der Versehrtensport in der SBZ und der frühen DDR ebenfalls vor nicht unerheblichen und zum Teil vergleichbaren Problemen. Dabei wirkten sich das in der SBZ gepflegte negative Image der Frontsoldaten, die restriktive Kriegsbeschädigtenpolitik und die verzögerte und uneinheitliche Sportentwicklung noch gravierender auf die Anfänge des Versehrtensports aus als in den drei Westzonen. Dies begann bereits mit der frühen informellen Gruppenbildung, die im Westen – abgesehen von wenigen Sportvereinen, die sich des Versehrtensports angenommen hatten – in der Regel über Lazarette, Hauptfürsorgestellen, Versorgungskrankenhäuser, Gehschulen, orthopädische Versorgungsstellen und Versorgungsämter sowie über die beiden Interessensgemeinschaften Reichsbund und VdK gelaufen war. Hier konnten sich potentielle Versehrtensportler begegnen und informelle Sportgruppen bilden.

Da in der SBZ die Versorgungsinstitutionen für Kriegsbeschädigte aufgelöst waren und Kriegsopferorganisationen nicht zugelassen wurden, fielen hier bereits zwei wichtige Kontaktadressen weg. Zudem besaßen aufgrund der restriktiven Politik die Kriegsbeschädigten ein negatives Image, und die ehemaligen Frontsoldaten wurden überall dort, wo sie als Gruppe – zum Beispiel in den Beschädigtenwerkstätten – auftraten, für eine potentielle Gefahr für den jungen Staat gehalten. Da außerdem der Sport in der SBZ in den ersten Jahren nicht einheitlich organisiert wurde und auch politisch über kein übereinstimmendes Konzept verfügte, war die frühe Sportlandschaft im Gegensatz zum Westen eher unterentwickelt und auf die Kernsportarten konzentriert, so dass es kaum Raum für andere Sportarten bzw. Randsportgruppen gab.

Die Körperbehinderten, die Gehörlosen und die Blinden, die den späteren DDR-Versehrtensportverband formieren sollten, verfügten zunächst über ganz unterschiedliche Chancen und Gelegenheiten, Sport auszuüben bzw. Sportgemeinschaften zu gründen, was auch damit zu tun hatte, dass sie auf völlig unterschiedlich starke Traditionsstränge zurückgreifen konnten. Am besten und frühesten war dabei der Gehörlosensport organisiert, der über zwei Vorteile verfügte: Erstens hatte der Gehörlosensport in etlichen Orten bereits lange vor 1945 entsprechende Sportvereine besessen und verfügte damit über eine institutionelle und geographische Kontinuität. Und zweitens waren die männlichen Gehörlosensportler nicht zur Wehrmacht eingezogen worden und hatten zum Teil bis 1945 weiter Sport treiben können, womit nicht nur der Militarismusvorwurf entfiel, sondern auch eine personelle Kontinuität gewährleistet war.

So mussten zwar die Gehörlosensportvereine nach der Kapitulation ihren Sportbetrieb vorübergehend einstellen, aber schon kurz danach bildeten sie an vielen Orten schon wieder eigene Sportgruppen. Einige von ihnen, wie etwa in Halle, Magdeburg oder Erfurt, wollten dabei zunächst an ihre alte lokale Sportvereinstradition anschließen, bekamen aber bald erhebliche Schwierigkeiten.[12] Dann übernahm die für den Sport zuständige FDJ die Gehörlosensportler und integrierte sie in die eigene Sportorganisation. Im Juli 1947 wurde in Quedlinburg der „Gehörlosen Sportverein der FDJ" ins Leben gerufen. 1948 wurde in Leipzig ein „Gehörlosen Sportverein in der FDJ" gegründet, und im Juli 1948 wurde dann die FDJ-Gehörlosengruppe „Freundschaft" in Berlin gebildet. Mit der Überleitung des kommunalen Sports in die FDJ und den FDGB und der Konstituierung des Deutschen Sportausschusses im Oktober 1948 organisierten sich die Gehörlosen mehr und mehr als Sektionen in den Sportgemeinschaften Hörender, wobei viele Gehörlose diese Anschlüsse als Zwang empfanden. So schloss sich die Leipziger Gehörlosensportgruppe am 26.9.1948 der SG Leipzig-Leutzsch als Sportabteilung an. Bereits 1947 waren die Dresdner Gehörlosensportler der SG Friedrichstadt, dem früheren Dresdner Sportclub DSC von 1898, beigetreten, wo sie in den Sektionen Schwimmen, Fußball, Schach und Leichtathletik Sport betrieben. Dabei war der Gehörlosensportler Weber schon in den Kriegsjahren Ersatztorwart des bekannten Torwarts des DSC, Willibald Kress, gewesen.[13]

Der Gehörlosensport begann sich rasch zu institutionalisieren. Im November 1948 erschien das „Mitteilungsblatt der Gehörlosensportgruppe Magdeburg in der FDJ", das 1949 in „Blatt der Gehörlosensportgemeinschaften, Sparte Gehörlosen-Sport im DS(A)"umbenannt wurde. Zu Beginn des Jahres 1949 verfügte der Gehörlosensport über etwa 30 Sportgruppen, die sich schon in der ersten Jahreshälfte 1949 zu einer „Arbeitsgemeinschaft der Gehörlosen-Sportgruppen im Deutschen Sportausschuss" zusammenschlossen. Am

22.10.1949, 15 Tage nach der Gründung der DDR, wurde die AG dann als 19. Sparte in den Deutschen Sportausschuss aufgenommen und vertrat die Sportarten Fuß- und Handball, Kegeln, Leichtathletik und Turnen, Schach, Schwimmen und Wandern.[14] Die ersten Wettkämpfe trugen die Sportler ab 1949 aus; ab 1950 veranstaltete der Gehörlosensport „Deutschlandtreffen", Sportfeste und Meisterschaften.

Als 1950 die DDR-Sportgemeinschaften nach Gewerkschaftszugehörigkeit ausgerichtet wurden und als Betriebssportgemeinschaften einheitliche Namen entsprechend ihrer übergeordneten Sportvereinigung erhielten, wurden auch die Gehörlosensportler in entsprechende BSG eingegliedert. Am 17.3.1950 erfolgte die Gründung der Sportvereinigung „Einheit" (Verwaltung), der der Gehörlosensport zugeordnet wurde; nun zählten die Gehörlosensportgruppen lokal zu den BSG „Einheit". Später gab es, wie etwa in Magdeburg oder Erfurt, jedoch auch Zugehörigkeiten zur BSG „Motor" (Maschinen- und Fahrzeugbau). Ab 1951 wurden schließlich gesamtdeutsche Sporttreffen im Gehörlosensport veranstaltet, und 1952 gründeten der DGV und die DDR-Sparte Gehörlosensport gemeinsam die „Deutsche Gehörlosen-Sportunion" zur Förderung gesamtdeutscher Sportbeziehungen. Sie schloss sich dem Welt-Gehörlosensportverband CISS an, um an internationalen Sportfesten und Weltspielen für Gehörlose teilzunehmen. Aber schon bald traten die DGV und die DDR-Sektion Gehörlosensport nicht mehr gemeinsam international, sondern getrennt an, so dass die DDR-Sektion ihre separate Aufnahme in den CISS beantragte und 1956 dann auch aufgenommen wurde. Spätestens jetzt war der Gehörlosensport der DDR national und international integriert.[15]

Der Blindensport in der SBZ und frühen DDR hatte es anfangs wesentlich schwerer, da er nur sehr bedingt auf Vereinsvorläufer zurückgreifen und nur ein Bruchteil der etwa 17.000 aus ganz verschiedenen Gründen erblindeten Menschen in der DDR auf Erfahrungen im Sport zurückblicken konnte.[16] Zwar hatten etliche der älteren Blinden früher in einer Blindenschule und zum Teil auch als ehemalige Absolventen des HJ-Bannes für Blinde (Bann B) Sport betrieben, aber als Erwachsene mit Sport nicht mehr viel zu tun gehabt. Die meisten erwachsenen Blinden mit einer Sportsozialisation fanden sich unter den Kriegsblinden, von denen viele vor ihrer Erblindung Sport im Verein, in der Wehrmacht oder in der SS betrieben hatten. Zudem gab es die Sportlehrer der Blindenschulen. Aber viele nationalsozialistisch belastete Blindenlehrer waren aus den Schulen entfernt worden, und etliche Kriegsblinde, die aufgrund ihres Status als ehemalige Soldaten nicht gut angesehen waren oder als ehemalige SS-Angehörige von der Justiz verfolgt wurden, hatten sich in die BRD geflüchtet, so dass hier kaum Impulse zu erwarten waren. Die wenigen Zurückgebliebenen arrangierten sich mehr oder weniger gut mit dem DDR-System; so war Helmut Pielasch, ein langjähriger führender Blinden(sport)funktionär der DDR, ein Kriegsblinder gewesen.

Daher musste der Blindensport erst wieder mühsam installiert werden. Neben dem Schulsport in den knapp 10 Blindenschulen der SBZ/DDR, darunter die große Oberschule für Sehgeschädigte in Königs Wusterhausen, gab es anfangs nur sehr wenige Sportgruppen von erwachsenen Blinden und Sehgeschädigten. Zwar wurde die Lage mit der 1950 erfolgten Gründung des Arbeitsausschusses für Blindenfragen und dem sich 1957 daraus entwickelnden Allgemeinen Deutschen Blinden-Verband (ADBV) besser; vor allem, weil dessen Präsident Pielasch sportbegeistert war und den Sport ankurbelte. Dennoch gab es im Jugend- und Erwachsenensport der Blinden 1956 nur zwischen 45 und 70 Blindensportgruppen – Mitgliederzahlen werden nicht genannt –, und 1960 zählte der DVfV lediglich 751 blinde Sportler, was angesichts der hohen Zahl der DDR-Blinden von mehreren Zehntausend außerordentlich gering war.[17]

Es waren daher in der Regel Einzelinitiativen, die in den frühen Jahren hier und da zum Sport blinder Menschen führten, und sie waren häufig abhängig von der generellen Entwicklung des jeweiligen örtlichen Versehrtensports. 1948 scheint es an einigen Orten schon Sportgruppen für Blinde gegeben zu haben, wenn diese auch nicht näher spezifiziert sind.[18] 1949/50 fand sich in Chemnitz (dem späteren Karl-Marx-Stadt) eine kleine Gruppe „sportfreudiger Blinder“ zusammen, die 1951 eine Versehrtensportgruppe gründete, die zunächst in der BSG Chemie Chemnitz und dann bei der BSG Motor Chemnitz unterkam. 1950 wurde in der Versehrtensportgruppe Leipzig, die schon seit den 1930er-Jahren bestand und nach 1945 wiederbegründet wurde, eine Sportabteilung mit Sehgeschädigten und Blinden ins Leben gerufen. 1951 wurde in Jena eine Blindensportgruppe gegründet, die sich der BSG Lokomotive Jena anschloss. Schwimmen, Kegeln und Gymnastik waren hier die bevorzugten Sportarten.[19] Wohl noch in den 1950er-Jahren wurde auch in der 1953 gegründeten Versehrtensportgruppe der BSG Aufbau Börde Magdeburg eine Sportabteilung für Sehgeschädigte und Blinde gegründet; einer der Mitglieder war der sehgeschädigte Sportler Fred Krumrey, der im Weltkrieg ein Auge verloren hatte und seit 1949 im Postsport Magdeburg Leichtathletik betrieb. Es war also durchaus möglich, in dieser frühen Zeit des DDR-Sports als Sehgeschädigter einer Gruppe nichtbehinderter Sportler anzugehören.[20]

In den Blindenschulen der SBZ/DDR war der Sport von Anfang an installiert; gerade an den Blindenschulen gab es eine lange Sporttradition. Wenn auch an den Blindenschulen erst relativ spät Sportgemeinschaften gegründet wurden, so etwa in Königs Wusterhausen 1962, hatte der Sport doch schon immer mit mindestens zwei Wochenstunden einen festen Anteil am Unterricht gehabt. Es oblag dabei den einzelnen Sportlehrern, mehr anzubieten; so war der Sportunterricht in Königs Wusterhausen in den 1950er-Jahren durch das Engagement des Sportlehrers offenbar immer sehr gut und umfassend. Wenn in den entsprechenden Städten zudem noch BSG-Versehrtensportgruppen bestanden, konnte sich schon bald ein intensiver Sportverkehr entwickeln.[21] 1950 kam es erstmals zu einem Jugendsportfest im Sehbehinderten- und Blindensport in Halle, an dem Sportgruppen aus Chemnitz, Neukloster, Halle und Weimar teilnahmen und Wettkämpfe in Rollball, Fußball und leichtathletischem Dreikampf absolvierten; die Zahl der Teilnehmer wurde nicht angegeben. Es folgten Blindensportfeste in Halle 1953 und Güsten 1954; auch hier wird über die Teilnehmerzahlen nicht unterrichtet. 1954 nahmen erwachsene Blindensportler aus Leipzig an einem Blindensportfest in Lüdenscheid teil.[22]

Die eigentliche Aufwärtsentwicklung des Blindensports begann aber erst mit der Integration des Blindensports in die Sektion Versehrtensport des DSA, die 1953 ins Leben gerufen wurde, da nun der Blindensport breit institutionalisiert und in eine übergeordnete Organisation eingebettet werden konnte. Als eigenständige Säule in der Sektion bestand sie dann ab 1954. Die Gründung des ADBV im Jahre 1957, der sich ebenfalls intensiv um den Blindensport bemühte und über Pielasch mit der Sektion Versehrtensport zusammenarbeitete, sollte dann eine weitere Institutionalisierung und damit eine Stabilisierung des Blindensports bedeuten.

Für die Menschen mit Körperbehinderung, der späteren dritten Säule der Sektion Versehrtensport, war es in den Anfangsjahren der SBZ/DDR ebenfalls nicht einfach, eigene Sportgruppen aufzubauen. Dies hing damit zusammen, dass der überwiegende Teil dieser Klientel aus Kriegsversehrten bestand, die von der

SMAD bzw. den Verwaltungen als „Militaristen“ und „Revanchisten“ verschrieen waren und es schwer hatten, sich in Gruppen zusammenzufinden. So war beispielsweise in Dresden kurz nach dem Krieg die offizielle Bildung einer Versehrtensportgruppe von der sowjetischen Besatzungsmacht verboten worden.[23]

So kam es nur dann zur Bildung einer Gruppe, wenn auch die politischen und sportorganisatorischen Bedingungen günstig waren und zusätzlich durch Einzelinitiativen gefördert wurden. Die ersten Gruppen waren daher inoffiziell und – ähnlich wie im Westen – zunächst wohl mit Ämtern assoziiert. So fanden sich die Anfänge dieser Gruppen „in den durch die Sozialämter der einzelnen Städte unserer Republik ins Leben gerufenen Schwimm- und Badestunden. Aus dem Schwimmen und Baden entwickelten sich allmählich bewusst geleitete Trainingsstunden“.[24]

Am einfachsten war die Gründung in Leipzig gewesen. Hier bestand schon seit den 1930er-Jahren eine kontinuierliche Versehrtenschwimmgruppe, die auch während des Krieges weitergeführt wurde und nach Kriegsende ihre Arbeit einfach fortsetzte. Besonders förderlich war dabei der hohe Einsatz und die personelle Kontinuität der Gruppenleiter Martin Stein und Josef Schopp sowie das Engagement des später hinzustoßenden Alfred Backofen und die Verzahnung der Gruppe mit dem Leipziger Sportamt, das kurz nach dem Ende des Kriegs in Verhandlungen mit den Amerikanern und dann den Russen den Fortbestand der Versehrtensportgruppe sichern konnte. Dazu kam noch, dass Schopp und Backofen auch als übergeordnete Sparten- bzw. Sektionsleiter für Schwimmen im Sportamt bzw. später im Kreisausschuss tätig waren und so für die Anbindung an die allgemeine Sportorganisation sorgen konnten. Zwischen 1945 und 1948 wurde die Versehrtensportgruppe in den kommunalen Sport eingegliedert und vom Oberbürgermeister zusätzlich (auch finanziell) unterstützt. Mit der Überleitung des Sports in den FDGB und die FDJ 1948 fielen dann auch die Gebühren für die Nutzung der Sportstätten weg. Zu dieser Zeit bestand die Sportgruppe aus einigen Dutzend zumeist kriegsversehrten Mitgliedern, von denen etliche noch im 1. Weltkrieg gewesen waren. Am 1.8.1948 trat die Gruppe der Sportgemeinschaft Leipzig-Leutzsch, der späteren ZSG Industrie, bei. 1950 wechselte die Gruppe, die jetzt aus etwa 100 Sportlern bestand, zur frisch gegründeten BSG Chemie Leipzig. Im selben Jahr begann Backofen mit dem Aufbau einer Blinden- und Sehgeschädigtensportgruppe. 1951 verfügte die Versehrtensportgruppe über 119 Mitglieder, von denen etliche auch an Wettkämpfen teilnahmen. 1952 zählte die Gruppe 150 Mitglieder. Spätestens jetzt war die Gruppe fest in das Leipziger Sportgeschehen eingebunden. Bald interessierten sich auch die Mediziner der Deutschen Hochschule für Körperkultur und Sport für sie und luden sie ein, ihre Schwimmtechnik zu demonstrieren.[25]

In anderen Städten verzögerte sich jedoch die Gründung von Sportgruppen mit Körpergeschädigten zum Teil erheblich. Lediglich für Ost-Berlin sind schon 1946 erste Versehrtensportgruppen nachgewiesen, deren frühe Gründung sicherlich mit den großstädtischen Möglichkeiten und dem frühen Beginn des Versehrtensports in den anderen drei West-Berliner Zonen ab 1945/46 zu tun hatte. Am 7.3.1946 initiierte die Versicherungsanstalt im Stadtbad Berlin-Lichtenberg erste Schwimm- und Gymnastikstunden mit Kriegsversehrten, die vom Gehschullehrer der Anstalt, Walter Drescher, geleitet wurden. Die Gruppe wuchs schnell auf 60–80 Teilnehmer. Kurze Zeit später wurde auch der Rudersport in das Programm aufgenommen; die Boote lieh man sich von der BSG Berlin Medizin Mitte, die ein Bootshaus besaß und der man sich schließlich auch organisatorisch anschloss. Die Schwimmer wechselten dagegen 1954 zur BSG Motor Treptow. Später gliederte man noch die Sehgeschädigten und Gehörlosen ein. Als Sportarzt fungierte Prof. Dr. Wolfgang Presber, der von 1970 bis 1986 Präsident des DVfV war.[26]

Dass sich dann angeblich ab 1948 „vielerorts Versehrtensportgruppen für Blinde, Gehörlose und Körperbehinderte gebildet“ hätten, lässt sich zwar für die Gehörlosensportler, aber wohl kaum für blinde und körperbehinderte Sportler belegen.[27] Im Gegenteil: Im Zeitraum bis 1953 sind Sportgruppen körperbehinderter Menschen nur sehr vereinzelt nachzuweisen. Nach Leipzig (1945) und Berlin (1948) wurde eine Gründung zunächst nur in Dresden unter Hermann Dörwald angekurbelt, der bereits im Lazarett in Döbeln mit 150 Versehrten Sport betrieben hatte und dies auch in Dresden wieder tun wollte. Als eine offizielle Gründung durch sowjetische Verwaltung verboten wurde, warb Dörwald, der als Unterschenkelamputierter unter anderem auch als „versehrter Torhüter“ in einer Dresdener Fußballmannschaft spielte, beim Orthopäden gleichgesinnte Sportinteressierte für eine inoffizielle Sportgruppe. Mindestens seit 1952 existierte dann eine Schwimmgruppe in der BSG Einheit Dresden Nord unter Max Meier und Hans Eichner, die im selben Jahr am 2. Bayerischen Landesversehrtensportfest in Bad Tölz teilnahmen.[28]

Bis zur Gründung der Sektion Versehrtensport im StaKo im Juli 1953 ist lediglich von den Körperbehindertensportgruppen in Berlin, Leipzig und Dresden die Rede, die gelegentlich Wettkämpfe untereinander austrugen. In Ermangelung an Gegnern im Versehrtensport startete man auch manchmal bei Wettkämpfen nichtbehinderter Sportler; so nahmen 1951 40 Leipziger Versehrtensportler an einem breitensportlichen Wettkampf der Schwimmer teil.[29] Bis 1953 waren Sportgruppen von Körperbehinderten rar. Die Versehrtensportgruppe der Körperbehinderten in der BSG Aufbau Börde Magdeburg wurde erst am 1.10.1953 ins Leben gerufen, wie das Gros der frühen Körperbehindertensportgruppen der DDR ohnehin erst (lange) nach der Sektionsgründung 1953 gegründet wurde.[30] Vereinzelt kam es vor 1953 – wie im Versehrtensport im Westen – ebenfalls zu einer isolierten Teilnahme einzelner körperbehinderter Sportler am normalen Sportbetrieb der lokalen BSG, ohne dass es dabei zu der Gründung einer Sportgruppe körperbehinderter Menschen gekommen war. Hermann Dörwald spielte in Dresden zunächst mit unversehrten Sportlern Fußball. Heinz Linnecke, der beinamputierte spätere Präsident des DVfV, trainierte ab 1945 ebenfalls zunächst mit unversehrten Sportlern und dann in der 1950 gegründeten BSG Einheit Magdeburg. Und in der BSG Medizin Erfurt trieben zwei Versehrte einige Jahre Sport bei nichtbehinderten Sportlern, bevor 1958 eine eigene Gruppe für Körperbehinderte gegründet wurde.[31] Dies hatte möglicherweise auch mit der Sportsozialisation dieser Kriegsversehrten zu tun, die bereits vor 1945 Sport betrieben hatten und dies nach ihrer Verwundung auch weiter praktizieren wollten. So wäre auch der spätere Kreisschatzmeister und Vizepräsident des DVfV, der beinamputierte Wolfgang Poppe ohne seine sportlichen Vorerfahrungen als Reichsbahnsportler vor 1945 nach seiner Verwundung nicht zum Sport gekommen.[32]

Während die Gehörlosensportler der SBZ/DDR sich aufgrund ihrer organisatorischen Vorgeschichte auch ohne die 1953 erfolgte Bildung der Sektion Versehrtensport eine sichere Stellung im DDR-Sport verschafft hätten, wäre der schwach organisierte Blinden- und Körperbehindertensport ohne ein entsprechendes DDR-weites institutionelles Umfeld nur eine marginale Randerscheinungen in der Sportlandschaft der DDR geblieben. Dies änderte sich – wenn zunächst auch nur zögernd – mit der Bildung einer eigenen Sektion Versehrtensport im Deutschen Sportausschuss.

3. Von der Sektion Versehrtensport zum DVfV (1953–1959)

Die Gründung des Staatlichen Komitees für Körperkultur und Sport (StaKo) am 26.6.1952 bedeutete die organisatorische Verlagerung des Sports auf den Staat, der jetzt alle wesentlichen Aufgaben des DDR-Sports übernahm. Für die Zeit bis 1957, als der Deutsche Turn- und Sportbund (DTSB) gegründet wurde, war das StaKo die maßgebliche Instanz und Ansprechpartner für den DDR-Sport und damit auch für die Sportarten, Sektionen und Sportverbände. Zwar konnte der Staatssport in dieser Phase das Organisations- und Kompetenzwirrwarr im Sport nicht beseitigen, sondern verstärkte es eher noch, aber die Sektionen hatten einen übergeordneten Ansprechpartner für ihre Belange und erhielten in der Regel hier eine Art staatliche Rückendeckung.[33]

Der Gehörlosensport, der 1952 über mehr als 30 Sportgruppen verfügte, war bereits 1949 als 19. Sparte in den DSA und am 21.11.1952 in das StaKo als eigenes Referat bzw. Sektion aufgenommen worden und besaß dadurch eine Verbandslegitimation, die ihn befähigte, auch auf internationaler Ebene Wettkampfsport zu betreiben.1951 wurden schließlich die deutschen Gehörlosensportler vom Internationalen Gehörlosen Sportkomitee (CISS) wieder zu den Wettkämpfen zugelassen. 1952 bildete man in der DDR Kernmannschaften in Schwimmen, Leichathletik und Fußball, um sich auf die 1953 stattfindenden Gehörlosenweltspiele vorzubereiten.[34]

Die körperbehinderten und blinden Sportler hingegen besaßen bis dahin lediglich in Dresden, Leipzig, Berlin, Chemnitz, Halle und Magdeburg entsprechende Sportgruppen, oder trainierten dort als Einzelpersonen bei Sportgruppen nichtbehinderter Menschen mit; aufgrund ihres geringen Organisationsgrads und ihrer kleinen Mitgliederzahl bildeten sie auch keine eigene Sparte im DSA bzw. im StaKo. Der Wunsch nach einer solchen Anerkennung aber war durchaus vorhanden. Als am 21. und 22. März 1953 Wettkämpfe in Leipzig im Schwimmen und Wasserball stattfanden, an denen körperbehinderte und blindc Sportler aus Berlin, Dresden, Halle, Karl-Marx-Stadt und Leipzig teilnahmen, benutzten einige Verantwortliche die Gelegenheit, um gemeinsam über eine mögliche Anerkennung des Versehrtensports als eigene Sektion durch das StaKo nachzudenken.[35] Indirekte Impulse zu dieser Initiative lieferte auch die bereits 1951 erfolgte Gründung der Arbeitsgemeinschaft Deutscher Versehrtensport (ADV) in der Bundesrepublik. Denn an den von den westdeutschen Landesverbänden und dem Bundesverband organisierten Versehrtensportfesten nahmen auch Sportler aus der DDR teil. Sie konnten dort, wie der Dresdener Versehrtensportler Hermann Dörwald, die Vorteile einer Verbandsbildung für den Aufbau und die systematische Entwicklung im Versehrtensport genau verfolgen.[36]

Unter der Leitung der Leipziger Alfred Backofen und Josef Schopp beriet sich am 22.3.1953 ein Gremium aus verschiedenen Versehrtensportlern in Leipzig und arbeitete im Weiteren Richtlinien für die mögliche Entwicklung im Versehrtensport aus.[37] Die Vorschläge flossen in eine Denkschrift[38] zur Bildung einer Sektion Versehrtensport ein, die dem StaKo übersandt wurde; Abschriften gingen an den damaligen Generalsekretär des ZK der SED, Walter Ulbricht, und an die Zeitschriften „Sport-Echo“, „Sportorganisator“ und „Schwimmsport“,[39] das Verbandsorgan des Deutschen Schwimmsport-Verbandes der DDR. Am 1. Mai folgte ein weiteres Schreiben an Ulbricht. Das StaKo beschloss dann schließlich die Bildung einer Sektion Versehrtensport und eines Referates Versehrtensport im StaKo bzw. im Hauptreferat „Allgemeine Körpererziehung“.[40] Am 20. Juni trafen sich die im Referat tätigen Personen mit Verantwortlichen der Sportgruppen der Hör-, Seh- und Körpergeschädigten in Leipzig, um über die Organisation, die Wahl des Präsidiums und dessen künftige Aufgaben zu beraten. Dabei wurde – ähnlich wie in der Leistungssportdiskussion in der frühen ADV im Westen – auch „um die Frage gestritten, ob künftig nur allgemeine Sportfeste oder Meisterschaften durchgeführt werden sollen und darüber, welche Bedeutung dem Wettkampfsport (…) überhaupt zukommt“. Besonders die international eingebundenen Gehörlosensportler plädierten nachdrücklich für Meisterschaften und Wettkampfsport, wie er in den anderen Sportsektionen der DDR eben auch betrieben wurde. Damit ging es auch im Versehrtensport der DDR um die Frage des Leistungssports und seiner Förderung.[41]

Am 11. Juli 1953 wurde dann das Präsidium Versehrtensport der DDR gebildet, zum Präsidenten wurde der Leipziger Josef Schopp gewählt. Als Vizepräsidenten wurden Heinz Walter aus Dresden (Gehörlosensport) und Walter Henze aus Altlandsberg (Blindensport) gewählt. Je ein Vertreter der Sportfachkommissionen der Sektion wurde den jeweiligen Fachsektionen der nichtbehinderten Sportler zugeteilt; so war etwa Alfred Backofen noch Mitglied in der Sektion Schwimmen und Hermann Dörwald in der Sektion Leichtathletik. Dabei war ursprünglich im Schwimmsport-Verband geplant gewesen, eine eigene Kommission Versehrtensport zu schaffen, was sich dann aber wohl zerschlug. Was dabei die Untergliederung des Sports der Gehörlosen in die Gesamtsektion Versehrtensport nicht nur organisatorisch, sondern auch mental für die Gehörlosen bedeutet hat, muss offen bleiben; bestimmt waren nicht alle damit einverstanden gewesen, denn schließlich waren sie ja vorher als Sparte ab 1949 bzw. ab 1952 im StaKo eigenständig und unabhängig gewesen.[42]

Am 18.1.1954 erfolgte die Einteilung der Sektion Versehrtensport in die drei gleichberechtigten Fachsäulen „gehörlos", „körperbehindert" und „blind", um „übersichtlicher und operativer arbeiten zu können". Ab jetzt wurden alle drei Säulenvorsitzenden auch gleichberechtigt als „Präsident" bezeichnet. Die drei Sektionspräsidenten blieben die nächsten Jahre im Amt. 1956 musste jedoch das Amt des Präsidenten für Gehörlosensport mit Heinz Meurer neu besetzt werden, da Heinz Walter, sein Vorgänger, sich „in den Westen abgesetzt" hatte. Im selben Jahr wurde auch die Neubildung des Präsidiums beschlossen. Der Gehörlosensportler Günter Wöller wurde Präsident und blieb es bis 1959. Neben Heinz Meurer (Vizepräsident Gehörlose) und Walter Henze (Vizepräsident Blinde) wurde nun Christian Geick aus Magdeburg Vizepräsident für die Körperbehindertensportler. Der Gehörlosensportler Waldemar Dude, der 1914 den Gehörlosensportverein in Leipzig mitbegründet hatte und 1959 starb, wurde Schatzmeister. Josef Schopp hingegen verließ das Präsidium.[43]

Mit der offiziellen Aufnahme der Sektion Versehrtensport im StaKo 1953 änderte sich der Status des Versehrtensports; formal war er jetzt als Sportfachorganisation staatlich anerkannt und den anderen Sektionen damit gleichgestellt. Er konnte nun planmäßig und systematisch aufgebaut und in das Sportsystem der DDR eingefügt werden. Dadurch entwickelte sich der Versehrtensport allmählich auch zahlenmäßig weiter, wenn auch nur zögerlich. Eine Statistik vom April 1957 weist für den 1. Januar 1956 134 Versehrtensportgruppen und für den 1. September desselben Jahres schon 281 Versehrtensportgruppen in 15 DDR-weiten Sportvereinigungen wie „Einheit" (Verwaltung) oder „Motor" (Fahrzeugbau) aus. In ihnen wurden 17 Sportarten betrieben. Eine absolute Anzahl der Sportler wird jedoch nicht genannt, sie war aber wohl sehr klein. Da 1959 lediglich 1.500 Sportler in den BSG Versehrtensport betrieben, dürften die Zahlen für 1956 eher noch geringer gewesen sein. Zum Vergleich: In der nach Einwohnern etwa dreimal so großen Bundesrepublik waren 1956 rund 25.000 und 1961 etwa 30.000 Versehrtensportler in Vereinen sportlich aktiv, wobei hier noch die Gehörlosensportler des DGV hinzu zu zählen wären. Im Verhältnis gab es also in der Bundesrepublik wesentlich mehr aktive Versehrtensportler als in der DDR.

Darüber hinaus sind die Zahlen der DDR-Versehrtensportgruppen von 134 bzw. 281 missverständlich, da der Begriff Versehrtensportgruppe aufgrund der unterschiedlichen Organisation etwas anderes meinte als in der BRD. Während sich in Westdeutschland der Begriff auf einen Verein bzw. auf eine Abteilung als Ganzes bezieht, in dem bzw. in der unterschiedliche Sportarten betrieben werden, wurde in der DDR jede Sportartengruppe einer Versehrtensportgruppe einzeln gezählt. Eine Versehrtensportsektion in einer lokalen BSG einer republikweiten Sportvereinigung (wie etwa „Einheit“) konnte aus mehreren sportartenspezifischen (Schwimmen, Leichathletik) und versehrtenspezifischen Untergruppen (körperbehindert, gehörlos, blind) bestehen, die alle einzeln gezählt wurden, wobei Mehrfachteilnahmen eines Sportlers an verschiedenen Sportartengruppen wiederum auch separat gezählt wurden. Zum 1. Januar 1956 ergab sich etwa für die zahlenmäßig sehr starke SV Einheit eine Gesamtzahl von 53 DDR-Versehrtensportgruppen, wobei jedoch die tatsächliche Anzahl der Versehrtensportsektionen der lokalen BSG gar nicht gezählt wurden, sondern die Unterabteilungen der Sektionen nach Sport- und Behinderungsarten. So listet die Statistik für den 1. September 1956 zwar 72 Blindensport-, 103 Gehörlosensport- und 106 Körperbehindertensportgruppen auf, die in 15 DDR-Sportvereinigungen organisiert waren und insgesamt 17 verschiedene Sportarten betrieben. Aber dabei konnte zum Beispiel ein Blinder in einer lokalen BSG gleichzeitig einer (Blinden)Kegelgruppe, einer Schachgruppe, einer Rollballgruppe und einer Schwimmgruppe angehören, die wieder alle einzeln gezählt wurden. Die tatsächliche (und damit kleinere) Zahl der lokalen Blindensportgruppen wie auch der Versehrtensportsektionen der lokalen BSGen indes wurden ebenso wenig aufgelistet wie eine Gesamtzahl der Versehrtensportler, die aufgrund der Mehrfachnennungen durch die Sportgruppenzählung in der frühen Zeit bis 1959 auch gar nicht zu ermitteln war. Dabei standen große Versehrtensportsektionen wie in Leipzig, die schnell mehrere Hundert Mitglieder hatte, Sektionen gegenüber, die nur über eine kleine zweistellige Mitgliederzahl verfügten, was sich unmittelbar auch auf die zum Teil geringen Wettkampfmöglichkeiten der Sektion auswirkte.[44]

Dennoch hätte es ohne die Installierung einer Sektion Versehrtensport im StaKo kaum einen solchen Gruppen- und Mitgliederzuwachs gegeben, wie er sich seit 1953 im Versehrtensport entwickeln sollte. Denn die Aufnahme als Sektion bedeutete nicht nur formal die öffentliche Anerkennung dieses Sportes im DDR-Sportsystem. Das StaKo sicherte außerdem der Sektion zu, die anderen Sportsektionen zu veranlassen, die Versehrtensportgruppen als gleichwertigen Partner zu behandeln, zu fördern und anzuerkennen. Dies war schon deshalb nötig, weil die Fachkommissionen im Versehrtensport, wie etwa Schach, Schwimmen, Kegeln oder Leichtathletik, ihre spezifischen Wettkampfbestimmungen ohne die Kommissionen ihre „Muttersportarten“ kaum ausarbeiten konnten. So hatte das Präsidium der Sektion Schwimmen auch relativ zügig eine spezielle Versehrtenfachkommission Schwimmen anerkannt;[45] andere Sektionen folgten, wenn auch nur sehr zögerlich, diesem Beispiel. Dazu ergab sich mit der Einbindung der Versehrtensportgruppen in die verschiedenen Sportvereinigungen der DDR die Möglichkeit, auch hier entsprechende Fachkommissionen des Versehrtensports zu bilden und dadurch institutionell eine „Strukturverstärkung“ zu erreichen. So ergaben 1956 Verhandlungen mit der Zentralen Leitung der SV Chemie, dass hier eine „entsprechende Fachkommission Versehrtensport“ gebildet wurde. Mit der Herausgabe einer eigenen Zeitschrift „Sport der Versehrten“, die im Januar 1956 zum ersten Mal erschien, war ein weiterer Schritt auf dem Weg zu einer institutionellen und formalen Gleichheit des Versehrtensports mit anderen Sportsektionen getan.[46]

Die Etablierung der Sektion Versehrtensport zog die Ausarbeitung von Wettkampfregeln nach sich und förderte dadurch den Breiten- und den Wettkampfsport. Sehr schnell kam es zu Städtevergleichen, Sportfesten und Turnieren. Dabei ermittelte der Gehörlosensport ohnehin schon seit 1948 seine diversen Meister; 1950 erfolgten zum ersten Mal Wettkämpfe um die DDR-Meisterschaft im Gehörlosenfußball. 1956 wurde die Sektion Gehörlosensport, die 1952 mit ihrem westdeutschen Pendant, dem DGV, als gemeinsame Gehörlosen-Sportunion dem Internationalen Gehörlosen-Sportkomitee (CISS) beigetreten war, als DDR-Institution in das CISS aufgenommen und beteiligte sich von da ab an internationalen Wettkämpfen und an Weltmeisterschaften auf hohem Leistungssportniveau. Dazu wurden Gesamtdeutsche Meisterschaften in diversen Sportarten ausgetragen.[47] Die blinden und körperbehinderten Sportler starteten bald ähnliche Aktivitäten, wenn auch unter weit bescheideneren Voraussetzungen. Als Sektion konnte der DDR-Versehrtensport nun auch eigene Mannschaften bzw. BSG zu bundesoffenen Wettkämpfen in die BRD schicken bzw. Vereine aus der BRD zu Wettkämpfen einladen; so starteten DDR-Sportler nicht nur bei Städtewettkämpfen, sondern auch bei offenen Landessportfesten und bei Bundesportfesten der ADV, wie etwa 1954 in Alfeld in Niedersachsen. Auch die Blindensportler nahmen verstärkt an Wettkämpfen in der BRD teil. Zuvor hatten nur Einzelpersonen bei Sportfesten in Westdeutschland starten können.[48]

Mit der verstärkten Aufnahme von Trainingseinheiten und Wettkämpfen mit „Bestenermittlungen" wurde bald erkannt, dass die bislang bestehende Schadenklasseneinteilung für Wettkämpfe und für die 1957 eingeführten offiziellen DDR-Versehrtensport-Meisterschaften nicht ausreichte, sondern überarbeitet werden musste.[49] Auch der Bedarf an Lehrgängen erhöhte sich. In Zusammenarbeit mit anderen Sportsektionen und den Kreissportärzten wurden ab 1956 in verschiedenen Sportschulen Weiterbildungslehrgänge in unterschiedlichen Sportarten durchgeführt. Zudem nutzten die Sektionsärzte verschiedene Gelegenheiten, Kongresse zum Thema zu besuchen, wie etwa den Internationalen Rehabilitationskongress 1958 in Leipzig.[50] Ein früher Höhepunkt und zugleich eine gewisse Form der offiziellen Anerkennung für die Sektion Versehrtensport stellte die Teilnahme am II. Deutschen Turn- und Sportfest in Leipzig im August 1956 dar, auf dem Wettkämpfe im Schwimmen, der Leichathletik, im Faustball und im Turnen ausgetragen wurden. Zwar hatten sich insgesamt 250 Versehrtensportler gemeldet, der überwiegende Teil der Sportler kam aber vom Gehörlosensport. So hatten an den „leichtathletischen Wettkämpfen nur etwa 40 (körperbehinderte) Versehrte und zwei oder drei Faustballmannschaften teilgenommen: Bei den Turnern waren es gar nur acht Sportfreunde".[51]

Ein weiterer formaler Stabilisierungsfaktor gerade für den Breitensport der Versehrten stellte das 1950 installierte Sportleistungsabzeichen der DDR dar, an dem die Versehrtensportler offenbar ab 1951 partizipieren konnten. Im Februar 1951 erging an die Abteilung Wissenschaftliches Arbeiten des StaKo eine Hausmitteilung der Abteilung Sportleistungsabzeichen zwecks Bildung einer gemeinsamen Kommission, da es „notwendig" geworden sei, „ein Sportleistungsabzeichen für Körperbehinderte zu entwickeln", zu der auch „Sportfreunde mit verschiedenen Behinderungsstufen" hinzugezogen werden sollten.

Ein angehängter Entwurf teilte die Anwärter in drei Stufen ein (Amputierte, Versteifungen, Verkürzungen) und sah grundsätzliche Pflicht- und Wahlübungen in Gymnastik, Klettern, Schwimmen und Gehen vor. Obligatorisch war auch hier ein ideologischer Prüfungsteil, der Fragen nach dem Aufbau und der Rolle der DDR-Sportorganisationen „im Kampf um den Frieden" und für „den Aufbau unserer Volkswirtschaft" vorsah. Im August 1951 waren die Bedingungen für Schwerbeschädigte fertiggestellt, ab Oktober 1951 wurden die Abzeichen an die Länder ausgegeben und im Dezember 1951 noch einmal Details im „Sport-Echo" veröffentlicht. Anfragen von Frauen mit Behinderungen machten es bald notwendig, auch für sie ein Bedingungsheft zu entwerfen.[52]

Im Zuge einer deutlichen Militarisierung des Sportabzeichens „Bereit zur Arbeit und zur Verteidigung der Heimat" stellten 1953 angeblich auch Versehrtensportler „die berechtigte Forderung, die bisher bestehenden Bedingungen des Sportleistungsabzeichens für Versehrte zu erweitern, damit auch ihnen die Möglichkeit gegeben wird, sich Eigenschaften und Fähigkeiten anzueignen, die eine Erhöhung der Verteidigungsbereitschaft beinhalten". Sie sollten sie erhalten: Mit Orientierungsgepäckmarsch, Motor- und Segelflugsport, Hindernislauf, Keulenweit- und -zielwurf und Schieß-Disziplinen, die auch das Reichsversehrtensportabzeichen des „Dritten Reiches" vorgesehen hatte – konnten jetzt auch Männer und Frauen mit Behinderung (gehörlos, blind, körperbehindert) ihre Bereitschaft zur Verteidigung der Heimat demonstrieren. Zwar konnte der paramilitärische Geländelauf mit Kriechstrecke, Grabensprung und Balancierstrecke vor allem bei den Gehörlosen mit Gleichgewichtsstörungen zu Problemen führen, aber „solche Sportfreunde sollten sich keineswegs dadurch vom Erwerb des Sportabzeichens abschrecken lassen", was aber offenbar doch der Fall war. Denn zumindest in den 1950er-Jahren war der Erwerb des Sportabzeichens nicht sehr populär. 1952 klagte die Sportabzeichenstelle über 5.000 überzählige Abzeichen für Versehrtensportler, die angesichts der kleinen Zahl an möglichen Absolventen ohnehin aus höchst übertriebenem Optimismus angefertigt worden waren. 1956 sah man sich aus Mangel an Absolventen gezwungen, über eine Ausweitung des Leistungszeitraums von 12 auf 24 Monate einen „erhöhten Anreiz zum Erwerb des Sportabzeichens" zu bieten. Ohnehin änderten sich die Bedingungen – wie im Westen – im Laufe der Zeit immer wieder; später wurde der paramilitärische Teil aus dem Programm auch wieder gestrichen.[53]

In der zweiten Hälfte der 1950er-Jahre hatte sich der Versehrtensport im DSA bzw. im StaKo formal organisiert. Sie war mit ihren BSG-Sektionssportgruppen in Sportvereinigungen und Sportfachsektionen eingebunden, und ihre Mitglieder nahmen an Breitensportwettkämpfen, Bestenermittlungen und Meisterschaften teil. Mit dem internationalen Leistungssport der Gehörlosen und dem deutsch-deutschen Sportverkehr der blinden und körperbehinderten Sportler partizipierte die Sektion auch am internationalen Sport, wenn auch ihre Mitgliederzahlen, die unter 1.500 lagen, die Sektion keineswegs befriedigen konnte.

Von Anfang an gab es aus verschiedenen Gründen Schwierigkeiten mit der Gründung und Etablierung von Versehrtensportgruppen. Während der frühen Besatzungszeit war es die sowjetische Administration, die die Gründung von Versehrtensportgruppen verbot bzw. behinderte, da, wie oben schon erwähnt, ehemalige Soldaten unter den Generalverdacht des „Hitlerfaschismus“ und des „Revanchismus“ gestellt wurden und jede entsprechende Gruppenbildung – und damit auch Versehrtensportgruppen – mit einigem Misstrauen betrachtet wurde.[54] Um sich von diesem Negativimage zu befreien, drehten die Versehrtensportler später diese Sichtweise und stellten sich als „Opfer des Faschismus“ hin, die unter dem Naziregime körperliche Schäden erlitten hätten. Abgesehen davon, dass es unter den Versehrtensportlern zumindest im Westen tatsächlich etliche nationalsozialistisch Belastete und NS-Regimeanhänger gegeben hatte, traf diese Sichtweise zum Teil aber auch zu. Zumindest für die Versehrtensportler der BSG Lok Leipzig war „es ein schwerer Anfang“ und ein großes Problem, sie „zur sportlichen Beteiligung zu bewegen“, da ihnen „noch die Schrecken des vergangenen Krieges deutlich vor Augen standen“.[55]

Die Schließung der Versorgungsämter und die sehr frühe Abschaffung der Gehschulen in der SBZ bzw. in der DDR verhinderten darüber hinaus eine breite Hinführung vor allem derjenigen Kriegsversehrten zu Rehabilitation und Sport, die vor ihrer Verwundung keine sportlichen Erfahrungen hatten; im Westen war dies anders gewesen. So gab es 1957 (ungehört gebliebene) Forderungen aus dem Kreis der Versehrtensportler an den FDGB, die Gehschulen doch wieder einzuführen. Dazu kursierte – und zwar genau wie im Westen – bei DDR-Kriegsversehrten ebenfalls die bange, jedoch unberechtigte Sorge, dass Sport und Rehabilitation zu einer Rentenkürzung führen würden. Derartige Vorurteile und Hemmnisse hielten sich lange und waren ebenso für die anfangs sehr niedrige Zahl der Versehrtensportler verantwortlich. Auch daher findet sich bis in die 1950er-Jahre hinein immer wieder die Klage, dass „der Stand des Versehrtensports (...) noch nicht der gesellschaftlichen Entwicklung in unserer Republik" entspräche.[56]

Als ab den späten 1940er- und frühen 1950er-Jahren allmählich die Bildung von Versehrtensportgruppen körperbehinderter und blinder Menschen in Gang kam, gab es immer wieder Probleme mit den BSG, den anderen Sektionen und den Kreissportausschüssen, die sich dem Versehrtensport gegenüber ablehnend verhielten. So war schon 1950 die Aufbauarbeit von Alfred Backofen im Leipziger Kreissportausschuss „oft begleitet von einem harten Ringen um die Belange der versehrten Sporttreibenden"; zudem „war und ist die (Leitung dieser Sektion) nicht einfach und erfordert oft großen Einsatz". Als später Versehrtensportfachsektionen gebildet wurden, die mit ihren „Muttersportsektionen" zusammenarbeiten sollten, folgten offenbar nicht alle Sportsektionen dem Aufruf einer solidarischen Zusammenarbeit. Während Sektionen wie Rudern, Leichtathletik, Tischtennis oder Schach „(erst) nach etwas harten Auseinandersetzungen" einwilligten, zögerten andere Sektionen wesentlich länger mit der Zusammenarbeit.[57] Auch das StaKo und die Bezirks- und Kreiskomitees für Sport und Körperkultur waren trotz wiederholter Einladung zumindest an den Wettkämpfen der Versehrtensportler nicht interessiert und glänzten durch Abwesenheit: „Ein derartiges Desinteresse am Sportbetrieb der Versehrten und Mindersinnigen ist nicht nur unbegreiflich, sondern wirkt auch verletzend", beklagte sich 1953 Josef Schopp.[58]

Vehement forderte die Sektion daher immer wieder die Unterstützung des FDGB bzw. des späteren DTSB ein, es möglichst allen „Versehrten", ganz gleich, ob sie in den Sportorganisationen organisiert seien oder nicht, zu ermöglichen, Sport zu treiben. Dabei solle der FDGB rasch das Vorurteil aus der Welt schaffen, dass „keine betriebsfremden Sportfreunde in eine Sportgemeinschaft aufgenommen werden können" und die Bedingung herstellen, dass „alle sofort Sport treiben können, ganz gleich, ob sie im DTSB organisiert sind oder nicht", denn es gehe vor allen darum, „dass sie überhaupt Sport treiben". Daher dürfe es angesichts der allein in Berlin lebenden 78.000 Körperbehinderten auch „nicht an der finanziellen Unterstützung der betriebsfremden Versehrten fehlen, vom FDGB muss in diesem Falle (...) ein Ausgleich" geschaffen werden.[59]

Doch zumindest in den 1950er-Jahren schienen diese Appelle wohl nicht gefruchtet zu haben, denn „eine Gleichstellung mit den gesunden Sportlern (war) selten gegeben“. In der Folgezeit gab es oft Klagen darüber, dass es „in bezug der Zusammenarbeit mit den einzelnen Sportsektionen und -komitees (...) mancherlei Schwierigkeiten (im Versehrtensport) gegeben“ habe. In der Konsequenz vermisste man „auf dem Gebiet des Sports (die) Anerkennung“.[60] So konnte es der Vorsitzende der Sektion Versehrtensport, Josef Schopp, 1956 „nicht begreifen, dass in (den Sportvereinigungen Dynamo, Vorwärts und Wismut noch) keinerlei Versehrtensportgruppen verankert“ waren und noch keine „Sportmöglichkeit (für Versehrtensportler) erschlossen wurde“, obwohl es doch klar sei, dass Versehrtensport auch einen starken „wirtschaftlichen und produktiven Charakter innerhalb unseres Gesellschaftssystem“ besäße und Menschen mit Behinderungen daher keineswegs Sozialschmarotzer seien.[61]

Zu den Abwertungstendenzen und Berührungsängsten der „Sportfreunde“ traten interne Probleme hinzu. So gab es immer wieder Animositäten und Konflikte zwischen den Gehörlosensportlern und den übrigen Sportlern der Sektion Versehrtensport. Sie wurden auf der einen Seite wohl gespeist von der schwierigen Kommunikation zwischen den Gruppen und der Selbstsicht der Gehörlosen, nicht behindert zu sein, sondern nur einer anderen Kultur anzugehören. Auf der anderen Seite wurden sie noch durch den Umstand der Zwangseingliederung der Gehörlosen in die Sektion Versehrtensport verstärkt, die die Tradition des Gehörlosensports seit dem 19. Jahrhundert und die eigenständige erfolgreiche Sektionsbildung der Gehörlosensportler 1949 völlig missachtet hatte. Zudem waren die Gehörlosensportler die einzige Gruppe der Sektion, die von Anfang an auf hohem Niveau sehr erfolgreich Leistungssport betrieben und auch auf Wettkämpfen hörender Sportler starten konnte, so dass sie auch hier andere Interessen verfolgten und ein anderes sportlichen Niveau innehatten als die übrigen Sektionsmitglieder.

Möglicherweise waren dies auch die Gründe, weshalb sich 1956 Heinz Walter, der Vorsitzende der Gehörlosensportsäule in der Sektion Versehrtensport, „in die Bundesrepublik abgesetzt hat“. Er war nicht der einzige Sportler, der sich den Konflikten innerhalb der Sektion durch Flucht entzog: „Wie kann es sonst vorkommen, dass im vergangenen Jahr eine Anzahl unserer besten Aktiven, insbesondere im Gehörlosensport, den Boden der DDR verlassen hat, um dann in Westdeutschland als Leistungssportler völlig unterzutauchen?“, fragte die Redaktion der Verbandszeitung im ersten Heft des Jahres 1956 und wies dabei auf die ihrer Meinung nach erheblichen Mängel in der „gesellschaftspolitischen Erziehungsarbeit" der Sektion hin, die offenbar reihenweise Sportler zum „Untertauchen" genötigt hatten. Es waren wohl eher anders gelagerte Interessen und Bedürfnisse sowie ihre kulturelle Missachtung bzw. Zwangsintegration in die Sektion Versehrtensport, die die Gehörlosensportler mit zum Wechsel des politischen Systems veranlasst hatten.[62]

Angesichts der personellen und qualitativen Begrenzungen war es daher kein Wunder, dass zumindest in Berlin „in der Leistungssportgruppe der Wurm steckt". Gute Schwimmer blieben dem Übungsbetrieb oft fern, und die Sportler kamen „nicht zum Wettkampf". Daher lohne es sich kaum, „einen Trainer zu halten", was dazu führte, dass die Turniere von Berlinern nicht besetzt werden konnten. Darüber hinaus fehlte es noch 1959 massiv an geeigneten und genügenden „Sportstätten und Bäder, die einen wirksamen Versehrtensport gewährleisten" konnten.[63]

Hinzu kam noch der distanzierte Umgang des Präsidiums der Sektion mit dem „Nachwuchs" und den potentiell interessierten Anfängern außerhalb des Versehrtensports. 1957 hieß es kritisch aus den Reihen der Sportler, das Präsidium verwehre mit seinen Beschlüssen den Sportgruppen, „sich um den natürlichen Nachwuchs aus den Reihen der versehrten Kinder zu bemühen"; denn laut Satzung durften Kinder bis 14 Jahren nur nach einer sportärztlichen Untersuchung, die das Kind als „Versehrten kennzeichnet", auch Versehrtensport betreiben. Darüber hinaus verweigere das Präsidium allen Personen ohne Schwerbeschädigtenausweis – ohne entsprechenden Ausweis konnten Erwachsene keiner Versehrtensportgruppe beitreten – die Teilnahme am Versehrtensport, wie etwa denjenigen Menschen, „die in geschlossenen Anstalten wohnen". So „verwehren wir den unbescheinigten Versehrten gleich welchen Alters den Zutritt" zum Sport und „sorgen" dafür, dass „diese Menschen vom Sport befreit bleiben". Daher müssten Patienten, denen eine Versehrtensportgruppe ärztlich empfohlen wurde, abgewiesen werden, wenn sie über keinen Ausweis verfügten. Wenn sich auch der spätere DVfV-Präsident, der Mediziner Professor Wolfgang Presber, schon 1958 darum bemühte, vom Schulsport befreite Kinder mit Behinderung zum Versehrtensport zu bewegen, so scheiterte dies nicht nur am Zeitgeist oder an den Beschlüssen, sondern ganz konkret auch an der geringen Zahl geeigneter Sportlehrer und Krankenschwestern sowie an Sonderlehrgängen. Allgemein wurde besonders beklagt, dass gerade die Jugendförderung im DDR-Versehrtensport eine absolute Seltenheit sei; aber auch hierin unterschied sich die DDR kaum von den Verhältnissen in der BRD.[64]

Es waren derartige Probleme und Schwierigkeiten, die mit dazu führten, dass in der zweiten Hälfte der 1950er-Jahre über eine stärkere Einbindung der Sektion in den DDR-Sport und damit eine längerfristige Stabilisierung nachgedacht wurde. Diese Impulse verstärkten sich, als 1957 der DTSB gegründet wurde.

4. Der DVfV bis zum DTSB-Förderbeschluss (1959–1975)

Am 27./28.4.1957 wurde der Deutsche Turn- und Sportbund (DTSB) als einheitliche „sozialistische Massenorganisation“ gegründet. Er war nicht mehr der FDJ und dem FDGB unterstellt, sondern eine der SED bzw. dem StaKo verpflichtete zentrale Sportorganisation. Er gliederte sich – nach dem Stand von 1959 – in 220 Kreis- und 15 Bezirksuntergruppen sowie etwa 30 Sportfachverbände, wobei auch die Sportvereinigungen Vorwärts, Dynamo, Lokomotive und Wismut den Status von Bezirksorganisationen besaßen. Der DTSB sollte nun als einheitliche Massenorganisation das Kompetenzwirrwarr der vielen Sportgliederungen beenden und die Entwicklung eines breiten Volkssports fördern, eine klare ideologische Orientierung schaffen und leistungssportliche Erfolge erzielen. Nach einem organisatorischen Vorlauf gründeten sich 1958 aus den Sportsektionen dann die Sportfachverbände. Mit ihrem Beitritt zum DTSB war dessen Aufbau damit im Grunde abgeschlossen; lediglich der Segler-Bund bildete sich erst 1959.[65]

Im Zuge dieser Maßnahmen gab es auch in der Sektion Versehrtensport zunehmend das Bestreben, über einen eigenen Fachverband Anschluss an den DTSB zu finden. Es gab schon Vorarbeiten und Empfehlungen. Bereits im Mai 1957 empfahl die Medizinisch-wissenschaftliche Gesellschaft, die sich mit sportärztlichen und sportpädagogischen Problemen befasste, auf einer Tagung in Wernigerode der Fachsektion Versehrtensport, „aufgrund (ihrer) großen Bedeutung für die Erhaltung des gegebenen Zustandes, die Steigerung des Lebenswillens und die Eingliederung der Versehrten in den Arbeitsprozess“ im „Rahmen des DTSB einen eigenen Fachverband für den Versehrtensport ins Leben zu rufen“. Gleichzeitig hatte sich das Präsidium der Sektion Versehrten ebenfalls mit der Sportverbandsgründung befasst und auf einer Sitzung die Aufgaben eines Versehrtensportverbandes im Rahmen des Staatsauftrages des neuen DTSB skizziert: Unterstützung der Massensportbewegung durch eine breite Mobilisierung der Versehrten zum Sport, unmittelbare Aktivierung auch derjenigen Sportlerinnen und Sportler, die (noch) nicht im DTSB organisiert sind, verstärkte „Kulturarbeit“ über den Spiel- und Sportbetrieb hinaus sowie eine rapide Erhöhung der Zahl der sportlichen Veranstaltungen, um „weitere Schritte zur Entwicklung des Massensports innerhalb unserer Sektion (zu) gehen“; gerade die letzte Aufgabe dürfte angesichts der mehr als mageren Mitgliedszahlen der Sektion utopisch gewesen sein.

Bereits ein Jahr vor der Gründung eines Versehrtensportverbandes hatte die Sektion regional Vorgründungen vorgenommen: Im Frühsommer 1958 wurde „zur Verbesserung der sportlichen Zusammenarbeit" der drei Leipziger BSG-Sektionen Versehrtensport ein DTSB-Kreisfachausschuss (KFA) für Versehrtensport gebildet, der über gemeinsam organisierte Sportfeste „noch abseitsstehende Versehrte für eine aktive Sportbeteiligung zu gewinnen" versuchte. Der KFA nahm auch schon Aufgaben auf Bezirksebene wahr und hatte damit begonnen, die verschiedenen Sektionen Versehrtensport im Bezirk zu sammeln und zu koordinieren. Bereits 1958 waren damit wichtige Schritte zur Gründung eines eigenen Fachverbandes getan.[66]

Am 12. Februar 1959 bestellte das Büro des DTSB die Funktionäre der Sektion Versehrtensport zu „einer Aussprache über das Thema Bildung eines Versehrtensportverbandes". Der DTSB-Sekretär Theo Quirmbach, der von 1959 bis 1966 vom DTSB zum Generalsekretär des DVfV eingesetzt werden sollte, skizzierte dabei die Ausrichtung des künftigen Verbandes. Quirmbach ging es vor allem darum, die vorhandenen unterschiedlichen Ansätze und Meinungen „einer allseitig befriedigenden Lösung zuzuführen" und die „verschiedenartige Mentalität" der unterschiedlichen Sportler bzw. Sportgruppen mit Behinderungen durch eine „einheitliche Anwendung und Unterstützung" auf strikte Linie zu bringen. Die Existenzberechtigung eines künftigen Versehrtensportverbandes liege dabei, so der DTSB, in erster Linie in seiner Funktion als Massensportverband, wobei „die noch abseits stehenden versehrten Bürger und Jugendlichen für den Sport" zu gewinnen seien, daneben aber auch „die sportlichen Leistungen und Höchstleistungen (der Versehrten) Förderung erfahren" müssten. So legte der DTSB dann „einen Entwurf der Struktur des zukünftigen Verbandes vor", in dem die von ihm vorgegebenen Aufgaben enthalten waren. Mit anderen Worten: Nicht die Sektion Versehrtensport bestimmte ihre Satzung, ihre Struktur und ihre Aufgaben selbst, sondern der DTSB gab den Kurs für den künftigen Verband vor.

Diese vorsichtigen, ja unpräzisen Formulierungen von Quirmbach lassen Konflikte innerhalb der Sektion Versehrtensport und im (hierarchischen) Verhältnis der Sektion zum DTSB deutlich erkennen. Die in der Sektion kursierenden Gruppen- und Meinungsunterschiede, die oben angesprochen wurden, nivellierte der DTSB mit dem Hinweis, dass es in der „Deutschen Demokratischen Republik (…) bekanntlich keine Unterschiede zwischen den schwerbeschädigten Bürgern (gebe), wie sie in der Westzone existieren, wo eine Trennung zwischen dem Kriegs- und Zivilgeschädigten vorgenommen wird“. Damit suggerierte der DTSB, dass der zukünftige Sportverband im Gegensatz zur ADV im Westen eine homogene Struktur aufweise und von keinerlei gegensätzlichen Interessenslagen bestimmt werde. Die nicht näher ausgeführten Meinungsunterschiede zwischen der Sektion und dem DTSB bügelte der DTSB mit einer „Klarstellung der grundsätzlichen Fragen“ ab, die in eine autoritäre Vorgabe für die künftige Verbandspolitik mündete. So werde es eine „enge Zusammenarbeit mit den allgemeinen Verbänden der Blinden und Gehörlosen“ geben, wobei sich der Verband „in erster Linie mit rein sportlichen Problemen seiner Mitglieder“ zu befassen und vorrangig „die Aufgaben und Ziele der sozialistischen Körperkultur zu verwirklichen“ habe. Um dieses zu gewährleisten, installierte der DTSB seinen Mitarbeiter Theo Quirmbach als neuen DVfV-Sekretär; Quirmbach war weder versehrt noch im Versehrtensport bislang in Erscheinung getreten und kam offenbar von außen. Damit verfügte der DTSB über einen eigenen Mittelsmann im neuen Verband.[67]

Im März 1959 wurde die DTSB-Vorlage, „mit der auch auf dem Gebiet des Versehrtensports die Aufgaben und Ziele des DTSB verwirklicht werden“ sollten, vom Präsidium der Sektion Versehrtensport abgenickt und vom DTSB im April noch einmal bestätigt, so dass der Gründung eines neuen DTSB-Verbandes nichts mehr im Wege stand. Der Schwerpunkt der künftigen Arbeit lag dabei, ähnlich wie im Westen, hauptsächlich auf der „massensportlichen“ Aufgabe des Verbandes, um „die Mehrzahl der Versehrten, soweit sie dazu noch körperlich und altersmäßig in der Lage sind, für eine vielseitige sportliche Betätigung zu gewinnen“. Dieses Ziel sollte über eine straffe Verbandsstruktur, in der alle drei „Versehrtengrade“ (gehörlos, blind, körperbehindert) eine „einheitliche Führung erhalten“ und auch „gleichberechtigt im Präsidium“ vertreten seien. Verwirklicht werden sollte das Ziel über die Gründung von BSG-Versehrtensektionen, über Werbung – in Zusammenarbeit mit den Gehörlosen- und Blindenverbänden ADGV und der ADBV – und über die Popularisierung des Sportabzeichens „Bereit zur Arbeit und zur Verteidigung der Heimat“. Dabei sollte zwar der misstrauisch beäugte Leistungssport nicht gänzlich zurückgefahren werden – im international agierenden Gehörlosensport war dies ohnehin nicht möglich –, aber künftig nur noch separat in „einzelnen Versehrtengraden und Sportarten möglich" sein. Denn der Leistungssport der Versehrten –ganz richtig als interne Elitenbildung aufgefasst – wurde fälschlich mit dafür verantwortlich gemacht, dass „noch nicht einmal ein Prozent (der Menschen mit Behinderungen) in der bisherigen Sektion Versehrtensport organisiert" gewesen sei.[68]

Ein Blick über den DDR-Zaun hinüber zur BRD, deren DVS mit den gleichen Problemen zu kämpfen hatte, und eine Analyse der Herkunft der Versehrtensportler aus den eigenen Reihen hätten indes ergeben, dass auch in der DDR überwiegend nur diejenigen Menschen mit (Kriegs)Behinderungen zum Versehrtensport fanden, die schon vor ihrer Verwundung über eine sportliche Vorerfahrung verfügt hatten, und dies waren nur sehr wenige. Zwar war der „Auftrag" des DTSB zum „Versehrten-Massensport" erst einmal logisch, er wurde aber unter falschen Voraussetzungen und unter der völligen Ignoranz der inneren Struktur des Versehrtensports gefasst und konnte deswegen nicht wie „geplant" umgesetzt werden. Im Gegenteil: Eine Ausweitung des Wettkampfsports auf mehr Versehrtensportgruppen hätte – ähnlich wie im Westen – möglicherweise eher dazu geführt, dass sich mehr Menschen für Behindertensport interessiert hätten, zumal es auch zu mehr Gleichberechtigung im Sport geführt und das Selbstwertgefühl vieler Menschen mit Behinderungen gestärkt hätte.

Am 4.7.1959 trat in Halle an der Saale eine aus 89 Mitgliedern bestehende Delegiertenkonferenz der drei Säulen des Versehrtensports zusammen, die einstimmig die Bildung eines Deutschen Verbandes für Versehrtensport (DVfV) beschloss.[69] Im Aufbau unterschied er sich nicht von den anderen Fachverbänden.[70] Dem Präsidium, das vom Verbandstag gewählt wurde, unterstanden die Bezirksausschüsse und die Fachkommissionen für Sportarten und für spezielle Aufgaben wie Massensport, Leistungssport, Wettbewerb, Presse oder Propaganda. An der Basis standen die Abteilungen für Versehrtensport in den BSG, die in einzelne Sportgruppen für je eine Sportart in Verbindung mit einer Behinderungsart gegliedert waren, wie etwa „Sportgruppe Leichtathletik (gehörlos)" oder „Sportgruppe Sitzball (körperbehindert)". Insgesamt zeigte die Gründungsversammlung dabei eine innere Geschlossenheit mit Blick nach vorn. So sprach die offizielle Berichterstattung von der Überwindung von „bisherigen Fehlern und Schwächen, die zu berechtigter Kritik führten". Dazu gehörten offenbar auch interne Differenzen und Grüppchenbildungen sowie das Scheitern einer breiten Mobilisierung aller Menschen mit Behinderungen für den Sport: „Es ist höchste Zeit, von dem bisher noch stark vertretenen ‚Ich' zum ‚Wir' überzugehen". Die Kritik der Sektion, der DTSB habe bislang den Versehrtensport nicht genügend unterstützt, begegnete der anwesende Vizepräsident des DTSB, Paul Becker, mit der Versicherung, man werde „mehr als bisher seine Aufmerksamkeit dem Versehrtensport widmen und ihm alle Hilfe geben".[71]

Um die angesprochenen Schwächen des Verbandes zu beseitigen, wurden Beschlüsse zur planmäßigen Gründung, Betreuung und Etablierung von Versehrtensportsektionen in allen BSG in der DDR und zur Einbindung von Sportgemeinschaften in den Schulen und Umschulungsstätten für Kinder und Jugendliche mit Behinderung gefasst. Die Bezirksausschüsse und das Ärztewesen hatten die sportfachliche und ärztliche Betreuung zu übernehmen. Die Fachkommissionen im Versehrtensport sollten ein einheitliches Wettkampfsystem schaffen und für die jeweilige Sportart einen Jahresperspektivplan erstellen. Die Fachkommission Leistungssport hatte dabei ein Zweistufensystem aufzubauen: Der internationale Leistungssport wurde – neben dem Schach für Blinde – weitgehend auf die Gehörlosen begrenzt, die in fünf Sportarten einen „internationalen Leistungsstandard" erreichen sollten. In den wesentlichen Sportarten für Körperbehinderte und Blinde indes sollte lediglich nur „eine leistungsmäßige Entwicklung der talentiertesten Sportler erreicht" werden.[72]

Die Messlatte für die künftige Arbeit des DVfV wurde damit ausgesprochen hoch gehängt und zeigte schon im Ansatz gewisse Problematiken, wobei die Tatsache, dass der Verband autoritär von oben gebildet wurde, noch eine der geringsten Schwierigkeiten gewesen sein dürfte. Eines der entscheidenden Probleme bestand darin, dass der DTSB die übliche Verbandsstruktur mit dem üblichen Perspektivplan einfach auf den Versehrtensport übertragen hatte. Der DVfV setzte sich im Gegensatz zu den anderen Fachverbänden aber aus heterogenen Gruppen mit sehr unterschiedlichen Bedingungen und Voraussetzungen zusammen, die nur schwer und oft überhaupt nicht miteinander in Einklang zu bringen waren. So hätte es bei näherer Analyse der Mitgliedsstruktur des Verbandes eigentlich klar sein müssen, dass das Ziel „Massensport" aufgrund der besonderen Klientel im Versehrtensport überhaupt nicht planbar war und gar nicht erreicht werden konnte. Zudem bestand die angebliche Gleichberechtigung der drei Versehrtensportgruppen noch nicht einmal auf dem Papier. So war den körperbehinderten und blinden Sportlern der Weg in den internationalen Leistungssport zugunsten des Gehörlosensports von oben verbaut worden, was zu Konflikten führen musste. Und auch die angeblich gleichberechtigte Teilnahme aller drei Säulen im Präsidium, wie sie vor 1959 mit einem Präsidenten und drei gleichberechtigten Vizepräsidenten vorhanden gewesen war, wurde nicht mehr umgesetzt. An der Spitze des Verbandes stand lediglich Willi Linnecke (körperbehindert) als Gesamtpräsident, der von Günter Wöller (gehörlos) und Walter Henze (blind) als Vizepräsidenten flankiert wurde. Auch hier wurde das Postulat der Gleichheit ausgehöhlt.[73]

Auch die personelle Zusammensetzung des Präsidiums entsprach nicht dem Verbandspostulat, man repräsentiere alle Menschen mit Behinderungen in der DDR – also sowohl kriegs- als auch zivilbeschädigte Personen. Zwar sind über die Biographien der frühen DDR-Funktionäre im Versehrtensport weitaus weniger Informationen überliefert als über diejenigen im Westen.[74] Aber einige Aussagen sind dennoch möglich. So bildete das Präsidium weitgehend die Situation im DDR-Versehrtensport ab und repräsentierte nicht die Gesamtzahl der Menschen mit Behinderungen in der DDR; in der Hauptsache bestand der Verband aus sportlich vorerfahrenen Gehörlosen und Kriegsversehrten und nicht aus sportlich unerfahrenen Menschen mit Zivilbehinderungen. So waren eben auch Alfred Backofen, Josef Schopp, Hermann Dörwald, Günter Herrschel, Heinz Linnecke, Helmut Pielasch und Wolfgang Poppe allesamt Kriegsversehrte, die eine sportliche Vorerfahrung vor ihrer Verwundung aufweisen konnten; dies unterschied sie nicht von den DVS-Funktionsträgern in der BRD.

Auffällig ist auch die Anzahl derjenigen Funktionsträger, die ursprünglich aus dem Arbeitersportmilieu vor 1933 stammten. Im Sinne der politischen Legitimation des DDR-Sports wurde deshalb die Arbeitersportherkunft der Funktionsträger im DVfV besonders stark hervorgehoben – und zwar mit etlichen biographischen Details –, dies wurde auch bei der Vorstellung einfacher „verdienter“ Mitglieder der Versehrtensportgruppen so gemacht. So wurde die Herkunft des Blindensportpräsidenten, Walter Henze, der im Gegensatz zu anderen Funktionsträgern unfallverletzt war, aus der Arbeitersportgemeinschaft Fichte (Berlin) betont. Der Präsident des DVfV, Heinz Linnecke, war vor 1933 Mitglied von Rot-Sport Magdeburg gewesen. Und Josef Schopp, ein ehemaliger Arbeitersportschwimmer aus Köln, war ab 1928 als Sportlehrer in der Arbeiter-Turn- und Sportschule Leipzig angestellt gewesen und wurde als Widerstandskämpfer im „Dritten Reich" nachweislich mehrmals verhaftet.[75] Bei Sportfunktionsträgern auf lokaler Ebene wurde ebenfalls bei Bedarf auf frühere Mitgliedschaften im Arbeitersport verwiesen; dies schloss auch die Mitgliedschaft einzelner Gehörlosensportler in Arbeitersportvereinen vor 1933 mit ein.[76] Um die angebliche Kontinuität des DDR-Versehrtensports mit dem Arbeitersport stärker zu betonen, wurde die Herkunft anderer Funktionäre aus dem „bürgerlichen", d. h. „revanchistischen" Sport unterschlagen.[77]

Ein wesentlicher Unterschied zu den DVS-Funktionsträgern bestand auch in der Zahl an nationalsozialistisch belasteten Sportfunktionären im DVfV, die – nach den eingeschränkten Recherchemöglichkeiten zu urteilen – wohl tatsächlich viel kleiner war als im Westen. Zwar gab es zumindest in der Blindenorganisation der DDR ehemalige SS-Leute in höheren Positionen, und auch innerhalb des DVfV trafen sich lokal offenbar auch ehemalige SS-Leute.[78] Zwar wurden „verdiente" Funktionsträger wie der Blindensportorganisator in Halle, Herbert Dyck, der den Rollball erfand, für ihre Verdienste gefeiert, in diesem Fall aber selbstverständlich ohne darauf hinzuweisen, dass Dyck vor 1945 HJ-Sportlehrer in Halle, Führer im Bann B (Blinde) und Leiter der körperlichen Schulung im Bann B (Blinde) der HJ gewesen war.[79] Das Präsidium selbst jedoch schien im Wesentlichen unbelastet gewesen zu sein, sieht man von einem langjährigen Funktionsträger ab, der ab 1943 in der NSDAP und von 1940 bis 1945 in der HJ bzw. auch HJ-Führer gewesen war.

Das „schwarze Schaf" des DVfV kam dagegen von außerhalb, es war der 1959 vom DTSB eingesetzte neue DVfV-Generalsekretär Theo Quirmbach. Schon seine Vorstellung als neuer DVfV-Funktionär in der Zeitschrift „Sport der Versehrten" – „als Arbeiterkind fand er frühzeitig den Weg in die Kindersportabteilung der Arbeiterklasse" – war vage gewesen und völlig frei von exakten Ortsangaben, Daten und Zahlen, wie dies bei den gelegentlichen biographischen Artikeln über andere Versehrtensportler doch üblich war. Tatsächlich jedoch kam Quirmbach keineswegs aus der linksdemokratischen antinationalsozialistischen Arbeiter(sport)bewegung. Vielmehr war der 1921 geborene Quirmbach schon 1933 der HJ und dann 1940 der Waffen-SS beigetreten und hatte als Unterscharführer von 1941 bis 1943 im SS-Ersatzbataillon Ost (mit späterer Stationierung in Breslau) am „Ostfeldzug" teilgenommen. Danach war

Quirmbach in Goslar in der Unterkunftsverwaltung des dortigen 3. SS-Nachrichtenausbildungs- und Ersatzregiments tätig gewesen; über eine besondere sportliche Qualifikation ist nichts bekannt.[80]

Insgesamt gesehen aber dürften das Präsidium und seine Unterausschüsse über eine hohe Zahl an erfahrenen alten – und in der Regel wohl unbelasteten – Funktionären und Sportlern verfügt haben, die aufgrund ihrer sportlichen Qualifikationen und ihrer zum Teil aus dem Arbeitersport stammenden politischen Sozialisation durchaus in der Lage waren, den neuen Verband zu leiten.

Ob die Verbandsbildung aber tatsächlich „ein notwendiger Schritt zur vollen Integration in die noch junge sozialistische Sportorganisation des DTSB der DDR" gewesen war, wie es pathetisch bei der Gründung des DVfV hieß, oder ob man zumindest mit dem verbalen Pathos den Bogen überspannt hatte, sollte sich im Laufe des nächsten Jahrzehnts herausstellen. Zumindest stand der Verband mit seinem Erfolgsversprechen seinen Mitgliedern und dem DTSB gegenüber jetzt in der Pflicht und musste dementsprechend auch handeln. Dabei waren zwei anvisierte Maßnahmen von ausschlaggebender Bedeutung: die dichte Installierung von Versehrtensportgruppen und die sportliche Förderung der blinden, gehörlosen und körperbehinderten Jugend. Beides konnte nur über eine intensive und enge Zusammenarbeit mit den BSG, den Kreisen und Bezirken, den Blinden- und Gehörlosen- bzw. den Sehbehindertenverbänden sowie den Schulen für Kinder mit Behinderungen funktionieren, deren Kooperation gewährleistet sein musste.

Um die Gesamtzahl der Versehrtensportler im DVfV zu erhöhen, ergingen ab 1959 verstärkt und systematisch Forderungen an alle BSG, mit dem DVfV zu kooperieren, die Gründung von Versehrtensportgruppen in die Wege zu leiten und entsprechend motivierte „Sportfreunde" vor Ort zu unterstützen; auch an den DTSB wurden entsprechende Bitten gerichtet. 1960 wurde eine Arbeitsvereinbarung mit dem Allgemeinen Deutschen Blindenverband (ADBV) unter Helmut Pielasch abgeschlossen, die die Förderung des Blindensports in den Blindenschulen und Kurheimen zum Inhalt hatte und eine Kooperation mit dem DVfV vorsah, bei der es um die Ausbildung geeigneter Übungsleiter, um die Zuführung von Kadersportlern zum DVfV und um eine Zusammenarbeit zwischen DVfV und ADBV auf internationaler Sportebene ging. 1962 erfolgte schließlich eine zusätzliche Vereinbarung des DVfV und des ADBV mit dem Allgemeinen Deutschen Gehörlosen-Verband (ADGV). In der Folge führte der

DVfV dann immer wieder „Massensportfeste“ im Tischtennis, Sitzball und in der Leichtathletik gemeinsam für alle Fachsäulen durch.[81]

1959 beschloss das DVfV-Präsidium als weiteren Anreiz für Interessierte, einer Versehrtensportsektion beizutreten, „in allen Sportarten Deutsche Meisterschaften durchzuführen“.[82] Zwar musste der Verband damit der kritisierten Neigung vieler Versehrtensportler zu Leistung und Wettkampf, denen damit „Abkapselung“ und die Behinderung des Verbandes auf dem Weg zum „Massensport“ vorgeworfen wurde, Tribut zollen.[83] Aber letztlich erhoffte man sich davon auch eine erhöhte Attraktivität des Sports vor allem für Anfänger. Um den inneren Zusammenhalt zwischen den blinden, körperbehinderten und gehörlosen Sportlern noch zu verstärken, wurden gemeinsame Fachkommissionen eingerichtet und zum Teil auch gemeinsame Wettkämpfe durchgeführt. So betreuten im Jahre 1961 neun ehrenamtliche Fachkommissionen, die für die Sportarten Leichtathletik, Wassersport, Schwimmen, Wintersport, Sitzball, Fußball, Kegeln, Schach und Tischtennis zuständig waren, in ihren Sportarten die gehörlosen, blinden und körperbehinderten Sportler.[84] Auch bemühte man sich um gemeinsame Wettkämpfe. Ab 1960 fanden „Waldlaufmeisterschaften der Gehörlosen und Körperbehinderten“ und ab etwa 1961 gemeinsame Tischtennismeisterschaften und Faustball-Pokalturniere statt; die Deutschen Leichtathletik-Mehrkampfmeisterschaften 1962 wurden gemeinsam mit allen drei Fachsäulen durchgeführt. In der Folgezeit gab es immer wieder gemeinsame Wettkampfveranstaltungen der körperbehinderten und blinden Sportler.[85] Offenbar traten hier jedoch bald Probleme auf. 1964 beschloss das DVfV-Präsidium, die gemeinsamen Fachkommissionen aufzulösen und den drei Bereichen wieder unabhängig arbeitende Kommissionen zuzuweisen. Dies hatte auch Folgen für die gemeinsam durchgeführten Veranstaltungen. 1973 verfügte das Präsidium, dass „die Bereiche Körperbehinderte und Sehgeschädigte (...) ihre Veranstaltungen wieder voneinander getrennt“ durchführen sollten. Möglicherweise gab es Kooperationsschwierigkeiten und Verständigungsprobleme.[86]

Der DVfV förderte auch die Intensivierung des internationalen wie auch des innerdeutschen Sportverkehrs, der von Anfang an bis zu den „Düsseldorfer Beschlüssen“ des DSB aufgrund des Mauerbaus 1961 mannschaftsbezogen und personell zwar begrenzt, aber in seiner Begrenztheit insgesamt bislang außerordentlich intensiv verlaufen war. Schon in der Mitte der 1950er-Jahre gab es gemeinsame Beschlüsse über eine „Gesamtdeutsche Vereinbarung“

im Versehrtensport beider deutscher Staaten; die Gehörlosensportler trugen gesamtdeutsche Meisterschaften aus, und es gab Städtewettkämpfe sowie Sportfeste für blinde und gehörlose Sportler der BRD und der DDR. Auch wurden eine Zeitlang in der Sparte des Gehörlosensports gemeinsame Mannschaften für Welt- und Europameisterschaften gebildet. Dabei dürften für die zum Teil sehr intensiven Sportkontakte nicht nur die Sportbeschlüsse verantwortlich gewesen sein, sondern vielmehr auch das Bewusstsein beider Versehrtensportverbände, zu einer Minderheit zu gehören, die gemeinsame Schicksale miteinander verband. 1959 verstärkte sich die Zusammenarbeit zunächst noch, bis die „Düsseldorfer Beschlüsse" diese Entwicklung abrupt unterbrachen. So wurde im Juni 1962 den DDR-Gehörlosenschachspielern die Einreise zu den Weltmeisterschaften in Dänemark untersagt.

Im Rahmen der Wiederaufnahme des „gesamtdeutschen Sportverkehrs" durch den DSB im Jahre 1965 sind diese vorübergehend eingestellten Sportkontakte zum Teil weitergeführt worden, und zwar offenbar intensiver als in anderen Sportverbänden. Besonders die Gehörlosensportler konnten jetzt wieder an Europameisterschaften teilnehmen; erst viel später folgten dann zum Teil auch die sehbehinderten und körperbehinderten Sportler.[87] Dazu hatte relativ früh ein reger Sportverkehr mit den Versehrtensportlern anderer Länder des Ostblocks bestanden, der später mit den „Intersport-Invalid"-Wettkämpfen der sozialistischen Länder institutionalisiert wurde.[88]

Darüber hinaus wurde der Sport in den Schulen für Kinder, Jugendliche und Auszubildende mit Behinderungen neu eingeführt bzw. intensiviert; nach Möglichkeit wurden BSG gegründet. In Kooperation mit dem DVfV wurden ab 1959 etliche Sportfeste für Kinder und Jugendliche durchgeführt. Diese Maßnahmen schlugen unterschiedlich stark ein und waren von den Verhältnissen vor Ort abhängig. 1959 wurden in der Blindenschule in Karl-Marx-Stadt und in der Berufsschule für Gehörlose und Blinde in Leipzig kooperative Sportfeste abgehalten; in Leipzig nahmen 450 Schülerinnen und Schüler daran teil. 1961 wurde der Sport auch in der Betriebsberufsschule für Schwerbeschädigte in Dresden eingeführt, hier jedoch zunächst nicht mit sonderlichem Erfolg, da kaum Interesse vorhanden war und erst nach einiger Zeit ein Diplomsportlehrer eingestellt werden konnte.[89] Während es in Dresden Schwierigkeiten gab, war die Lage in der Erweiterten Oberschule für Blinde in Königs Wusterhausen, in der der rührige Sportlehrer Heinz Degenhardt seit den 1950er Jahren den Sport erfolgreich leitete, Schulmeisterschaften durchführte und mit der BSG Einheit Königs Wusterhausen zahlreiche Titel einfuhr, wesentlich leichter. In Magdeburg war aufgrund der Patenschaft der Versehrtensportsektion der BSG Aufbau Börde mit der 1962 gegründeten Schulsportgemeinschaft der Sonderschule für Körperbehinderte Friedrich Wolf die Zusammenarbeit ebenfalls erfolgreicher und besser als in anderen Städten. Aber dies waren Einzelfälle.[90]

Die Maßnahmen für den Kinder- und Jugendsport wurden in der Folgezeit intensiviert. 1964 kam es zum ersten sportlichen Vergleichstreffen der Schulen für Kinder mit Körperbehinderung, an denen je 10 Schüler aus fünf Schulen teilnahmen; eine vergleichsweise geringe Zahl. 1965 wurde ein zweites Vergleichstreffen mit denselben Schulen ausgetragen. 1964 wurde das Pflichtfach Sport auch an den Schulen für Kinder und Jugendliche mit Körperbehinderung eingeführt; damit wurde eine alte Tradition wieder aufgenommen, die mit dem Sport an Blinden- und Gehörlosenschulen im 19. Jahrhundert und an Schulen für körperbehinderte Kinder zu Beginn des 20. Jahrhunderts begonnen hatte. 1966 fasste das DVfV-Präsidium den Beschluss, künftig auch „jährliche zentrale Sportspiele für Kinder und Jugendliche“ durchzuführen; im Oktober desselben Jahres fanden die „1. Zentralen Sportspiele der körperbehinderten Kinder und Jugendlichen“ mit Wettbewerben im Schwimmen, Sitzball, Sitzhandball und Kegeln in der Klinik Berlin-Buch statt. Um diese Spiele zumindest verbal den Kinder- und Jugendspartakiaden in der DDR anzugleichen, die 1965 eingeführt wurden und auf ausgewählte olympische Sportarten beschränkt waren, und um sie damit attraktiver bzw. gesellschaftsfähiger zu machen, wurden sie 1973 in „Spartakiade der Kinder und Jugendlichen“ umbenannt und in der Folgezeit getrennt für gehörlose, blinde und körperbehinderte Kinder durchgeführt. 1973 nahmen 128 Kinder und Jugendliche mit Körperbehinderung an der abschließenden Veranstaltung der Spartakiade in Brandenburg teil.[91] Obwohl ab den 1960er-Jahren der Sport in den Schulen für behinderte Jugendliche und Kinder Pflichtfach war, erwies sich die Jugendarbeit bis weit in die 1980er-Jahre hinein als sehr viel „schwieriger als in anderen Sportverbänden, weil in der Öffentlichkeit der Gedanke, dass auch schwerbehinderte Kinder und Jugendliche Sport treiben und an Wettkämpfen teilnehmen können, noch immer nicht selbstverständlich ist“.[92]

Obgleich der Versehrtensport offiziell in das DDR-Sportsystem eingebunden war – während im Westen die ADV bzw. der DVS als außerordentlicher

Fachverband lange Zeit kein vollwertiges Mitglied des DSB war –, hatten die Mitglieder des DVfV und seine Organe auch nach der Eingliederung in den DTSB im Wesentlichen die gleichen Probleme wie vorher und auch ähnliche Schwierigkeiten wie der Versehrtensport im Westen. Dazu zählten die mangelnde Integration in den allgemeinen Sport, die Binnenhierarchien innerhalb des Versehrtensports selbst sowie die äußerst geringe Zahl von Versehrtensportlern in Bezug auf die absolute Anzahl der Menschen mit Behinderungen in der DDR.

Entgegen den Erwartungen des DVfV konnte durch die 1959 eingeleiteten Maßnahmen der Mitgliedsbestand des Verbandes nicht besonders gesteigert werden – vom hochgesteckten Ziel „Massensport" ganz zu schweigen –, so dass die Perspektivpläne des DVfV, die ohnehin völlig überzogen waren, nicht erfüllt werden konnten und praktisch Makulatur blieben. So hieß es auch 1961 – und damit zwei Jahre nach der Gründung des DVfV –, der Massensport sei systematisch „weiter zu entwickeln", und es sei auf die „Gewinnung neuer Mitglieder und Bildung weiterer Sportgruppen" zu achten.[93] Nach dem mageren Fortschritt des DVfV bis 1961 war der weitere Entwicklungsplan bis 1965 in einem forschen Imperativ gehalten, der den moralischen Zeigefinger hob. So „sind (…) Zentren des Massensports zu schaffen", und es „sind (…) Massensportfeste durchzuführen"; es „ist zu erreichen, dass bis 1965 jeder aktive Sportler Träger des Sportabzeichens für Versehrte ist", und auch die „Sportgruppen (…) sind dazu verpflichtet, Patenschaften mit Sonderschulen (…) abzuschließen". Angesichts dieses schwer erfüllbaren Solls wurde auf die Notwendigkeit der „sozialistischen Erziehung" verwiesen, denn nur durch das „sozialistische Bewusstsein (könne) das Tempo der sozialistischen Entwicklung der Körperkultur" auch gesteigert werden. Mit anderen Worten: Ein kleiner Verband wie der DVfV verfügte eben über zu wenig „sozialistisches Bewusstsein", um sich richtig entwickeln zu können. Damit wurden die Gründe des Scheiterns nicht in den Verhältnissen oder dem überambitionierten Soll gesehen, sondern den Versehrtensportlern selbst in die Schuhe geschoben. Zwar war das Scheitern keineswegs nur auf die rhetorische Lautstärke des Verbandes zurückzuführen, aber wären von Anfang an verbal wesentlich kleinere Brötchen gebacken worden – das DVfV-Präsidium forderte bis 1965 vollmundig eine Mitgliedssteigerung „bei Kindern, Jugendlichen, Männern und Frauen um 100 Prozent" –, so hätte man selbst die mehr als moderaten Mitgliedssteigerungen als Erfolg verkaufen können.[94]

In der Folgezeit standen daher die Entwicklung zum „Massensport" und die Entwicklung des Kinder- und Jugendsports ganz oben auf der Wunschliste des DVfV. 1963 forderte der Generalsekretär in einem offenen Brief alle Versehrtensportler und Funktionsträger zur „Mitverantwortung eines Jeden an der Gestaltung unseres Verbandslebens" auf. Dass hier doch einiges im Argen lag, zeigte der 3. Verbandstag des DVfV im Jahre 1966 mit dem Rechenschaftsbericht, der die Vorgabe von 1961 mit der Steigerung der Mitgliedszahlen um 100% komplett ignorierte und die Mitgliedszahl von 2.058 Sportlerinnen und Sportler, die eine Steigerung um 25% bedeutete, als „Fortschritt" feierte. Der Perspektivplan bis 1970 war dagegen von keinerlei Selbstkritik gekennzeichnet und sah unbeirrt eine „Gewinnung von 2.300 neuen Mitgliedern, davon 1.300 Körperbehinderte und je 400 Hör- und Sehgeschädigte" vor, was eine Steigerung sogar um mehr als 100% bedeutet hätte.[95] Tatsächlich verfügte der Verband im Jahre 1969/70 lediglich über 2.262 Mitglieder und mithin über eine Steigerungsrate von schwachen 10%. Wenn der DVfV 1974/75 dann doch insgesamt 3.722 Mitglieder zählte, was einer sensationellen Erhöhung um mehr als 50% gleichkam – obwohl die absolute Zahl immer noch ausgesprochen bescheiden war –, so war dies nicht nur das Ergebnis eines allmählichen Umdenkens im Verband, sondern auch die Folge von konkreten lokalen Handlungsveränderungen. Hinzu kam eine ab 1975 endlich einsetzende gezielte Förderung des DTSB, die sich auf einer DVfV-Präsidiumstagung im März 1975 ankündigen und zu einem allmählichen Aufschwung des Verbandes führen sollte.[96]

Doch die utopischen Perspektivpläne und die Schönrednerei des Präsidiums konnten die Versehrtensportler an der Basis keineswegs über die Probleme ihres Verbandes, die sich schon vor 1959 abzeichneten, hinwegtäuschen. Im Grunde jedoch hatte der Verband die Probleme nicht nur allein bzw. nicht überwiegend zu verantworten, sondern der DTSB und seine Gliederungen trugen mit ihrem Fehlverhalten gegenüber dem DVfV ein deutliches Maß an Verantwortung für die Schwierigkeiten.

1959 kritisierte der „Sportfreund" Taschenberger anlässlich der Gründung des DVfV die immer noch „ungenügende Anleitung und Unterstützung des Versehrtensports durch die Bezirks- und Kreisvorstände des DTSB, ja sogar der einzelnen BSG selbst", wobei er sich über die Einbindung des DVfV in den DTSB eine Verbesserung der Situation erhoffte, die aber dann nicht eintrat.

Denn 1961 beschwerte sich Rudi Krebs, der erste Vorsitzende der Kommission Versehrtensport der Sportvereinigung SV Lokomotive: „Eines ist uns nicht begreiflich, dass es noch Lok-Gemeinschaften gibt, die dem Versehrtensport ablehnend gegenüber stehen“. 1962 beklagte sich ein Versehrtensportler der BSG Lok Magdeburg, dass sich die Kreisleitung Halle des DTSB nicht um die Versehrtensportler ihres Kreises kümmern würde, wie auch bei Meisterschaften der Versehrten kaum einmal BSG- oder Kreisfunktionäre zu sehen seien, was auf eine allgemeine Ablehnung hindeute. So weigere sich auch die BSG-Leitung von Lok Stendal bislang „hartnäckig, eine Sektion Versehrtensport aufzunehmen“ und „lehnte (...) rundweg eine Gründung einer Versehrtensportgruppe ab“. Dies war kein Einzelfall: Die „meisten der BSG-Leitungen sträuben (sich, sich) überhaupt mit dem Problem des Versehrtensports zu befassen“. 1962 beschwerte sich der Verband über die „säumigen Kreisvorstände und BSG-Leitungen“ in Potsdam, Schwerin und Neubrandenburg, in denen es noch keine Gruppen gebe. Die Folge des Desinteresses der Sportkreise und BSG war, dass die „versehrten Menschen, die für den Versehrtensport interessiert waren, wieder auseinander gingen“. Und im selben Jahr konstatierte auch der DVfV-Generalsekretär Theo Quirmbach das Fehlen einer notwendigen Unterstützung des DTSB, der Kreise und der BSG, obwohl es mehr als genug lokale Anfragen gebe: „Man muß den säumigen Kreisvorständen bzw. BSG-Leitungen die Frage stellen, wie lange man noch mit der Bildung von Versehrtensportgruppen warten will?“[97]

Gründe für diese Distanz gab es einige. Ein entscheidender Grund für die Ablehnung waren, laut Zeitzeugen, offenbar massive Berührungsängste, die sich noch verstärken sollten, als es sehr viel später zunächst zur internen Diskussion darüber kam, ob auch Menschen mit geistiger Behinderung in die Gruppen aufgenommen werden können. In der Öffentlichkeit konnte dieser Grund natürlich kaum so ausgesprochen werden, da ja in der „demokratischen Sportbewegung“ der DDR alle gleichermaßen am „sozialistischen Aufbau der Deutschen Demokratischen Republik“ beteiligt waren und daher keine sozialen Unterschiede gemacht wurden. Stattdessen schob man die vermeintliche Sichtweise im DDR-Sport vor, dass den Versehrtensportlern sportlich nicht viel zugetraut werde, eine Haltung, die von Abwertung und Ausgrenzung gekennzeichnet sei. Denn schon, so polemisierte Josef Schopp vom Versehrtensport gegen die Sichtweise aus dem herkömmlichen Sport, „in der Vergangenheit wurden die ‚Armen' vor sportlicher Betätigung bewahrt", und diese „Bewahrung ist auch heute noch zum Teil (im Sport) vorhanden". Ein deutlicher Hinweis auf die Distanz des DTSB bzw. des DDR-Sports zum DVfV dürfte die Absage des DTSB „für die Teilnahme des Versehrtensports am IV. Deutschen Turn- und Sportfest in Leipzig" 1962 gewesen sein; an den beiden vorigen Turnfesten hatten die Versehrtensportler dagegen noch teilnehmen dürfen.[98]

Auch die von Anfang an bestandenen Kommunikationsprobleme zwischen den Gehörlosen und den hörenden Sportlern im DVfV setzen sich weiter fort und bestimmten das Verhältnis der Sportgruppen untereinander.[99] So verhinderten etwa massive Verständigungsprobleme in Rostock 1961 die Integration von blinden und körperbehinderten Sportlern in die Sektion Versehrtensport der örtlichen BSG, die im Wesentlichen von Gehörlosen gebildet worden war: „Wir haben versucht", so der Sektionsleiter, „(blinde und körperbehinderte Sportler) zu erreichen, niemand hat sich gemeldet."[100] Das Gefühl der Ausgrenzung der Gehörlosensportler ging so weit, dass „unser Verbandsorgan (Sport der Versehrten, d. V.) von den gehörlosen Lesern abgelehnt und auch abbestellt (wurde). Das war die Zeit, als auch die Artikel der Versehrten darin erschienen (…). Woran lag es? Weil von Seiten unserer Gehörlosen sehr wenig Beiträge für unsere Zeitung eingegeben wurde", mutmaßte ein Gehörlosensportfunktionär. Es waren dagegen gerade in den ersten Jahren der Verbandszeitung ab 1956 vergleichsweise viele Artikel über den Gehörlosensport erschienen, schon allein weil es über den Sport der blinden und körperbehinderten Menschen mangels Sportgruppen kaum etwas zu berichten gab. Auch hier ist die Verständnislosigkeit und die Entfremdung zwischen den in eine Sektion zwangsintegrierten Gruppen deutlich zu spüren.[101]

Ein weiteres Problem bestand darin, dass trotz der überall postulierten Gleichheit unter Kriegs- und Zivilversehrtensportlern die ersteren einen gewissen Vorteil besaßen, was nicht nur die sportliche Leistung betraf, sondern auch mit den Mehrheitsverhältnissen zu tun hatte. Noch 1959 bestanden die Leipziger Versehrtensportler in der „Hauptsache aus Kriegsversehrten", so dass die Sektionsleitung, die vermutete, dass die Sportler mit Zivilbehinderung sich benachteiligt fühlten, besorgt war, ob „die Körperversehrten in unseren Reihen die notwendige Kameradschaft finden". Auch Quirmbach beklagte die Elitenbildung der kriegsversehrten erfahrenen Sportler, die sich von untrainierten Sportlern „abkapseln" und „nur Wettkampfsport betrieben": Nur „derjenige (wird) aufgenommen, von dem man glaubt, dass er in der Lage ist, (…) die Sportgruppe leistungsmäßig zu verstärken".[102] Die Folge einer derartigen Elitebildung, wie sie zum Teil auch bei westdeutschen Versehrtensportlern beobachtet werden konnte, war, dass „bei uns der Versehrtensport noch recht unpopulär" ist. Es gebe zwar viele Versehrte – 1959 waren in der DDR knapp 200.000 Menschen mit Körperbehinderung registriert –, aber immer noch zu wenig Sportler. Die 1956 gezählten 134 Versehrtensportgruppen seien zahlenmäßig „nicht viel (…), zumal die Zahl der wirklich sportfähigen Versehrten in keinerlei Verhältnis zu den (…) erfassten Versehrtensportlern steht". Auch von den 9.000 Gehörlosen in der DDR betätigte sich „nur ein kleiner Prozentsatz davon (…) sportlich".[103]

Da sich die Verhältnisse seit der Gründung des Verbandes zumindest im ersten Jahrzehnt nicht groß geändert hatten und auch die Probleme die gleichen blieben wie vor 1959, waren deshalb auch die Klagen dieselben, die sich im Grunde alle an der geringen Teilnahme am Versehrtensport entzündeten. Auch noch 1961 waren daher bei den „Bestenermittlungen" der Versehrtensportwettkämpfe oft nur zwei bis drei „Körperbehinderte" in einer Versehrtenklasse gemeldet; allgemein war die Teilnahme vielfach nur sehr gering. Und obwohl es ein sehr starkes Bemühen um den Kinder- und Jugendsport gab – was auch auf die allmähliche Überalterung der aktiven Versehrtensportler zurückzuführen war, die mit großer Besorgnis registriert wurde – beklagte man noch 1961, dass „die Masse an Schwerbeschädigten in den Betriebsberufschulen" nach wie vor „keinen regelmäßigen Sport" treibe. Dies hatte aber auch damit zu tun, dass in den Schulen geeignete Übungsplätze und Turnhallen fehlten; auch hier waren die Ideologie und Propaganda des staatlichen (Versehrten)Sports mit der Realität nicht deckungsgleich.[104]

Um die Missstände zu überwinden, waren vor allem lokale Initiativen gefragt, und hier hingen die Fortschritte, genau wie im Westen auch, im Wesentlichen von engagierten Einzelpersonen oder zufälligen glücklichen Konstellationen ab. So konnte in Königs Wusterhausen und in Magdeburg der Versehrtensport über die Kooperationen zwischen BSG und Schulen einen Aufschwung verzeichnen und sich nachhaltig etablieren. Auch in Leipzig blieb die Versehrtensportgruppe auf einem hohen Niveau und verstärkte sich mit den Jahrzehnten weiter, so dass sie – trotz gelegentlicher Rückschläge – bald zu einer der verlässlichen und starken Säulen des DDR-Versehrtensports wurde.

Wesentliche Konstanten waren hier langjährig tätige Übungsleiter, ein fester innerer Zusammenhalt und eine überfachliche Integration in den Leipziger Sport, die vor allem auch durch das Engagement der Gruppenleiter befördert wurde.[105]

Auch im Kreis Gotha verlief die Entwicklung positiv. Hier gab der DTSB um 1970 herum der Kreisleitung den Auftrag, den Versehrtensport im Kreis aufzubauen; Hintergrund war das allmähliche „Aussterben" der alten Versehrtensportler, das zu einem Niedergang des Versehrtensports im Kreis führte. Zunächst wurde daher der Sport in der Orthopädischen Heilstelle für Kinder mit Behinderung aufgebaut, danach wurden über Anzeigen in den Zeitungen Mitglieder für BSG-Versehrtensportsektionen gesucht. Obwohl etliche Erwachsene Berührungsängste besaßen und vor allem Probleme mit der Eingliederung von Menschen mit geistiger Behinderung bestanden, konnte der Versehrtensport im Kreis – auch Dank einer guten finanziellen Ausstattung – angekurbelt werden. Bald gab es Sportgruppen für Turnen, Leichtathletik und Schwimmen; im Rollstuhlbasketball und im Tischtennis wurden Bezirksmeisterschaftskämpfe absolviert.[106]

Gelegentlich kam es zu Sonderfällen wie etwa in Dresden. Hier waren die blinden und gehörlosen Sportler über ihre Sozialverbände sehr gut in den Sektionen der BSG etabliert und organisiert, während der Sport der Menschen mit Körperbehinderungen ins Abseits geraten war. Im Laufe der 1960er-Jahre sank ihre Mitgliederzahl von 280 auf unter 180 bis ins Jahr 1968; zudem lehnten einige BSG die Aufnahme von körperbehinderten Sportlern ab. Der Bezirksfachverband Versehrtensport beschloss daraufhin, ein Pilotprojekt zu starten und eine Sportgemeinschaft für Körperbehinderte ohne Trägerbetrieb ins Leben zu rufen, was zunächst von den Funktionären des DTSB aus finanziellen Erwägungen und satzungstechnischen Gründen strikt abgelehnt wurde. Dennoch konnte 1969 die Sportgemeinschaft (SG) Versehrte Dresden, zu der auch Hermann Dörwald von Anfang an gehörte, ihren Betrieb aufnehmen und sich auch etablieren. Mit ihrer Kinder- und Jugendsportsektion und acht Sportarten verfügte sie 1979 über mehr als 200 Mitglieder. Einige ihrer Mitglieder nahmen 1975 sogar an den „Weltspielen für Behinderte" in Saint Etienne teil, wo sie mehrere Medaillen erringen konnten. Obwohl damit deutlich bewiesen wurde, dass eine Sportgruppe ohne Trägerbetrieb im Behindertensport möglich war, fand dieses Projekt keine Nachahmer.[107]

Doch auch diese positiven Einzelfälle konnten über die Stagnierung in der Gesamtentwicklung im Versehrtensport nicht hinweg täuschen, so dass der Verband in den frühen 1970er-Jahren neue Maßnahmen überlegen musste, um seine Existenzberechtigung gegenüber dem DTSB nicht zu verlieren und in der Bedeutungslosigkeit zu verschwinden.

5. Die letzte Phase des DVfV (1975–1989/90)

Angesichts der enttäuschenden (auch zahlenmäßigen) Entwicklung des Versehrtensports in den 1950er- und 1960er-Jahren begann der DVfV ab den frühen 1970er Jahren verstärkt damit, vom DTSB mehr Anerkennung und Unterstützung für seine Arbeit zu verlangen. Immer wieder bemühten sich Funktionsträger, dem DTSB die Bedeutung des Sports für Menschen mit Behinderungen zu vermitteln.[108] Zur gleichen Zeit begann auch im Sportärztewesen das Thema Rehabilitation zentraler zu werden; bald gab es Spezialvorträge, Veranstaltungen und Publikationen, die in ärztliche Forderungen nach entsprechenden (Sport)Maßnahmen bei Menschen mit Behinderungen mündeten. Das Thema erlangte sehr bald eine gewisse Form von Öffentlichkeit, so dass auch der DTSB Maßnahmen ergreifen musste, die über die bislang eher geringe Förderung des DVfV hinausgehen sollten.

Auf einer Tagung des Präsidiums am 20.3.1975 beschloss der DVfV eine Vorlage für den DTSB mit „Maßnahmen des DTSB zur weiteren Förderung des Versehrtensports", die über das bisherige „Gemeinsame Sportprogramm des FDGB/FDJ/DTSB im Versehrtensport" hinausging. Man wollte mehr Geld, eine bessere Sportförderung und mehr organisatorische Unterstützung. Da der Versehrtensport jedoch unter die nichtolympischen Sportarten fiel und als Sport II eingestuft wurde, waren die Mittel im vorhinein begrenzt.[109] Am 20.5.1975 erging – offensichtlich auf Drängen des DVfV – dann tatsächlich ein Beschluss des Sekretariats des DTSB über neue „Maßnahmen zur weiteren Förderung des Versehrtensportes in der DDR", die, neben den üblichen Appellen an die BSG zur Gründung neuer Versehrtensportgruppen, in der Hauptsache eine finanzielle und materielle Aufstockung der bisherigen Mittel vorsah.[110] Nach Zwischenanalysen des DVfV und der Bezirke über die Wirksamkeit des Sekretariatsbeschlusses wurde am 30.6.1976 eine „Vereinbarung zwischen dem Ministerium für Gesundheitswesen und dem Sekretariat des DTSB zur Unterstützung des organisierten Versehrtensports" geschlossen, die bis zur Auflösung des DVfV 1990 wirksam blieb.[111] Es ist nicht ganz klar, was den DTSB in den 1970er-Jahren tatsächlich dazu bewog, die Förderung erheblich aufzustocken und eine in der Ideologie des DDR-Sportsystems eigentlich zu vernachlässigende Sportorganisation stärker zu unterstützen.[112] Die „Bereitstellung finanzieller Zuwendungen" und die Unterstützung des DTSB „auf zentraler Ebene in medizinischen und rehabilitativen Fragen“ führte letztlich zu einem erheblichen und nachhaltigen Aufschwung des DVfV. Die Anerkennung des DTSB und die offensive Werbung des DVfV stärkten damit die Stellung des Verbandes im Sport und in der Gesellschaft der DDR.[113]

Angesichts der Tatsache, dass das Gros der kriegsversehrten Sportler, die den Verband bis dahin zahlenmäßig dominiert hatten, langsam in ihre passive Phase eintrat und viele von ihnen mit dem aktiven Sport aufhörten, war der DVfV – ähnlich wie der DBS im Westen – bald verstärkt damit befasst, Nachwuchs zu rekrutieren und eine neue Klientel anzusprechen. Auch im DVfV begann damit ein Generationswandel, der aber auch neue Perspektiven eröffnete. Die Gewinnung jüngerer Sportler und Personen, die aufgrund ihrer angeborenen oder durch einen Unfall oder eine Krankheit erworbenen Behinderung bislang eher keinen Sport betrieben hatten, machte im Verband ein Umdenken nicht nur in der Sportpraxis, sondern auch in der Rhetorik und Werbung notwendig. Zur neuen Auffassung gehörte auch ein anderer Blick auf Menschen mit Behinderungen in der Gesellschaft. So warb der DVfV bei den Menschen mit Behinderungen nicht mehr nur damit, dass „der sporttreibende Versehrte mit seinem Körperschaden weitaus besser fertig wird als der nichtsporttreibende“, sondern dass er „durch das gemeinsame Erlebnis“ im Sport auch eine „Stärkung des Selbstbewusstseins und des Selbstwertgefühls“ erlangen könne. Dazu böten auch „die Freude am Mitmachen (und) die Herausforderung zu Leistung und Vergleich (...) eine wichtige Möglichkeit der Entspannung und Erholung“ und – dies wurde besonders stark betont – so würde entscheidend das „Selbstvertrauen und Selbstwertgefühl“ gefestigt. Sport helfe daher, so der DVfV, die Menschen mit Behinderungen „aus einer gewissen Isolierung“ herauszuholen und damit ihre „umfassende Integration in unsere Gesellschaft“ zu erleichtern.[114]

Ein wichtiger Anstoß für diese neue Sichtweise war der sich allmählich verändernde Blickwinkel der Gesellschaft in Richtung auf die Integration von Menschen mit Behinderungen; das für 1981 ausgerufene „Internationale Jahr der Geschädigten“ mobilisierte auch die Behindertenpolitik der DDR und damit den DVfV. Und obwohl sich die Gremien der DDR brüsteten, dass im „sozialpolitischen Programm von Partei und Regierung festgelegt (sei), weiterhin alles zu tun, um auch den Behinderten in unsere Gesellschaft einzubeziehen“, gab es, und das merkten gerade auch die Versehrtensportler, noch etliche staatliche und gesellschaftliche Defizite und Inakzeptanzen, und die reichten bis zum Behindertensport, der lange Zeit „eine eher untergeordnete Rolle spielte".[115] Dennoch konnte der DVfV durch die neue Anerkennung des DTSB seine Stellung insgesamt stärken.

Die finanziellen Zuwendungen ab 1975 dienten zunächst einer Aufstockung der Wettkampfveranstaltungen; nun konnten nicht nur mehr Wettkämpfe und Meisterschaften bestritten, sondern vor allem auch die Reise- und Übernachtungskosten besser finanziert werden. Darüber hinaus konnten mehr hauptamtliche Trainer und Verbandsfunktionäre eingestellt und auch mehr Übungsleiter ausgebildet werden; dies begann schrittweise auf der Bezirksebene und weitete sich dann aus.[116] Da die Teilnahme an den zentralen Wettkämpfen nur den „Trägern des Sportabzeichens" erlaubt war, verstärkte sich der Ehrgeiz der Abzeichenabsolventen und damit wuchs die Leistungsbreite der Wettkampfteilnehmer. Systematisiert wurden auch Neugründung und Ausbau neuer Sektionen. Dabei sollte eine enge Zusammenarbeit mit dem Gesundheitswesen und der Sozialversicherung erfolgen, die „geschädigte Rekonvaleszenten" schon während der Heilbehandlung für Versehrtensport zu gewinnen hatten. „Geschädigten Bürgern" ohne Ambitionen für Leistung und Wettkampfsport sollte auch „mehr als bisher die Möglichkeit für eine regelmäßige sportliche Betätigung" geboten und Übungsleiter speziell dafür vorbereitet werden. Darüber hinaus sollten auch die Trainingszeiten und das Verbandsleben „pädagogisch-methodisch" an die Freizeitphasen der Bürger angeglichen werden; hier ging es offensichtlich um die Überwindung von mentalen und zeitlichen Hemmschwellen.[117]

Die Kinder- und Jugendarbeit wurde intensiviert und systematisiert sowie das Leistungsniveau angehoben. Zwischen den Schulsportgemeinschaften und den Jugendabteilungen der Sektionen wurden Patenschaften errichtet, um auch einen „regelmäßigen Übungs-, Trainings- und Wettkampfbetrieb für möglichst viele versehrte Kinder und Jugendliche" und die anschließende Überleitung vom Schulsport in den Nachwuchsbereich des Verbandssports zu gewährleisten. Wettbewerbe für die „Beste Schulsportgemeinschaft" und Wanderpokalturniere in Mannschaftssportarten dienten als Ansporn, auch der Erwerb des Versehrtensportabzeichens wurde gefördert. Als Höhepunkt galten die Kinder- und Jugendspartakiaden, die sich aus den besten hör-, körper- und sehbehinderten Kindern und Jugendlichen der Bezirksspartakiaden und der Schulsportfeste rekrutierten. Die Starter mussten Träger des Sportabzeichens sein. An den Spartakiaden nahmen in den 1970er- und 1980er-Jahren stets mehrere Hundert Kinder und Jugendliche teil.[118]

Zugleich wurden die internationale Teilnahme der hör- und sehgeschädigten Sportlerinnen und Sportler stärker gefördert und die körperbehinderten Sportler in gewissem Maße ebenfalls in das internationale Sportgeschehen eingebunden. Obwohl der Versehrtensport nur zu Sport II und damit zu den nichtolympischen Sportarten gehörte, erreichten die Sportler durch Findigkeit und Engagement, dass gelegentlich – halb offiziell, halb inoffiziell – Ausnahmen gemacht wurden und sie über ihren Status als Schwerbehinderte mit Ausweis ins Ausland fahren und an Sportfesten teilnehmen durften. Aber dies wurde kaum in die Öffentlichkeit getragen.[119]

Die hör- und sehgeschädigten Sportler konnten dabei über ihre Einbindung in den Blinden- und Sehschwachen-Verband und in den Gehörlosen- und Hörgeschädigten-Verband der DDR, deren Präsidenten wie etwa Helmut Pielasch im DVfV bzw. im Internationalen Blindensport-Verband engagiert waren, ohnehin ins Ausland fahren. Über seine Mitgliedschaft im Sport-Weltverband der Hörgeschädigten, im Schach-Weltverband der Blinden und im Internationalen Blindensportverband konnte der DVfV dann auch gehörlose und blinde Athleten zu Sportspielen ins „nichtsozialistische Ausland" schicken.[120] 1984 war es schließlich durch eine Intervention von Helmut Pielasch beim Politbüro möglich geworden, einige Blindensportler trotz des Olympia-Boykotts des Ostblocks zu den „Internationalen Spielen der Behinderten" nach New York zu entsenden. Die Behindertensportler hatten nach New York ausweichen müssen, weil das Olympische Komitee sich geweigert hatte, die Paralympics im Rahmen der Olympischen Spiele in Los Angeles abzuhalten. Die Teilnahme der DDR-Blindensportler bei den Paralympics in New York blieb aber eine Ausnahme; in den 1980er-Jahren durften sie ansonsten nur bei Europameisterschaften starten.[121]

Für die körperbehinderten Sportler der DDR, die den größten Anteil an den im DVfV organisierten Sportlern stellten, waren Auslandsstarts dagegen schwieriger. 1975 starteten neun Sportler bei den „II. Weltspielen der Versehrten" in St. Etienne, die aber keine offiziellen Paralympischen Spiele waren. Auch querschnittsgelähmte Sportler konnten ab 1975 immer wieder an internationalen Sportfesten teilnehmen. 1985 war erstmals die spätere mehrfache

Paralympicssiegerin Marianne Buggenhagen mit anderen querschnittsgelähmten Sportlern der DDR bei Wettkämpfen in Wien dabei. Dabei übernahmen das „Begleitpersonal" und die „Kontrollposten" der Staatssicherheit die ideologische Überwachung, so dass der „täglichen geistigen ‚Ertüchtigung' mindestens ebensoviel Aufmerksamkeit wie der körperlichen geschenkt wurde.[122] Mitte der 1970er-Jahre wurde für die körperbehinderten Sportler zusätzlich die „Intersport Invalid", die internationale Sportorganisation der sozialistischen Staaten, gegründet. Zu den Gründungsmitgliedern gehörten neben der DDR Bulgarien, Polen, Ungarn und die Tschechoslowakei; später kamen noch Kuba und die UdSSR hinzu. Jedes Jahr wurden an wechselnden Orten Wettkämpfe in verschiedenen Disziplinen veranstaltet. Dennoch blieb der Unmut der Versehrtensportler, nicht oder nur eingeschränkt an internationalen Sportfesten im „westlichen Ausland" teilnehmen zu können.[123]

Die verstärkte Präsenz in der (sportlichen) Öffentlichkeit dank der DTSB-Förderung und die damit verbundene Eigenwerbung für den DVfV führten schließlich zu einer Steigerung der Mitglieds- und Sektionszahlen. Während 1974/75 noch 3.722 Versehrtensportler gezählt wurden, waren 1978 schon 6.753 und 1979/80 dann sogar 8.141 Mitglieder im DVfV organisiert; dies bedeutete eine Steigerung um über 100% in lediglich fünf Jahren. 1984 zählte der DVfV bereits 11.538 und 1988 schließlich 13.470 Mitglieder; 70% der DVfV-Mitglieder gehörten dabei zur Gruppe „körperbehindert". Die Anzahl der Sektionsgruppen selbst stieg von 208 im Jahre 1978 auf 333 im Jahre 1988.

Wenn diese Steigerung um 65% in den acht Jahren von 1980 bis 1988 ein Erfolg war, der die Perspektivpläne der 1960er-Jahre bei weitem überschritt, so darf doch nicht vergessen werden, dass angesichts der wesentlich höheren Zahlen an Menschen mit Behinderungen in der DDR die Versehrtensportler immer noch eine sehr kleine Einheit darstellten. Auch im Vergleich mit dem DVS bzw. dem DBS der BRD, der in den späten 1970er-Jahren etwa 70.000 und in den 1980er Jahren über 100.000 Mitglieder, also etwa das Zehnfache des DVfV, zählte, schnitt der DVfV immer noch schlechter ab. Und auch wenn in beiden deutschen Staaten der Anteil der organisierten Sportler an allen Menschen mit Behinderungen sehr klein war, so war ihr Prozentsatz in der BRD mit über 5% immer noch größer als in der DDR mit knapp 2%.[124] Dies hatte aber auch damit zu tun, dass nicht alle Menschen mit Behinderungen – wie etwa

Menschen mit geistiger Beeinträchtigung – in der DDR einer Versehrtensportgruppe beitreten konnten.[125]

Überhaupt hatten die Menschen mit Behinderungen in der DDR selbst in den 1980er-Jahren noch einen schwierigen Stand. Trotz der Beteuerungen der DDR-Regierung, die „entwickelte sozialistische Gesellschaft" und der „sozialistische Humanismus" garantieren – im Gegensatz zur „bürgerlichen Leistungsgesellschaft" – allen Menschen ein „gleichberechtigtes Leben in der sozialen Gemeinschaft", galt dies, wenn überhaupt, nur bei denjenigen Menschen mit Behinderungen, die eine „nützliche produktive Tätigkeit" verrichten konnten. Wie in anderen Gesellschaften wurden damit auch in der DDR die Menschen mit Behinderungen an ihrem Grad der Bildungs- und Arbeitsfähigkeit gemessen. Zwar gab es ein sehr gut ausgebildetes Rehabilitationssystem und ein gut ausgestattetes Sonderschulwesen, da jedoch kollektivistische Bedürfnisse im Vordergrund standen, wurde nicht auf individuelle Entwicklungslinien geachtet. Zudem wurde schulische Bildung „ausnahmslos als Segregation betrieben, beginnend mit separaten Frühfördereinrichtungen im Kleinkindalter". Es gab vor allem Defizite im sozialen Alltag und in der sozialen Teilhabe, im Abbau von Barrieren, im behindertengerechten Wohnraum und in der Versorgung mit Hilfsmitteln. Die Anfertigung, Beschaffung und Bereitstellung von „technischen Hilfen für den Versehrten" war problematisch; oft wurde den Betroffenen geraten, sich mittels „Selbstbau" zu behelfen. Dies bezog sich aber auch auf die Sportgeräte im DDR-Versehrtensport; so reichten die Wettkampfrollstühle nicht an internationale Standards heran und galten intern als „Trabant unter lauter Mercedes". Besonders jedoch wurden Menschen mit geistiger Behinderung stigmatisiert. Eine 1975 angefertigte Untersuchung zur Einstellung nichtbehinderter Menschen gegenüber behinderten Menschen in der DDR wies Abwehr, Distanz, mangelnde Akzeptanz bis zum Ekel und starke Defizite im Wissen über Menschen mit Behinderungen nach, die ihrerseits in ihrer Umwelt oft „Gleichgültigkeit, Rücksichtslosigkeit, Achtlosigkeit" erleben mussten.[126]

Diese Segregation, die im Widerspruch zu den Äußerungen des DDR-Regimes stand, beeinflusste auch die Mitglieder des DVfV sowohl innerhalb des Verbandes als auch in ihren Kontakten nach außen. Zwar hatte der DVfV gerade in den 1980er-Jahren bedeutende Fortschritte auf dem Weg zur Gleichberechtigung im Sport gemacht und seinen Verband nachhaltig gestärkt, dennoch blieben etliche Probleme weiter bestehen. So monierte das DVfV-Präsidium auf seinem Verbandstag 1984 die zum Teil problematische Zusammenarbeit auf Kreisebene mit den Gehörlosen- und Blindenverbänden, wo es offenbar zu personellen Auseinandersetzungen kam. Die „Bereichsleitung Körperbehindertensport" hatte Kaderprobleme, war chronisch unterbesetzt und hat „zu keiner planmäßigen und kollektiven Arbeit gefunden". Die Fachkommission Leichtathletik, deren Aktivitäten vom Präsidium als sehr „unbefriedigend" bezeichnet wurden, musste einen ungünstigen Entwicklungsverlauf melden. Die gute Öffentlichkeitsarbeit im „Internationalen Jahr der Geschädigten" konnte ebenfalls nicht fortgeführt werden, da „offensichtlich von den Verantwortlichen der Massenmedien die Bedeutung des Versehrtenports (...) unterschätzt" wurde.[127] Im Herbst 1988 hatte sich die Situation nicht wesentlich gebessert. Die Entwicklung der Mitgliederzahlen war so enttäuschend wie zuvor und kam längst nicht auf das geforderte Minimum einer 35-prozentigen Steigerung; in den Bezirken Erfurt, Gera, Leipzig, Magdeburg und Suhl war die Situation besorgniserregend, nur Potsdam hatte das Plansoll annähernd erreicht.[128]

Die von Anfang an bestehenden Spannungen zwischen den gehörlosen, den körperbehinderten und blinden Sportlern konnten offenbar immer noch nicht zur Zufriedenheit aller gelöst werden. Auch die Betreuung im Kinder- und Jugendbereich verlief trotz der stringent organisierten Nachwuchsarbeit nicht befriedigend. 1979 konstatierte das DVfV-Präsidium hier eine nur „unbedeutende Mitgliederentwicklung", was wohl auch mit der schwierigen Öffentlichkeits- und Werbearbeit auf diesem Gebiet zusammenhing. 1984 war zwar die absolute Zahl der Kinder und Jugendlichen im Verband auf etwas über 3.000 gestiegen, ihr prozentualer Anteil aber war von 28,9% auf 28% gesunken: „Damit bleibt dieser Bereich in der Gesamtentwicklung hinter unseren Erwartungen zurück." Der Gedanke, auch „schwerbehinderte Kinder und Jugendliche (könnten) Sport treiben", war der Öffentlichkeit eben nicht so einfach zu vermitteln.[129] Generell behinderte sich der Verband aufgrund der festen Struktur der drei Säulen „körperbehindert, gehörlos, blind" selbst in Bezug auf eine mögliche Öffnung zu Menschen mit anderen Behinderungen. So wurde zwar gefordert, „den Kreis der Geschädigten (...) auf chronisch Kranke auszudehnen". Aber dies hätte bedeutet, dass etwa bei den Übungsstunden von Herzinfarktgeschädigten zusätzlich eine ärztliche Betreuung hätte abgestellt werden müssen, die bei Sportlern der üblichen drei Säulen nicht notwendig war. Zwar wurde konstatiert, dass „in der Gründung von sogenannten Gesundheitssportgruppen die größten Potenzen liegen“, aber der Verband sah sich – bis auf Ausnahmen wie etwa bei den „Bechterew-Erkrankten“ – außerstande, hier organisatorisch und personell einen Übungsbetrieb zu gewährleisten.[130]

Die Aufnahme von Menschen mit geistiger Behinderung wurde ebenfalls abgelehnt. Zwar unterstützte der DVfV die „Forderung“, auch für diese „schwer geistig behinderten Menschen, die aufgrund ihrer Schädigung keine Schule besuchen können“, die „Möglichkeit sinnvoller Freizeitgestaltung durch sportliche Betätigung zu schaffen“. Zudem wurde die „Aufnahme in die Sportgruppen des DVfV bzw. die Schaffung eigener Sportgruppen“ in den „verschiedenen Leitungsebenen des Verbandes diskutiert“; sie wurde jedoch „nach eingehender Prüfung abgelehnt“. Damit sprach sich die Führungsebene des DVfV ganz klar gegen eine Eingliederung von Menschen mit geistiger Behinderung aus. Offenbar gab es auch hier massive Berührungsängste, die möglicherweise, wie zum Teil im Westen, mit den internen Hierarchien der verschiedenen Behindertengruppen im Verband zusammenhängen mochten. Wenn der DVfV abschließend zu seiner Ablehnungsstrategie bemerkte, dass für die „Mitgliedschaft im DVfV (...) die entsprechenden Bestimmungen“ weiter bindend seien und die Satzung „keiner Veränderung“ bedarf, konnte er sich als Satellitenverband dadurch entlasten, dass diese Entscheidung „in Abstimmung mit dem (weisungsbefugten) Sekretariat des DTSB der DDR“ entstanden war; der DVfV schien also keinen großen Handlungsspielraum besessen zu haben. Auf der anderen Seite zeigt jedoch auch das beharrliche Festhalten am Begriff „Versehrtensport“ – der DVS hatte sich schon 1975 in Behindertensportverband umbenannt –, dass sich der DVfV nicht von althergebrachten Einstellungen und Normen lösen wollte.[131]

Der Verband ließ sich über die knappe Bemerkung, „über Grenzfälle (müsse) örtlich entschieden“ werden, ein Hintertürchen offen, das aber im Wesentlichen wohl doch geschlossen blieb. Es gab zwar auch in der DDR durchaus Sport für Menschen mit geistiger Behinderung: So wurde 1981 vom Kreisrehabilitationszentrum Löbau und der Förderwerkstatt der Inneren Mission Löbau das „erste Sportfest für geistig Behinderte“ und im Juni 1982 in Neustadt ein Fußballturnier für „geistig Behinderte des Diakonischen Werkes“ durchgeführt. Die 1982 im Anschluss an die Löbauer Sportspiele gegründete

Rehabilitationssportgemeinschaft Löbau – der Begriff „geistige Behinderung“ wurde geflissentlich vermieden – wurde aber nicht etwa vom DVfV, sondern direkt vom Kreisvorstand des DTSB Löbau betreut. Schon im Vorfeld der Gründung schien es zu einigen Problemen gekommen zu sein; allein die „Vorbereitungen (für die Gründung) „erforderten viel Zeit und Geduld“.[132]

Die für viele Sportler unbefriedigenden, weil geringen Startmöglichkeiten im (westlichen) Ausland wurden schon angesprochen; gerade Sportler wie Dr. Detlef Eckert oder Marianne Buggenhagen, die vor ihrer Behinderung Spitzen- bzw. Leistungssportler gewesen waren und die die neue sportliche Elite im Behindertensport der DDR bildeten, hatten weiterhin ein massives Interesse am internationalen Leistungssport und sahen sich benachteiligt. Generell hatte der Generationenwechsel im DVfV eine Anzahl von jüngeren Sportlern hervorgebracht, die, wie der Dresdner Jörg Wiesecke, vor ihrem Unfall oder ihrer Krankheit (international) Sport betrieben hatten oder, wie der Magdeburger Raimund Patzelt, trotz körperlicher Behinderung schon immer sportlich aktiv waren und die jetzt darauf pochten, im Ausland zu starten.[133] Es waren selbstbewusste Sportler, die, wie Patzelt, zum Teil auch gegen nichtbehinderte Sportler auf Wettkämpfen starteten. Aufgrund ihrer früheren Sportkarriere und ihrer neuen Situation als Menschen mit Behinderungen registrierten sie sehr genau die Benachteiligungen und Diskriminierungen (im Sport) und lehnten sich dagegen auf. Konflikte mit dem Verband bzw. mit der überalterten DTSB-Führung waren damit vorprogrammiert.

So versuchte 1985 und 1986 eine Behindertensportlerin mit Eingaben an Erich Honecker beharrlich, aber vergeblich, für sich und andere Sportler und Sportlerinnen die „Teilnahme am weltweiten Wettkampfgeschehen – insbesondere an den Paralympics – zu erreichen“. Sie sprach dabei auch die Diskriminierung im Behindertensport der DDR an. Mit entsprechenden Weisungen von oben wurden ihre Briefe über das StaKo an die zuständigen Abteilungen des DTSB und des DVfV weitergeleitet. Sie erhielt von dort stereotype Absagen mit dem Hinweis, der DVfV sehe seine „Hauptaufgabe in der Entwicklung des Breitensports im eigenen Lande“ und nicht im internationalen Behindertensport. In Verkennung der sportpolitischen Machtverhältnisse hatte sie sich mit ihrer Beschwerde über den DTSB und den DVfV an den Staat gewandt, der aber die Weisungsbefugnis gegenüber den unselbständigen Sportverbänden besaß.[134] Dies war kein Einzelfall. Generell kam es unter den körperbehinderten Leistungssportlern im DVfV in den 1980er-Jahren zu enormem Unmut, weil es keine DDR-Mannschaft für die Paralympics 1984 und 1988 geben durfte: „Für die dirigistische, an ideologisch verwertbaren Erfolgen orientierte Sportpolitik der SED war Behindertensport auf internationalem Niveau nicht förderungswürdig", kommentierte der erfolgreiche Sportler Dr. Detlef Eckert, der vor seiner, aufgrund eines Unfalls notwendigen, Oberschenkelamputation Mitglied des erweiterten Kaders (Hochsprung) der DDR für die Olympischen Spiele in München 1972 gewesen war.[135]

Die betroffenen Sportler suchten Schlupflöcher und Auswege. 1986 war Marianne Buggenhagen als Gast bei Bekannten im bundesrepublikanischen Krautheim, wo zufällig ein Internationales Sportfest für Rollstuhlfahrer stattfand. Obwohl sie wusste, dass es Schwierigkeiten geben könnte, startete sie für Krautheim und holte für den Verein ungewöhnlich viele Medaillen; danach wurde sie von den DDR-Verantwortlichen eindringlich verwarnt. Bei derartigen Gelegenheiten jedoch stellten die bislang stark isolierten DDR-Sportlerinnen und Sportler fest, wie dicht ihre Leistungen doch am internationalen Standard und wie groß ihre Medaillenchancen waren. Dies wiederum verstärkte ihren Drang, für die DDR bei Paralympics zu starten, verdeutlichte ihnen aber zugleich auch ihre eigene Diskriminierung durch das DDR-Regime. Hinzu kam die Benachteiligung innerhalb der Sportlandschaft der DDR und das Bemühen des DTSB, bei großen Veranstaltungen die Sportler mit Behinderung möglichst von der Öffentlichkeit fernzuhalten. Besonders krass erlebten die Rollstuhlsportler diese Benachteilung beim Friedenslauf 1985 in Ost-Berlin, als dort zur selben Zeit eine IOC-Tagung mit dem IOC-Chef Samaranch stattfand und dieser beim Friedenslauf, der im Fernsehen übertragen wurde, auf der Tribüne saß. Die Rollstuhlsportler, die normalerweise zwei Minuten vor den anderen Sportlern starteten, wurden vor dem Start diskret in eine Nebenstraße umgeleitet und kamen erst nach Beendigung des Besuches von Samaranch ans Ziel. Die Begründung für diese Umleitung „war unverfroren und dreist: Man könne es den Fernsehzuschauern nicht zumuten, wenn nach dem Start minutenlang Behinderte im Bild zu sehen seien".[136]

Auch diese mehr als subtile Diskriminierung durch den DDR-Sport und die DDR-Führung trug entscheidend dazu bei, dass die Behindertensportler immer stärker ihren Protest äußerten. Etliche Sportler waren deprimiert; angesichts der fortdauernden Benachteiligungen dachten einige über einen Ausreiseantrag nach. Marianne Buggenhagen etwa verglich ihre Leistungen mit denen der internationalen Elite und kam zu dem Schluss: „Du könntest jetzt mehrfache Olympiasiegerin sein!". Sie (und auch andere) empfand sich immer stärker als „Fürsorge-Objekt (...) ohne eigenen Gestaltungswillen".[137] 1988 „war dann der Punkt erreicht, wo nach den Erfolgen in Seoul (bei den Olympischen Spielen 1988) und den Paralympics Zehntausende Menschen nachfragten, wo das Sportland DDR bei diesen Spielen sei". Angesichts des Drucks mussten das DDR-Regime und der DTSB handeln und gestatteten dem DVfV, einen Aufnahmeantrag beim Internationalen Verband des Behindertensports, der „International Sports Organization for the Disabled" (ISOD) zu stellen. „Dies führte (dann) zur Mitgliedschaft der DDR in der ISOD im Juni 1989"; damit war endlich die Teilnahme an den nächsten Paralympics möglich.[138]

Mitten hinein in diese allmähliche Wandlung und das Erstarken des DVfV fielen die „Wende" und die Beseitigung der Mauer im Herbst 1989 und damit die komplette Neuorientierung und Umgestaltung der DDR, die im Herbst 1990 schließlich zum Ende der DDR durch die Vereinigung mit der Bundesrepublik Deutschland führte. Mit dem „Einigungsvertrag" 1990 wurden auch die alten DDR-Sportstrukturen, bis auf wenige Elemente wie etwa Forschungsinstitute und Dopingkontrollstätten, aufgelöst. Der DDR-Sport, der im staatsabhängigen DTSB, in Sportfachorganen und in BSG geordnet war, wurde organisatorisch in das Sportsystem der Bundesrepublik mit dem DSB, den Landessportbünden, Fachverbänden und Vereinen eingegliedert. Die BSG wurden aufgelöst und konnten sich zum Teil als Vereine wiederbegründen. Sie schlossen sich den neuen Landessportbünden und Landesfachverbänden der neuen Bundesländer und der bestehenden Sportstruktur in Berlin an. Nach entsprechenden Anträgen wurden die neuen Landessportbünde und Landesfachverbände in den DSB aufgenommen. Gab es am Ende des Jahres 1989 und zu Beginn des Jahres 1990 auch im Sport der DDR, die sich allmählich demokratische Strukturen zu geben begann, noch die Idee, in einer selbständigen, demokratisch gewordenen DDR eine ebenso freie und selbstbestimmte eigene Sportorganisation aufzubauen, so wurde im Verlauf des Jahres 1990 schnell klar, dass als einzige politische (und auch sportliche) Option nur eine Vereinigung bzw. eine Eingliederung in die BRD und ihre Strukturen in Frage kommen würde.

Die „Wende" 1989 überrumpelte auch den DDR-Sport und seine vielen Mitglieder. In dieser komplexen Situation prallten die Meinungen und Vorstellungen aufeinander; Gemeinsamkeit herrschte lediglich darin, dass die alten Strukturen nicht länger aufrecht erhalten werden konnten und etliche dies auch nicht wollten. Diejenige Fraktion, die die Strukturen bestimmt hatte, wollte das sportorganisatorische und -politische System mit Abstrichen bewahren, während diejenigen, die benachteiligt, gegängelt oder ausgegrenzt worden waren, freiere Organisations- und Umgangsformen anstrebten. Eine der ersten Maßnahmen war die Loslösung der Verbände bzw. des DTSB vom StaKo und die Übernahme der Verantwortung für die eigene künftige Entwicklung und Gestaltung. Auch für den DVfV, der ausgerechnet noch im Juni 1989 sein eigenes 30-jähriges Jubiläum feierte,[139] bedeutete dies eine Selbstreflexion der eigenen Position und die Einführung echter demokratischer Strukturen. Aufgrund der Zwangszusammenführung der unterschiedlichen Sportgruppen der körperbehinderten, gehörlosen und blinden Menschen seit der Gründung der Sektion im Jahre 1953, die immer von inneren Konflikten geplagt war, begann der DVfV aber beinahe sofort zu erodieren.

Ausgerechnet am 9. November 1989 kam es zu einer Arbeitsberatung des DVfV mit den Bezirksvorsitzenden in der Berliner Klubgaststätte in der „Allee der Kosmonauten“, die bis 15 Uhr dauerte. Bereits während dieser Tagung, die schon stark unter dem Eindruck der bisherigen durchlässigen Grenzsituation stand, wurden erste Veränderungserscheinungen und der beginnende Zerfall des DVfV sichtbar. So musste das erweiterte Präsidium an zwei Stellen neu besetzt werden, weil die betreffenden Sportfreunde „in die BRD übergesiedelt“ bzw. „die DDR verlassen“ hatten. Und der schon länger andauernde interne Druck auf das Präsidium, auch andere Menschen mit Behinderungen zuzulassen, veranlasste das Präsidium dann endlich, in „Einzelfällen psychisch Geschädigte in (die) Sektionen“ mit einzubeziehen; dies geschah jedoch gegen den Willen des Vorsitzenden Dr. Kabisch, der vergeblich und nachdrücklich darauf hinwies, „dass das nicht der Satzung des DVfV der DDR entspricht“.[140]

Auf der Arbeitstagung des DVfV am 9.12.1989, also einen Monat nach dem Fall der Mauer, prallten die Meinungen und Vorstellungen dann direkt und unmittelbar aufeinander; im Kern ging es um die Spaltung des DVfV, dessen Zwangszusammenschluss 1953 bzw. 1959 die Gemüter schon lange unterschwellig bewegt hatte. Das alte Präsidium um den Präsidenten Dr. Dieter Kabisch vertrat dabei die Position des DTSB, der den Erhalt des Gesamtverbandes DVfV zwangsangeordnet hatte. Die Vizepräsidenten der drei Bereiche jedoch wollten eine Lockerung bzw. sogar die Teilung des Verbandes. Während der Vizepräsident Wolfgang Poppe (körperbehindert) das Richtlinienpapier des DTSB „Veränderung und Erneuerung“ kritisierte und ein eigenes Konzept vorlegte, forderte der Vizepräsident Erich Kuttner (blind), der einen eigenen Blindensportverband wollte, den Präsidenten Kabisch und die Generalsekretärin Inge Mandrek zum Rücktritt auf. Und der langjährige Vizepräsident Heinz Meurer (gehörgeschädigt) verlas eine Resolution der Gehörlosen und drohte bei Nichtannahme des Papiers mit dem Austritt der gehörlosen Sportler aus dem DVfV. Der Rücktritt des Präsidiums wurde mit Stimmenmehrheit jedoch noch einmal verhindert. Angesichts dieser bislang ungewohnten Konfliktpotentiale und der heftigen Zusammenstöße fürchteten etliche altgediente Funktionäre, dass nun alles wegbräche und im Chaos versinke.[141]

Der zumindest partielle Zusammenbruch des Verbandes war jedoch nur eine Zeitfrage. Zu Beginn des Jahres 1990 hatte der bisherige Präsident Kabisch „sein Amt zur Verfügung gestellt“, und der Verband wurde „führerlos“. Auf der darauffolgenden Krisensitzung des DVfV am 6.1.1990 erklärte Heinz Meurer, der Präsident der Hörgeschädigten, den Austritt der Gehörlosen aus dem DVfV, da sie sich nicht als „Versehrte im Sinne von Menschen mit körperlichen Schäden fühlten“. Die körperbehinderten und blinden Sportler hingegen wollten weiter im Verband bleiben. Eine Abstimmung ergab die Auflösung des Präsidiums, das daraufhin zurücktrat. Dann konstatierte der DVfV das Ende des Verbandes in seiner bisherigen Form, wobei die beiden restlichen Säulen schließlich eine Arbeitsgruppe zur Vorbereitung eines außerordentlichen Verbandstages bildeten. Die ausgetretenen gehörlosen Sportler gründeten ihrerseits am 3.2.1990 in Berlin den Deutschen Gehörlosen-Sportverband der DDR; sein Präsident wurde Heinz Meurer, als Generalsekretärin wurde Inge Mandrek eingestellt. Am 10.11.1990 löste sich der Verband auf, und seine Landesuntergliederungen schlossen sich dem Bundesdeutschen Dachverband DGV an.[142]

Der Restkorpus des DVfV trat am 24.2.1990 zu einem außerordentlichen Verbandstag zusammen; als Gast nahm der Präsident des DBS, Dr. Reiner Krippner, teil. Nach heftigen Wortwechseln und Auseinandersetzungen wurde „mit deutlichem Vorsprung vor dem bisherigen Vizepräsidenten Wolfgang Poppe“ der aktive Athlet Dr. Detlef Eckert zum Präsidenten gewählt. Zum Vizepräsidenten wurde der Leichtathlet und Schwimmer Dr. Marco Wiegand vor seinem

Vorgänger Erich Kuttner gewählt. Detlef Eckert war im Januar bereits zu einem der beiden Sprecher der DTSB-Athletenkommission berufen worden, die am Runden Tisch des Sports und im Arbeitsausschuss des DTSB die Interessen der aktiven Sportler wahrnehmen sollte. Im März 1990 wurde er von den Delegierten in das Präsidium des DTSB gewählt und im Juni 1990 wurde er schließlich noch persönliches Mitglied des NOK.

Als einer der ersten Amtshandlungen entschloss sich der deutlich verjüngte DVfV-Vorstand, auch Menschen mit geistiger Behinderung aufzunehmen. Sie sollten anstelle der Gehörgeschädigten die dritte Säule des neuen DVfV bilden. Die alte Bezeichnung „Versehrtensport" im Verbandsnamen wollte der DVfV jedoch weiter beibehalten, bis beim nächsten voraussichtlichen Verbandstag 1991 darüber verhandelt werden würde. Der bei der Tagung anwesende DBS-Präsident Dr. Reiner Krippner bot die Unterstützung und die Zusammenarbeit des westdeutschen Verbandes an. Der DVfV selbst wollte die eigenen positiven Traditionen in eine zukünftige Zusammenarbeit einbringen.[143]

Die Neuorientierung des DVfV stand unter dem Vorzeichen, in einer selbstbestimmten, neuen demokratischen DDR als Sportverband neben anderen Sportverbänden zu verbleiben; zu diesem Zeitpunkt war noch nicht absehbar, dass der DVfV und der DDR-Behindertensport – wie überhaupt die gesamte DDR-Sportorganisation – das Jahr 1990 nicht überleben sollten, wenn sich auch schon deutlich abzeichnete, dass es künftig wohl kaum zwei deutsche Staaten, sondern ein gemeinsames Deutschland geben würde. In dieser kurzen Zwischenphase begann der DVfV mit einer demokratischen und organisatorischen Neustrukturierung. Dabei glich sich der DVfV zwar organisatorisch an die westlichen Sportstrukturen an, beharrte ansonsten jedoch auf seiner Verbandsunabhängigkeit und dem DBS gegenüber auf einer gleichwertigen Partnerschaft. Noch im März 1990 formulierte der DVfV-Präsident Eckert Zielstellungen für die künftige Entwicklung des Behindertensports in der DDR, wobei er als bewahrenswerte Elemente des DVfV die streng systematische Kinder- und Jugendsportförderung und die Spartakiade, die nach Sportarten gegliederte Organisationsform sowie die soziale Sicherstellung und die Möglichkeiten zur Freistellung von der Arbeit betrachtete.[144]

Am 21.6.1990 erfolgte ein Beschluss der Volkskammer der DDR über die künftige höhere Förderung des Behindertensports auch für internationale Starts. Mit Unterstützung des Ministeriums für Jugend und Sport hatte sich der Verbandsetat damit deutlich verbessert. Der DVfV-Präsident Eckert hatte es über seine DTSB- und NOK-Mitgliedschaften ermöglicht, dass die Versehrtensportler Zugang zu den DTSB-Sportstätten und den Leistungssporteinrichtungen bekamen. Der vom alten DTSB im Mai 1989 gefasste Beschluss, eine Mannschaft zu den Weltmeisterschaften nach Assen (Niederlande) im Juli 1990 zu schicken, hatte damit weiterhin Bestand, so dass sich eine motivierte DDR-Mannschaft systematisch auf die Spiele vorbereiten konnte. Die großen Erfolge der DDR-Sportler in Assen gaben der bislang eingeschlagenen Richtung Recht. Im Juli 1990 konnte Eckert resümieren, der DDR-Versehrtensport habe nun „eine ähnlich gute Position wie sie der BRD-Verband schon länger inne hat". Dies würde auch das „Zusammenwachsen mit dem DBS fördern". Abschließend bemerkte er: „Wir gehen davon aus, dass wir zu den Paralympics 1992 eine gemeinsame deutsche Mannschaft entsenden werden". Das Ministerium für Jugend und Sport der DDR unterstützte den DVfV bei seinen Aktionen. Am 12.9.1990 wurden aus dem Etat des Ministeriums drei Millionen DM für die Förderung des Behindertensports zur Verfügung gestellt.[145]

Gleichzeitig mit der leistungssportlichen Aufwertung des DVfV veränderten sich auch die Organisationsstrukturen auf regionaler Ebene. Anstelle der BSG-Sektionen gründeten sich immer mehr Behindertensportvereine. Zum Teil schlossen sich die Mitglieder der Betriebssektionen zu eigenständigen Vereinen zusammen, zum Teil wurde, wie etwa in Magdeburg, die Sektion unfreiwillig „aus der BSG (...) ausgegliedert" und gründete sich dann als Verein neu. Wie auch immer diese Entwicklungen im Einzelnen tatsächlich auch verlaufen waren, sie gingen nicht immer ohne Probleme, schmerzhafte Umbrüche und Orientierungslosigkeit vonstatten. Selbst eine große und gut strukturierte Sektion wie die Leipziger BSG hatte verständlicherweise außerordentlich Mühe, als ehemaliges abhängiges Trägerbetriebselement einen erfolgreichen Weg in die Selbständigkeit zu finden; etliche jedoch bewältigen diesen schwierigen Schritt.[146]

Im Laufe des Jahres 1990 wurden nach westlichem Vorbild dann auch Landesverbände begründet, wobei Landesverbände im Westen die weitere Entwicklung als Paten betreuten und begleiteten. Am 5.5.1990 wurde der Sächsische Behinderten- und Versehrtensportverband gegründet, als erste Präsidentin wurde Dr. Christine Leutelt gewählt, die 1999 durch einen Unfall ums Leben kommen sollte. Der Verband verfügte bei seiner Gründung über

2.800 Mitglieder und 30 Vereine. Am 15.6.1990 gründete sich der Thüringer Behinderten-Sportverband, der drei Jahre später bereits 3.000 Mitglieder in 50 Vereinen besaß. Am 23.9.1990 wurde dann der Behindertensportverband Sachsen-Anhalt mit 23 Vereinen und 1.200 Mitgliedern gegründet; erster Präsident war Professor Dr. Klaus Gottschalk. Im September desselben Jahres erfolgten die Gründungen der Verbände von Mecklenburg-Vorpommern und Brandenburg. Der Ost-Berliner Verband blieb dabei nicht lange selbständig, sondern trat dem West-Berliner Behindertensportverband bei.[147]

Der Behindertensport der fünf neuen Länder stand vor einer schwierigen Situation, die neuen Landesverbände übernahmen eine höchst komplexe Aufgabe. So mussten sie eigene Strukturen schaffen, wobei einer der wichtigsten Bereiche die Umschreibungen der Übungsleiterlizenzen und die Grundlagenschaffung für neue Weiterbildungen im Rehabilitationssport waren. Dabei übernahmen die Vereine die Verantwortung für den bislang im staatlichen Gesundheitswesen verankerten Rehabilitationssport. Allein schon die Tatsache, dass – im Gegensatz zur DDR – im Versorgungssystem der BRD immer noch nach Behinderungsgründen und nicht ausschließlich nach dem Grad und der Schwere der Behinderung unterschieden wurde, machte die Sache nicht leichter. Denn nun musste nicht nur darauf geachtet werden, dass die Versehrtenleibesübungen der ehemaligen Kriegsteilnehmer komplett anders abgerechnet wurden als der Sport der anderen Menschen mit Behinderungen. Überdies sah man sich auch den entsprechenden Interessensgruppen wie etwa dem Bund der Kriegsblinden Deutschlands BKD gegenüber, die es vorher in der DDR nicht gegeben hatte und die nun in den neuen Ländern neue Verbandsableger gegründet hatten. Mit der Einheit war damit auch das langjährige, auf egalitärer Basis ausgerichtete Versorgungssystem der Menschen mit Behinderungen und damit auch die formale Nivellierung zwischen ihnen verschwunden. Plötzlich unterschied man wieder offiziell in Menschen mit Kriegs- und Zivilbeschädigungen; die Gefahr der inneren Hierarchiebildung, die in gewissem Maß vorher auch schon den Versehrtensport der DDR – wie ja auch den DBS – bestimmt hatte, war möglicherweise damit manifester geworden.

Trotz dieser raschen Angleichung an westliche Verhältnisse gab es jedoch noch hier und da den Versuch, alte Strukturen unabhängig weiterzuführen. So gründete sich am 26.6.1990 in Dresden der Verein BFA Versehrtensport Dresden, der die Nachfolge des ehemaligen Bezirksfachausschuss (BFA) Dresden des DVfV antrat; zu seinem ersten Vorsitzenden wählte man den altgedienten Versehrtensportfunktionär und Mitinitiator Hermann Dörwald. Der Verein vertrat die im Bezirk Dresden des DVfV als Mitglieder aufgenommenen Kreisfachausschüsse, Versehrtensportvereine und BSG-Sektionen; die Gliederung und die Organe, die Strukturen und Aufgaben des Vereins richteten sich nach dem alten BFA Dresden. Der Vorstand wies seine Mitglieder darauf hin, man solle sich rasch als Verein registrieren, um nicht die Rechtsfähigkeit zu verlieren; Hintergrund dabei war, dass es sich bei den Mitgliedern ausschließlich um die Sektionsgruppen der alten BSG handelte. Der BFA Dresden überdauerte zwar die DDR um ein Jahr, er geriet aber in die Isolation, da der für das Gebiet zuständige Sächsische Behinderten- und Versehrtensportverband „keine untergeordneten Organe als eigenständige Vereine" vorsah und nur „Bezirksvorstände (anerkannte), die dem Sächsischen Behindertenverband unterstehen". Hinzu kam noch, dass der BFA Dresden aufgrund der Amtsniederlegung verschiedener Vorstandsmitglieder nahezu arbeitsunfähig geworden war. So löste sich der Verein, der wohl ein letzter Reflex des DVfV der DDR war, am 19.10.1991 auf.[148]

Zum Zeitpunkt der letzten Landesverbandsgründungen im September 1990 lag der Einigungsvertrag über die Herstellung der Einheit Deutschlands, der am 31.8.1990 abgeschlossen wurde und der unter Kapitel VIII, Artikel 39 auch eine Förderung des Behindertensports der neuen Länder bis Ende 1992 vorsah, bereits einen Monat zurück. Am 3.10.1990 erfolgte dann die Einheit Deutschlands durch den Beitritt der DDR; damit begann die Überleitung der DDR-Sportverbände in den DSB; der DVfV stellte hier keine Ausnahme dar. Schon im Frühjahr 1990 hatten Gespräche zwischen dem DBS und dem DVfV über eine Zusammenarbeit der beiden Verbände begonnen; im April 1990 hatten sich Dr. Reiner Krippner und Dr. Detlef Eckert zu einem ersten offiziellen Gespräch über einen entsprechenden Vertragsentwurf getroffen, der – aus der Sicht des DVfV – das gleichberechtigte „Zusammenwachsen" beider Verbände regeln sollte.[149] Zu Beginn der Gespräche hatte das DVfV-Präsidium noch die Hoffnung, dass Elemente wie der Spartakiadegedanke in den DBS überführt werden könnten; zudem war es seine Absicht, so viele hauptamtliche DVfV-Mitarbeiter wie möglich auch im erweiterten DBS weiterzubeschäftigen. Um ein größtmögliches Gewicht in die Waagschale zu werfen, fügte der DVfV seinen Gesprächsunterlagen deshalb Statistiken, Jahresübersichten und Jahresbestenlisten bei, die die Bedeutung und die Leistungsfähigkeit der DDR-Athleten aufzeigen sollten.

Am 3./4.8.1990 trafen sich dann die Spitzen beider Verbände zu einem Informationsaustausch und gemeinsamen Arbeitsgruppen in den Bereichen „Leistungssport“, „Breitensport“ und „Jugend“, um einzelne Elemente des Vertragsentwurfes noch zu präzisieren.[150] Am 14.9.1990 lag ein erster Vertragentwurf vor, dem am 4.10.1990 eine weitere korrigierte Fassung folgte. Ein „Zusammenwachsen“ beider Verbände indes sah der Vertrag nicht mehr vor. Vielmehr wurde die Auflösung des DVfV zum 31.12.1990 und die Beantragung der Mitgliedschaft der neuen Landesverbände in den DBS geregelt; die noch bestehenden BSG-Sektionen hatten sich bis Ende des Jahres als Vereine zu gründen und dann den neuen Landesverbänden beizutreten. Der DVfV hatte zum Jahresende die Mitgliedschaften in den internationalen Sportverbänden zu kündigen und seine Verbindlichkeiten abzuwickeln. Die hauptamtlich beschäftigten Kräfte des DVfV wurden nicht übernommen, lediglich für zwei Mitarbeiter (mit künftigem Dienstort in der DBS-Geschäftsstelle in Duisburg) wollte der DBS eine Kostenübernahme beantragen. Der DBS versprach auch eine Unterstützung für den Neuaufbau des Behindertensports in den neuen Ländern im Rahmen von Patenschaften der alten Landesverbände. Er bot Hinweise und Hilfen für alle Fragen an, die sich im Rahmen des Aufbaus ergaben, übernahm bei Erfüllung der Kriterien des DBS die ehemaligen DVfV-Sportler in die A-Kader und stellte zum Teil finanzielle Mittel für bestimmte Zwecke (etwa Jugendsport) zur Verfügung. Für die Ausbildung von Übungsleitern und für den Aufbau des Rehabilitationssports wurde ebenfalls Unterstützung zugesagt.[151]

Doch diese Vereinbarung blieb Makulatur. Am 5./6.10.1990 beschloss der DBS-Hauptvorstand auf einer Sitzung, dass „eine Vereinbarung mit dem DVfV der DDR (...) nicht abgeschlossen“ wird; beschlossen wurde lediglich der Modus der Aufnahme der fünf neuen Landesverbände in den DBS, die Patenschaftsmodi der alten Landesverbände für die entsprechenden neuen Verbände sowie Abstimmungsgespräche des DBS mit dem Bundesminister des Innern hinsichtlich der „in Aussicht gestellten Mittel zur Förderung des Behindertensports in den neuen Landesverbänden“.[152] Am 1.12.1990 kam der DVfV zu einem außerordentlichen Verbandstag zusammen, der sein letzter sein sollte. In seiner Begrüßungsrede ging Detlef Eckert noch einmal auf die Entwicklung des DVfV in der DDR ein, wobei er die wichtigsten Defizite des DVfV als ein vom DTSB nicht geförderter Sportverband noch einmal benannte – keine Eigenverantwortlichkeit, geringe Medienresonanz und Verhinderung der Teilnahme an internationalen Sportereignissen – und die Vorteile des DBS-Beitritts – Gleichberechtigung, Selbständigkeit und internationales Agieren – hervorhob. Was die „Verhandlung zwischen dem DVfV und dem DBS" anging, so unterschied Eckert eine erste offene und „sportlich faire" Phase bis Anfang September 1990 und eine – um im Bild zu bleiben – unsportliche Phase ab September, in der der „DBS schrittweise von den schon vereinbarten Eckpunkten der Vereinigung abging und (...) jede Vereinbarung ablehnt(e)". Eckert machte dafür auch den bereits im August feststehenden „Beitrittstermin der DDR zur BRD" verantwortlich, der kaum noch Spielraum eröffnet habe. Sein Fazit: „Im Ergebnis wird es keine Vereinigung zweier Sportverbände, sondern nur den einfachen Anschluss der LBS an den DBS geben", war aus Sicht des DVfV bittere Realität. Mit 24 Ja-Stimmen bei einer Enthaltung beschloss der DVfV am 1.12.1990 mit Wirkung zum 31.12.1990 seine Auflösung: „Damit beendet der Deutsche Verband für Versehrtensport seine Existenz". Die neuen Landesverbände traten dem DBS bei und nahmen bei der nächsten Sitzung des DBS-Hauptvorstandes am 26./27.4.1991 in Unterjoch teil, „wo sie zu ihrer ersten Hauptvorstandssitzung im DBS besonders begrüßt wurden".[153]

IV Der DBS nach 1990: Resümee und Ausblick

Mit dem Beitritt der fünf neuen Landesverbände zum DBS zu Beginn des Jahres 1991 erhielt der Deutsche Behindertensportverband seine bis heute bestehende organisatorische Form. Er ist der zuständige Fachverband für den Sport von Menschen mit Behinderungen im Deutschen Olympischen Sportbund (DOSB). Zu seinen Mitgliedern gehören 17 Landesverbände und zwei Fachverbände, der deutsche Schwerhörigen-Sport-Verband (DSSV) und der Deutsche Rollstuhl-Sportverband (DRS), dessen Merkmal sein hoher Anteil von Kindern und Jugendlichen von 25% ist. Darüber hinaus sind im DBS sechs außerordentliche Mitglieder organisiert. Zu ihnen zählen die am 3.10.1991 gegründete Sportorganisation Special Olympics Deutschland für Sportler mit geistiger Behinderung, der Sozialverband Deutschland (SoVD) – der ehemalige Reichsbund der Körperbeschädigten, Sozialrentner und Hinterbliebenen –, der Deutsche Blinden- und Sehbehindertenverband, der Deutsche Ruderverband, der Behinderten Golf Club Deutschland, der Deutsch-Türkische Verein zur Förderung des Behindertensports sowie das Deutsche Kuratorium für therapeutisches Reiten. Mit seinen gegenwärtig über 570.000 Mitgliedern in über 5.600 Behindertensportgemeinschaften bzw. Vereinen ist der DBS einer der großen Sportverbände Deutschlands und damit einer der gewichtigen Stützpfeiler generell für die Organisationen der Menschen mit Behinderungen in Deutschland. Zugleich fungiert der DBS als Nationales Paralympisches Komitee für Deutschland und ist in dieser Funktion Mitglied im International Paralympics Committee (IPC); in den letzten Jahrzehnten gehörte der DBS mit seinen Athleten und Athletinnen zu den erfolgreichsten Mannschaften bei den Paralympischen Spielen.[1]

Die stark gestiegenen Mitgliedszahlen im DBS seit 1990 sind einer Reihe von Initiativen verschiedenster Art zu verdanken. So wurde 2001 mit Inkrafttreten des Sozialgesetzbuches (SGB IX) der Rehabilitationssport als ergänzende Förderleistung der gesetzlichen Krankenversicherung zur medizinischen Rehabilitation zu einer Anspruchsleistung. Die Qualität dieser Leistung wurde durch die Einführung eines bundesweiten Anerkennungsverfahrens weiter erhöht und um bisher nicht beachtete Indikationen und auch Sportarten erweitert. In diesen Rahmen gehören etwa Übungen zur Stärkung des Selbstbewusstseins für Mädchen und Frauen mit (drohender) Behinderung; Tatsache ist, dass Mädchen und Frauen mit Behinderung häufiger von sexueller Gewalt betroffen sind als nicht behinderte Mädchen und Frauen. Hier geht es auch darum, durch praktische Körpererfahrungen auf psychosoziale Effekte im Sinne der gesellschaftlichen Teilhabe hinzuwirken.

Im Breitensport werden seit geraumer Zeit besonders auch Senioren und Junioren gefördert. Während seit 1978 regelmäßig Sportfeste für Senioren durchgeführt werden, sind die jüngsten Neuerungen im Jugendsport die Einführung von „Jugend trainiert für Paralympics" und die mittlerweile internationalen „Paralympischen Jugendlager". Um die Jugend noch stärker anzusprechen, führt der DBS auf nationaler Ebene den „Jugend-Länder-Cup", die um etliche Sportarten stark erweiterten Jugendmeisterschaften und die seit 2009 veranstalteten „Bundesjugendspiele für Schülerinnen und Schüler mit Behinderung" durch; dabei richten die DBSJ-Lehrgänge ihr Augenmerk systematisch auch auf junge engagierte Leute, die sich gerne ehrenamtlich in kleinere Projekte einbringen wollen. Auch dadurch haben sich die Übungsleiterzahlen in den letzten zehn Jahren verdoppelt, wobei die entsprechenden Lizenzen den gestiegenen Bedürfnissen und Anforderungen im Behindertensport angepasst wurden. Die 2006 erfolgte Gründung der DBS-Akademie durch den DBS für den Bereich Ausbildung ist hier ein weiterer Baustein. Die Akademie berät und unterstützt den DBS in der Aus-, Fort- und Weiterbildung sowie in der Führung und Verwaltung im Behindertensport und erarbeitet entsprechende Konzepte. Des Weiteren führt die Akademie Veranstaltungen zum Thema Menschen mit Behinderungen durch.

Mit der Gründung des Internationalen Paralympischen Komitees (IPC) im Jahre 1989, an der der DBS maßgeblich beteiligt war und dessen Hauptsitz seit 1999 in Bonn liegt, wurde das Ziel erreicht, einen internationalen Dachverband für Behindertensport auf Spitzenniveau zu schaffen; die Paralympischen Spiele in Lillehammer 1994 waren die ersten Spiele unter der Leitung des IPC. Das IPC selbst, zu dessen Aufgaben die Förderung des (internationalen) Behindertensports und seiner jeweiligen Meisterschaften, der Kontakt zum Internationalen Olympischen Komitee (IOC), der Abbau von Benachteiligung, die Stärkung der Athleten mittels Selbstbestimmung sowie Bildungs- und Forschungsprogramme gehören, besteht heute aus etwa 160 Nationalen Paralympischen Komitees (NPC) und vier Internationalen Behindertensportverbänden (IOSD). Im Paralympischen Programm gibt es zur Zeit 27 Sportarten;

für acht davon fungiert das IPC als Internationaler Sportverband. Zur Zeit existieren sechs verschiedene Behindertengruppen in der Paralympischen Bewegung: Zerebralparetiker, Amputierte, Athleten mit Rückenmarksverletzungen, sehbehinderte Sportler, Athleten mit geistiger Behinderung und eine Gruppe mit denjenigen Sportlern, die nicht unter die anderen Kategorien fallen. Der DBS, der diese Entwicklung entscheidend mit beeinflusst hat, hat über die Initiierung etlicher eigener Impulse – dazu gehören moderne Strukturpläne, professionelle Leistungssportkonzepte und neue paralympische Trainingsstützpunkte – systematisch eine eigene starke Mannschaft aufgebaut, die gerade bei den letzten paralympischen Spielen international außerordentlich erfolgreich war. Zu den jüngsten Maßnahmen gehört eine – vom ehemaligen Bundespräsidenten Horst Köhler 2007 angeschobene – Kooperation zwischen dem DBS und den Unternehmen Telekom und Allianz für eine weitergehende Förderung des Spitzensports. Diesem Auswahlkader – dem sogenannten „Top Team" –, das eine intensive Förderung erfährt, gehörten 2008 etwa 40 Sportlerinnen und Sportler des DSB an.

Der gegenwärtige Status des DBS ist historisch hart erarbeitet, und auch wenn in vielen Aspekten eine Gleichstellung des Verbandes im deutschen Sport erreicht wurde, gibt es weiterhin Reibungsflächen und Problemlagen, die zwar die immer noch vorhandene Sonderstellung des Behindertensports bzw. des DBS illustrieren, in einigen Fällen aber nicht viel anders aussehen als die Sorgen anderer Sportfachverbände auch, inklusive Dopingvorfälle und anderer Unregelmäßigkeiten.[2] Zu den wichtigeren Problemen gehört dabei sicherlich eine ausreichende Nachwuchsförderung bzw. Nachwuchssorgen generell, die aber auch andere Fachverbände plagen.[3] So wird analog zu den Sportklassen in den Regelschulen, den Eliteschulen des Sports und des Projekts „Jugend trainiert für Olympia" seit Jahren vehement eine entsprechende Leistungseinrichtung im Behindertensport gefordert, die im paralympischen Jahr 2010 mit „Jugend trainiert für Paralympics" ihren Anfang genommen hat, um eine Gleichstellung mit der Jugendförderung der anderen Sportverbänden einzuleiten.[4] Dabei sind auch die gleichberechtigte Beachtung und Förderung des gesamten Behindertenleistungssports durch den DOSB weitere Diskussionspunkte im Verband. Dies reicht etwa von der Forderung nach einer Anhebung der Prämien für erfolgreiche DBS-Sportler oder nach einer engeren Verzahnung von Paralympischen und Olympischen Spielen, die aber mit der Übernahme der Schirmherrschaft des IOC für die Paralympischen Winterspiele 1984 und dann mit der seit 1988 eingeführten Praxis, Olympische Spiele und Paralympics am selben Ort zu veranstalten, schon begonnen hat. Zwar arbeiten das IOC und das IPC, das International Paralympic Committee, damit enger zusammen, gefordert wird aber immer noch eine Diskussion auf Augenhöhe, die davon ausgeht, dass „wir (die Behindertensportler) mit den Olympioniken auf einer Stufe stehen". Im Kern geht es um die noch immer fehlende Inklusion der Menschen mit Behinderungen in die bundesrepublikanische Gesellschaft.[5]

Dass im Behindertensport die Nachwuchsarbeit bzw. der Spitzensport vor anderen Problemen steht als in anderen Fachverbänden und hier sehr viel differenzierter über Normen und Tabus nachgedacht wird, ja nachgedacht werden muss, zeigt aktuell die Eingliederung kriegsversehrter Soldaten in den Behindertensport; gerade in Deutschland mit seiner Vergangenheit ist dies eine mehr als heikle Angelegenheit. Zwar ist es die Ansicht des DBS-Präsidenten Beucher, dass, „wer einen Unfall oder eine Amputation erlitten hat, bei uns Sport machen (kann). Ich betreibe keine Ursachenforschung, woher die Verletzung stammt". Jedoch wolle man im DBS keineswegs eine „Klientel von Kriegsversehrten anlocken", da, so der DBS-Vizepräsident und Chef de Mission, Dr. Karl Quade, man genau „um den Unterschied der gesellschaftlichen Akzeptanz verwundeter amerikanischer und deutscher Soldaten" weiß: „Dort sind es Helden, bei uns gibt es diese Kultur nicht. Und das finde ich gut". Zwar rechne man in den nächsten Jahren mit einer zunehmenden Zahl von Athleten aus kriegsführenden Staaten, dennoch gehe es um den Sport und nicht um einen Ersatzkrieg für Veteranen. Damit ist der zukünftige Behindertenleistungssport zwar (ähnlich wie die Jahre nach 1945) in gewisser Weise politisch belastet, der paralympische Sport bzw. der Nachwuchsleistungssport reagiert hier aber sehr sensibel und sieht sich in der Verpflichtung, diese Belastungen durch besondere Integrationsarbeit auszugleichen.[6]

Auch die besonders mit dem Leistungs- und Spitzensport einhergehende Frage der Medienpräsenz ist nach wie vor ein Thema.[7] Denn noch immer ist der Leistungssport des DBS – vom Gehörlosensport ganz zu schweigen – in den Massenmedien weitaus weniger präsent als der Spitzensport anderer Sportfachverbände. Selbst bei den paralympischen Spielen, die als einziges Sportereignis im Behindertensport eine Medienausnahme darstellen und auf größere öffentliche Beachtung stoßen, ist im Vergleich zur Berichterstattung der Olympischen Spiele diese Diskrepanz immer noch zu spüren.[8] Allerdings wird mittlerweile in den Tageszeitungen und im Fernsehen schon mehr über Behindertensport berichtet, und der DBS gibt in den letzten Jahren allen Interessierten zusätzlich noch professionelles Begleitmaterial und aktuelle Dokumentationen zu den Paralympics an die Hand, die eine beachtliche Verbreitung erfahren.[9] Zudem schlägt sich die allgemeine Tendenz im Sport, über die gezielte Lancierung ihrer „Stars" eine neue Form von Öffentlichkeit zu generieren und damit gleichzeitig Werbung für die betreffende Sportart zu machen, auch im Behindertensport nieder, obwohl Athleten kritisieren, dass hier noch viel zu sehr ihre Behinderung statt ihre Leistung in den Vordergrund gestellt werde.[10]

So wurden bei den letzten Winter-Paralympics langjährige erfolgreiche Sportlerinnen und Sportler wie Verena Bentele oder Martin Braxenthaler durch gezielte (biographische) Berichte – andere würden sagen: durch ihre Kommerzialisierung – in den Medien auch einer breiteren Öffentlichkeit bekannt und allmählich in die Reihen anerkannter „Sportstars" integriert.[11] Mittlerweile wird auch über einzelne erfolgreiche Behindertensportler in den Medien mehr berichtet, und nicht etwa nur über ihre Leistungen; es gibt immer mehr Interviews und Biographien.[12] Spektakuläre Allianzen zwischen Nichtbehinderten- und Behindertensport, mediengerecht in Szene gesetzt, kurbeln diese Tendenz dazu noch an. So ist die Arbeit von Steffi Nerius, Sportwissenschaftlerin und ehemalige Weltmeisterin im Speerwurf, die seit 2009 als Trainerin bei Bayer Leverkusen in der Abteilung Behindertensport die Spitzensportler trainiert, mittlerweile größere Zeitungsmeldungen wert.[13] Und Berichte über ehemalige Spitzensportler, die nach einem Unfall oder einer Krankheit eine neue Karriere im Behindertenspitzensport begonnen haben, sind auch keine Seltenheit mehr.[14] Der Unterton dieser Meldungen, dass es im Grunde alle treffen könnte, trägt mit zur Akzeptanz zumindest des Leistungssports im Behindertensport bei.

Dabei scheint, zumindest in den Medien, der Breitensport eine weitaus geringere Rolle zu spielen. Gerade an der Diskussion um die Förderung des Leistungssports und die Forderung, auch ein attraktives Breitensportangebot zu bieten, scheiden sich oft die Geister zwischen den Befürwortern des Spitzen- und Leistungssports und den Vertretern des Rehabilitations- und Breitensports im DBS.[15] Denn der „Leistungssport ist nur eine Säule des Behindertensports", da „viele der Behindertensportgruppen (...) inhomogen (sind) und aus Betroffenen und ihren Angehörigen, älteren und jüngeren Teilnehmern, Menschen mit und ohne Sporterfahrung" bestehen.[16] Diese schon historische Problematik ist im äußerst heterogenen Behindertensport, in dem sich Spitzensport und Rehabilitation nur selten begegnen und im sportlichen Alltag oft gar nichts miteinander zu tun haben, ausgesprochen stark ausgeprägt. Während in den herkömmlichen Sportfachverbänden die Nachwuchsarbeit und die Talentsuche naturgemäß im Jugendsport der Vereine beginnen und systematisch aufgebaut werden können, ist es aufgrund der besonderen Struktur und der heterogenen Klientel im Behindertensport schwieriger, Breitensport, Rehabilitation und Leistungssport, Nachwuchstalentsuche und herkömmlichen Jugendsport organisch und systematisch in Beziehung zu setzen bzw. das eine aus dem anderen herzuleiten.

Trotz all dieser Problematiken hat es der Behindertensport mittlerweile geschafft, sich eine relativ starke Stellung im Sport und in der Gesellschaft Deutschlands zu erkämpfen. Seine gegenwärtige Bedeutung war zu Beginn seiner Geschichte jedoch keineswegs abzusehen. Die außerordentlich bescheidenen Anfänge des „Kriegsversehrtenturnens", des Blindensports, des Gehörlosensports sowie des „Turnens" in den „Krüppelfürsorgeanstalten" im 19. und zu Beginn des 20. Jahrhunderts ließen in keiner Weise erahnen, dass diese marginalisierten Sportgruppen sich eines Tages – auch über gemeinsame Allianzen – tatsächlich aus dem sozialen Abseits herausmanövrieren sollten. Selbst als der westdeutsche Versehrtensport ab der zweiten Hälfte der 1940er-Jahre sich zuerst in lose organisierte Sportgruppen, dann in Sportvereine mit Mitgliedschaften in den Landessportbünden und schließlich auch in einen offiziellen Bundesverband mit Landesverbänden formierte, stellte er bis in die 1980er-Jahre hinein keinen ernstzunehmenden Faktor in der damaligen bundesdeutschen Sportlandschaft dar; er wurde auch erst 1972 als ordentliches Mitglied in den Deutschen Sportbund (DSB) aufgenommen.

Der DBS bzw. der Behindertensport unterschied sich von Anfang an vom herkömmlichen Sport: Die Sportfachverbände, die sich ab dem späten 19. Jahrhundert im Deutschen Reich begründet hatten, verfügen über eine lange Vereins- und Verbandstradition und eine jahrzehntelange Einbindung in die deutschen Sportorganisationen DSB bzw. DOSB. Ihre Mitglieder weisen in der

Regel relativ homogene Interessensstrukturen auf, und sie sind – zum Teil über Generationen hinweg – seit vielen Jahrzehnten in traditionellen Sportvereinen verankert. Der Behindertensportverband hingegen ist lange Zeit kein herkömmlicher Verband gewesen. Er weist eine relativ kurze und schwierige Organisationsgeschichte auf; seine Vereine haben sich unter zum Teil abenteuerlichen Umständen im sozialen Abseits begründet und mussten sich sozial, finanziell und sportorganisatorisch erst einmal behaupten. Unter großen Schwierigkeiten und ganz allmählich wurde der Behindertensport in den westdeutschen Sport integriert, und dies war nur durch die schmerzhafte Überwindung etlicher Vorurteile möglich gewesen. Auch innerhalb des Verbandes sah sich der DBS mit besonderen Problemen konfrontiert, denn aufgrund seiner heterogenen Mitgliedsstruktur war die Binnenintegration seiner Mitglieder, die zum Teil stark voneinander abgeschottete Gruppen bildeten, immer eine der Hauptaufgaben des DBS gewesen; eine Aufgabe, die andere Verbände so nicht kannten und die nicht immer einfach und zur Befriedigung aller Beteiligten zu bewältigen war und auch ist. Isolation und Integration nach außen und nach innen: Diese Parameter kennzeichneten lange Zeit die Geschichte des Behindertensports insgesamt, und der DBS musste immer schon Aufgaben schultern, die herkömmlichen Sportfachverbänden völlig fremd waren.

Die Isolationstendenzen hingen nicht nur mit der damals außerordentlich starken gesellschaftlichen Tabuisierung von Menschen mit Behinderungen in der Öffentlichkeit generell zusammen. Das öffentliche Sporttreiben von Menschen mit Behinderungen war, auch in Sportkreisen, völlig verpönt gewesen und wurde mit Unverständnis und Ekel betrachtet. Hinzu kam, dass Kriegsversehrte, aber auch andere Versehrte, die in der Öffentlichkeit Sport trieben, insgesamt ein negatives Symbol für den verlorenen Krieg waren, das man möglichst aus seinem Blickfeld verdrängen wollte. Die Isolation und die Abschottung hingen aber auch zum Teil mit der frühen Klientel dieses „Versehrtensportes“ zusammen. Der damals DVS genannte Fachverband bestand nämlich anfangs überwiegend aus sportvorerfahrenen Kriegsversehrten, die zu einem Teil immer noch einem gesellschaftlich überwunden geglaubten Militarismus, mindestens jedoch einer hierarchisch orientierten sportlichen Elitehaltung anhingen und mit diesem ausgeprägten Habitus selbst in der damaligen Gesellschaft, so konservativ sie in den 1950er-Jahren auch sein mochte, als äußerst rückwärtsgewandt verschrien waren. Diese Elitehaltung war ein

Grund, weshalb andere Menschen mit Behinderungen zunächst kaum einen Zugang zum Versehrtensport fanden. So blieb der eigentliche Kreis dieser Klientel lange Zeit sehr klein, und er wurde von den anderen Sportorganisationen und dem DSB zunächst auch nicht anerkannt.

Erst allmählich und sicher auch notgedrungen, weil die Ursprungsklientel überalterte und damit den Vereinen und Verbänden die Auflösung drohte, öffnete sich der enge Kreis der Kriegsversehrtensportler und nahm verstärkt auch andere Menschen mit Behinderungen auf. Dies geschah jedoch nicht ohne interne Diskussion, inneren Widerstand und massive Abwehrhaltung. Trotz vielfacher Ressentiments und interner Hierarchiebildung, trotz der nationalsozialistischen Vergangenheit etlicher alter Versehrtensportler, von denen sich viele nicht vorstellen konnten, ihre Vereine auch für Kinder und Frauen mit Behinderungen oder für Menschen mit geistiger Behinderung zu öffnen und ihnen sogar ein eigenes Repräsentationsforum zu geben, fand im Verband allmählich eine Selbstüberwindung statt. Deutlich sichtbar wurde dies in der Umbenennung des Deutschen Versehrtensportverbandes in Deutscher Behindertensportverband (DBS) im Jahre 1975. Dieser formale Akt, der die Mitgliedszahlen und die Binnenintegration ankurbelte und damit die gesellschaftliche Integration beschleunigte, gehörte zu den entscheidendsten und wichtigsten historischen Erfolgen des DBS und prägte die weitere Entwicklung des Verbandes hinsichtlich seiner sportlichen und gesellschaftlichen Einbindung aufs Nachhaltigste.

In der DDR hingegen war der dortige Versehrtensportverband (DVfV) von Anfang an in die übergreifende Sportorganisation DTSB formal integriert. In der Außendarstellung der Verbände wurde der DVfV auch immer als gleichberechtigter Partner mit gleichen Rechten und Pflichten bezeichnet; als Verband, der eine nichtolympische Sportart vertrat, wurde er in die Gruppe der sogenannten Sport II-Verbände des DTSB eingegliedert. Nach der Außendarstellung des DVfV zu urteilen, gab es im Verband selbst auch keine Binnenhierarchien oder Integrationsprobleme zwischen Kriegs- und Zivilversehrten oder blinden, gehörlosen und körperbehinderten Menschen. In der gesellschaftspolitischen Ideologie der DDR waren die Menschen mit Behinderungen generell gleichgestellt, da die „entwickelte sozialistische Gesellschaft“ auch aufgrund ihres „menschlichen Fortschrittes“ angeblich keine sozialen und gesellschaftlichen Unterschiede zwischen ihren Bürgern mehr kannte. Tatsächlich jedoch hatte der DVfV überwiegend mit den gleichen Problemen zu kämpfen wie sein westliches Pendant DVS/DBS: Isolations- und Ausgrenzungstendenzen der Menschen mit Behinderungen generell in der Gesellschaft, eine fehlende bzw. mangelhafte Anerkennung im DTSB, eine geringere finanzielle Förderung und eine Binnenhierarchie bzw. Binnenprobleme zwischen verschiedenen Sportgruppen von Menschen mit Behinderungen. Dazu kam noch, dass der DVfV beinahe bis zuletzt seine Definition von „Versehrtheit" lediglich auf Körperbehinderungen begrenzte und Menschen mit geistiger Behinderung nicht in seinen Verband aufnahm. Trotz des anderen Wegs des DDR-Versehrtensports, der beinahe von Beginn an in den Sportverbänden der DDR organisiert war, wiesen seine Mitgliederzahlen in Bezug auf die absolute Zahl der Menschen mit Behinderungen in der DDR auf eine noch geringere Repräsentanz als in der BRD hin. Der Idee, den Versehrtensport zwar in einem Verband zu organisieren, diesen aber unter staatliche Fittiche zu nehmen und seine Selbstorganisation und seine Autarkie zu begrenzen, war offenbar auch kein Erfolg beschieden.

Die zu Anfang zum Teil ganz bewusst gewählte Selbstisolation des ost- und westdeutschen Behindertensports und der autarke Zusammenschluss in einem eigenen Verband hatte trotz seiner vielen Nachteile – wie etwa eine erschwerte Integration seiner Sportler in herkömmliche Sportvereine – auch einige Vorteile, denn in der selbstgewählten Autarkie lag die Überlebenschance des Versehrtensports. Hätten sich die damaligen Versehrtensportler nicht als (sportliche) Elite begriffen und hätten sie einen ganz anderen organisatorischen Weg gewählt als einen Zusammenschluss in eigene Sportvereine und Verbände, so würde es den heute in den deutschen Sport so stark eingebundenen DBS in seiner jetzigen Form gar nicht geben. Die Versehrtensportler hatten nach dem Zweiten Weltkrieg nämlich ganz verschiedene Optionen, und historisch hätte es Alternativen gegeben: die Anbindung als informelle Sportgruppe an den VdK, den Reichsbund und – was die Kriegsblinden betraf – den Bund der Kriegsblinden Deutschlands (BKD) oder der Anschluss von Sportlern an herkömmliche Sportvereine. Mit diesen Optionen wären die Möglichkeiten des Versehrtensports vor allem auch im Wettkampfbereich jedoch schnell erschöpft gewesen. Der Zusammenschluss als selbstbestimmter Sportverband aber ermöglichte es dem Versehrtensport überhaupt erst, eine so geschlossene und machtvolle Organisationsform, wie es der DBS heute ist, bilden zu können und dadurch seinen gleichberechtigten Anschluss an die deutschen Sportorganisationen zu erreichen.

Die Ausrichtung auf einen selbstbestimmten autarken Verband, der in der Regel lediglich für Menschen mit Behinderungen offen war, war ein Reflex auf eine starre Gesellschaft, in der eine unüberwindbare Trennung zwischen „behinderten" und „nichtbehinderten" Menschen zum Alltag gehörte und in der eine gleichberechtigte gesellschaftliche Teilnahme von Menschen mit Behinderungen noch nicht einmal gedanklich möglich war, geschweige denn politisch auf den Weg gebracht werden konnte. Doch die Vorzeichen haben sich geändert und die Grenzen sind durchlässiger geworden, und es fragt sich, wie und ob sich der DBS angesichts der flexibel gewordenen Definition von „Behinderung" und der damit einhergehenden zunehmenden Inklusion von Menschen mit Behinderungen (auch im Sport), an der der Behindertensport selbst ganz massiv mitgearbeitet hat, in der Gesellschaft zukünftig behaupten kann.

In den letzten Jahrzehnten hat sich die Definition von „Behinderung" ganz massiv geändert. Bis vor kurzem galt noch die Definition des medizinischen Modells, die „Behinderung" als persönlichen Mangel, als Minderwertigkeit und als unabänderliches Schicksal einstufte. Der behinderte Mensch wurde als Patient betrachtet, seine Behinderung isoliert, abgekoppelt und über medizinische Rehabilitation und Heilpädagogik bekämpft bzw. gelindert. Der rein medizinische Blick auf die Schädigung förderte die soziale und kulturelle Stigmatisierung, da sie Behinderung in Bezug auf eine angeblich nicht behinderte Gesellschaft definierte, sie als Andersartigkeit betrachtete und damit als Ausgrenzungsmittel fungierte. Mittlerweile jedoch ist man sich unsicher, ob es überhaupt eine klar umrissene Definition des Begriffs geben kann, da „Behinderung" in jeweils unterschiedlichen kulturellen, politischen, historischen und medizinischen Kontexten jeweils verschieden diagnostiziert wird. Nun wird – gerade auch im Hinblick auf unsere alternde Gesellschaft – darauf hingewiesen, dass jeder Mensch irgendwann einmal, sei es bei Verletzungen, Krankheiten oder im Alter, zumindest zeitweise beeinträchtigt sein und dann nicht mehr über seine, zumindest theoretisch vollständigen körperlichen, seelischen und geistigen Funktionen verfügen wird. Dazu kommt, dass mittlerweile, wie etwa die UN-Konvention zum Schutz der Rechte von Menschen mit Behinderung zeigt, Behinderung in Beziehung zum Gesamtzusammenhang gesetzt und erkannt wird, dass auch die gesellschaftlichen Barrieren und die sozialen Zuschreibungen für die Behinderungen verantwortlich sind: Man ist nicht mehr behindert, sondern wird behindert gemacht. Folgerichtig definiert die UN-Konvention daher diejenigen Personen als „behindert", die in Wechselwirkung zwischen individueller Schädigung und verschiedenen Barrieren an der vollen gleichberechtigten gesellschaftlichen Teilhabe (Inklusion) gehindert werden.

Diesen Paradigmenwechsel vom medizinischen Modell zum sozialen Modell von „Behinderung", der über sein Inklusionsmodell weitreichende gesellschaftspolitische und soziale Veränderungen nach sich zieht, hat der DBS nicht nur mitgetragen, sondern als einer der wesentlichen Befürworter direkt in seinen Reformprozess integriert, den er seit 2002, besonders aber seit den ordentlichen Verbandstagen von 2005 und 2009 und mit seinem Positionspapier zum Thema UN-Behindertenrechtskonvention, systematisch in Gang gesetzt hat. Sport, so heißt es in den verschiedenen Leitlinien und Positionspapieren des DBS, kann somit ein guter Zugang zur Gesellschaft sein und eine Verbindung hinweg über Sozialbarrieren und Altersgrenzen schaffen. Behindertensport kann ein wichtiger Baustein hin zur gesellschaftlichen Teilhabe von Menschen mit Behinderungen sein. So ist Behindertensport eine Möglichkeit, Inklusion und Selbstbestimmung zu schaffen und Menschen mit Behinderungen von Patienten zu Bürgern und von Problemfällen zu Rechtsträgern zu machen. Konkret geht es dem DBS darum, über Sport den Dialog von Menschen mit und ohne Behinderung zu fördern, andere Organisationen hinsichtlich ihres geplanten Sportangebots für Menschen mit Behinderungen zu beraten, mit Bildungseinrichtungen Netzwerke zu gestalten, um Berührungsängste und Hemmschwellen bereits bei Kindern abzubauen und die Öffentlichkeit über die positiven Aspekte von Sport für Menschen mit Behinderungen aufzuklären. Intern befasst sich der DBS dabei mit der systematischen Überprüfung seiner eigenen Systeme, Zugänge und Bereitstellungen von und zu barrierefreien Sportangeboten und Sportstätten sowie Informationen und Kommunikationen; dazu gehören ebenso neue Maßnahmen zu flächendeckenden „inklusiven" Sportangeboten wie auch zur Weiterbildung und Qualifizierung sowie zur Sicherstellung der Gesundheitsförderung von Menschen mit Behinderungen.

Diese neue Definition von „Behinderung" ist dabei so allgemein gehalten, dass ihre Grenzen erodieren. Dazu kommt noch die individuelle Bewertung des jeweils beeinträchtigten Menschen; so empfinden sich etliche Gehörlose nicht als behindert, sondern verstehen sich als autonome gleichberechtigte Kultur. Damit stößt eine Definition im Sinne von Norm und Abweichung an ihre Grenzen, da es unklar ist, nach welchen Regelhaftigkeiten geurteilt wird. Tatsächlich ist bei einer derartigen Betrachtungsweise der Anteil der Menschen mit Behinderung an der Gesellschaft schlecht zu bestimmen; mittlerweile wird ihre Zahl auf etwa 10% der Gesamtbevölkerung geschätzt, dies schließt im wesentlichen blinde und gehörlose Menschen, Menschen mit Körper- und Lernbehinderung und Menschen mit geistiger Behinderung ein. Der Anteil der Menschen mit psychischer Behinderung wird auf weitere 10% geschätzt, so dass von einer Gesamtzahl von 16 Millionen Menschen oder 20% ausgegangen wird; Begriffe wie Norm und Abweichung sind also hier fehl am Platz.[17]

Derartige definitorische Durchlässigkeiten und breite Sichtweisen wirken sich auch auf den modernen Behindertensport aus, und zwar – allerdings ganz unterschiedlich – sowohl auf den Rehabilitations- und Breitensport als auch auf den Leistungssport. So kollidieren die modernen Angebote vieler Behindertensportvereine in Richtung auf präventiven Gesundheitssport mit den Angeboten etlicher Turnvereine oder spezieller Seniorensportvereine, die ebenfalls auf Gesundheitssport setzen und auch Herzsport- , Diabetes- oder Kreislaufsportgruppen anbieten. Mit anderen Worten: Wenn man im Alter oder bei einer chronischen Krankheit (oder bei beidem) Sport treiben will, muss man sich keinem Behindertensportverein (mehr) anschließen. Im Gegenteil: Mittlerweile ist der Rehabilitationssport ein Markt, „um den inzwischen auch andere – sowohl Sportverbände als auch kommerzielle Anbieter – buhlen". Zudem gibt es eine Integration von nichtbehinderten Menschen in den Behindertensport – und nicht nur, was die Besetzung von Vorständen bis hin zum DBS-Präsidium angeht –, etwa wenn gehende Menschen eine Begabung zum Beispiel für Rollstuhlbasketball entdecken. Darüber hinaus wurden gelegentlich auch Überlegungen angestellt, ob man künftig nicht Landes- oder Deutsche Meisterschaften gemeinsam austragen sollte, wobei das Handicap im Behindertensport ganz einfach zu einer Wettkampfklasse des Nichtbehindertensports wird. Nicht nur für Gunther Belitz, Journalist und Paralympicssieger, „verschwimmen (daher) immer mehr" die Grenzen zwischen Sport und Behindertensport.[18]

Auf der anderen Seite hat sich der technische Fortschritt um Ersatzglieder,

Prothesen und künstliche Sinnesorgane einschließlich neuronaler Prothesen so stark entwickelt, dass die technischen Ersatzstücke zum Teil wesentlich leistungsstärker sind als ihre organischen Originale.[19] So sind Athleten mit Carbonprothesen heute zum Teil in der Lage, im Spitzensport annähernd die gleichen Leistungen wie nichtamputierte Sportler zu erbringen, was eine eigene Form aufgeregter (Sport)Öffentlichkeit nach sich zog.[20] Mit ihren Hybridkörpern, die wie eine leistungssoptimierte Fusion von Mensch und Maschine wirken, haben sie neue bzw. neuinterpretierte Dimensionen in den Leistungssport von Menschen mit und ohne Behinderungen gebracht und der Maxime „schneller, höher, weiter" unerwartete Elemente hinzugefügt. Sie haben damit auch die (Mängel)Definition von Behinderung zum Teil außer Kraft gesetzt, weil sich nun plötzlich Sportler ohne Behinderung von Behindertensportlern in ihrem „Alleinstellungsmerkmal Leistungsstärke" bedroht fühlen. Der Anlass für derlei aufgeregte Debatten war der doppel-unterschenkelamputierte 400-Meter-Läufer Oscar Pistorius aus Südafrika, der mit seinen 30.000 Euro teuren Carbonfaser-Prothesen eine Bestzeit von 46,34 Sekunden auf 400 Meter gelaufen war.

Pistorius, der mehrmals Paralympicssieger war, überschritt die symbolische Grenze, indem er 2007 beim Golden-League-Meeting in Rom startete und dann den Antrag stellte, bei den Olympischen Spielen in Peking laufen zu können, falls er die Norm schaffen würde. Zwar versuchte der Internationale Leichtathletik-Verband (IAAF), seine Zulassung zu verhindern, doch der Sportgerichtshof CAS gab seiner Klage statt, wertete jedoch seinen Antrag als Einzelfallentscheidung. Pistorius war damit startberechtigt, konnte jedoch letztlich die Olympianorm nicht erfüllen; auch spätere Versuche, bei Leichtathletik-Weltmeisterschaften zu starten, scheiterten an der gesetzten Mindestnorm.[21] Mit seiner technischen Ausstattung und der dadurch bedingten Erweiterung der Leistungsfähigkeit seines Körpers löste Pistorius „heftige Debatten über den Wettbewerb zwischen behinderten und nicht-behinderten Sportlern aus", wobei sein technisch hochgerüsteter Körper – nun mit ins Gegenteil verkehrter Argumentation, aber wiederum abwertend – „dem als natürlich und quasi als defizitär klassifizierten Körper des Nicht-Behinderten" gegenübergestellt wurde. In der weiteren Diskussion ging es um den Vorwurf des „Techno-Dopings", um Chancengleichheit im Sport und um die Frage, ob „der Sportler mit einem unveränderten biologischen Leib langfristig zu einem Auslaufmodell“ werden könne.[22]

Der „Fall Pistorius“ suggeriert durch das besondere Interesse der Medien und auch der Kulturwissenschaft eine sensationelle Einzigartigkeit, und ganz richtig findet sich in der Literatur auch die ungeprüfte Behauptung, Oscar Pistorius habe „als erster Mensch mit einer gravierenden körperlichen Behinderung“ versucht, an den Olympischen Spielen teilzunehmen. Damit wird unterstellt, dass es gemeinsame Leistungssportwettkämpfe zwischen Menschen mit und ohne Behinderungen vorher nicht bzw. so nicht gegeben habe. Tatsächlich ist der „Fall Pistorius“ lediglich die extreme Ausprägung eines traditionellen Phänomens, das Presse und Sport in der Form bislang so nie gewürdigt haben und deshalb auch als moderne Sensation und nicht als Teil einer historischen Entwicklung wahrgenommen wird. Denn mindestens seit den 1920er-Jahren hat es regelmäßig breiten- und leistungssportliche Begegnungen zwischen Menschen mit und ohne Behinderungen gegeben. Gerade nach 1945 sind etliche Fälle bekannt, bei denen Behindertensportler und auch Gehörlosensportler an regulären nationalen Meisterschaften, an Weltmeisterschaften und an Olympischen Spielen teilgenommen haben und hier zum Teil auch Erfolge einfahren konnten; ein jüngeres Beispiel ist der mehrfache niedersächsische Paralympicssieger Kai Schröder, der in den 1980er-Jahren bei turnerischen Mehrkämpfen, in Schwimmwettbewerben und im Fünfkampf erfolgreich gegen nichtbehinderte Sportler gestartet war, und dies ohne jedes technische Hilfsmittel. Der „Fall Pistorius“ reiht sich lediglich ein in eine alte sportliche Tradition.[23]

In der Diskussion um vermeintliche Tabubrüche, die die Grenze zwischen „behindert“ und „nichtbehindert“ aufheben, ja in ihrer letzten Tendenz sogar umkehren, prallen ganz unterschiedliche Argumente aufeinander. Erstens gibt es die optimistische Meinung, dass, wenn das „Design das Bewußtsein“ bestimme und wenn „sich die Prothese (…) von einem dürftigen Hilfs- zu einem souveränen Fortbewegungsmittel wandelt, das Individuum die echte Chance (erhält), vom Außenseiter zum akzeptierten Insider zu avancieren“. Wenn aber jedoch, zweitens, der behinderte Spitzensportler dadurch zum „Vorzeigebehinderten“ mutiere und dabei das Modell eines „mechanisierten Sportroboters“ entstünde, sei dies nicht nur aus ethischen Gesichtspunkten bedenklich, da diejenigen Menschen mit Behinderungen, für dic schon eine Bordsteinkante eine unüberwindbare Hürde sei, doppelt unter derartigen

Zuschreibungen zu leiden hätten. Und drittens sei dieser „Quantensprung der Teilhabe" – und derart teure Carbonprothesen kann sich eben nicht jeder leisten –, immer dann fragwürdig, wenn die alte „Leistungskrüppelei", also die soziale Unterscheidung zwischen leistungs- und nichtleistungsfähigen Menschen mit Behinderungen, neue Nahrung erhalten würde. Jugendwahn, Körperkult und das „absolute Konkurrenzprinzip" seien damit auch in der Behindertenbewegung angekommen: Denn wenn sich der „behinderte Mensch" im „kapitalistischen Konkurrenzkampf" nur gut genug rüste und anstrenge, brauche er eben keine „Sonderbehandlung" mehr, auch dies sei – im negativen Sinne – Teilhabe an der Gesellschaft.[24]

Wie all diese Argumente auch im Einzelnen zu bewerten sind, sie gehören auf jeden Fall zum Teil einer modernen Debatte um die Frage, die sich auch im Behindertensport immer wieder stellt: „Wer oder was ist behindert und wer oder was nicht?" Gerade im Rahmen der Gleichstellungsdebatten, der UN-Konventionen zum Schutz der Rechte von Menschen mit Behinderung und der neuen offenen Definitionen von „Behinderung", bei denen jeder Mensch betroffen sein könnte, wird auch der Behindertensport der Zukunft neu überdacht werden müssen. Der Journalist Gunther Belitz formulierte schon 2002 hellsichtig eine ganz „andere Utopie" des Behindertensports: „Sobald allen Menschen mit Handicaps der barrierefreie Zugang zu den Sportstätten und die fachliche Betreuung in jedem Sportverein garantiert wäre, hätte der Behindertensport seine historische Mission erfüllt" und könne sich damit praktisch selbst auflösen.[25] Diese scheinbar unrealistische und weit hergeholte Utopie wurde im Zuge der Gleichstellung und Inklusion von Menschen mit Behinderungen in den europäischen Ländern zum Teil mittlerweile von der Realität eingeholt.

Dieser Umstrukturierungsprozess begann in Norwegen, das europaweit zu den fortschrittlichsten Ländern in Bezug auf die Integration von Menschen mit Behinderungen gilt.[26] Seit 1981 ist das übergeordnete Ziel der Politik in Norwegen die gesellschaftliche Teilhabe und Gleichstellung der Menschen mit Behinderungen. 1991 wurde die Gesundheitsschutzreform für Menschen mit geistiger Beeinträchtigung verabschiedet, und 1995 wurden dann die Sonderschulen abgeschafft. 2005 traten das Antidiskriminierungsgesetz und 2006 das Arbeitsschutzgesetz in Kraft, beide schlossen ausdrücklich auch Menschen mit Behinderungen ein; die eingesetzten Beauftragten wurden verpflichtet, gegen jegliche Diskriminierung vorzugehen. Die norwegische Sportorganisation zog nach: 1993 schlug der 1981 gegründete Norwegische Behindertensportverband (NHIF) erstmalig vor, alle Behindertensportler in herkömmliche Vereine zu integrieren und sie dann im Norwegischen Sportverband (NIF) zu organisieren. 1997 schlossen sich dann der NHIF, der Gehörlosensportverband (NDI) und das Komitee für geistig behinderte Menschen zum übergeordneten Norwegischen Behindertensportverband (NFI) zusammen. Das Ziel war, alle Menschen mit Behinderungen zunächst in einem Verband zu bündeln, um sie dann auf den gemeinsamen Sport mit nichtbehinderten Menschen vorzubereiten.

Der nun folgende Integrationsprozess nahm zehn Jahre in Anspruch, wobei zunächst die Fachverbände für Skisport, Fußball, Bogenschiessen und Tischtennis die Verantwortung für die norwegischen Behindertensportler ihrer Sparte übernahmen. Gleichzeitig wurde die Umstrukturierung der Sportangebote der Verbände und die Schaffung von behindertengerechten Sportmöglichkeiten in den Vereinen in Gang gesetzt. Der NFI koordinierte dabei die Aufgaben, zu denen auch die Vermittlung von Fachkompetenzen gehörte. Am 31.12.2007 löste sich der NFI auf, da er seine Aufgaben als erfüllt betrachtete. Der Norwegische Sportverband änderte im Januar 2008 dann seinen Namen in „Norwegischer Sportverband und olympisches und paralympisches Komitee". Die herkömmlichen Vereine betreuen jetzt über ihre eigens dafür gegründeten Sportgruppen die Menschen mit Behinderungen mit, wobei die Sportfachverbände für die Betreuung der entsprechenden Fachsportarten die Verantwortung übernehmen. Der Spitzensport wird über eine entsprechende Leistungssportorganisation und über das Nationale Paralympische Komitee betreut. Der Norwegische Sportverband selbst verfügt über ein Gremium für Behindertensport, das den einzelnen Sportfachverbänden zur Seite stehen und vor allem den mitgliedsschwachen Fachverbänden die entsprechenden Fachkompetenzen vermitteln soll; dazu fungiert es als Bindeglied zu den internationalen Sportorganisationen.

Mit diesen Integrationsmaßnahmen schaffte sich damit der Norwegische Behindertensportverband selbst ab, weil er seine historische Aufgabe, die gesicherte Teilhabe von Menschen mit Behinderungen am norwegischen Sport, als erfüllt betrachtete. Eine Evaluation, die 2008 zum Stand des Integrationsprozesses durchgeführt wurde, weist auf einen gelungenen Anfang der Integration hin. Bis 2011 sollte der Integrationsprozess jedem Menschen mit Behinderung die Teilnahme an einer von ihm gewünschten Sportart ermöglichen; der freie Zugang zu öffentlichen Sportangeboten soll dabei die Sicherung von Gemeinschaft, eine bessere Teilhabe, Akzeptanz und Zugehörigkeit eines jeden Menschen mit Behinderung im persönlichen und gesellschaftlichen Umfeld gewährleisten.

Wenn auch die Folgezeit erst erweisen wird, inwieweit der Behindertensport in Norwegen tatsächlich voll integriert ist bzw. ob der norwegische Weg insgesamt eine gangbare Entwicklung auch für andere Länder aufzeigen kann, so deutet doch auch dieses Beispiel wieder auf den altbekannten und vieldiskutierten Spagat des Behindertensports zwischen Integration und Abgrenzung hin. Welche Rolle der DBS dabei spielen kann und muss, wird die künftige Entwicklung im deutschen Behindertensport zeigen. Gunther Belitz formulierte 2002 im Hinblick auf eine gangbare Zukunft des deutschen Behindertensports den Leitsatz: „So viel Integration wie möglich – so viel Abgrenzung wie nötig“.

Anmerkungen

Anmerkungen Einleitung:

[1] Einen Forschungsüberblick gibt Wedemeyer-Kolwe, Behindertensport, 2010; vgl. auch die auf Niedersachsen bezogene Studie von Wedemeyer-Kolwe, Verhinderte Gesunde, 2010. Frühe Ansätze zu einer Geschichte des Behindertensports finden sich bei Pfister, Turnen, 1988. Die unveröffentlichte Dissertation von Papageorgiou, Geschichte des Behindertensports, 2005 basiert auf bereits bekannter Literatur.

[2] Vgl. dazu zuletzt Bösl/Klein/Waldschmidt, Disability History, 2010.

[3] Dabei sind Havemann, Fußball unterm Hakenkreuz, 2005; Bernett, Leichtathletik, 1987 und Beduhn/Klocksin, 100 Jahre RKB Solidarität, 1995 ausdrücklich von den jeweiligen Fachverbänden als historisch-kritische Studien in Auftrag gegeben worden.

[4] Vgl. dazu Langenfeld, Regional-, Orts- und Vereinsgeschichte, 2010; Daniel, Kulturgeschichte, 2001; Dülmen, Historische Anthropologie, 2000 und Bösl/Klein/Waldschmidt, Disability History, 2010. Es sei hier ausdrücklich betont, dass diese Studie keine weitere Untersuchung der momentan so beliebten akademischen Körpergeschichte ist.

Anmerkungen Kapitel I: Vorgeschichte

[1] Vgl. dazu Sierck, Arbeit ist die beste Medizin, 1992; Jantzen, Sozialgeschichte des Behindertenbetreuungswesen, 1982 und Bösl, Politiken der Normalisierung, 2009.

[2] Die Zahlen nach Fuchs, Körperbehinderte, 2001, S. 27f. und 35f. sowie Malmanesh, Blinde unter dem Hakenkreuz, 2002, S. 19f. und Biesold, Klagende Hände, 1988, S. 59.

[3] Die stark variierenden Zahlen bei Fuchs, Körperbehinderte, 2001, S. 23 und Hausdörfer-Reinert, Krüppelfürsorge, 2005, S. 32; Statistisches Jahrbuch des Bundes Deutscher Taubstummenlehrer, 1930, S. 14–20; Pielasch/Jaedicke, Geschichte des Blindenwesens, 1972, S. 52.

[4] Schorsch, Handbuch des Taubstummenwesens, 1929, S. 684; Biesalski, Krüppeltum, 1909, S. 166f. und Osten, Modellanstalt, 2004, S. 184 sowie Pfister, Turnen, 1988, S. 158f.

[5] Vgl. die Beispiele in Der Krüppelführer 1929, S. 25; Heuler, Krüppelkind, 1937, S. 59f. und S. 130; Zeitgemäße Krüppelfürsorge, 1925, S. 68–74 sowie Brinkschulte, Tradition, 1999, S. 50 und allgemein Pfister, Turnen, 1988. Zu den Apparaten der sogenannten Medikomechanik vgl. auch Dinckal, Medikomechanik, 2007.

[6] Vgl. Nachrichtendienst SBK (9. Jg.), 1928, S. 10; dieser Bericht wurde von einer Frau mit einer Gehbehinderung verfasst.

[7] Vgl. zusammenfassend dazu Wedemeyer-Kolwe, Verhinderte Gesunde, 2010, S. 48–52 sowie Schmidt, Bibliographie des Blindenwesens, III. Teil, 1935, S. 35; Mehls, 125 Jahre Blindenselbsthilfe, 1999, S. 71, Scholtyssek, Späterblindete, 1948, S. 116f. und BBSV, Festschrift 50 Jahre, 1978.

[8] Vgl. Unthan, Das Pediskript, 1925, S. 287ff. sowie Nachrichtendienst SBK (9. Jg.) 1928, S. 59.

[9] Vgl. die Beispiele in Nachrichtendienst SBK (10.Jg.) 1929, S. 41 und 76; zum SBK bzw. zum RBK generell Fuchs, Körperbehinderte, 2001, dort zum Sport S. 200–209 sowie zur sportlichen Kontinuität bis nach 1945 Wedemeyer-Kolwe, Versehrtensport, 2007, S. 29f.

[10] Eine Geschichte des Gehörlosensports existiert bislang nicht und stellt eine dringend zu schließende Forschungslücke dar; vgl. Pfister, Turnen, 1988 sowie Jahrbuch des Verbandes Deutscher Taubstummen-Turn- und Sportvereine 1931/32 und als Beispiel für die regionale Entwicklung der Gehörlosenbewegung in Hamburg die Bemerkungen bei Hannen, Von der Fürsorge zur Barrierefreiheit, 2006, S. 41f. (dort zum Gehörlosensport in der Weimarer Republik). Im Jahr 2010 ist eine Festschrift des Verbandes erschienen, vgl. DGV, Festschrift 100 Jahre, 2010.

[11] Vgl. Kienitz, Beschädigte Helden, 2008; Frie, Vorbild oder Spiegelbild?, 1994 und Falk, Vom Reichsbund zum SoVD, Teil 1, 2007.

[12] Vgl. dazu Tauber, Vom Schützengraben auf den grünen Rasen, 2008, S.164ff.; Schäfer, Arthur Mallwitz, 2003, S. 94f. und S. 275f. sowie Mallwitz, Arzt und Versehrtensport, 1954, S. 79 und Nielsen, Sport und Großstadt, 2002, S. 429f. zur Entwicklung der kommunalen Finanzierung des Sports.

[13] Vgl. dazu Tauber, Vom Schützengraben auf den grünen Rasen, 2008, S.164ff., der dem Verwundetensport aber mehr Bedeutung beimisst, sowie Falk/Hauer, Brandenburg-Görden, 2007, S. 33f.; Mallwitz, Arzt und Versehrtensport, 1954, S. 79, der als Zeitgenosse die geringe Verbreitung beklagt und Wedemeyer-Kolwe, Verhinderte Gesunde, 2010, S. 61ff.; vgl. zu Runge: Hoffmeister, Wegbereiter – Macher – Sieger, 1998, S. 70.

[14] Vgl. Tauber, Vom Schützengraben auf den grünen Rasen, 2008, S. 175; Jahrbuch der Turnkunst 1918, S. 36–38 und Deutsche Turnzeitung 1917, S. 215 und S. 324.

[15] Jahrbuch der Turnkunst 1918, S. 36.

[16] Jahrbuch der Turnkunst 1918, S. 53.

[17] Vgl. etwa Berghahn, Stahlhelm, 1966, S. 100 sowie Dirbach, Phänomen, 2004.

[18] Vgl. die Beispiele in Heiß, Leibesübungen für Körperbehinderte, 1936, S. 184.

[19] Vgl. Zentralblatt für Kriegsbeschädigte und Kriegshinterbliebene 2, 1922, S. 14 sowie Verein Erholungspark München, Festschrift 70 Jahre, 1990. Auf die Münchner Gruppe nimmt auch der Bayerische Versehrten-Sportverband Bezug in Der Sportkamerad 9 (9. Jg.) 1962, S. 3.

[20] Vgl. BSG Aachen, Festschrift 65 Jahre, 1991 sowie Lettenbaur, Versehrtensport, 1951 und dazu Wedemeyer-Kolwe, Verhinderte Gesunde, 2010, S. 68f.

[21] Vgl. zu Zeller VSG Göppingen, Festschrift 25 Jahre, 1977.

[22] Privatarchiv Dr. Wolfram Sperling (Leipzig), Chronik des 30jährigen Leipziger Versehrtensports (undatiert) sowie Manuskript zum 50jährigen Bestehens des Leipziger Versehrtensports 1995.

[23] Vgl. zusammenfassend Waldschmidt, Soziales Problem oder kulturelle Differenz?, 2006, S. 37 sowie aus der Fülle der Studien etwa Bock, Zwangssterilisation und Nationalsozialismus, 1986 oder Burleigh, Tod und Erlösung, 2002.

[24] Vgl. dazu Bernett, Nationalsozialistische Leibeserziehung, 2008 sowie Peiffer, Sport im Nationalsozialismus, 2008.

[25] Zit. in Scharf, Taubstumme in der Hitlerjugend?, 2006, S. 22 sowie Der Körperbehinderte 7 (7. Jg.) 1937), S. 7.

[26] Zit. in Fuchs, Körperbehinderte, 2001, S. 158f. sowie Der Weckruf (2. Jg.) 1935), S. 204. Der Weckruf war die Zeitschrift des Bannes B.

[27] Vgl. zu diesen komplexen Vorgängen etwa Fuchs, Körperbehinderte, 2001, S. 106ff.; Scharf, Taubstumme in der Hitlerjugend?; 2006, S. 80ff. sowie Hannen, Von der Fürsorge zur Barrierefreiheit, 2006, S. 55ff.; Pielasch/Jaedicke, Geschichte des Blindenwesens, 1972, S. 156f. sowie Falk, Vom Reichsbund zum SoVD, Teil 1, 2007, S. 219ff.

[28] Vgl. zum Bann K Fuchs, Körperbehinderte, 2001, S. 212ff.; zum Bann G Büttner, Nicht minderwertig, 2005, bes. S. 82ff. und zum Bann B etwa die Regionalstudie von Benke, Wie blind ist die blinde Hitlerjugend?, 1992, S. 196ff.

[29] Vgl. zur letzter Angabe Höck, Hilfsschule im Dritten Reich, 1979, S. 269ff.

[30] Vgl. dazu insgesamt Wedemeyer-Kolwe, Aussonderung oder Förderung?, 2008, S. 131f. sowie ausführlicher Wedemeyer-Kolwe, Verhinderte Gesunde, 2010, S. 20f., S. 36f. und S. 53f.

[31] Vgl. Scharf, Taubstumme in der Hitlerjugend?, 2006, S. 49.

[32] Vgl. dazu Scharf, Taubstumme in der Hitlerjugend?, 2006, S. 103f. sowie ausführlicher Wedemeyer-Kolwe, Verhinderte Gesunde, 2010, S. 20f.

[33] Zit. in Fuchs, Körperbehinderte, 2001, S. 200.

[34] Zit. nach Fuchs, Körperbehinderte, 2001, S. 202f.; vgl. auch Der Körperbehinderte 7 und 10 (7. Jg.) 1937, S. 6 bzw. S. 2–3 (Sportfest und Kurse) sowie 1 (8. Jg.) 1939, S. 3–4 mit einer Photoserie über die sportlichen Tätigkeiten der RBK-Mitglieder und Zeitschrift für Krüppelfürsorge 5–8 (34. Jg.) 1941, S. 28.

Zu Sasse vgl. seine Dissertation Körperlich Behinderte lernen Schwimmen, Hamburg 1936 sowie Der Versehrtensportler, Berlin-Ausgabe, 1, 1960, IV. Sasse war ab etwa 1954 Mitglied im VSV Schöneberg.

35 Vgl. Der Körperbehinderte 6 (10. Jg.) 1940, S. 6 sowie Wedemeyer-Kolwe, Verhinderte Gesunde, 2010, S. 38f.

36 Vgl. zu den RBK- und KdF-Fortbildungen und Erholungskursen in Hohenlychen: Der Körperbehinderte 1 (7. Jg.) 1937, S. 4–6 und Sportkameradschaft Hohenlychen 1, 1936, S. 7f. sowie 3, 1936, S. 7f. (auch mit Hinweisen auf den Bann K).

37 Vgl. zu Hohenlychen als SS-Heilstätte umfassend Hahn, Grawitz, Genzken, Gebhardt, 2007 und zu den SS-Versehrtensportlehrern in westdeutschen Versehrtensportvereinen Wedemeyer-Kolwe, Versehrtensport, 2007, S. 23f.

38 Vgl. dazu Falk, Vom Reichsbund zum SoVD, Teil I, 2007, S. 219–245 sowie Recker, Nationalsozialistische Sozialpolitik, 1985, S. 104f.

39 Deutsche Kriegsopferversorgung 10 (4. Jg.) 1935/36, S. 22–23.

40 Vgl. VSG Karlsruhe, Festschrift 20 Jahre, 1970, S. 11; Leibesübungen und körperliche Erziehung (58. Jg.) 1939, S. 126–129 (Bericht über die Gruppe) sowie Behindertensport 7, 1982, S. 147 (Bericht aus der Sicht eines ehemaligen Teilnehmers).

41 Privatarchiv Dr. Wolfram Sperling (Leipzig), Chronik des 30-jährigen Leipziger Versehrtensports (undatiert) sowie Manuskript zum 50jährigen Bestehens des Leipziger Versehrtensports 1995; vgl. auch Der Versehrtensportler 1 (20. Jg.) 1971, S. 5f. mit einem Artikel zum 25jährigen Jubiläum des Leipziger Versehrensports.

42 Archiv der VSG Frankfurt, Georg Vogel: Meine Rede anlässl. der 20-jähr. Jubiläumsfeier am 11. August 1956 beim Schwimmsport-Club Sparte, Frankfurt, S. 1 (Lebenslauf Vogel) sowie Institut für Stadtgeschichte Frankfurt, Personalakte Georg Vogel: Brief von Georg Vogel an die Stadt Frankfurt betr. Wiedergutmachung vom 16.10.1945.

43 Auskunft von Frau Frieda Steffens (Jg. 1918), Hamburg, vom 20.10.2009. Zum Zeitpunkt der Befragung war die 91-jährige Frau Steffens immer noch als Übungsleiterin im Hamburger Behindertensport tätig.

44 Diese karge Information nach der Homepage des Vereins www.bsg-essen.de (Zugriff am 13.5.2009).

45 Brief des Sohnes von Dr. Zeller, Dr. Heinrich Zeller, Göppingen, an den Verf. vom 18.1.2010.

46 Hudemann, Sozialpolitik, 1988, S. 395 sowie Bornebusch, Entwicklung, 1944, S. 61.

47 Zitate in Mallwitz, Gymnastik und Sport, 1943, S.41, S. 61ff.; vgl. auch Schäfer, Arthur Mallwitz, 2003, S. 288–300 sowie Kreuz, Kriegsorthopädische Erfahrungen, 1941, S. 39f.: Der damalige Direktor der Orthopädischen Universitätsklinik und des Oskar-Helene-Heims in Berlin war ein starker Befürworter des Leistungs- und Wettkampfsports der Versehrten und führte auch das Reiten für Kriegsbeschädigte ein.

48 Zitate in Mallwitz, Gymnastik und Sport, 1943, S. 69; Deutsche Turnzeitung, Beilage NS-Sport 51, 1942, S. 4 und 26, 1943, S. 2 sowie Schäfer, Arthur Mallwitz, 2003, S. 292. Die Erlasse zum Versehrtensport finden sich bei Mallwitz, Gymnastik und Sport, 1943, S. 41 und S. 99ff.

49 Vgl. Mallwitz, Gymnastik und Sport, 1943, S. 42–60 sowie Der Angriff. Tageszeitung der Deutschen Arbeitsfront 185 vom 1.8.1940 mit einem Artikel zum KdK-Verwundetensport.

50 Vgl. Mallwitz, Gymnastik und Sport, 1943, S. 50–57.

51 Aufgrund seiner Menschenversuche im benachbarten KZ Ravensbrück wurde Gebhardt 1948 im Nürnberger Ärzteprozess hingerichtet.

52 Vgl. dazu Wedemeyer-Kolwe, Versehrtensport, 2007, S. 21–24. Die anderen Beispiele wurden verschiedenen Vereinsfestschriften sowie biographischen Artikeln der Zeitschrift Der Versehrtensportler entnommen.

53 Die Schriftenreihe über ärztliche Sonderfürsorge für Schwerverwundete erschien 1943 und 1944 in sieben Heften und einem Sonderheft zur Kriegsblindenbetreuung. Auch in der Deutschen Turnzeitung, Beilage NS-Sport, erschienen ab 1942 immer wieder Fachartikel zum Versehrtensport.

[54] Vgl. Mallwitz, Gymnastik und Sport, 1943, S. 93–96 sowie die Filmographie von Teichler/Meyer-Tichelhoven, Filme, 1981, hier etwa die Titelverzeichnisse F 01336, F 01322 oder F 01205. Ein Exemplar des von Wolfgang Lettenbaur gedrehten Werbefilms „Amputiertensport im Reservelazarett II Magdeburg 1942" ist als DVD-Format im Archiv des NISH enthalten.

[55] Mallwitz, Gymnastik und Sport, 1943, S. 82–89.

[56] Auskunft von Udo Graf zu Eulenburg (Jg. 1921), Bielefeld, vom 9.6.2009.

[57] Zum Sport in der SS gibt es gegenwärtig keine umfassende Studie; vgl. einstweilen noch den Aufsatz über SS-Sport von Bahro, Der Sport und seine Rolle, 2007 sowie den Artikel in Sport-Jahrbuch für die Wehrmacht 1942, S. 142–149.

[58] Vgl. Wegner, Hitlers Politische Soldaten, 1990, S.170. Sogar Heinrich Himmler soll Träger beider Sportabzeichen gewesen sein; vgl. Sport-Jahrbuch für die Wehrmacht 1942, S. 142.

[59] Vgl. zum gesamten Abschnitt Bahro, Der Sport und seine Rolle, 2007 und zum Sport in den SS-Junkerschulen die mit Vorsicht zu genießenden Aufsätze in Schulze-Kossens, Militärischer Führernachwuchs, 1999, S. 151–173 und S. 286f. (Schulze-Kossens war SS-Führer) sowie in Der Freiwillige. Kameradschaftsblatt der Soldaten der ehemaligen Waffen-SS 22 (22. Jg.) 1976, S. 6–8 und S. 18–20.

[60] Diese Information verdanke ich Berno Bahro (Potsdam).

[61] Der Freiwillige. Kameradschaftsblatt der HIAG 5 (3. Jg.) 1958, S. 15–16, Zitate auf S. 16. Den Hinweis auf die angebliche Tätigkeit Wegners in Prag verdanke ich einem Zeitzeugen aus Braunschweig.

[62] Vgl. Wegner, Hitlers Politische Soldaten, 1990, S. 170.

[63] Vgl. Der Freiwillige 22 (22. Jg.) 1976, S. 6–8 und S. 18–20.

[64] Vgl. Der Freiwillige 8/9 (53. Jg.) 2007, S. 53–55.

[65] Vgl. generell dazu Waltrich, Hohenlychen, 2001 sowie Hahn, Grawitz, Genzken, Gebhardt, 2008, S. 342ff. In der internen hohenlychener Zeitschrift Sportkameradschaft Hohenlychen (1. Jg.) 1936ff, die wohl bis 1938 existierte, wurden zahlreiche Artikel zum Körperbehindertensport veröffentlicht.

[66] Archiv des LSB Niedersachsen, ALT C 2 Bünde/Verbände, BSB Hannover, Stadtsportbund Hannover, Zonensportrat 1946–1949: Protokoll der Zonensporttagung vom 13.–15.6.1947, S. 3: „In (der Sportheilstätte) Hellersen sind die Fachärzte der früheren Heilstätte Hohenlychen vorhanden".

[67] Vgl. dazu Wedemeyer-Kolwe, Verhinderte Gesunde, 2010, S. 70f; Wedemeyer-Kolwe, Versehrtensport, 2007, S. 23f. sowie Der Versehrtensportler 12 (8. Jg.) 1959, S. 5 mit einem Portrait von Hermann Jopski.

[68] Vgl. z. B. die positiven Verweise auf Hohenlychen in der Zeitschrift Leibesübung-Sportarzt-Erziehung (2. Jg.) 1951, S. 39 oder in der Zeitungsmeldung anlässlich des Todes von Professor Dr. Richard Schulze in Stadtarchiv Remscheid, Remscheider Zeitung RGA vom 14.2.1967: hier wird gemeldet, dass Schulze seinerzeit „eine Berufung an die berühmte Sportheilstätte Hohenlychen bei Berlin unter Prof. Gebhardt" erhalten hatte.

[69] Mallwitz, Gymnastik und Sport, 1943, S. 69.

[70] Vgl. Lex, Das Reichssportabzeichen, 1944. Lex (1892–1970) war dann von 1946–1948 Ministerialdirektor im bayerischen Innenministerium, von 1950–1960 Staatssekretär im Bundesministerium des Innern und von 1961–1967 Präsident des Deutschen Roten Kreuzes.

[71] Lex, Das Reichssportabzeichen, 1944, S. 5, vgl. auch Mallwitz, Gymnastik und Sport, 1943, S. 131.

[72] Schriftenreihe über ärztliche Sonderfürsorge 7, 1944, S. 11 (erstes Zitat) sowie Deutsche Turnzeitung, Beilage NS-Sport 50, 1942, S. 1–2 (zweites Zitat) und 43, 1942, S. 1–2 (drittes Zitat); vgl. auch Deutsche Kriegsopferversorgung 7–8 (11. Jg.) 1943, S. 11–13.

[73] Der Mittag Nr. 57 vom 4.3.1943.

[74] DVS, Festschrift 10 Jahre, 1961, S. 3f.

[75] Lex, Das Reichssportabzeichen, 1944, S. 8f. und S. 90.

[76] Schriftenreihe über ärztliche Sonderfürsorge für Schwerverwundete 7, 1944, S. 8.

[77] Vgl. zu den Bedingungen Mallwitz, Gymnastik und Sport, 1943 sowie Lex, Das Reichssportabzeichen, 1944, S. 50ff. und noch Buschmann/Lennartz, 75 Jahre Deutsches Sportabzeichen, 1988, S. 61–66.

[78] Auf das SA-Versehrtensportabzeichen weist die Dissertation von Bosch, Führerschule Neustrelitz, 2008, S.462f. hin, die aber lediglich als pdf-Datei verfügbar ist. Im BAB, NS 23/226 ist ein Zeitungsausschnitt aus der Rheinischen Landeszeitung vom 22.11.1943 überliefert, der auf die Ablegung des SA-Wehrabzeichens für Versehrte in der NS-Ordensburg Krössingsee aufmerksam macht.
[79] Vgl. Mallwitz, Gymnastik und Sport, 1943, S. 115f. und Lex, Reichssportabzeichen, 1944, S. 26f. sowie zur Kontinuität nach 1945 Wedemeyer-Kolwe, Verhinderte Gesunde, 2010, S. 93f. und S. 130f.
[80] Vgl. Der Freiwillige 22 (22. Jg.) 1976, S. 6–8 und S. 18–20 (Bad Tölz); Kremer, Geschichte des Sports an der Universität Jena, 2003, S. 51 (Versehrtensport an der Hochschule) sowie Der Freiwillige 8/9 (53. Jg.) 2007, S. 53–55 (SS-Stammkompanie).
[81] Zur Versehrtensportgemeinschaft auf dem Reichssportfeld vgl. Deutsche Turnzeitung, Beilage NS-Sport, 7, 1943, S. 1–2 und 13, 1943, S. 1–2 sowie Deutsche Kriegsopferversorgung 7–8 (11. Jg.) 1943, S. 13.
[82] Vgl. Völkischer Beobachter Nr.69 vom 10.3.1943 und Der Mittag Nr. 57 vom 4.3.1943 (Düsseldorfer Gruppe), Mittagsblatt vom 1.4.1994 (Hamburger Gruppe), Der Versehrtensportler 2 (11. Jg.) 1962, S. 29 sowie 2 (26. Jg.) 1977, S. 14 (Augsburger Gruppe und Walter Hummel) sowie StAHann, HR 20, Nr. 56, Reichssport- und Reichsversehrtensportabzeichen 1943–1944 mit entsprechenden Dokumenten auch zu Fritz Gunst.
[83] Vgl. den Bericht des Arztes Walther, Ziel, Wert und Erfolge, 1944, S. 29–40.
[84] Die letzte Angabe bei Schröder, Behindertensport, 1991, S. 226. Die Zitate finden sich in Deutsche Kriegsopferversorgung 7–8 (11. Jg.) 1943, S. 12.
[85] StAHann, HR 20, Nr.56, Reichssport- und Reichsversehrtensportabzeichen 1943–1944: Protokoll vom 26.1.1943.
[86] Vgl. Kremer, Geschichte des Sports an der Universität Jena, 2003, S. 51.
[87] StaatAWolf, 12 Neu 9, Nr.4552, Akten betr. Hochschule für Leibesübungen, Versehrtensport: Rundschreiben des Reichsministers für Wissenschaft, Erziehung und Volksbildung vom 25.5.1943 sowie Bericht über den Versehrtensport am Hochschulinstitut für Leibesübungen (...) Braunschweig vom 16.5.1944.
[88] Zitat in Schriftenreihe über ärztliche Sonderfürsorge 7, 1944, S. 10; vgl. auch Deutsche Turnzeitung, Beilage NS-Sport, 17, 1943, S. 1.

Anmerkungen Kapitel II: Westzonen und Bundesrepublik bis 1990

[1] Die Zahlen nach Donner, Kriegsopferverbände, 1960, S. 14ff. sowie Hudemann, Sozialpolitik, 1988, S. 514f. und 526f. und Rudloff, Rehabilitation, 2005, S. 522f., der auf die unzuverlässigen zeitgenössischen Statistiken und Zahlenwerte aufmerksam macht.
[2] Vgl. Rüfner, Ausgleich, 2005, S. 691f. sowie die Zahlen nach Wirtschaft und Statistik 2 (3. Jg.) 1951, S. 53 und S. 137–142.
[3] Vgl. dazu Hudemann, Sozialpolitik, 1988, S. 395–398 und zum nationalsozialistischen Wehrmachtsfürsorge- und -versorgungsgesetz die zeitgenössische medizinische Dissertation von Bornebusch, Entwicklung, 1944, S. 29–43 und S. 61–77.
[4] Vgl. Hudemann, Sozialpolitik, 1988, S. 400ff.; Rüfner, Ausgleich, 2005, S. 692f. sowie Rudloff, Rehabilitation, 2005, S. 528f.
[5] Vgl. dazu Manig, Politik der Ehre, 2004, S. 549 und S. 85f.
[6] Vgl. Hudemann, Sozialpolitik, 1988, S. 447–449 und Falk, Vom Reichsbund zum SoVD, Teil II, 2005, S. 23ff. sowie die Übersichten über die Sozialversicherungsdirektive Nr. 27 von Richter/Zappe, Direktiven, 1948, S. 13 und S. 23 und Heß/Metelmann, Recht der Kriegsbeschädigten, 1948 mit ausführlichen Kommentaren.
[7] Vgl. Richter/Zappe, Direktiven, 1948, S. 13, 30f., 38f., 45f. und 107; Hudemann, Sozialpolitik, 1988, S. 408 sowie Krukowska, Kriegsversehrte, 2006, S. 40–42.

[8] Vgl. Rüfner, Ausgleich, 2005, S. 692–696, Zitate auf S. 692f. und 694; vgl. dazu auch Schönleiter, Kriegsopferversorgung, 1965; Szilagi, 50 Jahre Kriegsopfer- und Schwerbeschädigtenfürsorge, 1969, S. 61f. und Bundesversorgungsblatt 1, 1951, S. 33f.

[9] Vgl. Hudemann, Sozialpolitik, 1988, S. 414f. und S. 532ff. sowie Rüfner, Ausgleich, 2005, S. 694–696 sowie S. 697ff.

[10] Vgl. Bundesversorgungsblatt 6, 1952, S. 56f.

[11] Vgl. Hudemann, Sozialpolitik, 1988, S. 403ff., S. 410ff. und S. 450ff.; Rudloff, Rehabilitation, 2005, S. 535ff. sowie allgemein dazu Bösl, Politiken der Normalisierung, 2009.

[12] Vgl. dazu kritisch Rudloff, Rehabilitation, 2005, S. 519 und 526ff. und pointiert Sierck, Arbeit, 1992 sowie insgesamt Bösl, Politiken der Normalisierung, 2009.

[13] Zit. nach Klee, Behinderten-Report, 1974, S. 82. Auf das Problem der NS-Belasteten (auch im Versehrtensport) wird unten noch näher eingegangen.

[14] Vgl. Donner, Kriegsopferverbände, 1960, S. 19ff.; Hudemann, Sozialpolitik, 1988, S. 413ff.; Krukowska, Kriegsversehrte, 2006, S.126ff.; Falk, Vom Reichsbund zum SoVD, Teil II, 2005 zur Entwicklung des Reichsbundes sowie die subjektiv angelegten Festschriften von Laschet/Plank, 50 Jahre Sozialverband VdK, 2000 zur Geschichte des VdK und BKD, Festschrift 75 Jahre, 1991 für den Bund der Kriegsblinden.

[15] Vgl. dazu Rudloff, Rehabilitation, 2005, S. 524f. sowie Rüfner, Ausgleich, 2005, S. 695f.

[16] Vgl. Donner, Kriegsopferverbände, 1960, S. 18f. und S. 15; darauf stützt sich Hudemann, Sozialpolitik, 1988, S. 534–538.

[17] Vgl. Hudemann, Sozialpolitik, 1988, S. 410 und S. 535.

[18] DVS, Festschrift 10 Jahre, 1961, S. 15; ähnliches vermerkt Falk, Vom Reichsbund zum SoVD, Teil II, 2005, S. 23.

[19] Vgl. Frei, Vergangenheitspolitik, 1996, S. 25ff. sowie Manig, Politik der Ehre, 2004, S. 585ff.; vgl. auch Donner, Kriegsopferverbände, 1960, S. 177f.

[20] Vgl. zu diesem z. T. kontrovers diskutierten Prozess Bernett, Der Weg des Sports, 1983, S. 22ff. sowie zusammenfassend Krüger, Einführung in die Geschichte der Leibeserziehung, Teil III, 2005, S. 158ff. In der Literatur wird darauf hingewiesen, dass die Vereine 1938 zwar ihre rechtliche Unabhängigkeit verloren, aber nun durch ihren Status als Parteizelle anderen NS-Organisationen gleichgestellt wurden. Damit durften sie theoretisch auch die Jugend gleichberechtigt neben der Hitler-Jugend wieder sportlich betreuen, so dass einem „Ausbluten“ der Vereine dadurch möglicherweise entgegengewirkt worden sei.

[21] Vgl. dazu Deutscher Sportbund, Die Gründerjahre, 2 Bände, 1990/91 sowie als Beispiele für die Sportorganisationsentwicklung der Bundesländer etwa Wolte-Wehle, Sportpolitik in Südwestdeutschland, 2000; Harres, Sportpolitik an der Saar, 1997 oder Wendt, Neuaufbau des Sports in Schleswig-Holstein, 1999.

[22] „Wege aus der Not zur Einheit“ war nicht umsonst der Titel der Jubiläumsschrift Deutscher Sportbund, Die Gründerjahre, 2 Bände, 1990/91.

[23] Gruenewaldt, Für Amputierte, 1946, S. 14f.; vgl. dazu auch die Biographien in Hambitzer, Schicksalsbewältigung, 1962.

[24] Vgl. dazu etwa Krukowska, Kriegsversehrte, 2006 oder Neumann, Nicht der Rede wert, 1999.

[25] Gruenewaldt, Für Amputierte, 1945, S. 32 und S. 38f.; vgl. dazu auch Lorenzen, Leibesübungen mit Körperbeschädigten, 1951, S. 16f.; Beyer, Körperbehinderte und Leibesübungen, 1946, S. 9f. oder In der Beeck, Bewegungsfibel für Schwerverletzte, 1948.

[26] Beyer, Körperbehinderte und Leibesübungen, 1946, S. 9.

[27] Beyer, Körperbehinderte und Leibesübungen, 1946, S. 47; Kersten, Gehschule, 1961, S. 12f. sowie Krukowska, Kriegsversehrte, 2006, S. 50, die eine Empfehlung des Bad Pyrmonter Versorgungskrankenhauses von 1953 zitiert.

[28] Kersten, Gehschule, 1961, S. 33.
[29] Lorenzen, Leibesübungen mit Körperbeschädigten, 1951, S. 17; vgl. dazu allgemein Bösl, Politiken der Normalisierung, 2009.
[30] Vgl. dazu die Beispiele in Wedemeyer-Kolwe, Verhinderte Gesunde, 2010.
[31] Vgl. als Überblick VdK-Mitteilungen 4 (4. Jg.) 1954, S. 169, Lorenzen, Leibesübungen mit Körpergeschädigten, 1951, S. 17 oder DVS, Festschrift 10 Jahre, 1961, S. 30f.
[32] Vgl. Zeitschrift für Chirurgie 1949, S. 787ff. (Bad Pyrmont) sowie Wedemeyer-Kolwe, Verhinderte Gesunde, 2010, S. 93 und S. 164.
[33] Vgl. Der Versehrtensportler 2 (11. Jg.) 1962, S. 29 (Hummel-Biographie); BVS, Festschrift 40 Jahre, 1992, S. 6f.; Der Sportkamerad 9 (9. Jg.) 1962 (Festschrift 10 Jahre BVS), S. 7 und S. 15 sowie Der Versehrtensportler (8. Jg.) 1959, S. 5 (Marten-Biographie).
[34] Der Versehrtensportler 10 (7. Jg.) 1958, S. 7 (Speth); Archiv der VSG Frankfurt, undatierter Zeitungsausschnitt.
[35] VSV Wuppertal, Festschrift 30 Jahre, 1975, S. 8.
[36] Der Versehrtensportler 12 (19. Jg.) 1970, S. 108 und 11 (20. Jg.) 1971, S. 83.
[37] Beyer, Körperbehinderte und Leibesübungen, 1946, S. 48.
[38] Institut für Stadtgeschichte Frankfurt, Personalakte Georg Vogel.
[39] Vgl. BSG Göppingen, Festschrift 50 Jahre, 2002.
[40] Auskunft von Frieda Steffens (Jg. 1918), Hamburg, vom 20.10.2009.
[41] BSG Düsseldorf, Festschrift 60 Jahre, 2007, S. 2.
[42] BSG Müllheim, Festschrift 50 Jahre, 2000, S. 6.
[43] Bühs, 50 Jahre Behindertensport in Bremen, 1997, S. 15; HVS Hamburg, Festschrift 40 Jahre, 1992, S. 10f. sowie BVS Bayern, Festschrift 40 Jahre, 1992, S. 7.
[44] Archiv des LSB: ALT A 6 Vorstand, Ehrung Deutscher Meister 1972: Brief von Fritz Gunst an Willi Greite vom 5.2.1973 (Lebenslauf) sowie Hoffmeister, Wegbereiter – Macher – Sieger, 1998, 74 (kurzer Lebenslauf von Gunst). Fritz Gunst hatte bereits schon 1943 das Reichsversehrtensportabzeichen absolviert (StAHann, HR 20, Nr.56, Reichssport- und Reichsversehrtensportabzeichen 1943–1944: hier die ärztliche Bescheinigung für Fritz Gunst (o. D.).
[45] Privatarchiv Liselotte Kretschmar (Peine), Zeitungsausschnittsammlung Horst Kretschmar 1935–1944 (Kopie beim Verfasser) sowie Archiv des BSN, Akte Ehrenzeichen: Lebenslauf Horst Kretschmar vom 19.12.1964 (Zitat).
[46] Der Spiegel (2. Jg.) vom 17.1.1948, S. 21.
[47] Deutsches Turnen 5 (1. Jg.) 1949, S. 10.
[48] Beyer, Körperbehinderte und Leibesübungen, 1946,S. 47f.
[49] ADV S-H, Versehrtensport. Das Hohelied der Kameradschaft, 1952, S. 13 sowie VSV S-H, Festschrift 20 Jahre, 1971, unpag.
[50] Vgl. BVS, Festschrift 40 Jahre, 1992, 6f. sowie DVS, Festschrift 10 Jahre, 1962, S. 84–118: 1962 existierten 13 Landesverbände.
[51] Vgl. MTV Treubund Lüneburg, Festschrift 150 Jahre, 1998, S. 112ff.; Institut für Stadtgeschichte Frankfurt, Sport und Badeamt: Bericht über die Arbeitstagung der Landesversehrtensportwarte in Frankfurt a.M. am 5.11.1950 (Berlin); RBSG Lübeck, Festschrift 50 Jahre, 2002, S. 11; BSG Minden, Festschrift 40 Jahre, 1991, S. 6; Behindertensport (36. Jg.) 1987, S. 23 (Reutlingen) sowie BSG Ulm-Söflingen, Festschrift 40 Jahre, 1987, S. 6.
[52] Auskunft von Hans-Wilhelm Voland (Jg. 1920), Hildesheim, vom 17.11.2005; Der Versehrtensportler 12 (19. Jg.) 1970, S. 108 (Stuttgart); BSG Düsseldorf, Festschrift 60 Jahre, 2007, S. 2; VSV Wuppertal, Festschrift 30 Jahre, 1975, S. 8f.; BSG Müllheim, Festschrift 50 Jahre, 2000, S. 6 sowie Auskunft der ehemaligen Kassiererin der BSG Frankfurt/Höchst, Hilde Mosch, vom 18.5.2009.

[53] Vgl. Bühs, 50 Jahre Behindertensport in Bremen, 1997, S. 15; www.tv-fürth-1860.de; RBSG Lübeck, Festschrift 50 Jahre 2002, S. 11 und 28; StALüd, LS 1-66, Sportamt, Versehrtensport: Brief der VdK-Ortsgruppe an das Sportamt von 1949; BSG Müllheim, Festschrift 50 Jahre, 2000, S. 8 sowie nach Auskunft von Adolf Prönnecke (Jg. 1920), Müllheim, vom 2.9.2009; BSG Neumünster, Festschrift 50 Jahre, 2002, S. 14.

[54] Vgl. SV Reha Augsburg, Festschrift 50 Jahre, 1999, unpag.; VSG Lörrach, Festschrift 50 Jahre, 1998, unpag.; Auskunft von Lieselotte Reichart, der Witwe des Begründers Wilhelm Reichart, Marburg, vom 21.4.2008 sowie Privatarchiv Bernd Wedemeyer-Kolwe (Göttingen), Nachlass Gerd Sluet: undatierter Lebenslauf; VSG Wetzlar, Festschrift 50 Jahre, 2002, S. 23f.; Auskunft von Harald Eles (Jg. 1927), Remscheid, vom 13.8.2009; BSV Wiesbaden, Festschrift 40 Jahre, 1988, unpag.; VSV Nürnberg, Festschrift 40 Jahre, 1993, S. 43; VSV München, Festschrift 25 Jahre, 1977, unpag.

[55] Auskunft von Heinz Klimkewitz (Jg. 1926), Uelzen, vom 11.1.2006; Auskunft von Kurt Klicha (Jg. 1925), Gießen, vom 19.8.2009; Auskunft von Eduard Sturm (Jg. 1924), Wetzlar, vom 9.7.2009; Auskunft von Fritz Müller (Jg. 1925), Eschwege, vom 2.9.2009; VSG Münster, Festschrift 25 Jahre, 1980, unpag.

[56] Vgl. VSV Wuppertal, Festschrift 30 Jahre, 1975, S. 8f.; VSG Oldenburg, Festschrift 20 Jahre, 1966, S. 5; Bühs, 50 Jahre Behindertensport in Bremen, 1997, S. 15; Auskunft von Karlheinz Cendrowski (Jg. 1926), Wattenscheid, vom 1.9.2009; Archiv der VSG Eschwege, Gründungsprotokoll vom 23.9.1951; Auskunft von Toni Taupp (Jg. 1926), Aschaffenburg, vom 18.11.2009; VSG Bremerhaven, Festschrift 40 Jahre, 1992, S. 21; BSG Bielefeld, Festschrift 50 Jahre, 1996, S. 15f. sowie Auskunft von Udo Graf zu Eulenburg (Jg. 1921), Bielefeld, vom 9.6.2009; Archiv der VSG Heilbronn, Manuskript der Festrede zum 50sten Jubiläum 2000.

[57] Die Darstellungen sind hier etwas widersprüchlich; vgl. BSG Aachen, Festschrift 65 Jahre, 1991, unpag.; BSG Aachen, Festschrift 75 Jahre, 2001, S. 8f. sowie Schorr, Chronik 1919–1988, 1995, unpag.

[58] Vgl. www.bsg-essen.de (Zugriff am 13.5.2009), jedoch ohne weitere Angaben. Vgl. zum Zonensportfest in Hameln Wedemeyer-Kolwe, Verhinderte Gesunde, 2010, S. 164f.

[59] Institut für Stadtgeschichte Frankfurt, Personalakte Georg Vogel; Archiv der VSG Frankfurt, Zeitungsausschnittsammlung sowie Auskunft von Willi Betz (Jg. 1926), Frankfurt, vom 17.8.2009.

[60] Vgl. BSG Göppingen, Festschrift 50 Jahre, 2002, unpag.

[61] HVS, Festschrift 40 Jahre, 1992, S. 10 sowie Auskunft von Frieda Steffens (Jg. 1918), Hamburg, vom 20.10.2009.

[62] Vgl. VSG Karlsruhe, Festschrift 20 Jahre, 1970, S. 11; BFS Karlsruhe, Festschrift 50 Jahre, 2000, S. 17; Behindertensport (31. Jg.) 1982, S. 147; Versehrtensport 6/7 (19. Jg.) 1970, S. 59; Leibesübungen und körperliche Erziehung 1939, S. 126ff.

[63] Vgl. BSG Köln, Festschrift 50 Jahre, 1998, S. 23f.; die Festschrift geht auf die bündische Vergangenheit ihrer Gründungsmitglieder nicht ein. Die Informationen erhielt ich von dem ehemaligen Sturmscharmitglied und Versehrtensportler Hans Hens (Jg. 1920), Köln, Auskunft vom 14.7.2009. Viele ehemalige Sturmscharmitglieder, so auch Hens, bauten ihre Häuser nach 1945 in derselben Kölner Siedlung, um weiter in Kontakt zu bleiben; vgl. zur Sturmschar auch Kindt, Die bündische Zeit, 1974, S. 763ff. sowie zur Kölner Gruppe noch Börger, Sie hielten stand, 1989.

[64] Auskunft von Udo Graf zu Eulenburg (Jg. 1921), Bielefeld, vom 9.6.2009 sowie BSG Bielefeld, Festschrift 50 Jahre, 1996; Auskunft von Toni Taupp (Jg. 1926), Aschaffenburg, vom 18.11.2009; RBSG Lübeck, Festschrift 50 Jahre, 2002, S. 11; StALüd., Westfälische Rundschau vom 8.4.1981 sowie Sportamt LS 1–66, Versehrtensport: Brief des VdK an den Oberstadtdirektor vom 2.5.1950.

[65] Archiv der BSG Mannheim, undatiertes Gesprächsprotokoll mit Gründungsmitgliedern; vgl. VSG Münster, Festschrift 25 Jahre, 1980, unpag. sowie Langenfeld/Prange, Münster. Die Stadt und ihr Sport, 2002, S. 384f. (über Saurbier); BVSV Schweinfurt, Festschrift 50 Jahre, 2003, S. 10; Wedemeyer-Kolwe, Verhinderte Gesunde, 2010, S. 95f. und S. 190f. (Hannover und Göttingen) sowie Reha SG Siegen, Festschrift 50 Jahre, 2009, unpag.

[66] Archiv der VSG Eschwege, Protokoll der Gründungsversammlung vom 23.9.1951 sowie Brief von Gerhard Werneburg, Eschwege, an den Verf. vom 24.8.2009; Archiv der VSG Heilbronn, Festrede zum 50sten Jubiläum 2000, S. 3. sowie BSG Minden, Festschrift 40 Jahre, 1991, S. 6.

[67] Auskunft von Karlheinz Cendrowski (Jg. 1926), Wattenscheid, vom 1.9.2009.

[68] Auskunft von Adolf Prönnecke (Jg. 1920), Mülheim, vom 2.9.2009.

[69] Vgl. VSV Nürnberg, Festschrift 50 Jahre, 2003, S. 62 und S. 71.

[70] Vgl. HVS, Festschrift 40 Jahre, 1992, S. 11 sowie Auskunft von Frieda Steffens (Jg. 1918), Hamburg, vom 4.9.2009 sowie von Annedore Maasch (Jg. 1922), Hamburg, vom 12.8.2009.

[71] VSV München, Festschrift 25 Jahre, 1977, unpag.; Szilagi, 50 Jahre Kriegsopfer- und Schwerbeschädigtenfürsorge, 1969 sowie Auskunft von Dr. Herbert Demmel (Jg. 1932), München, vom 10.7.2009.

[72] Institut für Stadtgeschichte Frankfurt, Personalakte Georg Vogel; Archiv der VSG Frankfurt, Zeitungsausschnittsammlung sowie Auskunft von Willi Betz (Jg. 1926), Frankfurt, vom 17.8.2009.

[73] Institut für Stadtgeschichte Frankfurt, Sport- und Badeamt 63, Versehrtensport: Bericht über die Arbeitstagung der Landesversehrtenwarte am 22./23.10.1950 in Frankfurt/Main, S. 2.

[74] AVNRW, Festschrift 10 Jahre, 1963, S. 34.

[75] Vgl. dazu Wedemeyer-Kolwe, Verhinderte Gesunde, 2010, S. 164f.; DVS, Festschrift 10 Jahre, 1961, S. 33, S. 89 und S. 117; Der Sportkamerad 9 (9. Jg.) 1962 (Festschrift 10 Jahre BVS), S. 7; VSV Kiel, Festschrift 40 Jahre, 1990, S. 7ff. sowie BSG Göppingen, Festschrift 50 Jahre, 2002, unpag.

[76] Wedemeyer-Kolwe, Verhinderte Gesunde, 2010, S. 182–183.

[77] Zit. in VBSV Schleswig-Holstein, 40 Jahre Behindertensport, 1991, S. 10.

[78] Beispiele bei Wedemeyer-Kolwe, Verhinderte Gesunde, 2010, S. 93ff. und S. 107ff.

[79] Vgl. die Diskussion in Deutsches Turnen 17 bzw. 24, 1951, S.18 bzw. S.12.

[80] Jahrbuch der Turnkunst 1952, S.96 und S.140f.

[81] Jahrbuch der Turnkunst 1954, S.108.

[82] Vgl. Der Versehrtensportler 9 (20. Jg.) 1971, S. 37; Deutsches Turnen 12, 1951, S. 12 sowie die entsprechenden Einträge der Landesturnverbände z. B. in Jahrbuch der Turnkunst 1952, S. 140ff. Allerdings gibt es Hinweise darauf, dass Hans Lorenzen zumindest 1950 als Versehrtenwart des DTB-Vorläufers, des Deutschen Arbeitsausschusses Turnen (DAT), fungierte; vgl. VBSV Schleswig-Holstein, 40 Jahre Behindertensport, 1991, S. 9.

[83] Vgl. Jahrbuch der Turnkunst 1952, S. 140ff. Aufgrund der erst später erfolgten Zusammenschlüsse einiger dieser Länder zu übergreifenden Bundesländern gab es 1952 noch wesentlich mehr Landesturnverbände als heute.

[84] Institut für Stadtgeschichte Frankfurt, Sport- und Badeamt 63, Versehrtensport: Bericht über die Arbeitstagung der Landesversehrtenwarte am 21./22.10.1950 in Frankfurt/Main, S. 1–3. sowie Deutsches Turnen 12, 1951, S. 12: hier waren fast alle Teilnehmer einer Arbeitstagung für Versehrtenwarte vom April 1951 kriegsversehrt.

[85] Gemeint war wohl der Amputierten-Sportverein Berlin, der später die Keimzelle des Berliner Versehrtensportverbandes wurde: Institut für Stadtgeschichte Frankfurt, Sport- und Badeamt 63, Versehrtensport: Bericht über die Arbeitstagung der Landesversehrtenwarte am 21./22.10.1950 in Frankfurt/Main, S. 3.

[86] Institut für Stadtgeschichte Frankfurt, Sport- und Badeamt 63, Versehrtensport: Bericht über die Arbeitstagung der Landesversehrtenwarte am 21./22.10.1950 in Frankfurt/Main, S. 3: Danach seien in Bayern „keine Versehrtengruppen erfasst“, in Rheinhessen sei „das Bestehen von Versehrtensportgruppen nicht bekannt“, in Schwaben gebe es „keine Organisation von Versehrtengruppen“ und in Niedersachsen sei ebenfalls „vom Bestehen von Versehrtensportgruppen nichts bekannt“.

[87] Der Sportkamerad 9 (9. Jg.) 1962, S. 7 sowie Wedemeyer-Kolwe, Verhinderte Gesunde, 2010, S. 175ff.

[88] Institut für Stadtgeschichte Frankfurt, Sport- und Badeamt 63, Versehrtensport: Bericht über die Arbeitstagung der Landesversehrtenwarte am 21./22.10.1950 in Frankfurt/Main, S. 4–5. Die Diskussion um Leistung und Wettkampf im Versehrtensport durchzieht die gesamte zeitgenössische Literatur. Vgl. etwa Deutsches Turnen 12, 1950, S. 12; Mallwitz, Arzt und Versehrtensport, 1954 oder VdK-Mitteilungen 2 und 9 (2. Jg.) 1952, S. 82–84 und S. 430–431; 4 (3. Jg.) 1953, S. 175–176 oder 7 (4. Jg.) 1954, S. 317–319.

[89] Vgl. Jahrbuch der Turnkunst 1952, S. 97 sowie Wedemeyer-Kolwe, Verhinderte Gesunde, 2010, S. 178f. und VBSV Schleswig-Holstein, 40 Jahre Behindertensport, 1991, S. 9f.

[90] Zitat in: VBSV Schleswig-Holstein, 40 Jahre Behindertensport, 1991, S. 10 sowie Deutsches Turnen 12, 1951, S. 12.

[91] NS-Sport (Beilage zur Deutschen Turn-Zeitung), Nr. 26, 1943, S. 2: „Soll der Versehrte darüber hinaus Leistungssport betreiben? Diese Frage ist mit Nachdruck zu bejahen".

[92] Vgl. dazu Der Sportkamerad 9 (9. Jg.) 1962, S. 7–10 sowie BVSV Bayern, Festschrift 40 Jahre, 1992, S. 6–8 und DVS, Festschrift 10 Jahre, 1961, S. 95 (Zitat). Worin genau die „Differenzen" zwischen BLSV und VdK von 1952 bestanden, ging aus den Festschriften nicht hervor.

[93] Vgl. zu Weinmann die Artikel in Der Versehrtensportler 12 (19. Jg.) 1970, S. 108 und 11 (20. Jg.) 1971, S. 83 sowie DVS, Festschrift 10 Jahre, 1961, S. 89f. und VSG Stuttgart, Festschrift 10 Jahre, 1955.

[94] Vgl. BSG Göppingen, Festschrift 50 Jahre, 2002.

[95] Der früheste Beleg für diese Fachgruppe findet sich in Der Sport. Das WLSB-Magazin 13/14 (2. Jg.) 1948, S. 8 (Spartenleiter Weinmann). Ab 1949 sind die Aktivitäten des Verbandes dokumentiert in StaatsALud, EL 2012, Bü 240 sowie E 180a II, Bü 340: Versehrtensport 1949–1954 bzw. 1950–1959.

[96] Vgl. dazu DVS, Festschrift 10 Jahre, 1962, S. 89f. sowie BSA Ulm-Söflingen, Festschrift 40 Jahre, 1987, S. 28f.

[97] Vgl. dazu weiter unten. Zu diesem DVS gibt es so gut wie kein Material; vgl. dazu die Notiz in der Stuttgarter Sportzeitung „Der Grüne Sportbericht" (34, 5. Jg, 1950, S. 6) sowie die Auskunft von Rolf Schäfer (Jg. 1926), Stuttgart, vom 16.8.2010, der bei der Meisterschaft dabei war und mir die Quelle zugänglich machte. Vage Hinweise zur Gründung (mit z. T. falschen Jahresangaben) finden sich noch in Mallwitz, Arzt und Versehrtensport, 1954, S. 80 sowie DVS, Festschrift 10 Jahre, 1961, S. 33 und DBS, Festschrift 50 Jahre, 2001, S. 39.

[98] Zur Geschichte der Badischen Verbände liegt kaum etwas vor, auch die Festschrift des Verbandes, BBS Baden, Festschrift 50 Jahre, 2000, enthält nichts zur Geschichte der Verbandsgründung. Vgl. dazu noch DVS, Festschrift 10 Jahre, 1961, S. 84–85; Jahrbuch der Turnkunst 1952, S. 140 sowie StaatsALud, E 180a II, Bü 370, Versehrtensport 1950–1959: Bericht über die 1. Deutsche Bundes-Versehrtensport-Fachtagung am 3. und 4. Juli 1951 in Bad Godesberg, mit Hinweisen zur Situation in Baden und Württemberg und Institut für Stadtgeschichte Frankfurt, Sport- und Badeamt 63, Versehrtensport: Bericht über die Arbeitstagung der Landesversehrtenwarte am 21./22.10.1950 in Frankfurt/Main, S. 2.

[99] DVS, Festschrift 10 Jahre, 1961, S. 86–88 sowie BSG Lörrach, Festschrift 50 Jahre, 1998, S. 14.

[100] DVS, Festschrift 10 Jahre, 1961, S. 86–87; StaatsALud, E 180a II, Bü 370, Versehrtensport 1950–1959: Bericht über die 1. Deutsche Bundes-Versehrtensport-Fachtagung am 3. und 4. Juli 1951 in Bad Godesberg mit einem Zustandsbericht von Tondre sowie wenig informativ BBS Baden, Festschrift 50 Jahre, 2000, S. 26f.

[101] Vgl. dazu die kargen Hinweise in BBS Baden, Festschrift 50 Jahre, 2000, S. 26; DSJ, Symposium Behindertensport, 1981, S. 38 sowie nach Auskunft von Rolf Schäfer (Jg. 1926), Stuttgart, vom 16.8.2010.

[102] Institut für Stadtgeschichte Frankfurt, Personalakte Georg Vogel sowie Archiv der VSG Frankfurt, Zeitungsausschnittsammlung und Auskunft von Willi Betz (Jg. 1926), Frankfurt, vom 17.8.2009.

[103] Vgl. dazu BSG Wiesbaden, Festschrift 50 Jahre, 1998; Behindertensport (33. Jg.) 1984, S. 273 (Darmstadt); VSG Wetzlar, Festschrift 50 Jahre, 2002; Archiv der VSG Eschwege, Gründungsprotokoll vom 23.9.1951; Der Versehrtensportler 2 (1. Jg.) 1952, unpag. (Offenbach); Privatarchiv Bernd Wedemeyer-

Kolwe (Göttingen), Nachlass Wilhelm Reichart, Photobände VBSG Marburg; Auskunft von Karl-Hermann Müller (Jg. 1926), Fulda, vom 22.1.2008; VRGB Gießen, Festschrift 50 Jahre, 2003 sowie HVS Hessen, Festschrift 20 Jahre, 1971.

104 Zu den Lebensläufen vgl. HVS Hessen, Festschrift 20 Jahre, 1971, S. 16 sowie Der Versehrtensportler 10 (6. Jg.) 1957, S. 7 (Siegert) sowie 12 (8. Jg.) 1959, S. 5 (Jopski).

105 Das Gründungsprotokoll findet sich in Institut für Stadtgeschichte Frankfurt, Sport- und Badeamt 63, Versehrtensport; vgl. auch HVS Hessen, Festschrift 20 Jahre, 1971, S. 18ff.

106 Vgl. dazu ausführlich Wedemeyer-Kolwe, Verhinderte Gesunde, 2010, S. 175–186.

107 Vgl. dazu VSV Kiel, Festschrift 40 Jahre, 1990. Die Gründungsdaten anderer Vereine sind unsicher. Während in DVS, Festschrift 10 Jahre, 1961, S. 118 – wohl fehlerhaft – für 1950 Gründungen in Flensburg, Lübeck, Schleswig und Neumünster angegeben werden, vermerkt VSV S-H, Festschrift 20 Jahre, 1971 erst ab 1952 weitere Gründungen nach Kiel 1950, während in VBSV Schleswig-Holstein, 40 Jahre Behindertensport, 1991, S. 12 die Gründung von Neumünster für 1951 notiert wird.

108 Vgl. dazu ausführlich und unter Einbezug zahlreicher Quellen VBSV Schleswig-Holstein, 40 Jahre Behindertensport, 1991, S. 11–14.

109 VBSV Schleswig-Holstein, 40 Jahre Behindertensport, 1991, S. 20–24, 26–32 (Zitat S. 30) sowie VSV S-H, Festschrift 20 Jahre, 1971, unpag.

110 Vgl. dazu Der Versehrtensportler 9 (20. Jg.) 1971, S. 28; AVNRW, Festschrift 10 Jahre, 1963, vor allem die Bezirksberichte ab S. 56ff. sowie die Festschriften der erwähnten Vereine. Mündliche Auskünfte gaben Udo Graf zu Eulenburg (Jg. 1921), Bielefeld, vom 9.6.2009; Hans Hens (Jg. 1920), Köln, vom 14.7.2009 und Harald Eles (Jg. 1927), Remscheid, vom 13.8.2009.

111 DVS, Festschrift 10 Jahre, 1961, S. 110f.; Der Versehrtensportler 9 (20. Jg.) 1971, S. 28; AVNRW, Festschrift 10 Jahre, 1963, S. 16f.; auf Widerstände im LSB wies Harald Eles (Jg. 1927), Remscheid, Auskunft vom 13.8.2009, hin.

112 Institut für Stadtgeschichte Frankfurt, Sport- und Badeamt 63, Versehrtensport: Bericht über die Arbeitstagung der Landesversehrtenwarte am 21./22.10.1950 in Frankfurt/Main, S. 4–5 (Hier taucht Müller als mittelrheinischer Vertreter auf) sowie Jahrbuch der Turnkunst 1952, S. 150 (Müller als Versehrtenwart des Landesturnverbandes Mittelrhein). Auf der Gründungsversammlung der ADV im Juli 1951 war kein Vertreter von Rheinland-Pfalz anwesend.

113 Vgl. dazu Behindertensport (34. Jg.) 1985, S. 286 und (38. Jg.) 1989, S. 150 (Müller) sowie Der Versehrtensportler 6/7 (19. Jg.) 1970, S. 53 sowie Treffpunkt (40. Jg.) 1991, S. 11 (Hermann); vgl. auch DVS, Festschrift 10 Jahre, 1961, S. 114.

114 Vgl. DVS, Festschrift 10 Jahre, 1961, S. 114f. sowie Der Versehrtensportler 9 (20. Jg.) 1971, S. 29f. Eine eigene Festschrift hat der Landesverband offenbar nicht herausgegeben.

115 Vgl. als Überblick dazu Harres, Sportpolitik an der Saar, 1997.

116 Vgl. DVS, Festschrift 10 Jahre, 1961, S. 115ff. sowie BRS Saarland, Festschrift 50 Jahre, 2006, S. 28–33.

117 Vom Landesturnverband kam der Versehrtenwart Pappert, der 1950 an der Fachtagung der Versehrtenwarte in Frankfurt und 1951 an der Gründungstagung der ADV in Bonn teilnahm.

118 Vgl. dazu DVS, Festschrift 10 Jahre, 1961, S. 98–99 sowie ausführlich Bühs, 50 Jahre Behindertensport in Bremen, 1997.

119 Vgl. dazu DVS, Festschrift 10 Jahre, 1961, S. 99f.; Der Versehrtensportler 9 (20. Jg.) 1971, S. 20 (Zitat); HVS Hamburg, Festschrift 40 Jahre, 1992 sowie die Auskünfte von Annedore Maasch (Jg. 1922), Hamburg, vom 12.8.2009 und Frieda Steffens (Jg. 1918), Hamburg, vom 20.10.2009.

120 Vgl. DVS, Festschrift 10 Jahre, 1961, S. 17 sowie Stille, Geschichtliche Entwicklung, 1954, S. 61: diese Zeitschrift konnte jedoch weder bibliographiert noch beschafft werden. Sie muss als verschollen gelten.

121 Institut für Stadtgeschichte Frankfurt, Sport- und Badeamt 63, Versehrtensport: Bericht über die Arbeitstagung der Landesversehrtenwarte am 22./23.10.1950 in Frankfurt/Main, S. 3 (Bericht von Karl

Perey); Jahrbuch der Turnkunst 1952, S. 145 (Guisbert Jansen als Berliner Versehrtenturnwart) sowie Stille, Geschichtliche Entwicklung, 1954, S. 61 (Hinweis auf Hauptamt für Leibesübungen).

[122] Amtsgericht Vereinsregister Charlottenburg VR 771 B, Amputierten-Sportverein Berlin 1950ff.: Protokolle vom 11.5.1950, 13.7.1951 und 8.3.1953.

[123] Der Berliner Landesverband verfügt nicht über eine Festschrift. Die Entwicklung lässt sich aber gut zeigen anhand der Akten im Amtsgericht Vereinsregister Charlottenburg VR 1513 B, Behinderten-Sportverband Berlin 1952ff.; vgl. auch DVS, Festschrift 10 Jahre, 1961, S. 96f. sowie Der Versehrtensportler 9 (20. Jg.) 1971, S. 17f.

[124] Amtsgericht Vereinsregister Charlottenburg VR 1513 B, Behinderten-Sportverband Berlin 1952ff. sowie VR 771 B, Amputierten-Sportverein Berlin 1950ff.; die Gründung des bzw. Umbenennung in den VSV Kreuzberg ist belegt in den Protokollen vom 25.2.1954 und vom 3.4. und 17.5.1955; vgl. auch DVS, Festschrift 10 Jahre, 1961, S. 17 sowie VSV Neukölln, Festschrift 10 Jahre, 1964 und Pleve, 50 Jahre VSV Neukölln, 2004, letzterer Bericht ist als Aufsatz erschienen im Rahmen einer Gesamtdarstellung zur Sportgeschichte Neuköllns.

[125] Zur Entwicklung des Bundesversorgungsgesetzes vgl. DBS, Festschrift 50 Jahre, 2001, S. 31–36; VdK-Mitteilungen (6. Jg.) 1956, S. 392–396; Schönleiter, Kriegsopferversorgung, 1960 und ausführlich Szilagi, 50 Jahre Kriegsopfer- und Schwerbeschädigtenfürsorge, 1969. Szilagi war Ministerialrat und Mitglied des VSV München.

[126] Vgl. zu dieser Diskussion beispielhaft Mallwitz, Arzt und Versehrtensport, 1954, S. 67.

[127] Vgl. dazu ausführlich Wedemeyer-Kolwe, Verhinderte Gesunde, 2010, S. 175–193.

[128] HVS Hessen, Festschrift 20 Jahre, 1971, S. 18f.

[129] Vgl. VBSV Schleswig-Holstein, 40 Jahre Behindertensport, 1991, S. 14–24 sowie VSV S-H, Festschrift 20 Jahre, 1971, unpag.

[130] HVS Hamburg, Festschrift 40 Jahre, 1992, S. 10f. sowie DVS, Festschrift 10 Jahre, 1961, S. 98f. und Bühs, 50 Jahre Behindertensport in Bremen, 1997, S. 17f.

[131] StaatsALud, E 180a II, Bü 370, Versehrtensport 1950–1959: Bericht über die 1. Deutsche Bundes-Versehrtensport-Fachtagung am 3. und 4. Juli 1951 (Berliner Bericht).

[132] Amtsgericht Vereinsregister Charlottenburg VR 771 B, Amputierten-Sportverein Berlin 1950ff.: Protokoll vom 8.3.1953 sowie VR 1513 B, Behinderten-Sportverband Berlin 1952ff.: Protokoll vom 24.5.1954 mit zahlreichen internen Klagen über mangelnde Unterstützung. In DVS, Festschrift 10 Jahre, 1961, S. 97f. wird die Lage in Berlin offiziell jedoch sehr viel positiver dargestellt.

[133] DVS, Festschrift 10 Jahre, 1961, S. 95 sowie BVSV Bayern, Festschrift 50 Jahre, 2002, S. 22f.

[134] DVS, Festschrift 10 Jahre, 1961, S. 111f. sowie AVNRW, Festschrift 10 Jahre, 1963, S. 16: „Der Weg bis hierhin (1953) war dornenreich, schwer und langwierig". Vgl. auch StaatsAHann, Nds. 400, Acc. 31/86, Nr. 206, Versehrtensport 1957ff. Hier heißt es in einer Notiz vom 15.7.1957, der Versehrtensport in Nordrhein-Westfalen werde aus Toto-Mitteln und dem Landeshaushalt gefördert, wobei für Gerätebeschaffung jährlich 10.000 DM zur Verfügung gestellt werden.

[135] StaatsALud, E 180 II, Bü 370, Versehrtensport 1950–1958: Brief vom 5.7.1951; vgl. auch die zahlreichen Hinweise in StaatsALud, EL 2012, Bü 240: Versehrtensport 1949ff.

[136] Vgl. DVS, Festschrift 10 Jahre, 1961, S. 84–88.

[137] Vgl. für diese Entwicklung beispielhaft die Situation in Niedersachsen bei Wedemeyer-Kolwe, Verhinderte Gesunde, 2010, S. 116–129 und S. 175–185 und generell die Berichte der Landesverbände in DVS, Festschrift 10 Jahre, 1961, S. 84–118.

[138] Vgl. oben die Beispiele in I.4 (Kriegsversehrtensport) und unten in II.2.2.4. (Mitgliederprofile).

[139] Vgl. dazu Lorenzen, Leibesübungen mit Körperbeschädigten, 1951; Lorenzen, Lehrbuch des Versehrtensports, 1961; Lorenzen, Arbeitsbericht Versehrtensport, 1965 sowie DBS, Festschrift 50 Jahre, 2001, S. 24f. und nach Auskunft von Udo Graf zu Eulenburg (Jg. 1921), Bielefeld, vom 9.6.2009.

[140] Vgl. BSN, Festschrift 50 Jahre, 2002, S. 17f.; Lorenzen, Arbeitsbericht Versehrtensport, 1965, S. 10f. sowie Archiv des LSB Niedersachsen, ALT A 2, Bünde/Verbände, BSB Hannover, SSB Hannover, Zonensportrat 1946–1951: Protokoll der Zonensportrattagung vom 13.–15.6.1947, S. 3 (Zitat).

[141] Vgl. DVS, Festschrift 10 Jahre, 1961, S. 44 und S. 91f. sowie StaatsALud, E 2012, Bü 240 und E 180a II, Bü 370, Versehrtensport 1949/1950–1959 mit Dokumenten zu Lehrgängen in Ruit, Werneck und Isny.

[142] Vgl. die entsprechenden Dokumente im Institut für Stadtgeschichte Frankfurt, Sport- und Badeamt 63, Versehrtensport (hessische Lehrgänge); BRS Saarland, Festschrift 50 Jahre, 2006, S. 28 sowie DVS, Festschrift 10 Jahre, 1961, S. 18f. (Berlin und Bremen) sowie Bühs, 50 Jahre Behindertensport in Bremen, 1997, S. 55–64.

[143] Archiv des BSN, Allgemeiner Schriftverkehr 1952–1955: Jahresbericht über den ambulanten Versehrtensport 1953 für die folgenden Jahrzehnte vgl. DBS, Festschrift 50 Jahre, 2001, S. 24–26.

[144] DVS, Festschrift 10 Jahre, 1961, S.140f. sowie Mallwitz, Arzt und Versehrtensport, 1954, S. 11–16.

[145] Institut für Stadtgeschichte Frankfurt, Sport- und Badeamt 63, Versehrtensport, Richtlinien für das Versehrtensportabzeichen im LSB Nordrhein-Westfalen (wohl Oktober 1950) sowie Programm der Sportkurse, Versehrtensportabzeichen, in Frankfurt a.M. für das Sommerhalbjahr 1951 vom 10.5.1951.

[146] StaatsALud, El 2012, Bü 240, Versehrtensport: Brief von Carl Müller an Eugen Weinmann vom 9.10.1949.

[147] Mallwitz, Arzt und Versehrtensport, 1954, S. 10 sowie die Dokumente über Albert Lepa in StAHann, HR 20, Nr. 56: Reichssport- und Reichsversehrtensportabzeichen 1943–1944.

[148] DVS, Festschrift 10 Jahre, 1961, S.140f.; Mallwitz, Arzt und Versehrtensport, 1954, S. 16 (Zitat) sowie Sluet, Deutsches Sportabzeichen unter Behinderten-Bedingungen, 1983 und Kosel/Froböse, Rehabilitations- und Behindertensport, 1999.

[149] Vgl. etwa das Beispiel in VSG Wuppertal, Festschrift 30 Jahre, 1975, S. 14: hier wurden schon Ende der 1940er-Jahre Vergleichswettkämpfe zwischen den Vereinen von Düsseldorf und Wuppertal durchgeführt.

[150] Vgl. Lorenzen, Lehrbuch des Versehrtensports, 1961, S.6; DVS, Festschrift 10 Jahre, 1961, S. 32 und die zeitnahe Diplomarbeit von Stille, Geschichtliche Entwicklung, 1954, S.60ff.

[151] Vgl. dazu Der Versehrtensportler 9 (20. Jg.) 1971, S. 33f. sowie VSG Göppingen, Festschrift 25 Jahre, 1977, unpag.

[152] Die Belege für dieses Sportfest sind rar; vgl. Lorenzen, Lehrbuch des Versehrtensports, 1961, S.6; BS Hameln, Festschrift 50 Jahre, 1996, S.2 mit Abdruck des Plakates, auf dem einige der Startgruppen aufgeführt werden, sowie Hannoversche Presse vom 8.8.1947 (Sportteil der Hamelner Ausgabe).

[153] Der auf dem Plakat genannte Vorname Alfred ist falsch; richtig heißt er Manfred Loos. Er wurde 1921 geboren und promovierte 1949 mit einer medizinischen Dissertation in Hamburg; vgl. auch Der Spiegel (2. Jg.) vom 17.1.1948, S. 21. Loos sprang in Hameln 1,77 Meter hoch und „verbesserte damit seine eigene, zweifellos in der ganzen Welt dastehende Bestleitung noch um 2 Zentimeter“ (Hannoversche Presse vom 8.8.1947, Sportteil der Hamelner Ausgabe).

[154] Der Spiegel (2. Jg.) vom 17.1.1948, S. 21.

[155] Vgl. Der Versehrtensportler 9 (20. Jg.) 1971, S. 33f.

[156] StALüd, LS 1–66, Sportamt 1927–1990, Versehrtensport, Bll. 17f. (Zitate) sowie den spärlichen Hinweis in AVNRW, Festschrift 10 Jahre, 1963, S. 61.

[157] StaatsALud, E 180a, II Bü 370: Versehrtensport 1950–1959: Bericht des Oberverwaltungsrats Seuferle, Hauptfürsorgestelle für Kriegsversehrte, vom 20.6.1950.

[158] Die Teilnehmerzahlen der ersten Skiveranstaltung variieren; es ist von 70, 100 und 200 Sportlern die Rede. Vgl. DVS, Festschrift 10 Jahre, 1961, S. 94 (Zitat); Der Sportkamerad 9 (9. Jg.) 1962, S. 4, 7 und 12 sowie Der Versehrtensportler 9 (20. Jg.) 1971, S. 15.

[159] Vgl. Stille, Geschichtliche Entwicklung, 1954, S. 62.

[160] Vgl. dazu DVS, Festschrift 10 Jahre, 1961, S. 90; Der Versehrtensportler 9 (20. Jg.) 1971, S. 34; VSV Kiel, Festschrift 40 Jahre, 1990, S. 7ff. (die Teilnehmer Asch, Baasch und Peter, alles alte Turner, gründeten danach den VSV Kiel); VSG Wuppertal, Festschrift 30 Jahre, 1975, S. 16; Archiv der VSG Stuttgart-Feuerbach, Festschrift 10jähriges Versehrtensportfest, 1955, unpag. sowie StaatsALud, E 180a, II Bü 370, Versehrtensport 1950–1959: Brief von Eugen Weinmann an die Hauptfürsorgestelle vom 26.8.1950.

[161] Vgl. Der Grüne Sportbericht 34 (5. Jg.) 1950, S. 6, der auch die Ergebnisse der Wettbewerbe abdruckt. Ich bedanke mich bei Rolf Schäfer (Jg. 1926), Stuttgart, der an diesen Meisterschaften teilnahm, für eine Kopie des Zeitungsberichtes.

[162] Wedemeyer-Kolwe, Verhinderte Gesunde, 2010, S. 152f. für die Verhältnisse in Niedersachsen.

[163] Vgl. dazu die zahllosen Beispiele in den schon genannten Festschriften der Landesverbände und des DVS sowie die regelmäßigen Berichte in der Bundeszeitschrift Der Versehrtensportler.

[164] Archiv des BSN, Allgemeiner Schriftverkehr 1952–1955, Jahresbericht über den ambulanten Versehrtensport 1953, S. 3f.

[165] Vgl. VSG Wuppertal, Festschrift Deutsches Blinden-Sport-Fest, 1955 sowie Privatarchiv Bernd Wedemeyer-Kolwe (Göttingen), Nachlass Peter Paulus, Photoalbum Deutsches Blinden-Sportfest 1955.

[166] Archiv des BSN, Allgemeiner Schriftverkehr 1952–1955, Jahresbericht über den ambulanten Versehrtensport 1953, S. 4.

[167] Die Zahlen nach Donner, Kriegsopferverbände, 1960, S. 57; DVS, Festschrift 10 Jahre, 1961, S. 25; Der Versehrtensportler 9 (20. Jg.) 1971, S. 6; DBS, Festschrift 50 Jahre, 2001, S. 42, 46 und 54; DBS-Newsletter 5/2010, S. 10 sowie www.dbs-ipc.de: Tabellen der Gesamtmitgliedszahlen (Zugriff am 15.9.2010).

[168] Vgl. dazu die Analyse für Niedersachsen in Wedemeyer-Kolwe, Verhinderte Gesunde, 2010, S. 103–116. Für die hier vorliegende Untersuchung wurden neben den Daten von etwa 250 Personen aus Niedersachsen zusätzlich noch knapp 200 weitere mehr oder weniger aussagefähige Biographien von Sportlern aus anderen Bundesländern verwendet. Die biographischen (Teil)Daten wurden in Interviews abgefragt, ergaben sich aus den vorliegenden Akten und Festschriften, fielen bei weiteren Literatur- und Archivstudien an oder wurden über Dritte ermittelt.

[169] Auskunft von Toni Taupp (Jg. 1926), Aschaffenburg, vom 18.11.2009; SV Reha Augsburg, Festschrift 50 Jahre, 1999, unpag.; Archiv des VSV Neukölln, Festrede zum 25jährigen Bestehen, 1979, unpag. und Auskunft von Udo Graf zu Eulenburg (Jg. 1921) vom 9.6.2009.

[170] Auskunft von Kurt Klicha (Jg. 1925), Gießen, vom 19.8.2009; HVS, Festschrift 40 Jahre, 1992, S. 10; VSV Kiel, Festschrift 40 Jahre, 1990, S. 14 sowie VSG Lahr, Festschrift 50 Jahre, 2000, S. 17 und S. 29.

[171] BSG Lörrach, Festschrift 50 Jahre, 1998, S. 14; RBSG Lübeck, Festschrift 50 Jahre, 2002, S. 11; BSG Minden, Festschrift 40 Jahre, 1991, unpag. sowie VSG Münster, Festschrift 25 Jahre, 1980, unpag.

[172] BSG Neumünster, Festschrift 50 Jahre, 2002, S, 14; BVSV Schweinfurt, Festschrift 50 Jahre, 2003, S. 10; Der Versehrtensportler 12 (19. Jg.) 1970, S. 108; BSA Ulm-Söflingen, Festschrift 60 Jahre, 2007, unpag.

[173] Auskunft von Karlheinz Cendrowski (Jg. 1926), Wattenscheid, vom 1.9.2009; VSG Wetzlar, Festschrift 50 Jahre, 2002, S. 23 sowie Auskunft von Eduard Wagner (Jg. 1924), Wetzlar, vom 9.7.2009 sowie VSG Wiesbaden, Festschrift 25 Jahre, 1973, unpag. Ausnahmen bestätigen die Regel; so waren unter den Gründern der VSG Müllheim 1949 nur sehr wenige mit Sporterfahrungen, die meisten mussten Schwimmen erst mühsam lernen; Auskunft von Alfons Prönnecke (Jg. 1920), Müllheim, vom 2.9.2009.

[174] StaatsALud, El 2012, Bü 240, Versehrtensport: Brief von Eugen Weinmann an den LSB Württemberg vom 28.12.1949 sowie Archiv des BSN, Vereinsakte VSA Dissen: Brief von Hans Stöver an Horst Mattner vom 24.5.1968.

[175] Vgl. als Beispiel die Verhältnisse in Niedersachsen in Wedemeyer-Kolwe, Verhinderte Gesunde, 2010, S. 105–107 und zur Geschichte der Sportabzeichen generell Luh, 75 Jahre Sportabzeichen, 1989 und Buschmann/Lennartz, 75 Jahre Deutsches Sportabzeichen, 1988.

[176] Auskunft von Udo Graf zu Eulenburg (Jg. 1921), Bielefeld, vom 9.6.2009; Auskunft von Willi Betz (Jg. 1926), Frankfurt, vom 17.8.2009; Behindertensport (34. Jg.) 1985, S. 286 sowie (38. Jg.) 1989, S. 150 (Müller); VSV München, Festschrift 35 Jahre, 1987, unpag.; Auskunft von Paul Ruge (Jg. 1922), Kronshagen, vom 13.7.2010; Auskunft von Karlheinz Cendrowski (Jg. 1926), Wattenscheid, vom 1.9.2009; Auskunft von Eduard Wagner (Jg. 1924), Wetzlar, vom 9.7.2009.

[177] Vgl. Wedemeyer-Kolwe, Verhinderte Gesunde, 2010, S. 105–110.

[178] Die folgenden Beispiele stellen nur die Spitze eines vermutlich größeren Eisberges dar, da die Personenrecherche aufgrund schlecht zu ermittelnder Daten zu einem großen Teil auf Einzelfällen basieren musste; die niedersächsische Studie zum Thema (Wedemeyer-Kolwe, Verhinderte Gesunde, 2010) konnte systematischer angegangen werden und hat daher wesentlich mehr Daten zu Tage fördern können.

[179] Institut für Stadtgeschichte Frankfurt, Personalakte Georg Vogel sowie Archiv der VSG Frankfurt, Zeitungsausschnittsammlung; VSV Kiel, Festschrift 40 Jahre, 1990; Privatarchiv Bernd Wedemeyer-Kolwe (Göttingen), Nachlass Wilhelm Reichart, Photoalbum VSG Marburg, 2. Band: Zeitungsausschnitt vom 17.10.1970.

[180] Auskunft von Alfons Prönnecke (Jg. 1920), Müllheim, vom 2.9.2009; Auskunft von Manfred Neder, Werneck, vom 31.8.2009 (Plener) sowie den Wikipedia-Eintrag zu Plener; Behindertensport (34. Jg.) 1985, S. 96 (Bonner); Der Versehrtensportler 10 (8. Jg.) 1959, S. 5 (Marten); Behindertensport (30. Jg.) 1981, S. 237 sowie BAB, RS und SSO: Malchow, Walter: Lebensläufe.

[181] Privatarchiv Bernd Wedemeyer-Kolwe (Göttingen), Nachlaß Gerd Sluet: Lebenslauf; Der Spiegel (2. Jg.) vom 17.1.1948, S. 21 (Loos);

[182] Die niedersächsischen Beispiele in Wedemeyer-Kolwe, Verhinderte Gesunde, 2010, S. 81, 95 und 109–111; dort noch mehr Beispiele.

[183] Vgl. Reile, Hans-Heinrich Sievert, 1972 sowie VSV S-H, Festschrift 20 Jahre, 1971: Das vordere innere Umschlagbild zeigt den kriegsversehrten Sievert beim Kugelstoßen. Allerdings war Sievert, laut Udo Graf zu Eulenburg, „vom Abfall seiner Leistungen (...) im Vergleich zu früher so maßlos enttäuscht, dass er dem Versehrtensport ein für alle Mal den Rücken kehrte" (BSG Bielefeld, FS 50 Jahre, 1996, S. 16).

[184] Kanu-Sport 11 (66. Jg.), 1997, S.520 sowie nach Auskunft von Hilde Mosch, der ehemaligen Kassiererin der V/BSG Frankfurt, vom 18.5.2009 sowie Behindertensport (34. Jg.) 1985, S. 286 und (38. Jg.) 1989, S. 150 (Müller).

[185] Beispiele in Wedemeyer-Kolwe, Verhinderte Gesunde, 2010, S. 93f. und S. 110.

[186] Vgl. Wedemeyer-Kolwe, Verhinderte Gesunde, 2010, S. 111f.

[187] Amtsgericht Vereinsregister Charlottenburg VR 771 B, Amputierten-Sportverein Berlin 1950ff.; Auskunft von Udo Graf zu Eulenburg (Jg. 1921), Bielefeld, vom 9.6.2009; Der Versehrtensportler 1 (26. Jg.) 1977, S. 19 (Bremen).

[188] Behindertensport (Jg. 34), 1985, S. 15; BSG Göppingen, Festschrift 50 Jahre, 2002; Auskunft von Frieda Steffens (Jg. 1918), Hamburg, vom 20.10.2009; StALüd, LS 1–66, Sportamt, Versehrtensport mit Unterlagen zu den Sportlehrern Heinz Berber und Anneliese Kristin.

[189] VSV Nürnberg, Festschrift 50 Jahre, 2003, S. 69ff.; Der Versehrtensportler 12 (19. Jg.) 1970, S. 108 (Stuttgart); Schriften der ärztlichen Sonderfürsorge 1943, S. 17–32 (Sell).

[190] Peter Paulus war nicht kriegsversehrt, sondern wurde als Mitglied der Hitler-Jugend bei einer Auseinandersetzung mit linken Gruppen so stark am Auge verletzt, dass er einseitig erblindete; vgl. BAB, PK: Paulus, Peter: Brief vom 26.1.1944.

[191] Die Daten dieser Vorstandsmitglieder wurden größtenteils ermittelt aus Artikeln der Zeitschrift Der Versehrtensportler, aus Lebensläufen, die den gedruckten Dissertationen der Ärzte angehängt sind, und aus Personenakten im Bundesarchiv Berlin (BAB).

[192] Vgl. die Analyse in Wedemeyer-Kolwe, Verhinderte Gesunde, 2010, S. 103–104.

[193] Bei den meisten älteren Landesverbandsmitgliedern und den Vorstandsmitgliedern der hier untersuchten Vereine konnten die Geburtsorte allerdings nicht ermittelt werden, so dass der Kreis der Flüchtlinge unter Umständen noch größer war.

[194] Vgl. auch die Beispiele oben in II.2 und 2.1 und für die Situation in Niedersachsen noch Wedemeyer-Kolwe, Verhinderte Gesunde, 2010, S. 116–121.

[195] Vgl. Donner, Kriegsopferverbände, 1960, S. 59.

[196] Vgl. DVS, Festschrift 10 Jahre, 1961, S. 106 und 105.

[197] Vgl. Der Versehrtensportler 9 (20. Jg.) 1971, S. 6 und S. 11.

[198] Vgl. DBS, Festschrift 50 Jahre, 2001, S. 22.

[199] Vgl. www.dbs-npc.de, Tabellen der Alterstruktur, der Gesamtmitgliedszahlen und der Altersgruppen bis 21 Jahre (Zugriffe am 4.2.2009 und am 29.9.2010).

[200] Archiv des DBS: Übersicht über die Entwicklung der Versehrtenleibesübungen (von 1990) bis Ende 2009.

[201] Vgl. zu diesen Problemlagen auch unten II.3.3.

[202] Vgl. zu diesen Problemlagen auch unten II.3.3.

[203] Vgl. dies beispielhaft für die Verhältnisse in Niedersachsen bei Wedemeyer-Kolwe, Verhinderte Gesunde, 2010, S. 156f.

[204] Amtsgericht Vereinsregister Charlottenburg VR 771 B, Amputierten-Sportverein Berlin 1950ff. sowie Pleve, 50 Jahre VSV Neukölln, 2004; BSG Bielefeld, Festschrift 50 Jahre, 1996, S. 19; BSG Neumünster, Festschrift 50 Jahre, 2002, S. 25 und 28 sowie VSG Remscheid, Festschrift 15 Jahre, 1967, unpag.; RBSG Lübeck, Festschrift 50 Jahre, 2002, S. 15 und S. 32.

[205] VSG Münster, Festschrift 25 Jahre, 1980, unpag.; Auskunft von Dr. Herbert Demmel (Jg. 1932), München, vom 10.7.2009 sowie Demmel, Durch Nacht zum Licht, 1995 und VSV München, Festschrift 35 Jahre, 1987; VSV Wuppertal, Festschrift 30 Jahre, 1975.

[206] Der Versehrtensportler 9 (20. Jg.) 1971, S. 14 und 34 (Zitate) sowie die anderen Angaben auf S. 16, S. 17 und S. 31.

[207] Vgl. Mallwitz, Arzt und Versehrtensport, 1954, S. 96f.; DVS, Festschrift 10 Jahre, 1961, S. 57 und S. 82; Der Versehrtensportler 9 (20. Jg.) 1971, S. 14; DBS, Festschrift 50 Jahre, 2002, S. 23 sowie Wedemeyer-Kolwe, Verhinderte Gesunde, 2010, S. 156f.

[208] Vgl. Der Versehrtensportler 9 (20. Jg.) 1971, S. 29.

[209] Der Versehrtensportler 9 (20. Jg.) 1971, S. 14.

[210] Vgl. DVS, Festschrift 10 Jahre, 1961, S. 49f.

[211] Vgl. die Beispiele in Wedemeyer-Kolwe, Verhinderte Gesunde, 2010, S. 107.

[212] Amtsgericht Vereinsregister Charlottenburg VR 771 B, Amputierten-Sportverein Berlin 1950ff.; Behindertensport (33. Jg.) 1984, S. 227 und (39. Jg.) 1990, S. 74 (Seipp); Auskunft von Helga Tüffers (Jg. 1921), Düsseldorf vom 14.7.2009 und Annedore Maasch (Jg. 1922), Hamburg, vom 12.8.2009.

[213] Vgl. dazu die niedersächsischen Beispiele in Wedemeyer-Kolwe, Verhinderte Gesunde, 2010, S. 156f.

[214] BAB, RS: Paulus, Peter sowie Auskunft von Rolf Schäfer (Jg. 1926), Stuttgart, vom 16.8.2010.

[215] Auskunft von Wolfgang Tenhagen (Jg. 1948), Schleswig, vom 22.9.2009.

[216] Vgl. BSG Heppenheim, Festschrift 25 Jahre, 1981, S. 21.

[217] Auskunft von Heiner Rust (Jg. 1941), Langenhagen, vom 3.6.2008; vgl. auch BSN, Festschrift 50 Jahre, 2002, S. 101f.

[218] Vgl. Wedemeyer-Kolwe, Verhinderte Gesunde, 2010, S. 156f. und 177; BSN, Festschrift 50 Jahre, 2002, S. 103f.; VBSV S-H, Festschrift 40 Jahre, 1991, S. 37 und der Anhang Fachwarte sowie BRS Saarland, Festschrift 50 Jahre, 2006, Anhang Vorstandsmitglieder 1956–1996.

[219] Diese Chronologie nach Auskunft von Detlef Lütkehoff (Jg. 1951, Köln-Frechen), vom 11.3.2011 sowie Archiv des DBS, Protokolle der Sitzung des Jugendausschusses im DBS vom 29.1.1977 und vom 13.10.1978. Vgl. auch DBS, Festschrift 50 Jahre, 2001, S. 55f. und auch unten II.3.3.

[220] Vgl. DBS, Festschrift 50 Jahre, 2001, S. 56 sowie weiter unten II.3.3.

[221] Vgl. BSN, Festschrift 50 Jahre, 2002, S. 108.

[222] Vgl. DVS, Festschrift 10 Jahre, 1961, S. 35. Die offizielle Zählung der Zeitschrift begann dann 1952 mit dem 1. Jahrgang. 1979 wurde die Zeitschrift mit dem ersten Heft des 28. Jahrganges in „Behindertensport" umbenannt. Ab September 1990 hieß die Zeitschrift dann „Treffpunkt".

[223] Vgl. dazu DVS, Festschrift 10 Jahre, 1961, S. 32f. sowie Leibesübungen – Sportarzt – Erziehung (2. Jg.) 1951, S. 45–46 und S. 200 und VdK-Mitteilungen (1. Jg.) 1951, S. 123–126.

[224] Vgl. die Liste der Anwesenden in DVS, Festschrift 10 Jahre, 1961, S. 35. Der DBS selbst hat kein Exemplar seines Gründungsprotokolls mehr. Eine Ausgabe des Protokolls hat sich erhalten in CuLDA, NL Carl Diem, Korrespondenz Gerd Brinkmann, Mappe 127. Eine andere Ausgabe findet sich in StaatsALud, E 180a II, Bü 370, Versehrtensport 1950–1959: Bericht über die 1. Deutsche Bundes-Versehrtensport-Fachtagung am 3. und 4. Juli 1951 in Band Godesberg. Wenn nicht anders vermerkt, wird im Folgenden auf dieses Dokument Bezug genommen. Vgl. zum weiteren Fortgang des Deutschen Gehörlosenverbandes noch DGV, Festschrift 100 Jahre, 2010.

[225] Zitate aus StaatsALud, E 180 a, II Bü 370, Versehrtensport 1950–1959: Kurzprotokoll des Einweisungslehrgangs für Versehrtensport vom 24. bis 28.9.1951 auf Schloß Werneck sowie ADV-Richtlinien für die Durchführung des Versehrtensports im Bundesgebiet vom 1.10.1951.

[226] Vgl. dazu auch die stichwortartigen Kurzchroniken in DVS, Festschrift 10 Jahre, 1961, S. 32–83; Der Versehrtensportler 9 (20. Jg.) 1971, S. 37–40 sowie DBS, Festschrift 50 Jahre, 2001, S. 39ff. und die zahlreichen Artikel von Brinkmann in den VDK-Mitteilungen, dessen Chefredakteur Brinkmann war.

[227] Amtsgericht Vereinsregister Bonn VR 2307, Arbeitsgemeinschaft Deutscher Versehrtensport: Gründungsprotokoll und Satzung vom 4.2.1952. In der Akte ist jedoch das eigentliche Gründungsdokument vom 3./4.7.1951 nicht enthalten.

[228] Die Mitglieder des Vorstands werden aufgelistet in DBS, Festschrift 50 Jahre, 2001, S. 55ff.

[229] Vor allem Gerd Brinkmann hatte zwischen 1951 und 1962 immer wieder Kontakt zu Diem. Dabei ging es um Einladungen zu Versehrtensporttagungen und -wettkämpfe, aber auch – Brinkmann war ja Funktionsträger im VdK – um Kommentare zu Ergänzungen von Bundesgesetzen zur Heilbehandlung von Unfallgeschädigten; vgl. den Briefwechsel mit Diem in CuLDA, NL Carl Diem, Korrespondenz, Mappe 127. Zu Diem gibt es eine Fülle von (kontroverser) Forschungsliteratur; vgl. für die Zeit nach 1945 zuletzt den vierten Band der Biographie von Becker, Den Sport gestalten. Carl Diems Leben, 2010.

[230] Amtsgericht Vereinsregister Bonn VR 2307, Arbeitsgemeinschaft Deutscher Versehrtensport: Protokoll der 1. ordentlichen Mitgliederversammlung der ADV am 10. und 11.5.1952. Die weiteren Kuratoriumsmitglieder wurden den nachfolgenden Protokollen entnommen. Kurzbiographien vieler dieser prominenten Mitglieder finden sich auch in der Dokumentation von Schumacher, Volksvertretung, 2000.

[231] Amtsgericht Vereinsregister Bonn VR 2307, Arbeitsgemeinschaft Deutscher Versehrtensport: Niederschrift der Beschlüsse der ordentlichen Mitgliederversammlung der ADV am 27./28.4.1957, S. 5–6.

[232] Amtsgericht Vereinsregister Bonn VR 2307, Arbeitsgemeinschaft Deutscher Versehrtensport: Protokoll der Mitgliederversammlung der ADV vom 13.12.1953.

[233] Vgl. Der Versehrtensportler 12 (21. Jg.) 1972, S. 103.

[234] Amtsgericht Vereinsregister Bonn VR 2307, Arbeitsgemeinschaft Deutscher Versehrtensport: Protokoll der ordentlichen Mitgliederversammlung vom 30.1.1955.

[235] Amtsgericht Vereinsregister Bonn VR 2307, Arbeitsgemeinschaft Deutscher Versehrtensport: Niederschrift der Beschlüsse der ordentlichen Mitgliederversammlung der ADV am 27./28.4.1957, S. 8 und 18 sowie die angehängte neue Satzung.

[236] Die Affäre wird kurz geschildert in Archiv des BSN, Akte Hauptvorstand 1961–1974, Protokoll Nr. 23 vom 2./3.1.1965. Die persönlichen Eigenschaften Brinkmanns schilderten mir die Zeitzeugen Werner Grübmeyer, Prof. Dr. Horst Kosel, Udo Graf zu Eulenburg und Heinz Klimkewitz, die ihn über die Bundesverbandsarbeit im Versehrtensport kannten.

[237] Archiv des BSN, Akte Vorstand, Sportausschuss 1964–1967: Einschreiben des DVS-Präsidiums an Gerd Brinkmann vom 1.11.1964.

[238] Diese Entwicklung wird geschildert in Amtsgericht Vereinsregister Bonn 2307, ADV/DVS, 3. Akte, Bll. 3 –45.

[239] Auskunft von Heinz Klimkewitz (Jg. 1926), Uelzen, vom 9.8.2009, der als Mitglied des Hauptausschusses bei der gesamten Veranstaltung dabei war. Nach der Erinnerung von Klimkewitz habe man angeblich die Unterschlagungsaffäre um Brinkmann dafür genutzt, den bei vielen Kameraden ungeliebten Brinkmann aus dem Amt zu katapultieren.

[240] Die VdK- und DVS-Verbandsfestschriften, in denen nur am Rande vom „Ausscheiden" Brinkmanns die Rede ist, schwiegen sich über diese pikante Angelegenheit diskret aus; vgl. VdK, Festschrift 50 Jahre, 2000, S. 35: dort wird fälschlicherweise 1962 als Datum für das Ausscheiden Brinkmanns angegeben, sowie Der Versehrtensportler 9 (20. Jg.) 1971, S. 40 (keine Erwähnung in der stichwortartigen Chronik) und DBS, Festschrift 50 Jahre, 2001, S. 42. Der Versehrtensportler 2 (14. Jg.) 1965, S. 16 erwähnt nur, dass Brinkmann sein Amt „zur Verfügung gestellt habe" und Roßlenbroich zum neuen Präsidenten gewählt wurde.

[241] Die Verbindung zwischen Spitzensport und Gleichberechtigung anhand der Paralympics wird etwa aufgezeigt in der Artikelserie von Innenmoser, Von Rom bis Sydney, 2002 oder von Klose, Vom Rehabilitationssport zu den Paralympics, 2003.

[242] Vgl. dazu für die Anfänge Guttmann, Sport für Körperbehinderte, 1979; für die Organisationsgeschichte der Paralympics Bailey, Athlete First, 2007 und für die Winterspiele Jahnke/Schüle, Paralympische Winterspiele, 2006.

[243] Eine Medaillenübersicht von Rom (1960) bis Athen (2004) findet sich z. B. in Aktiv dabei. Das Magazin des Behinderten-Sportverbandes Nordrhein-Westfalen 9/2008, S. 12.

[244] In DBS, Festschrift 50 Jahre, 2001, S. 44 wird lediglich die Umbenennung erwähnt und die Hintergründe werden völlig weggelassen. Vgl. dazu kontrovers aus der Sicht der Kriegsversehrten VBSV Schleswig-Holstein, 40 Jahre Behindertensport, 1991, S. 32f.

[245] Archiv des BSN, Vorstandsprotokolle 111a vom 14.6.1975 und 112 vom 10.9.1975 sowie BSN, Festschrift 50 Jahre, 2002, S. 88.

[246] VBSV Schleswig-Holstein, 40 Jahre Behindertensport, 1992, S. 32f.

[247] VBSV Schleswig-Holstein, 40 Jahre Behindertensport, 1992, S. 33 sowie Archiv des BSN, Vorstandsprotokoll 111a vom 14.6.1975.

[248] Archiv des DBS, Protokoll über den Ausserordentlichen Verbandstag des DVS am Samstag, den 5. Juli 1975 in Bensheim. Am 29.7.1975 wurde der neue Name in das Vereinsregister eingetragen.

[249] Vgl. BVSV Bayern, Festschrift 50 Jahre, 2002, S. 24; HVS Hamburg, Festschrift 40 Jahre, 1992, S. 11.

[250] Archiv des HBRS, Protokoll der 11. ordentlichen Hauptversammlung des Hessischen Versehrtensportverbandes im Bürgerhaus Butzbach vom 26.3.1977; Brief an das Amtsgericht Darmstadt vom 29.3.1977 sowie Einschreiben an das Amtsgericht Darmstadt vom 7.2.1994 (Zitat); VBSV Schleswig-Holstein, 40 Jahre Behindertensport, 1992, S. 33 sowie nach Auskunft von Wolfgang Tenhagen (Jg. 1948), Schleswig, vom 2.9.2009.

[251] BSV-NRW, Chronik 50 Jahre, 2003 (nur als Online-Ausgabe auf der Homepage); BBS Baden, Festschrift 50 Jahre, 2000, S. 26.

[252] Archiv des BSN, Aktenordner DBS 1979f.: Rundschreiben des DBS vom 28.2.1980 betr. Umbenennung des Landesverbandes in Bremen. Die Festschrift des Bremer Verbandes von Bühs, 50 Jahre Behindertensport, 1997 gibt kein Datum an. Das genaue Datum für Rheinland-Pfalz ist nicht bekannt. Der Verband besitzt keine Unterlagen mehr vor 1976. Nach Jupp Vallendar (Jg. 1951), Pommern, Auskunft vom 26.10.2010, der Ende 1970er-Jahren in die Verbandsarbeit eingestiegen ist, hatte der Verband zu der Zeit schon einen neuen Namen. Dennoch gab es immer noch eine Klientel, die vehement gegen den neuen Namen bzw. gegen einen Einbezug von Menschen mit Zivilbehinderungen war.

[253] BRS Saarland, Festschrift 50 Jahre, 2006, S. 30 und S. 32; Amtsgericht Vereinregister Charlottenburg, VR 1513 Nz, Behinderten-Sportverband Berlin: Eintragungen vom 8.1.1988 und vom 5.4.2000; Auskunft von Rolf Schäfer (Jg. 1926), Stuttgart, vom 25.10.2010. Die Verbindung zu Jens bestand über einige Tübinger Vorstandsmitglieder. Das Gutachten hat sich laut Schäfer aber nicht erhalten. Walter Jens (Jg. 1923) war zwar in der HJ und der NDSAP, aber aufgrund einer Krankheit kein Kriegsteilnehmer gewesen.

[254] Das Zitat findet sich in Privatarchiv Bernd Wedemeyer-Kolwe (Göttingen), Nachlass Wilhelm Reichart, Zeitungsausschnitts- und Photosammlung zur VSG Marburg 1952ff.

[255] Vgl. als Beispiel die Ausführungen in DSJ, Symposium Behindertensport, 1981, S. 37f.

[256] DVS, Festschrift 10 Jahre, 1961, S.15; ähnliches vermerkt Falk, Vom Reichsbund zum SoVD, Teil II, 2005, S. 23.

[257] Auskunft von Heiner Rust (Jg. 1941), Langenhagen, vom 23.8.2009; Heiner Rust war lange Zeit Präsident des BSN und auch im Vorstand des DBS vertreten.

[258] Das Zitat nach Wedemeyer-Kolwe, Verhinderte Gesunde, 2010, S. 139.

[259] SpoKa. Offizielles Organ des BSV Bayern 2, 2008, S. 6.

[260] Das Zitat in Wedemeyer-Kolwe, Verhinderte Gesunde, 2010, S. 139: Im VSV Celle herrschten zu der Zeit ähnliche Ansichten.

[261] Auskunft von Udo Graf zu Eulenburg (Jg. 1921), Bielefeld, vom 9.6.2009.

[262] Klee, Behinderten-Report, 1974, S. 24 und nach Auskunft von Ernst Klee, Frankfurt a.M., vom 9.4.2010, der sich zu erinnern glaubt, dass die Bemerkung von einem kriegsversehrten Sportarzt in Hessen stammt, der vor 1945 für das Reichssippenamt Gutachten verfasste und Professor für Erbbiologie war.

[263] Vgl. dazu aus der Fülle an Literatur z. B. Hamm, Lebensunwert zerstörte Leben, 2006.

[264] BSG Bielefeld, Festschrift 50 Jahre, 1996, S. 25.

[265] Archiv der VSG Heilbronn, Festrede zum 50sten Jubiläum des Vereins, S. 3. Ich bedanke mich bei dem Vorsitzenden Peter Bartsch für die Bereitstellung einer Kopie der Festrede.

[266] Klee, Behinderten-Report, 1974, S. 86.

[267] Auskunft von Wolfgang Tenhagen (Jg. 1948), Schleswig, vom 28.10.2010. Zuvor hieß der Verband noch „Versehrten- und Behinderten-Sportverband".

[268] Auskunft von Jupp Vallendar (Jg. 1951), Pommern, vom 26.10.2010.

[269] Auskunft von Claus Machtolf (Jg. 1933), Pforzheim, vom 24.2.2010.

[270] Da dieses Reizthema naturgemäß nur sehr selten in Vereins- und Verbandsfestschriften angesprochen wird und häufig erst nach Gesprächen mit Zeitzeugen zum Vorschein kommt, können hier nur einzelne Bespiele genannt werden. Es ist aber davon auszugehen, dass derartige Konflikte in etlichen Vereinen an der Tagesordnung waren.

[271] Auskunft von dem langjährigen Landesverbandsvorsitzenden Wolfgang Tenhagen (Jg. 1948), Schleswig, vom 5.8.2010 sowie von Paul Ruge (Jg. 1922), Kronshagen, vom 13.7.2010. Ruge war in den 1970er-Jahren Landesversehrtensportwart.

[272] Auskunft von Hans Hens (Jg. 1920), Köln, vom 14.7.2009. Hens war vor 1945 Mitglied der regimekritischen katholischen Jugendbewegung („Sturmschar") und von 1972 bis 2000 Vorsitzender der BSG Köln.
[273] Auskunft von Harald Eles (Jg. 1927), Remscheid, vom 13.8.2009.
[274] Auskunft von Kurt Klicha (Jg. 1925), Gießen, vom 19.8.2009.
[275] VSG Wetzlar, Festschrift 50 Jahre, 2002, S. 28. Offenbar ist der Brief im Zusammenhang mit der Umbenennung des Landesverbands 1977 zu sehen.
[276] So nach Auskunft von Günther Schwengsbier (Jg. 1929), Delmenhorst, vom 28.8.2007.
[277] Auskunft von Eduard Wagner (Jg. 1924), Wetzlar, vom 9.7.2009. In der Festschrift von 2002 ist trotz Umbenennung jedoch immer noch von „Versehrten-Sportverein" die Rede.
[278] So das Argument der Geschäftsführung eines nordrhein-westfälischen Versehrtensportvereins dem Verfasser gegenüber; vgl. auch Frankfurter Allgemeine Sonntagszeitung vom 21.3.2010: „Wettlauf um Kriegsveteranen. Schwerverletzte Soldaten als Nachschub für den paralympischen Sport".
[279] Auskunft von Fritz Kosmehl (Jg. 1921), Oldenburg, vom 25.11.2006.
[280] Die nachfolgenden Abschnitte nach Wedemeyer-Kolwe, Verhinderte Gesunde, 2010, S. 130–143.
[281] Vgl. die entsprechenden Personalien in BAB, DS, B 103 sowie PK M 0056.
[282] Vgl. die Personalunterlagen in BAB, PK, C 283; BAB, RS: Kersten, Herbert; Sasse, Körperlich Behinderte lernen Schwimmen, 1936 (Lebenslauf) sowie Brumm, Maßnahmen gegen asoziale Geschlechtskranke, 1937.
[283] BAB, SM, M 48: Minini, Fritz sowie BAB, RS, PK und SSO: Paulus, Peter und Archiv des DBS, Verzeichnis der Ehrungen.
[284] BAB, PK AO 450 sowie Behindertensport (34. Jg.) 1985, S. 95.
[285] BAB, RS und SSO: Rennenkampf(f), Adolf von.
[286] BAB, PK: Klose, Hans-Ulrich; BAB, RS B 5114 sowie PK D 20; die dritte Person nach Selbstauskunft.
[287] Vgl. dazu Cüppers, Wegbereiter der Shoah, 2005, S. 26 und Böhler, Auftakt zum Vernichtungskrieg, 2006, S. 225–227.
[288] BAB, SSO und RS: Hohmüller, Walter sowie Meyer, Dienstaltersliste der Waffen-SS, 1987, S. 106: in dieser Veröffentlichung wird Hohmüller als Sturmbannführer aufgeführt.
[289] Benz, Enzyklopädie des Nationalsozialismus, 1997, S. 604.
[290] Vgl. dazu Bahro, Sport in der SS, 2007.
[291] BAB, RS: Malchow, Walter.
[292] Die deutsche Sonderschule 1938, S. 587f.
[293] Vgl. dazu Wedemeyer-Kolwe, Verhinderte Gesunde, 2010, S. 134f.
[294] BAB, PK, A 0072; BAB, RK / RSK II, I 131 und nach Auskunft von Udo Graf zu Eulenburg (Jg. 1921), Bielefeld, vom 9.6.2009.
[295] BAB, DS, Diverse 8440.
[296] BAB, PK L 309 sowie Privatarchiv Bernd Wedemeyer-Kolwe (Göttingen), Nachlass Gerd Sluet.
[297] Auskunft von Frau Hagedorn, Bad Godesberg, vom 14.1.2010. Die Nationalpolitischen Erziehungsanstalten (Napola) waren staatliche Eliteinternate, die zum Abitur führten. Unabdingbare Voraussetzungen waren eine hohe sportliche Leistung und politische Zuverlässigkeit; vgl. Scholtz, NS-Ausleseschulen, 1973.
[298] BAB, PK, C 283; RS B 266 sowie SM H 3.
[299] Vgl. Quassowski, 12 Jahre 1. Kompagnie LSSAH, 1990, S. 60f, 155, 173f. sowie 259; vgl. auch Der Freiwillige 12 (40. Jg.) 2000, S. 18 sowie nach Auskunft von Vereinsmitgliedern.
[300] BAB, SM M 48; Grebe, Erlebnisse, o.J. sowie Klee, Personenlexikon zum Dritten Reich, 2003, S. 198 und Braunbuch Kriegs- und Naziverbrecher 1968, S. 352; BAB, SM UF 00064.
[301] BAB, RS 5114; StALüd, LS 1–66, Sportamt, Versehrtensport: Brief von Anneliese Kristin and die Stadt Lüdenscheid von 1952; BAB, SM 076 sowie RS E 281.

[302] BAB, PK M 0056 sowie DS, B 103; BAB, RS B 5114.

[303] Vgl. dazu Meyer, Dienstaltersliste 1938, 1996, S. 208; Hahn, Grawitz, Genzken, Gebhardt, 2008, S. 353f. und nach Auskunft von Harald Eles (Jg. 1927), Remscheid, vom 13.8.2009; BAB, RS und SSO: Paulus, Peter.

[304] Auskunft von Claus Machtolf (Jg. 1933), Pforzheim, vom 24.2.2010 und Rolf Schäfer (Jg. 1926), Stuttgart, vom 16.8.2010 sowie die Beispiele in Wedemeyer-Kolwe, Verhinderte Gesunde, 2010, S. 136ff.

[305] So nach Auskünften von Zeitzeugen. Die Hilfsgemeinschaft auf Gegenseitigkeit (HIAG) war die Organisation ehemaliger SS-Leute; es gibt sie noch heute (vgl. Wilke, Organisierte Veteranen, 2005); vgl. auch die Beispiele in Wedemeyer-Kolwe, Verhinderte Gesunde, 2010, S. 139f.

[306] Vgl. Wedemeyer-Kolwe, Verhinderte Gesunde, 2010, S. 132.

[307] Auskunft von Günter Jesgarzewski (Jg. 1951), Bielefeld, vom 4.11.2010.

[308] Vgl. Behindertensport (34. Jg.) 1985, S. 96.

[309] Treffpunkt (40. Jg.) 1991, S. 6.

[310] Archiv des BSN, Akte Verbandstag 1969–1971: Referat des Ehrenpräsidenten des DVS, Hans Lorenzen, anlässlich des 11. Ordentlichen Verbandstages des VSN am 17.4.1971.

[311] Vgl. dazu Wedemeyer-Kolwe, Verhinderte Gesunde, 2010, S. 165ff.

[312] Vgl. dazu etwa den Artikel „Wo bleibt der Nachwuchs-Boom" in Treffpunkt (40. Jg.) 1991, S. 6f. sowie nach Auskunft von Heiner Rust (Jg. 1941), Langenhagen, vom 29.9.2010.

[313] Vgl. z. B. BBS Baden, Festschrift 50 Jahre, 2000, S. 41.

[314] Vgl. dazu etwa DSB, Sport für Behinderte, 1975; DSJ, Symposium Behindertensport, 1981; Klee, Behinderten-Report 1974 und Behinderten-Report II, 1976 und Wedemeyer-Kolwe, Verhinderte Gesunde, 2010, 163f. für die Situation in Niedersachsen.

[315] So nach der Erinnerung von Heiner Rust (Jg. 1941), Langenhagen vom 29.9.2010 und Elfriede Mohr (Jg. 1947), Illingen, vom 19.8.2010, die beide dem DBS-Vorstand angehörten.

[316] Archiv des DBS, Protokoll der Vollversammlung der Deutschen Behinderten-Sportjugend (DBSJ) vom 22.8.1985.

[317] Noch in den späten 1970er-Jahren gab es etliche Konflikte zwischen dem damaligen Bundesjugendwart Franz Müller und der noch mit Hans Tüffers besetzten alten DBS-Geschäftsstelle, der vergeblich versuchte, die Entwicklung der künftigen DBSJ aufzuhalten; vgl. Archiv des DBS, Schriftwechsel Tüffers – Müller vom 29.12.1977 und 31.12.1977.

[318] Die Jugendordnung wurde am 22.8.1985 auf der Vollversammlung der DBSJ angenommen und am 12.10.1985 im DBS-Hauptvorstand verabschiedet; vgl. Archiv des DBS, Protokoll der Vollversammlung der Deutschen Behinderten-Sportjugend (DBSJ) vom 22.8.1985 sowie nach Auskunft von Elfriede Mohr (Jg. 1947), Illingen, vom 19.8.2010; Gerhard Knapp (Jg. 1944), Heppenheim, vom 11.10.2010 und Detlev Lütkehoff, Duisburg, vom 26.10.2010.

[319] Vgl. Wedemeyer-Kolwe, Verhinderte Gesunde, 2010, S. 197f.

[320] Dies kritisiert prononciert Klee, Situation der Behinderten, 1975, S. 8.

[321] Zit. nach BRS Saarland, Festschrift 50 Jahre, 2006, S. 40f.

[322] Vgl. zur Geschichte des DRS etwa DRS Rollstuhlsport 1/2002 (Jubiläumsausgabe) sowie DRS, Festschrift 25 Jahre Kinder- und Jugendsport, 2005.

[323] DRS Rollstuhlsport 1/2002 (Jubiläumsausgabe), S. 8.

[324] Auskunft von Horst Strohkendl, Lohmar, vom 15.2.2011.

[325] Privatarchiv Heiner Rust (Langenhagen): DBS-DRS-Vereinbarung vom 1.1.2001 sowie Manuskript Heiner Rust: Wie es zu einer Vereinbarung zwischen DBS und DRS kam und welche finanziellen Auswirkungen das hatte, Langenhagen 2006, (Zitat S. 2). Der Text zitiert aus den Hauptvorstandsprotokollen des DBS zwischen 1985 und 2000.

[326] Bei der Gründungsversammlung der ADV 1951 war der damalige Vorsitzende des Gehörlosen-Sportverbandes anwesend. Vgl. zu Annäherungsversuchen die Beispiele in Wedemeyer-Kolwe, Verhinderte Gesunde, 2010, S. 127–129 sowie DSJ, Symposium Behindertensport, 1981, S. 39.

[327] Behindertensport 11 (38. Jg.) 1989, S. 249; das Blatt zitiert einen Vertreter des Österreichischen Behinderten-Sportverbandes.

Anmerkungen Kap. III: SBZ/DDR

[1] Zitiert in Boldorf, Sozialfürsorge, 1998, S. 122. Vgl. allgemein zur Fürsorge in der SBZ/DDR noch Willing, Sozialistische Wohlfahrt, 2008; Boldorf, Verdrängung, 2004 sowie Schwartz/Goschler, Ausgleich, 2004 und Boldorf, Rehabilitation, 2004.

[2] Zitiert in Willing, Sozialistische Wohlfahrt, 2008, S. 55.

[3] Vgl. dazu den instruktiven Artikel von Boldorf, Verdrängung, 2004 sowie Boldorf, Rehabilitation, 2004, S. 457ff. und Schwartz/Goschler, Ausgleich, 2004, S. 626f. und S. 640.

[4] Vgl. dazu Schwartz/Goschler, Ausgleich, 2004, S. 638f. und Boldorf, Verdrängung, 2004, S. 242ff.

[5] Zur Satzung und Geschichte des ADBV vgl. Pielasch/Jaedicke, Geschichte des Blindenwesens, 1972, S. 255f.; das Zitat findet sich in Fink, Kriegsblinde in der DDR, 2005, S. 83. Zur Person Pielaschs und dem ADBV vgl. noch Müller-Enbergs et al., Wer war wer in der DDR, 2001, S. 660; Willing, Sozialistische Wohlfahrt, 2008, S. 228f. sowie Bailey, Athlete first, 2008, S. 12.

[6] Boldorf, Rehabilitation, 2004, S. 458 sowie Boldorf, Verdrängung, 2004, S. 243f.

[7] Vgl. Boldorf, Rehabilitation, 2004, S. 460.

[8] Vgl. Boldorf, Verdrängung, 2004, S. 245ff. sowie Schwartz/Goschler, Ausgleich, 2004, S. 635ff.

[9] Vgl. dazu Barsch, Geistig behinderte Menschen in der DDR, 2007.

[10] Vgl. dazu Bernett, Körperkultur und Sport in der DDR, 1994, S. 59ff.; Teichler, Sportbeschlüsse, 2002, S. 19ff. sowie Wonneberger, Struktur und Leitung, 2001, S. 194ff.

[11] Vgl. aus der Fülle an mittlerweile erschienenen Literatur zusammenfassend dazu Bernett, Körperkultur und Sport in der DDR, 1994; Buss/Becker, Der Sport in der SBZ, 2001; Teichler, Sportbeschlüsse, 2002, S. 50f. und Spitzer/Teichler/Reinartz, Schlüsseldokumente, 1998, S. 40f., S. 131–139 und S. 154–174, dort auch die Liste der geförderten Sportarten sowie Balbier, Kalter Krieg, 2007 und Stündl, Freizeit- und Erholungssport, 1977.

[12] Offenbar wurde schon 1946 hier (wieder) eine Gehörlosensportgruppe gebildet. Vgl. auch Müller, Gehörlosenkegelsport Erfurt, 2005, S. 14; Mitteldeutsche Zeitung Ausgabe Sangerhausen 8/1998, S. 9 mit einem Artikel zum 80. Jubiläum des Gehörlosensports in Sangerhausen; Taubstummen- Turn- und Sportverein Halle, Festschrift 25 Jahre 1934 und nach www.gsv-sachsen-anhalt.de, hier die Chronik des GSBV Halle (Zugriff am 7.12.2010) sowie Archiv des SSB Magdeburg, Chronik des Gehörlosen-Sportvereins Magdeburg von 1906.

[13] Vgl. Müller, Gehörlosenkegelsport Erfurt, 2005, S. 14; Dörwald, Chronik, 2003, S. 4 sowie DGV, Festschrift 100 Jahre, 2010, S. 81.

[14] Der Organisationsplan mit Anschriftenverzeichnis und das Programm der DS-Sparte Gehörlosensport sind abgedruckt in Dörwald, Bildanhang zur Zeittafel, o.D., unpag. Die Dokumente sind nicht datiert, sie dürften etwa Ende 1949 gedruckt worden sein.

[15] All diese Entwicklungen sind zwar in ihrem Zeitverlauf dokumentiert, insgesamt jedoch nur unzureichend aufgearbeitet; vgl. dazu Müller, Gehörlosenkegelsport Erfurt, 2005, S. 14; Dörwald, Chronik, 2003, S. 6f. und S. 15; DGV, Festschrift 100 Jahre, 2010, S. 81f. sowie das Mitteilungsblatt SV Einheit Sehbehinderte – Gehörlose Magdeburg. Das Blatt, das zwar recherchiert, aber nicht beschafft werden konnte, hat offenbar von 1948 bis 1951 existiert.

[16] 1950 waren nach Pielasch 17.000 Blinde in der DDR „registriert“, in den späten 1980er-Jahren betrug die Zahl der Menschen mit Sehbehinderung knapp 100.000, darunter 32.000 Vollblinde; vgl. Pielasch/

Jaedicke, Geschichte des Blindenwesens, 1971, S. 218; Deutscher Blindenverband, Enzyklopädie des Blindenwesens, 1990, S. 108 sowie Gehre, Blinden- und Sehbehindertenpädagogik der DDR, 2006, S. 178, die abweichend von 32.000 Blinden und 63.000 Sehbehinderten für die Zeit nach 1945 in der SBZ ausgeht.

[17] Vgl. Pielasch / Jaedicke, Geschichte des Blindenwesens, 1971, S. 252 und 282 sowie Sport der Versehrten 3 bzw. 10 (1. Jg.) 1956, S. 8 bzw. S. 5. Die Zahlen variieren, auch da es kaum gesicherte Daten über diese frühe Zeit gibt.

[18] Diese Angabe nach Dörwald, Chronik 2003, S. 4 ohne nähere Hinweise auf Orte und Zahlen.

[19] Vgl. Sport der Versehrten 3 (7. Jg.) 1962, S. 15f. (Chemnitz) sowie 12 (6. Jg.) 1961, S. 12 (Jena) und Sperling, Behindertensportler, 2002, S. 252 (Leipzig).

[20] Archiv des SSB Magdeburg, Protokoll über das Interview Manfred Böhle vom Verein für Sporttherapie und Behindertensport Magdeburg vom 16.12.1999; vgl. auch BSG Aufbau Börde Magdeburg, Festschrift 40 Jahre, 1989, S. 42–44 sowie nach schriftlicher Auskunft von Walter Hegenbarth (Jg. 1938), Magdeburg, vom 13.7.2009.

[21] Zum Sport in den frühen Blindenschulen der SBZ/DDR liegen wenig Angaben vor; vgl. dazu Deutscher Blindenverband, Enzyklopädie des Blindenwesens, 1990, S. 110; Pielasch/Jaedicke, Geschichte des Blindenwesens, 1971, S. 313f.; Dörwald, Chronik, 2003, S. 36 sowie nach Auskunft von Erhard Hoffmann (Jg. 1943), Chemnitz, vom 18.8.2010, der in den 1950er-Jahren Schüler in Königs Wusterhausen war.

[22] Vgl. Sport der Versehrten 2 (1. Jg.) 1956, S. 8 sowie Dörwald, Chronik, 2003, S. 11.

[23] Auskunft von Hermann Dörwald (Jg. 1925), Dresden, vom 6.7.2010, eine ähnliche Bemerkung auch von Wolfgang Poppe (Jg. 1926), Leipzig, vom 25.11.2010, der von „gewissen Vorbehalten gegenüber den Kriegsversehrten“ sprach. Dörwald hatte damals vergeblich versucht, in Dresden eine offizielle Versehrtensportgruppe zu gründen.

[24] So rückblickend in Sport der Versehrten 12 (1. Jg.) 1956, S. 1, allerdings ohne konkrete Belege und direkte lokale Hinweise.

[25] Zur Geschichte der Leipziger Versehrtensportgruppe vgl. Sperling, Behindertensportler, 2002; Sport der Versehrten 6 (1. Jg.) 1956, S. 9 sowie 4 und 5 (2. Jg.) 1957, S. 2 bzw. S. 13 und 3 (7. Jg.) 1962, S. 5; Der Versehrtensportler 1 (20. Jg.) 1971, S. 5f. (zum 25. Jubiläum der Gruppe) sowie Privatarchiv Dr. Wolfram Sperling (Leipzig), Chronik des 30-jährigen Leipziger Versehrtensports (undatiert) sowie Manuskript zum 50-jährigen Bestehens des Leipziger Versehrtensports 1995.

[26] Vgl. zur Berliner Entwicklung Sport der Versehrten 3 (1. Jg.) 1956, S. 3 sowie 3 und 12 (3. Jg.) 1958, S. 4 und S. 3f. sowie Dörwald, Chronik, 2003, S. 4.

[27] Dörwald, Chronik, 2003, S. 4 gibt denn auch keine Beispiele an. Bis 1952 ist in seiner Chronik auch überwiegend vom Gehörlosensport die Rede.

[28] Auskunft von Hermann Dörwald (Jg. 1925), Dresden, vom 2.2.2007 und vom 6.7.2010; vgl. auch Dörwald, Chronik, 2003, S. 8 und Sport der Versehrten 12 (1. Jg.) 1956, S. 1.

[29] Privatarchiv Dr. Wolfram Sperling (Leipzig), Manuskript zum 50jährigen Bestehens des Leipziger Versehrtensports 1995.

[30] Vgl. Dörwald, Chronik, 2003, S. 8f. und Dörwald, Vor 50 Jahren, 2003, S. 59: hier nennt Dörwald für die Zeit von 1949 bis 1952 abweichend noch „leistungsstarke Sportgruppen“ in Halle und Magdeburg, allerdings ohne Beleg. Vgl. auch Privatarchiv Dr. Wolfram Sperling (Leipzig), Manuskript zum 50-jährigen Bestehens des Leipziger Versehrtensports 1995: hier wird für März 1953 ein Sportfest körperbehinderter Sportler aus Berlin, Dresden und Leipzig erwähnt; vgl. auch BSG Aufbau Börde Magdeburg, Festschrift 40 Jahre, 1989, S. 42.

[31] Vgl. Sport der Versehrten 7 (5. Jg.) 1960, S. 3 (Linnecke) sowie 10 (7. Jg.) 1958, S. 9 (Erfurt).

[32] Auskunft von Wolfgang Poppe (Jg. 1926), Leipzig, vom 25.11.2010.

[33] Vgl. dazu Teichler, Sportbeschlüsse, 2002, S. 51f. sowie Spitzer/Teichler/Reinartz, Schlüsseldokumente, 1998, S. 38f.

[34] Vgl. Dörwald, Vor 50 Jahren, 2003, S. 58f. sowie DGV, Festschrift 100 Jahre, 2010, S. 81f.

[35] Privatarchiv Dr. Wolfram Sperling (Leipzig), Manuskript zum 50-jährigen Bestehens des Leipziger Versehrtensports 1995 sowie Dörwald, Vor 50 Jahren, 2003, S. 59. Während das Manuskript von Sperling eine Versammlung nur von blinden und körperbehinderten Sportler erwähnt, spricht Dörwald abweichend davon, dass auch Gehörlosensportler mit dabei waren.

[36] Auskunft von Hermann Dörwald (Jg. 1925), Dresden, vom 7.12.2010.

[37] Die Zeitschrift „Schwimmsport" 7 (5. Jg.) 1953, S. 111 brachte zwar eine kurze Meldung über dieses Treffen, deutete den Grund der Zusammenkunft jedoch so vage an, dass ein gewöhnlicher Leser damit nichts anfangen konnte.

[38] Diese Denkschrift konnte nicht beschafft werden.

[39] Im „Schwimmsport" konnte die Denkschrift jedoch gar nicht abgedruckt werden, weil sie ihr Erscheinen mit Heft 8 vom April 1953 einstellte. Die Zeitschrift sollte erst wieder am 17.2.1954 als Amtliches Fachblatt der Sektion Schwimmen erscheinen.

[40] Der singuläre Hinweis auf die Einbindung in das Hauptreferat „Allgemeine Körpererziehung" findet sich bei Ehricht/Mühlbach, Versehrtensport, 1965, S. 9.

[41] Mit unterschiedlichen Schwerpunkten und nicht immer übereinstimmend wird dieser Prozess geschildert in Privatarchiv Dr. Wolfram Sperling (Leipzig), Manuskript zum 50-jährigen Bestehens des Leipziger Versehrtensports 1995; Dörwald, Chronik, 2003, S. 9f. sowie Dörwald, Vor 50 Jahren, 2003, S. 59–60, Zitat auf S. 60.

[42] Vgl. Dörwald, Chronik, 2003, S. 9–10 und Privatarchiv Dr. Wolfram Sperling (Leipzig), Manuskript zum 50-jährigen Bestehens des Leipziger Versehrtensports 1995. In Ehricht/Mühlbach, Versehrtensport, 1965, S. 9 und Roth, Versehrtensport, 1993, S. 67 ist die Gründung der Sektion Versehrtensport fälschlicherweise schon in das Jahr 1952, des Gründungsjahres des StaKo, gelegt worden. In: DGV, Festschrift 100 Jahre, 2010, S. 81f. werden, wie häufig bei Festschriften, eventuelle Konflikte unter den Gehörlosen nicht erwähnt.

[43] Vgl. dazu Dörwald, Chronik, 2003, S. 9–10 und S. 15 sowie Dörwald, Vor 50 Jahren, 2003, S. 59–60 (Zitat) und Sperling, Behindertensportler, 2002, S. 252. Der Hinweis auf die Flucht von Walter findet sich in Sport der Versehrten 5 (1. Jg.) 1956, S. 8. Ein Portrait von Dude druckte Sport der Versehrten 8 (4. Jg.) 1959, S. 8 ab.

[44] Vgl. Dörwald, Chronik, 2003, S. 15 mit der Statistik vom 1. September 1956. Genauer wird dies in Sport der Versehrten 5 und 10 (1. Jg.) 1956, S. 1f. und 5f. sowie in 4 (2. Jg.) 1957 aufgelistet und kommentiert. Auf die unterschiedliche und verwirrende Zählweise macht im Rückblick auch aufmerksam Versehrtensport 12 (34. Jg.) 1989, S. 8.

[45] Vgl. Schwimmsport 4 (1. Jg.) 1954, S. 9. Mit dem Wiedererscheinen der Zeitschrift 1954 begann die Zählung erneut mit dem ersten Jahrgang, obwohl sie bereits vorher von 1949 bis 1953 mit den Jahrgängen 1–5 existiert hatte.

[46] Sport der Versehrten 3 (1. Jg.) 1956, S. 8.

[47] Vgl. Dörwald, Vor 50 Jahren, 2003, S. 60f.; DGV, Festschrift 100 Jahre, 2010, S. 81f.; Dörwald, Chronik, 2003, S. 4f. sowie die zahllosen Berichte in der Zeitschrift Sport der Versehrten ab 1956.

[48] Vgl. Dörwald, Chronik, 2003, S. 9f. sowie die zahllosen Berichte in der Zeitschrift Sport der Versehrten ab 1956.

[49] Vgl. Dörwald, Chronik, 2003, S. 17.

[50] Vgl. Sport der Versehrten 4 (1. Jg.) 1956, S. 3 (Tischtennis); 12 (1. Jg.) 1956, S. 2f.; 4 (3. Jg.) 1958, S. 6 oder 6 (3. Jg.) 1958, S. 3f. (Leipziger Kongress).

[51] Vgl. Dörwald, Chronik, 2003, S. 15, der pauschal von 250 Versehrtensportlern spricht und unterschlägt, dass die meisten aus dem Gehörlosensport stammten. Vgl. auch Sport der Versehrten 1 und 12 (1. Jg.)

1956, S. 1 bzw. S. 1 (Zitat): hier wiederum beklagte derselbe Autor, Hermann Dörwald, die magere Teilnahmerzahl der wenigen körperbehinderten Sportler.

52 BAB, DR 5, Nr. 43, Bll. 1–2 und 39–40.

53 BAB, DR 5, Nr. 43, Dokument vom 7.7.1953 sowie Sport der Versehrten 7 (1. Jg.) 1956, S. 5. Die Zahl der erworbenen Abzeichen ist offenbar nicht überliefert. Vgl. dazu Bernett, Körperkultur und Sport in der DDR, 1994, S. 71–78 sowie Sportabzeichenprogramm der DDR. Bestimmungen und Bedingungen. Teil II für Versehrte. Berlin 1977: Zwar gab es noch das „Gespräch über sozialistische Körperkultur", aber Hindernislauf, Gepäckmarsch und Keulenwurf waren aus dem Programm entfernt worden.

54 Auskunft von Wolfgang Poppe (Jg. 1926), Leipzig, vom 25.11.2010; ähnlich äußerte sich auch Hermann Dörwald (Jg. 1925), Dresden.

55 Sport der Versehrten 6 (2. Jg.) 1957, S. 6 und 3 (5. Jg.) 1960, S. 1; auf die NS-Belastung der DDR-Versehrtensportler wird unten noch eingegangen.

56 Vgl. Sport der Versehrten 5 (2. Jg.) 1957, S. 13 sowie 4 (1. Jg.) 1956, S. 3 und 1 (1. Jg.) 1956, S. 1.

57 Privatarchiv Dr. Wolfram Sperling (Leipzig), Manuskript zum 50-jährigen Bestehens des Leipziger Versehrtensports 1995 sowie Sport der Versehrten 4 (2. Jg.) 1957, S. 2 und 3 (1. Jg.) 1956, S. 8.

58 Schwimmsport 7 (5. Jg.) 1953, S. 111.

59 Sport der Versehrten 3 (1. Jg.) 1956, S. 1 und 7 (3. Jg.) 1958, S. 1.

60 Sport der Versehrten 5 (1. Jg.) 1956, S. 1.

61 Sport der Versehrten 5 (1. Jg.) 1956, S. 2.

62 Sport der Versehrten 1 und 5 (1. Jg.) 1956, S. 1 und S. 8.

63 Sport der Versehrten 12 (3. Jg.) 1958, S. 3 sowie 1 (4. Jg.) 1959, S. 10.

64 Sport der Versehrten 11 (2. Jg.) 1957, S. 1 und 12 (3. Jg.) 1958, S. 3 sowie Leutelt/Hinsching, Behinderte, 1999, S. 56. Wolfgang Presber, der sich auch beruflich mit der Wiedereingliederung von Menschen mit Behinderungen in die Gesellschaft befasste (vgl. zum Beispiel Presber, Technische Hilfen, 1973), sollte von 1970 bis 1986 Präsident des DVfV werden.

65 Vgl. dazu Spitzer/Teichler/Reinartz, Schlüsseldokumente, 1998, S. 75ff.; Teichler, Sportbeschlüsse, 2002, S. 53ff.; Bernett, Körperkultur und Sport in der DDR, 1994, S. 141ff. und Erbach, Kleine Enzyklopädie, 1960, S. 43ff.

66 Sport der Versehrten 6 (2. Jg.) 1957, S. 8 sowie 7 und 10 (3. Jg.) 1958, S. 1 und S. 2; vgl. auch Dörwald, Chronik, 2003, S. 17 und S. 19.

67 Sport der Versehrten 5 (4. Jg.) 1959, S. 1. Verschiedene Zeitzeugen bestätigten dem Verf. unabhängig voneinander, dass Quirmbach offenbar „von oben" eingesetzt wurde.

68 Sport der Versehrten 6 (4. Jg.) 1959, S. 1–2. Der Artikel „Der Versehrtensport vor neuen Aufgaben", der die Politik des DTSB wiedergibt, wurde bezeichnenderweise von Theo Quirmbach verfasst.

69 Vgl. insgesamt dazu ohne kritische Distanz Dörwald, Chronik, 2003, S. 23 sowie die Gründungsberichte in Sport der Versehrten 8 (4. Jg.) 1959, S. 1ff.

70 In Erbach, Kleine Enzyklopädie, 1960, S. 45 wird der DVfV (hier fälschlich als AVVS bezeichnet), wie die Angler und Motorsportler, als lediglich dem „DTSB angeschlossen" beschrieben, also nicht als vollwertiger Verband bezeichnet. Da diese Angabe später nirgendwo mehr auftaucht und auch die Zeitzeugen sich an diesen Verbandsstatus nicht erinnern können, ist diese Angabe wahrscheinlich falsch.

71 Sport der Versehrten 8 (4. Jg.) 1959, S. 1f.

72 Sport der Versehrten 8 (4. Jg.) 1959, S. 3f.

73 Sport der Versehrten 8 (4. Jg.) 1959, S. 2.

74 Im Gegensatz zur DVS-Zeitschrift, die oft und viel über die Herkunft und die sportliche Vorerfahrung der Verbandsfunktionäre vor 1945 berichtete, wurden die Funktionäre in „Sport der Versehrten", bis auf die Gehörlosen, kaum einmal biographisch vorgestellt oder ihr Geburtsdatum genannt. Möglicherweise hängt dies auch damit zusammen, dass sich der DDR-Sport nicht auf sporthistorische Kontinuitäten aus der

deutschen Sportgeschichte der Weimarer Republik bzw. der NS-Zeit berufen wollte, sondern den Anspruch hatte, einen Neubeginn darzustellen. Dabei blieb aber auch die (möglicherweise belastete) Geschichte seiner Funktionäre ausgeklammert, wobei nur die Gehörlosen in der Regel politisch unbelastet waren. Auch sind im Vergleich zur BRD nur noch sehr wenige DDR-Versehrtensportler der frühen Zeit am Leben, die biographische Auskünfte hätten geben können. So waren biographische Recherchen oft unmöglich.

75 Sport der Versehrten 11 (5. Jg.) 1960, S. 2 (Henze); 7 (5. Jg.) 1960, S. 3 (Linnecke); 8 (5. Jg.) 1960, S. 2 (Schopp, die Widerstandstätigkeit ist bestätigt durch Einträge im BAB).

76 Vgl. die Beispiele in Sport der Versehrten 7 (6. Jg.) 1961, S. 10 und 5 (6. Jg.) 1961, S. 9.

77 Während Hermann Dörwald vor 1945 im Postsportverein und im DSC Dresden aktiv gewesen war, hatte Wolfgang Poppe ab 1941in der Reichsbahnsportgemeinschaft Leipzig Sport getrieben.

78 Vgl. Fink, Kriegsblinde in der DDR, 2005, S. 83 und nach Angaben eines Zeitzeugen.

79 Vgl. Sport der Versehrten 7 (5. Jg.) 1960, S. 15 (zum Tode von Herbert Dyck) sowie Der Weckruf. Zeitschrift des Bannes B, 9, 1935, S. 144f. und Friedrichkeit, Blindenschule im Dritten Reich, 1974, S. 24 und S. 29.

80 Der im Unterwesterwald geborene Quirmbach heiratete 1943 eine SS-Sachbearbeiterin aus Löbejün/ Saalekreis. 1949 war er dann Vorsitzender des Kreissportausschusses Saalekreis, er blieb also in der Heimat seiner Ehefrau. Nicht geklärt werden konnte, ob Quirmbach mit seinem Regiment im „Ostfeldzug" an Kriegsverbrechen beteiligt gewesen ist (BAB, RS: Quirmbach, Theo). Quirmbach schied Ende 1964 „aus gesundheitlichen und persönlichen Gründen aus seiner Funktion aus" (Dörwald, Chronik, 2003, S. 47), zur Nachfolgerin wurde 1966 Inge Mandrek gewählt, die das Amt bis 1989 ausfüllte.

81 Vgl. Dörwald, Chronik, 2003, S. 26 und S. 37 und S. 38. Bei Dörwald sind zwar die Vereinbarungen, aber nicht die Inhalte erwähnt; die wortwörtliche Vereinbarung zwischen DVfV und ADBV von 1960 findet sich in Sport der Versehrten 8 (7. Jg.) 1962, S. 13.

82 Dörwald, Chronik 2003, S. 25.

83 Vgl. Dörwald, Chronik, 2003, S. 23, der die Meinung des Präsidiums 1959 wiedergibt, „dass der Versehrtensport keineswegs nicht nur als Wettkampf- und Leistungssport angesehen werden darf".

84 Vgl. Sport der Versehrten 7 (6. Jg.) 1961, S. 3.

85 Vgl. die Beispiele in Dörwald, Chronik, 2003, S. 27, S. 33, S. 36–38.

86 Dörwald, Chronik, 2003, S. 44 und S. 86.

87 Vgl. dazu auch Wedemeyer-Kolwe, Verhinderte Gesunde, 2010, S. 167ff. sowie DBS, Festschrift 50 Jahre, 2001, S. 26–27 und DGV, Festschrift 100 Jahre, 2010, S. 82f. Dörwald, Vor 50 Jahren, 2003, S. 60 listet die Erfolge der DDR-Gehörlosensportler auf. Dörwald, Chronik, 2003, S. 34, erwähnt zwar die Einstellung des Sportverkehrs im Rahmen der „Grenzsicherheitsmaßnahmen der DDR" durch die BRD, weist aber nicht darauf hin, dass es nach 1965 wieder zu einigen Treffen zwischen Versehrtensportgruppen aus beiden deutschen Staaten gekommen ist.

88 Vgl. dazu Dörwald, Chronik, S. 115 sowie DVfV, Versehrtensport, 1980, S. 20 sowie DVfV, Festschrift 30 Jahre, 1989, S. 18.

89 Vgl. Dörwald, Chronik, 2003, S. 23 und S. 25; Sport der Versehrten 7 (6. Jg.) 1961, S. 6 (Dresden).

90 Vgl. Sport der Versehrten 12 (6. Jg.) 1961, S. 7 und nach Auskunft von Erhard Hoffmann (Jg. 1943), Chemnitz, vom 18.8.2010 (Hoffmann war Schüler in Königs Wusterhausen gewesen) sowie Sport der Versehrten 7 (7. Jg.) 1962, S. 6 und nach Auskunft von Walter Hegenbarth (Jg. 1938), Magdeburg, vom 13.7.2009, der lange Zeit technischer Leiter der Sektion Versehrtensport der BSG Aufbau Börde war.

91 In der Reihenfolge der Belege Dörwald, Chronik, 2003, S. 44, S. 51, S. 46, S. 55 und S. 86f.; zur Spartakiade Teichler, Sportbeschlüsse, 2002, S. 472ff.

92 DVfV, Festschrift 30 Jahre, 1989, S. 16.

93 Dörwald, Chronik, 2003, S. 32.

94 Sport der Versehrten 6 (6. Jg.) 1961, S. 2–3.

[95] Dörwald, Chronik, 2003, S. 41 und S. 53; hier scheint ein Quellen- oder ein Rechenfehler vorzuliegen, da die Summe der drei gewünschten Mitgliedszahlen statt 2.300 lediglich 2.100 ergibt.

[96] Die Zahlen nach DVfV, Festschrift 30 Jahre, 1989, S. 2 sowie DVfV, Versehrtensport, 1980, S. 3.

[97] Sport der Versehrten 8 (4. Jg.) 1959, S. 1; 10 (6. Jg.) 1961, S. 4; 3 (7. Jg.) 1962, S. 11 und S. 7 sowie 9 (7. Jg.) 1962, S. 6 und S. 10.

[98] Sport der Versehrten 4 (2. Jg.) 1957, S. 1 und nach Auskunft von Inge Mandrek (Jg. 1937), Eggersdorf, vom 17.11.2010. Frau Mandrek war von 1966 bis 1990 Generalsekretärin des DVfV. Die Absage des DTSB erwähnt Dörwald, Chronik, 2003, S. 37, jedoch ohne Erläuterung.

[99] Auskunft von Inge Mandrek (Jg. 1937), Eggersdorf, vom 17.11.2010.

[100] Sport der Versehrten 4 (6. Jg.) 1961, S. 2.

[101] Sport der Versehrten 6 (4. Jg.) 1959, S. 11.

[102] Sport der Versehrten 5 (4. Jg.) 1959, S. 2 sowie 7 (6. Jg.) 1961, S. 2.

[103] In der Reihenfolge der Belege Sport der Versehrten 12 (1. Jg.) 1956, S. 1; 6 (4. Jg.) 1959, S. 3; 5 (1. Jg.) 1956, S. 1 und 3 (6. Jg.) 1961, S. 5.

[104] Sport der Versehrten 7, 11 und 12 (6. Jg.) 1961, S. 2, S. 6 und S. 7.

[105] Auskunft von Erhard Hoffmann (Jg. 1943), Chemnitz, vom 18.8.2010 zum Sport in Königs Wusterhausen; Auskunft von Walter Hegenbarth (Jg. 1938), Magdeburg, vom 13.7.2009 und Privatarchiv Walter Hegenbarth (Magdeburg), Rückblick auf 37 Jahre Sektion Versehrtensport in der BSG Aufbau-Börde Magdeburg von 1953–1990 (hdschr. 39-seitiges Manuskript) sowie Privatarchiv Dr. Wolfram Sperling (Leipzig), Manuskript zum 50-jährigen Bestehens des Leipziger Versehrtensports 1995 mit etlichen Beispielen.

[106] Auskunft von Hannelore Fischer (Jg. 1932), Gotha, vom 12.7.2010, die als Sportlehrerin des Bezirksfachverbandes in Erfurt den Versehrtensport im Kreis Gotha ab 1970 aufbaute.

[107] Vgl. dazu Dörwald, 40 Jahre Dresdner SG der Versehrten, 2008.

[108] Auskunft von Inge Mandrek (Jg. 1937), Eggersdorf, vom 17.11.2010. Frau Mandrek war zu der Zeit Generalsekretärin des DVfV.

[109] Dörwald, Chronik, 2003, S. 98 erwähnt zwar die Vorlage des Präsidiums, gibt aber den Inhalt nicht wieder. Die Vorlage konnte nicht beschafft werden.

[110] Das Maßnahmenpapier konnte nicht beschafft werden, der konkrete Inhalt ist dem Verf. daher nicht bekannt. Dörwald, Chronik, 2003, S. 99 gibt leider den Inhalt der konkreten Maßnahmen nicht wieder; DVfV, Versehrtensport, 1979, S. 1; DVfV, Festschrift 30 Jahre, 1989, S. 2 und Leutelt/Hinsching, Behinderte, 1999, S. 56 erwähnen zwar die Maßnahmen als bedeutenden Umschwung für den Verband, enthalten sich aber ebenfalls jeglichen konkreten Inhalts.

[111] Dörwald, Chronik, 2003, S. 101 und S. 104; DVfV, Festschrift 30 Jahre, 1989, S. 2; in beiden Fällen wird die Vereinbarung als zentral für die Entwicklung des DVfV erwähnt, aber ihr Inhalt nicht angegeben.

[112] Laut Inge Mandrek (Jg. 1937), Eggersdorf, vom 17.10.2010, seien vor allem die jahrelangen Eingaben und das beharrliche Drängen der DVfV-Funktionäre für den Umschwung im DTSB verantwortlich gewesen.

[113] DVfV, Versehrtensport, 1980, S. 1.

[114] DVfV, Versehrtensport, 1980, S. 5.

[115] DVfV, Versehrtensport, 1980, S. 5 sowie Leutelt/Hinsching, Behinderte, 1999, S. 54.

[116] Auskunft von Inge Mandrek (Jg. 1937), Eggersdorf, vom 11.1.2011 und Dr. Detlef Eckert (Jg. 1951), Halberstadt, vom 28.2.2011.

[117] BAB, DY 12, 1202, Bl. 121 (Entschließung des 7. Verbandstages des DVfV der DDR 1984, Entwurf) sowie nach Auskunft von Walter Hegenbarth (Jg. 1938), Magdeburg, vom 17.7.2009, der, unfallgeschädigt, auf „Überweisung“ eines Arztes zum Versehrtensport gekommen war.

[118] DVfV, Versehrtensport, 1980, S. 16f. sowie Dörwald, Chronik, 2003, S. 100ff. mit Einzelbeispielen.

[119] Vgl. dazu Hartmann, Goldkinder, 1997, S. 252 (Interview mit Marianne Buggenhagen).

[120] Vgl. dazu Hartmann, Goldkinder, 1997, S. 252 (Interview mit Marianne Buggenhagen) sowie Teichler/Reinartz, Leistungssportsystem, 1999, S. 77 und DGV, Festschrift 100 Jahre, 2010, S. 84 mit einer Auflistung der Teilnahme der DDR-Gehörlosensportler an den Gehörlosenweltspielen.
[121] Vgl. DVfV, Versehrtensport, 1980, S. 20f.; Dörwald, Vor 50 Jahren, 2003, S. 61f. sowie Bailey, Athlete First, 2008, S. 63ff.
[122] Vgl. Dörwald, Chronik, 2003, S. 100 und S. 159 mit zahlreichen Hinweisen; Dörwald, Vor 50 Jahren, 2003, S. 63f. sowie Buggenhagen, Von Kopf bis Fuß, 1996, S. 57ff. (Zitate).
[123] Vgl. Dörwald, Chronik, 2003, S. 108ff.; Dörwald, Vor 50 Jahren, 2003, S. 63f.; DVfV, Versehrtensport, 1980, S. 20; DVfV, Festschrift 30 Jahre, 1989, S. 18 und Roth, Versehrtensport, 1993, S. 68.
[124] 1984 galten ca. 550.000 DDR-Bürger als Menschen mit Behinderungen, während der DVfV in der selben Zeit über etwa 11.000 Mitglieder verfügte.
[125] Die Zahlen des DVfV nach DVfV, Versehrtensport, 1980 S. 2 sowie DVfV, Festschrift 30 Jahre, 1989, S. 3 und für den DBS Wedemeyer-Kolwe, Verhinderte Gesunde, 2010, S. 91.
[126] Leutelt/Hinsching, Behinderte, 1999, S. 49–54 (Zitate) sowie Presber, Technische Hilfen, 1976, mit zahllosen Beispielen zum „Selbstbau" so z. B. S. 110ff. und Buggenhagen, Von Kopf bis Fuß, 1996 S. 58 (Zitat).
[127] BAB, DY 12, 1202, Bll. 171ff. (Rede zum 7. Verbandstag des DVfV 1984).
[128] BAB, DY 12, 1200, Bl.148f. (Vorlage für die Tagung des Präsidiums am 31.12.1988 in Leipzig).
[129] Dörwald, Chronik, 2003, S. 118; BAB, DY 12, 1202, Bl. 176 (Rede zum 7. Verbandstag des DVfV 1984) sowie DVfV, Versehrtensport, 1980, S. 16. Roth, Versehrtensport, 1992, S. 68, konstatierte, dass nach Abschluss der Schul- und Berufsausbildung es für viele Jugendliche mit Behinderungen keine Möglichkeit mehr gab, ihre sportlichen Aktivitäten fortzusetzen.
[130] BAB, DY 12, 1202, Bl. 172 (Rede zum 7. Verbandstag des DVfV 1984); vgl. auch Roth, Versehrtensport, 1993, S. 67.
[131] BAB, DY 12, 1202, Bll. 171–173 (Rede zum 7. Verbandstag des DVfV 1984); vgl. auch Roth, Versehrtensport, 1993, S. 67 sowie nach Auskunft von Inge Mandrek (Jg. 1937), Eggersdorf, vom 11.1.2011 und von Hannelore Fischer (Jg. 1932), Gotha, vom 12.7.2010, die im DTSB-Kreis Gotha ab Anfang der 1970er-Jahre den Versehrtensport aufgebaut hat.
[132] Dörwald, 25 Jahre Rehabilitationssportgemeinschaft, 2008, S. 57ff. sowie Dörwald, Chronik, 2003, S. 138.
[133] Vgl. Buggenhagen, Von Kopf bis Fuß, 1996, S. 58f.; Privatarchiv Walter Hegenbarth (Magdeburg), Rückblick auf 37 Jahre Sektion Versehrtensport in der BSG Aufbau-Börde Magdeburg von 1953–1990 (hdschr. 39-seitiges Manuskript), S. 10, S. 27 und S. 29 mit Zeitungsartikeln zu Eckert und Patzelt aus den 1980er-Jahren sowie Versehrtensport 5 (35. Jg.) 1990, S. 4 (Portrait Wiesecke).
[134] Teichler/Reinartz, Leistungssportsystem, 1999, S. 74ff.
[135] Treffpunkt 11 (39. Jg.), 1990, S. 19.
[136] Buggenhagen, Von Kopf bis Fuß, 1996, S. 58f. sowie Hartmann, Goldkinder, 1997, S. 252 (Buggenhagen-Interview).
[137] Buggenhagen, Von Kopf bis Fuß, 1996, S. 60.
[138] Brief von Dr. Detlef Eckert an den Verf. vom Herbst 2010 (undatiert) sowie Roth, Versehrtensport, 1993, S. 68f.; Buggenhagen, Von Kopf bis Fuß, 1996, S. 60; Dörwald, Chronik, 2003, S. 182 sowie Versehrtensport 12 (34. Jg.) 1989, S. 5 und 8 (35. Jg.) 1990, S. 4.
[139] Vgl. dazu den Vermerk von Dörwald, Chronik, 2003, S. 183 sowie DVfV, Festschrift 30 Jahre, 1989 und Versehrtensport 12 (34. Jg.) 1989, S. 7.
[140] BAB, DY 12, 1200, Bll. 2 und 4 (Protokoll der Arbeitstagung des DVfV mit den Vorsitzenden der BFA Versehrtensport am 9. November 1989).
[141] Auskunft von Inge Mandrek (Jg. 1937), Eggersdorf, vom 18.1.2011 und Wolfgang Poppe (Jg. 1926), Leipzig, vom 25.11.2010, die bei den Sitzungen dabei waren sowie Dörwald, Chronik, 2003, S. 187, der

zwar über die unterschiedlichen Positionen und Papiere berichtet, jedoch die Inhalte nicht wiedergibt, so dass sich kein konkreteres Bild über die Konflikte zeichnen lässt.

142 Dörwald, Chronik, 2003, S. 188 und BSSA, Festschrift 20 Jahre, 2010, S. 34; DGV, Festschrift 100 Jahre, 2010, S. 84 und S. 118 sowie nach Auskunft von Inge Mandrek (Jg. 1937), Eggersdorf, vom 18.1.2011.

143 Vgl. Dörwald, Chronik, 2003, S. 189 sowie Behindertensport (39. Jg.) 1990, S. 74.

144 Privatarchiv Dr. Detlef Eckert (Halberstadt), Gedanken zur Entwicklung des Behindertensports in der DDR (Arbeitspapier, März 1990). Ich bedanke mich bei Dr. Eckert für die großzügige Bereitstellung privater Materialien.

145 Versehrtensport 8 (35. Jg.) 1990, S. 4 (Zitate) sowie BSSA Sachsen-Anhalt, Festschrift 20 Jahre, 2010, S. 34f. und Dörwald, Chronik, 2003, S. 190ff. (dort auch die Ergebnisse von Assen).

146 Vgl. die Einzelbeispiele in BIS. Behindertensport in Sachsen 189, 2009, S. 17; Dörwald, 25 Jahre Rehabilitationssportgemeinschaft, 2008; Dörwald, 40 Jahre Dresdner SG der Versehrten, 2008; Walter Hegenbarth (Magdeburg), Rückblick auf 37 Jahre Sektion Versehrtensport in der BSG Aufbau-Börde Magdeburg von 1953–1990 (hdschr. 39-seitiges Manuskript), S. 2 sowie Dr. Wolfram Sperling (Leipzig), Manuskript zum 50-jährigen Bestehens des Leipziger Versehrtensports 1995.

147 Vgl. dazu Dörwald, Chronik, 2003, S. 190–193; BIS. Behindertensport in Sachsen, 196, 2010, S. 7; Gemeinsam Aktiv. Verbandszeitschrift des Thüringer Behinderten- und Rehabilitations-Sportverbandes 1 (4. Jg.) 2010, unpag. Chronik sowie BSSA Sachsen-Anhalt, Festschrift 20 Jahre, 2010, S. 35.

148 Amtgericht Vereinsregister Dresden, VR 602, Bezirksfachausschuss Versehrtensport Dresden 1990–2000; die Zitate wurden dem Protokoll der Delegiertenkonferenz des BFA Versehrtensport am 26. Mai 1990 entnommen.

149 Versehrtensport 6 (35. Jg.) 1990, S. 2 sowie 8 (35. Jg.) 1990, S. 4 (Zitat).

150 Der DBS-Präsident Reiner Krippner war bei dieser Sitzung nicht anwesend und ließ sich vom DBS-Ehrenpräsidenten Heinz Haep vertreten.

151 Privatarchiv Dr. Detlef Eckert (Halberstadt), Vereinbarung DBS/DVfV (Entwurf vom 14.9.1990) sowie Archiv des DBS, Vereinbarung DBS/DVfV (korrigierter Entwurf vom 4.10.1990).

152 Archiv des DBS, DBS-Protokoll Nr. HV 02/90 der Hauptvorstandssitzung vom 5./6.10.1990 in Bad Krozingen.

153 Privatarchiv Dr. Detlef Eckert (Halberstadt), Protokoll des außerordentlichen Verbandstages am 1.12.1990 (der DVfV) in Berlin-Friedrichsfelde (Zitate aus der beigefügten schriftlichen Fassung der Rede Eckerts) sowie Archiv des DBS, Protokoll HV 01/91 der Sitzung des Hauptvorstandes am 26./27. April 1991 in Unterjoch.

Anmerkungen Kapitel IV: Resümee und Ausblick

1 Vgl. zusammenfassend für die Erfolge bei den Paralympics etwa Innenmoser, Von Rom bis Sydney, 2002 sowie Aktiv dabei. Magazin des Behinderten-Sportverbandes Nordrhein-Westfalen 9, 2008, S. 13 und Der Tagesspiegel. Paralympics Zeitung, vom 22.3.2010.

2 Vgl. Jahnke/Schüle, Paralympische Winterspiele, 2006, S. 165ff. und Frankfurter Allgemeine Sonntagszeitung vom 23.11.2008 (Dopingfälle) sowie Frankfurter Allgemeine Zeitung vom 16.6.2009 mit einem Bericht über die finanzielle Neukonsolidierung des DBS ab 2005 und die Folgen für Präsidium, Geschäftsstelle und Verband.

3 Vgl. Kemper, Nachwuchsförderung, 2010.

4 Der Tagesspiegel. Paralympics Zeitung, vom 22.3.2010: Interview mit dem DBS-Präsidenten Friedhelm Julius Beucher.

5 Frankfurter Allgemeine Zeitung vom 17.3.2010 sowie vom 18.12.2010; vgl. auch Jahnke/Schüle, Paralympische Winterspiele, 2006, S. 26f. sowie Bailey, Athlete First, 2008.

[6] Frankfurter Allgemeine Sonntagszeitung vom 21.3.2010: „Wettlauf um Kriegsveteranen" sowie Frankfurter Allgemeine Zeitung vom 16.9.2008: „Bitte keine Fragen zum Krieg".

[7] Vgl. dazu Kauer, Behindertensport in den Medien, 1998.

[8] Vgl. Jahnke/Schüle, Paralympische Winterspiele, 2006, S. 24 und S. 170ff.

[9] Vgl. etwa das Heft Paralympics. Vancouver 2010. Mannschaftsmagazin, das der DBS anlässlich der Winterspiele herausgegeben hat. Der Berliner Tagesspiegel hatte sogar während der Spiele 2010 eine eigene Paralympicszeitung gedruckt.

[10] Vgl. Jahnke/Schüle, Paralympische Winterspiele, 2006, S. 24.

[11] Vgl. die Berichte in Paralympics. Vancouver 2010. Mannschaftsmagazin oder auch Frankfurter Allgemeine Zeitung vom 18.12.2010.

[12] Vgl. aus der Vielzahl an Beispielen Buggenhagen, Von Kopf bis Fuß, 1996 oder auch Frankfurter Allgemeine Zeitung vom 7.11.2007 mit einem Interview (auf der Medienseite) mit der Psychologin und Moderatorin Bettina Eistel, die bei den Paralympics in Athen 2004 im Dressurreiten mehrere Medaillen gewann.

[13] Frankfurter Allgemeine Sonntagszeitung vom 15.11.2009; der Bericht nimmt eine dreiviertel Seite ein.

[14] Frankfurter Allgemeine Sonntagszeitung vom 4.4.2010 über die armamputierte Surferin Bethany Hamilton und Frankfurter Allgemeine Zeitung vom 9.1.2011 über die ehemalige Olympiasiegerin im Diskuswerfen, Ilke Wyludda, die aufgrund von Sportverletzungen nun Rollstuhlbasketball spielt.

[15] Vgl. dazu etwa Treffpunkt (40. Jg.) 1990, S. 6f.

[16] Neuer Start 1, 2003, S. 5 mit dem Festvortrag von Gunther Belitz anlässlich des 50-jährigen Bestehens des Behinderten-Sportverbandes Niedersachsen.

[17] Vgl. dazu etwa Wegner, Sport und Behinderung, 2001, S. 19–31 und zusammenfassend Wedemeyer-Kolwe, Behindertensport, S. 345ff.

[18] Neuer Start 1, 2003, S. 5 mit dem Festvortrag von Gunther Belitz anlässlich des 50-jährigen Bestehens des Behinderten-Sportverbandes Niedersachsen (Zitate) sowie Luh, Seniorensport, 2005.

[19] Vgl. dazu etwa Burhenne, Prothesen von Kopf bis Fuß, 2003 oder die Geschichte des Prothesenherstellers Otto Bock von Näder, Bewegte Zeiten, 2010.

[20] Aus der Fülle an aufgeregten Zeitungsmitteilungen seien als Beispiele genannt: Die Zeit vom 28.7.2007 („Aus dem Mängelwesen Mensch 1.0 wird die optimierte Version 2.0"); Frankfurter Allgemeine Zeitung vom 17.4.2010 („Höher, schneller, weiter") sowie vom 16.7.2007 („Schrittmacher").

[21] Frankfurter Allgemeine Zeitung vom 16.7.2007 und Göttinger Tageblatt vom 15.5.2008; vgl. auch den Wikipedia-Eintrag zu Oscar Pistorius.

[22] Kienitz, Prothesen-Körper, 2010, S. 154f. sowie Burhenne, Prothesen von Kopf bis Fuß, 2003, S. 52.

[23] Kienitz, Prothesen-Körper, 2010, S. 154f. (Zitat). Vgl. im Gegensatz dazu die oben genannten zahlreichen Gegenbeispiele in den Kapiteln I.1 und II.2; Wedemeyer-Kolwe, Verhinderte Gesunde, 2010, S. 93f. und S. 110f. sowie nach Auskunft von Kai Schröder (Jg. 1959), Nienburg, vom 8.2.2011.

[24] In der Reihenfolge der Belege: Burhenne, Prothesen von Kopf bis Fuß, 2003, S. 52 (der Beitrag wurde von Gunther Belitz verfasst); Neuer Start 1, 2003, S. 4 mit dem Festvortrag von Gunther Belitz anlässlich des 50-jährigen Bestehens des Behinderten-Sportverbandes Niedersachsen sowie Bioskop. Zeitschrift zur Beobachtung der Biowissenschaften 44 (11. Jg.) 2008, S. 6.

[25] Neuer Start 1, 2003, S. 4 mit dem Festvortrag von Gunther Belitz anlässlich des 50-jährigen Bestehens des Behinderten-Sportverbandes Niedersachsen.

[26] Die folgenden Ausführungen nach Horn, 2009.

Quellen und Literatur

Zeitzeugen

Willi Betz (Jg. 1926), Frankfurt
Karl-Heinz Cendrowski (Jg. 1926), Wattenscheid
Dr. Herbert Demmel (Jg. 1932), München
Hermann Dörwald (Jg. 1925), Dresden
Dr. Detlef Eckert (Jg. 1951), Halberstadt
Harald Eles (Jg. 1927), Remscheid
Udo Graf zu Eulenburg (Jg. 1921), Bielefeld
Hannelore Fischer (Jg. 1932), Gotha
Werner Grübmeyer (Jg. 1926), St. Andreasberg
Frau Hagedorn, Bad Godesberg
Walter Hegenbarth (Jg. 1938), Magdeburg
Hans Hens (Jg. 1920), Köln
Erhard Hoffmann (Jg. 1943), Chemnitz
Günter Jesgarzewski (Jg. 1951), Bielefeld
Kurt Klicha (Jg. 1925) Gießen
Heinz Klimkewitz (Jg. 1926), Uelzen
Gerhard Knapp (Jg. 1944), Heppenheim
Prof. Dr. Horst Kosel (Jg. 1927), Köln
Fritz Kosmehl (Jg. 1921), Oldenburg
Detlev Lütkehoff (Jg. 1951), Köln-Frechen
Annedore Maasch (Jg. 1922), Hamburg
Claus Machtolf (Jg. 1933), Pforzheim
Inge Mandrek (Jg. 1937), Eggersdorf
Elfriede Mohr (Jg. 1947), Illingen
Hilde Mosch, Frankfurt/Höchst
Fritz Müller (Jg. 1925), Eschwege
Karl-Hermann Müller (Jg. 1926), Fulda
Wolfgang Poppe (Jg. 1926), Leipzig
Adolf Prönnecke (Jg. 1920), Müllheim
Lieselotte Reichart, Marburg
Paul Ruge (Jg. 1922), Kronshagen
Heiner Rust (Jg. 1941), Langenhagen
Rolf Schäfer (Jg. 1926), Stuttgart
Kai Schröder (Jg. 1959), Nienburg
Günter Schwengsbier (Jg. 1929), Delmenhorst
Frieda Steffens (Jg. 1918), Hamburg
Horst Strohkendl (Jg. 1941), Lohmar
Eduard Sturm (Jg. 1924), Wetzlar
Toni Taupp (Jg. 1926), Aschaffenburg
Wolfgang Tenhagen (Jg. 1948), Schleswig
Helga Tüffers (Jg. 1921), Düsseldorf

Jupp Vallendar (Jg. 1951), Pommern
Eduard Wagner (Jg. 1924), Wetzlar
Hans-Wilhelm Voland (Jg. 1920), Hildesheim

Öffentliche Archive und Vereinsregister

Amtsgericht Vereinsregister Charlottenburg, Berlin
Amtsgericht Vereinsregister Bonn
Amtsgericht Vereinsregister Dresden
Archiv des Niedersächsischen Instituts für Sportgeschichte (NISH), Hannover
Bundesarchiv Berlin (BAB)
Carl und Lieselott Diem-Archiv, Nachlass Carl Diem (CuLDA), Köln
Institut für Stadtgeschichte Frankfurt
Stadtarchiv Hannover (StAHann)
Stadtarchiv Lüdenscheid (StALüd)
Stadtarchiv Remscheid (StARem)
Staatsarchiv Hannover (StaatsAHann)
Staatsarchiv Ludwigsburg (StaatsALud)
Staatsarchiv Wolfenbüttel (StaatsAWolf)

Vereins-, Verbands- und Privatarchive

Archiv des Behinderten-Sportverbandes Niedersachsen (BSN), Hannover
Archiv der Behindertensportgemeinschaft Mannheim (BSG)
Archiv des Deutschen Behindertensportverbandes (DBS), Köln-Frechen
Archiv des Hessischen Behinderten- und Rehabilitationssportverbandes (HBRS), Fulda
Archiv des Stadtsportbundes (SSB) Magdeburg
Archiv des LandesSportBundes Niedersachsen (LSB), Hannover
Archiv der Versehrtensportgemeinschaft Eschwege (VSG)
Archiv der Versehrtensportgemeinschaft Frankfurt (VSG)
Archiv der Versehrtensportgemeinschaft Heilbronn (VSG)
Archiv der Versehrtensportgemeinschaft Stuttgart-Feuerbach (VSG)
Archiv des Versehrtensportvereins Neukölln (VSV)
Privatarchiv Hermann Dörwald, Dresden
Privatarchiv Dr. Detlef Eckert, Halberstadt
Privatarchiv Clemens Müller, Oettelin
Privatarchiv Walter Hegenbarth, Magdeburg
Privatarchiv Liselotte Kretschmar, Peine
Privatarchiv Dr. Bernd Rein, Magdeburg
Privatarchiv Heiner Rust, Langenhagen
Privatarchiv Rolf Schäfer, Stuttgart
Privatarchiv Dr. Wolfram Sperling, Leipzig
Privatarchiv Bernd Wedemeyer-Kolwe, Göttingen

Vereins- und Verbandsfestschriften, Chroniken

ADV: Festschrift zum 3. Deutschen Versehrten-Sportfest 7–8. September 1952 in List/Sylt. O.O., o.J. (1952).

ADV S-H: Versehrtensport. Das Hohelied der Kameradschaft. Kiel 1952.

Vereins- und Verbandsfestschriften, Chroniken

AVNRW: Festschrift 10 Jahre Arbeitsgemeinschaft Deutscher Versehrtensport Nordrhein-Westfalen AVNRW. Düsseldorf 1963.

BBS Baden: Festschrift 50 Jahre Behinderten- und Rehabilitationssportverband BBS 1950–2000. Hügelsheim 2000.

BBSV: Berliner Blinden-Sportverein. Festschrift 50 Jahre. Berlin 1978.

BFS Karlsruhe: Festschrift 50 Jahre Behinderten- und Freizeitsport Karlsruhe 1950–2000. Karlsruhe 2000.

BKD: Festschrift 75 Jahre Bund der Kriegsblinden Deutschlands e.V. 1916–1991. Bonn 1991.

BRS Saarland: 50 Jahre Behinderten- und Rehabilitationsverband Saarland 1956–2006. Saarbrücken 2006.

BS Hameln: 50 Jahre Behindertensport in Hameln. Festschrift. Hameln 1996.

BSA Ulm-Söflingen: Festschrift 40 Jahre BSA in der TSG Ulm-Söflingen von 1864. Ulm-Söflingen 1987.

BSG Aachen: Festschrift 65 Jahre Behinderten-Sportgemeinschaft Aachen 1926. Aachen 1991.

BSG Aachen: Festschrift 75 Jahre Behinderten-Sportgemeinschaft Aachen 1926. Aachen 2001.

BSG Aufbau Börde Magdeburg: 40 Jahre Betriebs-Sportgemeinschaft Aufbau Börde Magdeburg 1949–1989. Magdeburg 1989.

BSG Bielefeld: Behinderten-Sport-Gemeinschaft von 1946 im PSV Bielefeld. 50 Jahre Behindertensport in Bielefeld. Bielefeld 1996.

BSG Düsseldorf: Behinderten-Sportgemeinschaft Düsseldorf 1947 e.V. 60 Jahre 1947–2007. Düsseldorf 2007.

BSG Göppingen: Festschrift 50 Jahre BSG Göppingen im Württembergischen Versehrtensportverband 1952–2002. Göppingen 2002.

BSG Heppenheim: Festschrift 25 Jahre. Heppenheim 1981.

BSG Köln: 50 Jahre Behindertensport in Köln 1948–1998. Köln 1998.

BSG Minden: 40 Jahre Behinderten-Sportgemeinschaft Minden 1951–1991. Minden 1991.

BSG Müllheim: Festschrift 50 Jahre Behindertensportgruppe Müllheim 1950–2000. Müllheim 2000.

BSG Neumünster: 50 Jahre Behindertensport in Neumünster. Festschrift. Neumünster 2002.

BSG Wiesbaden: 50 Jahre Behindertensport in Wiesbaden. Festschrift 1948–1998. Wiesbaden 1998.

BSV Lörrach: 50 Jahre Behindertensportverein Lörrach 1948–1998. Lörrach 1998.

BSV Wiesbaden: 40 Jahre Behindertensport in Wiesbaden. Festschrift 1948–1988. Wiesbaden 1988.

BSN: 50 Jahre Behindertensport in Niedersachsen. Hannover 2002.

BSSA Sachsen-Anhalt: Festschrift 20 Jahre Behinderten- und Rehabilitations-Sportverband Sachsen-Anhalt e.V. Halle 2010.

BVS Bayern: Festschrift 40 Jahre Versehrtensport in Bayern 1952–1992. München 1992.

BVSV Bayern: 50 Jahre Behinderten- und Versehrten-Sportverband Bayern 1952–2002. Bayreuth 2002.

BVSV Schweinfurt: 50 Jahre BVSV Schweinfurt 1953–2003. Breiten- und Vitalsportverein Schweinfurt. Schweinfurt 2003.

Bühs, Josef: 50 Jahre Behindertensport in Bremen. Eine Chronik. Bremen 1997.

DBS: 50 Jahre „Sport der Behinderten“ in Deutschland 1951–2001. Duisburg 2001.

DGV: 100 Jahre Deutscher Gehörlosen-Sportverband 1910–2010. Festschrift. Essen 2010.

Dörwald, Hermann: Chronik des Versehrtensports der DDR. Dresden 2003.

Dörwald, Hermann: Bildanhang zur Zeittafel Chronik des Versehrtensports der DDR, o.O, o. J.

Dörwald, Hermann: Vor 50 Jahren – Gründung der Sektion Versehrtensport der DDR. In: Beiträge zur Sportgeschichte 16, 2003, S. 58–64.

Dörwald, Hermann: 25 Jahre erste Rehabilitationssportgemeinschaft geistig Behinderter. In: Beiträge zur Sportgeschichte 26, 2008, S. 57–59.

Dörwald, Hermann: 40 Jahre Dresdner SG der Versehrten. In: Beiträge zur Sportgeschichte 27, 2008, S. 45–48.

DRS: 25 Jahre Kinder- und Jugendsport im Deutschen Rollstuhl-Sportverband DRS. Münster 2005.
DVfV: Versehrtensport in der DDR. Berlin 1980.
DVfV: Versehrtensport in der DDR. 30 Jahre DVfV 1959–1989. Berlin 1989.
DVS: Festschrift 10 Jahre Deutscher Versehrtensportverband e.V. 1951–1961. Bad Godesberg 1961.
Festschrift 70 Jahre Erholungspark für Kriegs- und Körperbeschädigte e.V. 1920–1990. München 1990.
HVS Hamburg: Hamburger Versehrtensport e.V. 40 Jahre HVS. Jubiläumsausgabe 1992. Hamburg 1992.
HVS Hessen: 20 Jahre Hessischer Versehrtensportverband 1951–1971. Frankfurt 1971.
Laschet, Ulrich/Plank, Ludwig: 50 Jahre Sozialverband VdK Deutschland. Bonn 2000.
MTV Treubund Lüneburg: Festschrift 150 Jahre. Lüneburg 1998.
Müller, Erhard: Zur Entwicklung des Gehörlosenkegelsports Erfurt. In: Zeitschrift für Erfurt 27, 2005, S. 14.
RBSG Lübeck: 50 Jahre VSG-VBSG-RBSG Lübeck von 1952 im MTV Lübeck von 1885 e.V: Festschrift. Lübeck 2002.
Schorr, Ludwig: Chronik der BSG Aachen 1919 bis 1988. Aachen, unveröff. Manuskript, 1995.
Sportfest Königsberg: Festschrift 5. Deutsches Gehörlosen-Turn- und Sportfest 7.–9. August 1937. Königsberg 1937.
SV Reha Augsburg: Festschrift 50 Jahre SV Reha Augsburg 1949–1999. Augsburg 1999.
VBSV Schleswig-Holstein: 40 Jahre Behindertensport in Schleswig-Holstein 1951–1991. Dokumentation. Lübeck 1991.
Taubstummen-Turn- und Sportverein Halle: Festschrift 25 Jahre 1909–1934. Halle 1934.
VdK: Die große Gemeinschaft. 1946–1966. Neuwied 1966.
Verein Erholungspark für Kriegsbeschädigte München: Denkschrift und Programm zur Einweihungsfeier der Erholungsabteilung für Kriegsbeschädigte am 12.Juni 1921. München o.J. (1921).
VRGB Gießen: 50 Jahre Verein für Reha, Gymnastik und Bewegungsspiele Gießen 1953. Gießen 2003.
VSG Göppingen: Festschrift 25 Jahre. Göppingen 1977.
VSG Karlsruhe: Festschrift 20 Jahre VS Karlsruhe. Karlsruhe 1970.
VSG Lahr: 50 Jahre Verein für Sporttherapie und Gesundheit Lahr 1950–2000. Lahr 2000.
VSG Münster: Festschrift 25 Jahre VSG Münster. Münster 1980.
VSG Oldenburg: Festschrift 20 Jahre Versehrten-Sportgemeinschaft Oldenburg. Oldenburg 1966.
VSG Stuttgart: Festschrift 10 Jahre VSG Stuttgart-Feuerbach. Stuttgart 1955.
VSG Wetzlar: 50 Jahre Versehrten-Sportgemeinschaft Wetzlar 1952 bis 2002. Wetzlar 2002.
VSG Wiesbaden: 25 Jahre Versehrtensport in Wiesbaden. Wiesbaden 1973.
VSG Wuppertal: Festschrift Deutsches Blinden-Sport-Fest. Wuppertal 1955.
VSG Wuppertal: Festschrift 30 Jahre Versehrtensport. Wuppertal 1975.
VSV Kiel: Festschrift 40 Jahre 1. Kieler Versehrtensportverein von 1950. Kiel 1990.
VSV München: Festschrift 25 Jahre Versehrtensportverein. München 1977.
VSV München: Festschrift 35 Jahre Versehrtensportverein. München 1987.
VSV Neukölln: Festschrift 10 Jahre. Berlin 1964.
VSV Nürnberg: Festschrift 40 Jahre VSV. Nürnberg 1993.
VSV Nürnberg: Festschrift 50 Jahre VSV. Nürnberg 2003.
VSV Remscheid: Festschrift 15 Jahre. Remscheid 1967.
VSV S-H: 20 Jahre Versehrtensportverband Schleswig-Holstein. Kiel 1971.

Literatur (ohne Zeitschriften)

Bahro, Berno: Der Sport und seine Rolle in der nationalsozialistischen Elitetruppe SS. In: Historische Sozialforschung 1 (32.Jg.) 2007, S. S. 78–91.
Bailey, Steve: Athlete First. A History of the Paralympic Movement. Chicester 2008.

Literatur (ohne Zeitschriften)

Balbier, Ute Andrea: Kalter Krieg auf der Aschenbahn: Der deutsch-deutsche Sport 1950–1972. Paderborn 2007.

Barsch, Sebastian: Geistig behinderte Menschen in der DDR. Ohnhausen 2007.

Becker, Frank: Den Sport gestalten. Carl Diems Leben (1882 - 1962). Band IV: Bundesrepublik. Duisburg 2010.

Beduhn, Ralf/Klocksin, Jens (Hg.): Rad – Kultur – Bewegung. 100 Jahre rund ums Rad: RKB Solidarität. Essen 1995.

Beeck, Manfred in der: Bewegungsfibel für Schwerverletzte und Gelähmte. Anleitung für Patienten und Pflegepersonal. Lübeck 1948.

Benke, Uwe: Wie blind ist die blinde Hitlerjugend? Zur Geschichte der HJ an der Staatlichen Blindenanstalt Berlin-Steglitz in den Jahren 1933 bis 1935. In: Bezirksamt Steglitz von Berlin (Hg.): Steglitz im Dritten Reich. Beiträge zur Geschichte des Nationalsozialismus in Steglitz. Berlin 1992, S. 196–205.

Benz, Wolfgang (Hg.): Enzyklopädie des Nationalsozialismus. München 1997.

Berghahn, Volker: Der Stahlhelm. Bund der Frontsoldaten 1918–1935. Düsseldorf 1966.

Bernett, Hajo: Der Weg des Sports in die nationalsozialistische Diktatur. Schorndorf 1983.

Bernett, Hajo: Leichtathletik im gesellschaftlichen Wandel. Schorndorf 1987.

Bernett, Hajo: Körperkultur und Sport in der DDR. Dokumentation eines geschlossenen Systems. Schorndorf 1994.

Bernett, Hajo: Nationalsozialistische Leibeserziehung. Eine Dokumentation ihrer Theorie und Organisation. Schorndorf, 2. überarbeitete Auflage, 2008.

Beyer, Wolfgang: Körperbehinderte und Leibesübungen. Hamburg 1946.

Biesalski, Konrad: Umfang und Art des jugendlichen Krüppeltums und der Krüppelfürsorge in Deutschland. Hamburg 1909.

Biesold, Horst: Klagende Hände. Betroffenheit und Spätfolgen in bezug auf das Gesetz zur Verhütung erbkranken Nachwuchses, dargestellt am Beispiel der „Taubstummen". Solms 1988.

Bock, Gisela: Zwangsterilisation und Nationalsozialismus. Studien zur Rassenpolitik und Frauenpolitik. Opladen 1986.

Böhler, Jochen. Auftakt zum Vernichtungskrieg. Die Wehrmacht in Polen 1939. Frankfurt a.M. 2006.

Börger, Bernd. Sie hielten stand. Sturmschar im Katholischen Jungmännerverband Deutschlands. Düsseldorf 1989.

Bösl, Elsbeth: Politiken der Normalisierung. Zur Geschichte der Behindertenpolitik in der Bundesrepublik Deutschland. Bielefeld 2009.

Bösl, Elsbeth/Klein, Anne/Waldschmidt, Anne (Hg.): Disability History. Konstruktionen von Behinderung in der Geschichte. Eine einführung. Bielefeld 2010.

Boldorf, Marcel: Sozialfürsorge in der SBZ/DDR 1945–1953. Ursachen, Ausmaß und Bewältigung der Nachkriegsarmut. Stuttgart 1998.

Boldorf, Marcel: Die Verdrängung der Kriegsbeschädigtenproblematik in der SBZ/DDR. In: Erker, Paul (Hg.): Rechnung für Hitlers Krieg. Aspekte und Probleme des Lastenausgleichs. Heidelberg 2004, S. 235–248.

Boldorf, Marcel: Rehabilitation und Hilfen für Behinderte. In: Dierk Hoffmann/Michael Schwartz (Hg.): Geschichte der Sozialpolitik in Deutschland seit 1945. Band 8 1949–1961 Deutsche Demokratische Republik. Baden-Baden 2004, S. 453–474.

Bornebusch, Heinz: Die Entwicklung der Versorgung und der Fürsorge für die Kriegsbeschädigten und die Kriegshinterbliebenen seit dem ersten Weltkrieg. Göttingen 1944.

Bosch, Katrin: Die Bedeutung und Funktion der Führerschule Neustrelitz im System der nationalsozialistischen Leibeserziehung. Essen, pdf-Diss., 2008.

Brinkschulte, Eva (Hg.): Tradition mit Zukunft. 85 Jahre Orthopädie Zentrum Berlin. Oskar-Helene-Heim. Berlin 1999.

Brumm, Günther: Maßnahmen gegen asoziale Geschlechtskranke in Thüringen. Jena, Diss., 1937.

Buggenhagen, Marianne: Ich bin von Kopf bis Fuß auf Leben eingestellt. Autobiographie. Berlin 1996.

Burhenne, Verena (Hg.): Prothesen von Kopf bis Fuß. Münster 2003.

Burleigh, Michael: Tod und Erlösung. Euthanasie in Deutschland 1900–1945. Zürich 2002.

Buschmann, Jürgen/Lennartz, Karl: 75 Jahre Deutsches Sportabzeichen. Eine Dokumentation. Frankfurt a.M. 1988.

Büttner, Malin: Nicht minderwertig, sondern mindersinnig... Der Bann G für Gehörgeschädigte in der Hitler-Jugend. Frankfurt a.M. 2005.

Buss, Wolfgang/Becker, Christian (Hg.): Der Sport in der SBZ und frühen DDR. Genese – Strukturen – Bedingungen. Schorndorf 2001.

Cüppers, Martin: Wegbereiter der Shoah. Die Waffen-SS, der Kommandostab Reichsführer-SS und die Judenvernichtung 1939–1945. Darmstadt 2005.

Daniel, Ute: Kompendium Kulturgeschichte. Theorien, Praxis, Schlüsselwörter. Frankfurt a.M. 2001.

Demmel, Herbert: Durch Nacht zum Licht. Geschichte des Bayerischen Blindenbundes. München 1995.

DBS (Deutscher Sportbund) (Hg.): Sport für Behinderte. Frankfurt a.M. 1975.

Deutscher Sportbund (Hg.): Die Gründerjahre des Deutsches Sportbundes. 2 Bände. Schorndorf 1990/91.

Deutscher Blindenverband (Hg.): Enzyklopädie des Blindenwesens. Heidelberg 1990.

Dinckal, Noran: Medikomechanik: Maschinengymnastik zwischen orthopädischer Apparatebehandlung und geselligem Hanteltraining 1880–1918/19. In: Technikgeschichte 3 (Jg. 74.), 2007, S. 227–250.

Dirbach, Christian: Ein Phänomen im Wandel. Die sportliche Wehrertüchtigung in Bremen zur Zeit der Weimarer Republik. In: Achilles, Klaus (Hg.): Streifzug durch die Sportgeschichte. Festschrift zur Verabschiedung von Prof. Dr. Harald Braun. Bremen 2004, S. 305–352.

Donner, Wolf: Die sozial- und staatspolitische Tätigkeit der Kriegsopferverbände. Ein Beitrag zur Verbandsdiskussion. Berlin 1960.

DSJ (Deutsche Sportjugend) (Hg.): Symposium Behindertensport in Heidelberg. Frankfurt a.M. 1981.

Dülmen, Richard van: Historische Anthropologie. Entwicklung, Probleme, Aufgaben. Frankfurt a.M. 2000.

Ehricht, Hans-Günther/Mühlbach, Reiner: Versehrtensport aus der Sicht der Krankengymnastik. Potsdam 1965.

Erbach, Günter: Kleine Enzyklopädie Körperkultur und Sport. Leipzig 1960.

Falk, Beatrice/Hauer, Friedrich: Brandenburg-Görden. Geschichte eines psychiatrischen Krankenhauses. Berlin 2007.

Falk, Wolfgang: Vom Reichsbund zum SoVD Sozialverband Deutschland. Teil I: 1917 – 1933. Teil II: 1945 – 1948. Berlin, 2. Auflage, 2007 bzw. 2005.

Finck, Willi: Zwischen Licht und Schatten. Kriegsblinde in der DDR. Rostock 2005.

Fischer, Adolf: Leibeserziehung mit Blinden. Hannover 1957.

Frei, Norbert: Vergangenheitspolitik. Die Anfänge der Bundesrepublik und die NS-Vergangenheit. München 1996.

Friedrichkeit, Peter: Die Blindenschule im Dritten Reich. Hausarbeit Lehramt Sonderschulen. Hamburg1974.

Frie, Ewald: Vorbild oder Spiegelbild? Kriegsbeschädigtenfürsorge in Deutschland 1914–1919. In: Michalka, Wolfgang (Hg.): Der Erste Weltkrieg. Wirkung, Wahrnehmung, Analyse. München 1994, S. 563–580.
Fuchs, Petra: „Körperbehinderte“ zwischen Selbstaufgabe und Emanzipation. Selbsthilfe – Integration – Aussonderung. Berlin 2001.
Gehre, Brigitte: Kontinuität sowie inhaltliche und strukturelle Veränderungen in der Entwicklung der Blinden- und Sehbehindertenpädagogik der DDR. In: Drave, Wolfgang/Mehls, Hartmut (Hg.): 200 Jahre Blindenbildung in Deutschland (1806–2006). Würzburg 2006, S. 177–188.
Grebe, Hans: Als Sportarzt dabei. Erfahrungen und Erlebnisse. Frankenberg o.J.
Gruenewaldt, Georg von: Für Amputierte. Erfahrungen eines amputierten Arztes. Reinbek 1946.
Guttmann, Ludwig: Sport für Körperbehinderte. München 1979.
Hahn, Judith: Grawitz, Genzken, Gebhardt. Drei Karrieren im Sanitätsdienst der SS. Münster 2008.
Hambitzer, Manfred: Schicksalsbewältigung und Daseinsermöglichung bei Körperbehinderten. Bonn 1962.
Hamm, Margret (Hg.): Lebensunwert zerstörte Leben. Zwangssterilisation und „Euthanasie“. Frankfurt a.M. 2006.
Hannen, Christian: Von der Fürsorge zur Barrierefreiheit. Die Hamburger Gehörlosenbewegung 1875–2005. Seedorf 2006.
Harres, Wolfgang: Sportpolitik an der Saar 1945–1957. Saarbrücken 1997.
Hartmann, Grit: Goldkinder. Die DDR im Spiegel ihres Spitzensports. Leipzig 1997.
Hausdörfer-Reinert, Sandra: Von der Krüppelfürsorge zur Rehabilitation für Körperbehinderte. Ein Beitrag zur Verortung Sozialer Arbeit. Lage 2005.
Havemann, Nils: Fußball unterm Hakenkreuz. Der DFB zwischen Sport, Politik und Kommerz. Frankfurt a.M. 2005.
Heiß, Frohwalt: Leibesübungen für Körperbehinderte als Mittel neuzeitlicher Erziehung. In: Medizinische Klinik (Hg.): Leibesübungen und Gesundheitspflege. Berlin 1936, S. 182–192 (gekürzt wiederveröffentlicht in: Behindertensport 5, 1988, S. 132–133).
Heß, N./Metelmann, N.: Das Recht der Kriegsbeschädigten in der britischen Zone. Durchführungsbestimmungen. Düsseldorf 1948.
Heuler, Robert: Vom Krüppelkind zum vollwertigen Volksgenossen. Ein Wegweiser für Eltern, Erziehung und Fürsorge. Würzburg 1937.
Höck, Manfred: Die Hilfsschule im Dritten Reich. Berlin 1979.
Hoffmeister, Kurt: Wegbereiter – Macher – Sieger des niedersächsischen Sports. Hoya 1998.
Horn, Christiane: Der Integrationsansatz im norwegischen Behindertensport. In: Krüger, Arnd/Wedemeyer-Kolwe, Bernd (Hg.): Vergessen Verdrängt Abgelehnt. Zur Geschichte der Ausgrenzung im Sport. Berlin 2009, S. 92–105.
Hudemann, Rainer: Sozialpolitik im deutschen Südwesten zwischen Tradition und Neuordnung 1945–1953. Mainz 1988.
Innenmoser, Jürgen: Von Rom bis Sidney. Neuer Start 1, 2002, S. 19–21.
Jahnke, Britta/Schüle, Klaus: Entstehung und Entwicklung der Paralympischen Winterspiele: Örnsköldsvik 1976 bis Turin 2006. Bonn 2006.
Jahrbuch der Turnkunst 1910ff.
Jantzen, Wolfgang: Sozialgeschichte des Behindertenbetreuungswesens. München 1982.
Kauer, Oliver: Behindertensport in den Medien. Aachen 1998.
Kemper, Reinhild: Chancen und Probleme der Nachwuchsförderung und Rekrutierung von Leistungssportlern mit Behinderung. Köln 2010.

Kersten, Herbert: Gehschule für Beinamputierte. Stuttgart 1961.
Kienitz, Sabine: Beschädigte Helden. Kriegsinvalidität und Körperbilder 1914–1923. Paderborn 2008.
Kienitz, Sabine: Prothesen-Körper. Anmerkung zu einer kulturwissenschaftlichen Technikforschung. In: Zeitschrift für Volkskunde 2 (106. Jg.) 2010, S. 137–162.
Kind, Werner: Die deutsche Jugendbewegung 1920 bis 1933. Die bündische Zeit. Düsseldorf 1974.
Klee, Ernst: Behinderten-Report. Frankfurt a. M. 1974.
Klee, Ernst: Die Situation der Behinderten in der Bundesrepublik Deutschland. In: Deutscher Sportbund (DSB) (Hg.): Sport für Behinderte. Frankfurt a.M. 1975, S. 6–15.
Klee, Ernst: Behinderten-Report II. Frankfurt a.M. 1976.
Klee, Ernst. Personenlexikon zum Dritten Reich. Frankfurt a.M. 2003.
Klose, Silke: Vom Rehabilitationssport zu den Paralympics. In: BIS. Behindertensport in Sachsen, April/Mai 2003, S. 20–23 (Nachdruck aus Sportmuseum Leipzig aktuell 1/2, 2003).
Kosel, Horst/Froböse, Inge: Rehabilitations- und Behindertensport. Körper- und Sinnesbehinderte. München 1999.
Kremer, Hans-Georg: Geschichte des Sports an der Universität Jena. Jena 2003.
Kreuz, Lothar: Kriegsorthopädische Erfahrungen und Erfolge in der Verwundetenführung. Stuttgart 1941.
Krüger, Michael: Einführung in die Geschichte der Leibeserziehung und des Sports. Teil III. Leibeserziehung im 20. Jahrhundert. Schorndorf 2005.
Krukowska, Uta: Kriegsversehrte. Allgemeine Lebensbedingungen und medizinische Versorgung deutscher Versehrter nach dem Ende des Zweiten Weltkrieges in der Britischen Besatzungszone Deutschlands. Dargestellt am Beispiel der Hansestadt Hamburg. Hamburg 2006.
Langenfeld, Hans: Regional-, Orts- und Vereinsgeschichte. In: Krüger, Michael/Langenfeld, Hans (Hg.): Handbuch Sportgeschichte. Schorndorf 2010, S. 253–262.
Leide, Harry: NS-Verbrecher und Staatssicherheit. Die geheime Vergangenheitspolitik der DDR. Göttingen 2006.
Lettenbaur, Wolfgang: Versehrtensport. In: Leibesübungen Sportarzt Erziehung (2.Jg.) 1951, S. 39–40.
Leutelt, Christiane/Hinsching, Jochen: Behinderte im Sport – eine „vergessene" Zielgruppe im Sportland DDR? In. Sozial- und Zeitgeschichte des Sports 1 (13. Jg.) 1999, S. 48–63.
Lex, Hans Ritter von: Das Reichssportabzeichen und das Versehrtensportabzeichen. Kassel 1944.
Longerich, Peter: Heinrich Himmler. Biographie. Berlin 2008.
Lorenzen, Hans: Leibesübungen mit Körperbeschädigten. Stuttgart, 2 Bände, 1951 und 1953.
Lorenzen, Hans: Lehrbuch des Versehrtensports. Stuttgart 1961.
Lorenzen, Hans: Arbeitsbericht über Einführung und Entwicklung des Lehrfachs Versehrtensport in der Zeit vom 1.5.1948 bis 1.3.1965. Köln 1965.
Luh, Andreas: 75 Jahre deutsches Sportabzeichen. Bochum 1989.
Luh, Andreas: Seniorensport in Deutschland 1970 bis 2000: Vom traditionellen Altersturnen zu ausdifferenzierten Bewegungsangeboten seniorensportlicher Netzwerke. In: Sportzeiten. Sport in Geschichte, Kultur und Gesellschaft 1 (5. Jg.) 2005, S. 59–86.
Mallwitz, Arthur: Gymnastik und Sport für Verwundete und Kranke. Leitfaden für Sanitätsoffiziere und ärztliches Hilfspersonal. Berlin 1943.
Mallwitz, Arthur: Arzt und Versehrtensport. Stuttgart 1954.
Malmanesh, Mohammad Reza: Blinde unter dem Hakenkreuz. Eine Studie über die Deutsche Blindenstudienanstalt e.V. Marburg und den Verein der Blinden Akademiker Deutschlands e.V. unter dem Faschismus. Marburg 2002.

Literatur (ohne Zeitschriften)

Manig, Bert-Oliver: Politik der Ehre. Die Rehabilitation der Berufssoldaten in der frühen Bundesrepublik. Göttingen 2004.

Mehls, Hartmut: 125 Jahre Blindenselbsthilfe. Die Geschichte des Allgemeinen Blinden- und Sehbehindertenvereins Berlin, gegründet 1874 e.V. Berlin 1999.

Meyer, Brün (Hg.): Dienstaltersliste der Schutzstaffel der NSDAP (SS). Stand vom 1. Dezember 1938. Osnabrück 1996.

Meyer, Brün (Hg.): Dienstaltersliste der Waffen-SS. SS-Obergruppenführer bis SS-Hauptsturmführer. Stand vom 1. Juli 1944. Osnabrück 1987.

Müller-Enbergs, Helmut/Wielgohs, Jan/Hoffmann, Dieter (Hg.): Wer war wer in der DDR? Ein biographisches Handbuch. Berlin 2001.

Nachrichtendienst des Selbsthilfebundes (SBK) der Körperbehinderten (Otto-Perl-Bund), 1. Jg. 1920ff.

Näder, Hans G.: Bewegte Zeiten. Eine deutsch-deutsche Unternehmensgeschichte. Duderstadt, 3 Bände, 2010.

Nielsen, Stefan: Sport und Großstadt 1870–1930. Komparative Studien zur Entstehung bürgerlicher Freizeitkultur. Frankfurt 2002.

Neumann, Vera. Nicht der Rede wert. Die Privatisierung der Kriegsfolgen in der frühen Bundesrepublik. Münster 1999.

Osten, Philipp: Die Modellanstalt. Über den Aufbau einer „modernen Krüppelfürsorge" 1905–1933. Frankfurt a.M. 2004.

Papageorgiou, Vassilios: Die Geschichte des Behindertensports seit dem Ende des 19. Jahrhunderts. Köln, unveröff. Dissertation, 2005.

Peiffer, Lorenz (Hg.): Sport im Nationalsozialismus. Eine kommentierte Bibliographie. Göttingen 2008.

Pleve, Jutta: „Es ist normal, anders zu sein". 50 Jahre Versehrten-Sport-Verein Neukölln. In: Gößwald, Udo (Hg.): Neukölln bewegt sich. Von Turnvater Jahn bis Tasmania. Berlin 2004, S. 164–171.

Pfister, Gertrud: Turnen, Spiel und Sport „behinderter" Jugendlicher – ein Projektbericht. In John, Hans-Georg/ Naul, Roland (Hrsg.): Jugendsport im ersten Drittel des 20. Jahrhunderts. Clausthal-Zellerfeld 1988, S. 155–170.

Pielasch, Helmut/Jaedicke, Martin: Geschichte des Blindenwesens in Deutschland und in der DDR. Leipzig 1972.

Presber, W(olfgang): Technische Hilfen für den Versehrten in der Wohnung und auf der Straße. Berlin 1973.

Quassowski, Hans: Zwölf Jahre 1. Kompanie Leibstandarte SS Adolf Hitler. Ein Buch der Kameradschaft. Rosenheim 1990.

Recker, Marie-Luise: Nationalsozialistische Sozialpolitik im Zweiten Weltkrieg. München 1985.

Reile, Oscar: Hans-Heinrich Sievert. Celle 1972.

Richter, Max/Zappe, Fritz: Die Direktiven und Anordnungen zur Sozialversicherung einschließlich des Kriegsbeschädigtenrechts. Lübeck 1948.

Roth, M.: Versehrtensport in der ehemaligen DDR. In: Tittel, Kurt/Arndt, Karl-Hans/Hollmann, Wildor (Hg.): Sportmedizin gestern – heute – morgen. Leipzig 1992, S. 67–69.

Rüfner, Wolfgang/Goschler, Constantin: Ausgleich von Kriegs- und Diktaturfolgen, soziales Entschädigungsrecht. In: In: Schulz, Günther (Hg.): Geschichte der Sozialpolitik in Deutschland seit 1945. Band 3: 1949–1957 Bundesrepublik Deutschland. Bonn 2005, S. 687–777.

Rudloff, Wilfried: Rehabilitation und Hilfen für Behinderte. In: Schulz, Günther (Hg.): Geschichte der Sozialpolitik in Deutschland seit 1945. Band 3: 1949–1957 Bundesrepublik Deutschland. Bonn 2005, S. 515–557.

Rust, Heiner: Behindertensport – Ein Teil meines Lebens. Erinnerungen. Langenhagen, unveröff. Manuskript, 2008.
Sasse, Rolf: Körperlich Behinderte lernen Schwimmen. Unveröff. Diss. Hamburg 1936.
Schaefer, Josef Hermann: Ministerialrat Dr.med. Arthur Mallwitz (1880–1968). Ein Leben für Sport, Sportmedizin und Gesundheitsvorsorge. Unveröff. Dissertation, Bonn 2003.
Scharf, Lothar: Taubstumme in der Hitlerjugend? Fridolin W. erzählt. Bayreuth 2006.
Schmidt, Werner und Hedwig: Bibliographie des Blindenwesens. III. Teil. Berlin 1935.
Scholtz, Harald: Nationalsozialistische Ausleseschulen. Internatsschulen als Herrschaftsmittel des Führerstaates. Göttingen 1973.
Scholtyssek, Hans: Späterblindete. Medizinische, psychologische, pädagogische und fürsorgerische Feststellungen. Stuttgart 1948.
Scholtz, Harald: Nationalsozialistische Ausleseschulen. Internatsschulen als Herrschaftsmittel des Führerstaates. Göttingen 1973.
Schönleiter, W.: Die Kriegsopferversorgung. Stuttgart 1965.
Schorsch, Ernst: Handbuch des Taubstummenwesens. Berlin 1929.
Schriftenreihe über ärztliche Sonderfürsorge für Schwerverwundete. Stuttgart 1943–1944.
Schröder, Kai: Behindertensport. In: NISH (Hg.): Sport in Hannover von der Stadtgründung bis heute. Göttingen 1991, S. 226–227.
Schulze-Kossens, Richard: Militärischer Führernachwuchs der Waffen-SS. Die Junkerschulen. Coburg 1999.
Schuhmacher, Martin: M.d.B. Volksvertretung im Wiederaufbau 1946–1961. Bundestagskandidaten und Mitglieder der westzonalen Vorparlamente. Eine biographische Dokumentation. Düsseldorf 2000.
Schwartz, Michael/Goschler, Constantin: Ausgleich von Kriegs- und Diktaturfolgen, soziales Entschädigungsrecht. In: Dierk Hoffmann/Michael Schwartz (Hg.): Geschichte der Sozialpolitik in Deutschland seit 1945. Band 8 1949–1961 Deutsche Demokratische Republik. Baden-Baden 2004, S. 589–654.
Sierck, Udo: Arbeit ist die beste Medizin. Zur Geschichte der Rehabilitationspolitik. Hamburg 1992.
Sluet, Gerd: Deutsches Sportabzeichen unter Behinderten-Bedingungen. Düsseldorf 1983.
Sperling, Wolfram: Behindertensportler gehören ins Bild der Stadt. In: Leipzig sportlich. Das Sportleben der Stadt in Vergangenheit, Gegenwart und Zukunft. Leipzig 2002, S. 251–255.
Sport-Jahrbuch für die Wehrmacht. Berlin 1942.
Spitzer, Giselher/Teichler, Hans Joachim/Reinarzt, Klaus (Hg.): Schlüsseldokumente zum DDR-Sport. Ein sporthistorischer Überblick. Aachen 1998.
Sportabzeichenprogramm der DDR. Bestimmungen und Bedingungen. Teil II für Versehrte. Berlin 1977.
Statistisches Jahrbuch des Bundes Deutsches Taubstummenlehrer 1929–1930. Berlin 1929/30.
Stille, Heinz: Die geschichtliche Entwicklung und Bedeutung des Versehrtensports. Diplomarbeit Sporthochschule Köln. Köln 1954.
Stündl, Herbert: Freizeit- und Erholungssport in der DDR. Marxistische Grundlagen, Ziele und Organisation 1946–1976. Schorndorf 1977.
Szilagi, Alexander: 50 Jahre Kriegsopfer- und Schwerbeschädigtenfürsorge. München 1969.
Tauber, Peter: Vom Schützengraben auf den grünen Rasen. Der Erste Weltkrieg und die Entwicklung des Sports in Deutschland. Berlin 2008.
Teichler, Hans Joachim: Internationale Sportpolitik im Dritten Reich. Schorndorf 1991.
Teichler, Hans Joachim: Die Sportbeschlüsse des Politbüros. Eine Studie zum Verhältnis von SED und Sport mit einem Gesamtverzeichnis und einer Dokumentation ausgewählter Beschlüsse. Köln 2002.
Teichler, Hans Joachim/Reinartz, Klaus: Das Leistungssportsystem der DDR in den 80er Jahren und im Prozeß der Wende. Schorndorf 1999.

Teichler, Hans Joachim/Tichelhoven-Meyer, Werner: Filme und Rundfunkreportagen als Dokumente der deutschen Sportgeschichte von 1917–1945. Köln 1981.

Unthan, C.H.: Das Pediskript. Aufzeichnungen aus dem Leben eines Armlosen. Stuttgart 1925.

Walther, Heinrich: Ziel, Wert und Erfolge des Sports bei des (!) Behandlung Versehrter, unter Berücksichtigung der sportlichen Leistungen beim Erwerb des Versehrtensportabzeichens. Innsbruck, Diss., 1944.

Waltrich, Hans: Aufstieg und Niedergang der Heilanstalten Hohenlychen (1902 bis 1945). Blankensee 2001.

Waldschmidt, Anne: Soziales Problem oder kulturelle Differenz? Zur Geschichte von „Behinderung" aus der Sicht der „disability studies". In: Traverse. Zeitschrift für Geschichte 3, 2006, S. 31–45.

Wedemeyer-Kolwe, Bernd: Versehrtensport zwischen „Dritten Reich" und Bundesrepublik. Das Beispiel Niedersachsen. In: SportZeiten. Sport in Geschichte, Kultur und Gesellschaft 1 (7.Jg.) 2007, S. 7–42.

Wedemeyer-Kolwe, Bernd: Aussonderung oder Förderung? Die „Körpererziehung" der Behinderten im „Dritten Reich". In. Michael Krüger (Hg.): „mens sana in corpore sano". Gymnastik, Turnen, Spiel und Sport als Gegenstadt der Bildungspolitik vom 18. bis zum 21. Jahrhundert. Hamburg 2008, S. 127–141.

Wedemeyer-Kolwe, Bernd: „Verhinderte Gesunde"? Die Geschichte des niedersächsischen Behindertensports. Hannover 2010.

Wedemeyer-Kolwe, Bernd: Behindertensport. In: Krüger, Michael/Langenfeld, Hans (Hg.): Handbuch Sportgeschichte. Schorndorf 2010, S. 345–354.

Wegner, Bernd: Hitlers Politische Soldaten. Die Waffen-SS 1939–1945. Paderborn, 4.Auflage, 1990.

Weinke, Annette: Die Verfolgung von NS-Tätern im geteilten Deutschland. Vergangenheitsbewältigungen 1949–1969. Paderborn 2002.

Wendt, Stefan: Kleine Schritte, große Sprünge. Der Neuaufbau des Sports in Schleswig-Holstein nach dem Zweiten Weltkrieg 1945–1955. Neumünster 1999.

Wilke, Karsten: Organisierte Veteranen der Waffen-SS zwischen Systemopposition und Integration. Die „Hilfsgemeinschaft auf Gegenseitigkeit der Angehörigen der ehemaligen Waffen-SS" (HIAG) in der frühen Bundesrepublik. In: Zeitschrift für Geschichtswissenschaft 2 (53. Jg.) 2005, S. 149–166.

Willing, Matthias: „Sozialistische Wohlfahrt". Die staatliche Sozialfürsorge in der Sowjetischen Besatzungszone und der DDR (1945–1990). Tübingen 2008.

Wolte-Wehle, Stefanie: Zwischen Kontrolle und Demokratisierung: Die Sportpolitik der französischen Besatzungsmacht in Südwestdeutschland 1945–1950. Schorndorf 2000.

Wonneberger, Günther: Studie zur Struktur und Leitung der Sportbewegung in der SBZ/DDR (1945–1961). In: Buss, Wolfgang/Becker, Christian (Hg.): Der Sport in der SBZ und frühen DDR. Genese – Strukturen – Bedingungen. Schorndorf 2001, S. 167–248.

Abkürzungsverzeichnis

ABV	Allgemeiner Blindenverband
ABV	Arbeitsgemeinschaft Bayerischer Versehrtensport
ABV	Arbeitsgemeinschaft Berliner Versehrtensport
ADBV	Allgemeiner Deutscher Blindenverband
ADGV	Allgemeiner Deutscher Gehörlosenverband
ADV	Arbeitsgemeinschaft Deutscher Versehrtensport
AHS	Adolf-Hitler-Schulen
ASB	Amputierten-Sportverein Berlin
ASV	Amputierten-Sportverein
AVNRW	Arbeitsgemeinschaft (Deutscher) Versehrtensport Nordrhein Westfalen
BBSV	Berliner Blindensportverein
BBS	Badischer Behinderten- und Rehabilitationssportverband
BDM	Bund Deutscher Mädel
BEK	Bund Erblindeter Krieger
BFA	Bezirksfachausschuss
BFS	Behinderten- und Freizeitsport Karlsruhe
BffL	Bund für freie Lebensgestaltung
BKA	Bundeskriminalamt
BKD	Bund der Kriegsblinden Deutschlands
BNA	Bund der Notgemeinschaften ehemaliger berufsmäßiger Arbeitsdienstangehöriger (RAD)
BLSV	Bayerischer Landesssportverband
BRD	Bundesrepublik Deutschland
BRS	Behinderten- und Rehabilitationssportverband Saarland
BSA	Behindertensportabteilung
BSG	Betriebssportgemeinschaft
BSG	Behindertensportgemeinschaft
BSV	Behindertensportverein
BSN	Behinderten-Sportverband Niedersachsen
BSSA	Behinderten- und Rehabilitations-Sportverband Sachsen-Anhalt
BVD	Bund der Vertriebenen Deutschlands
BVN	Blinden- und Sehbehindertenverband Niedersachsen
BVS	Bayerischer Versehrtensportverband
BVSV	Behinderten- und Versehrtensportverband bzw. –verein
CISS	International Committee of Sports for the Deaf
CDU	Christlich Demokratische Union
DAF	Deutsche Arbeitsfront
DAT	Deutscher Arbeitsausschuss Turnen
DBS	Deutscher Behindertensportverband
DBSJ	Deutsche Behindertensportjugend
DDR	Deutsche Demokratische Republik
DGV	Deutscher Gehörlosen-Sportverband
DHfL	Deutsche Hochschule für Leibesübungen
DJ	Deutsche Jungenschaft
DJK	Deutsche Jugendkraft
DLRG	Deutsche Lebensrettungsgesellschaft

Abkürzungsverzeichnis

DLV	Deutscher Leichtathletik-Verband
DNVP	Deutschnationale Volkspartei
DOSB	Deutscher Olympischer Sportbund
DP	Deutsche Partei
DRA	Deutscher Reichssausschuss für Leibesübungen
DRK	Deutsches Rotes Kreuz
DRL	Deutscher Reichsbund für Leibesübungen
DRS	Deutscher Rollstuhl-Sportverband
DSB	Deutscher Sportbund
DSSV	Deutscher Schwerhörigen-Sport-Verband
DT	Deutsche Turnerschaft
DTB	Deutscher Turner-Bund
DTSB	Deutscher Turn- und Sportbund (DDR)
DVfV	Deutscher Verband für Versehrtensport (DDR)
DVS	Deutscher Versehrtensportverband
FDGB	Freier Deutscher Gewerkschaftsbund
FDP	Freie Demokratische Partei
GdO	Gemeinschaft der Ostvertriebenen
GSV	Gehörlosen-Sportverein
GVN	Gehörlosen-Sportverband Niedersachsen
HBRS	Hessischer Behinderten- und Rehabilitationssportverband
HIAG	Hilfsgemeinschaft auf Gegenseitigkeit der Angehörigen der ehemaligen Waffen-SS
HJ	Hitlerjugend
HVS	Hessischer Versehrtensportverband
IAAF	International Associations of Athletics Federations
IOC	International Olympics Committee
IPC	International Paralympics Committee
IOSD	Internationale Behindertensportverbände
ISOD	International Sports Organization for the Disabled
KdF	Kraft durch Freude
KFA	Kreisfachausschuss
KSB	Kreissportbund
KVK	Kriegsverdienstkreuz
LSB	Landessportbund Niedersachsen
LSSAH	Leibstandarte SS Adolf Hitler
MdE	Minderung der Erwerbsfähigkeit
MTV	Männerturnverein
NDI	Norwegischer Gehörlosensportverband
NFI	Norwegischer Behindertensportverband (ab 1997)
NHIF	Norwegischer Behindertensportverband (bis 1997)
NIF	Norwegischer Sportverband
NISH	Niedersächsisches Institut für Sportgeschichte Hoya
NOK	Nationales Olympisches Komitee
NPC	Nationales Paralympisches Komitee
NSBO	Nationalsozialistische Betriebszellenorganisation
NSDAP	Nationalsozialistische Deutsche Arbeiterpartei

NSKOV	Nationalsozialistische Kriegsopferversorgung
NSRL	Nationalsozialistischer Reichsbund für Leibesübungen
NSV	Nationalsozialistische Volkswohlfahrt
NTB	Niedersächsischer Turner-Bund
NTV	Niedersächsischer Turnverband
RAD	Reichsarbeitsdienst
RAK(L)	Reichsakademie für Leibesübungen
RBK	Reichsbund der Körperbehinderten
RBSG	Rehabilitations- und Behindertensportgemeinschaft
Regede	Reichsverband der Gehörlosen Deutschlands
RSHA	Reichssicherheitshauptamt der SS
RuS	Rasse- und Siedlungsamt der SS
RuSHA	Rasse- und Siedlungshauptamt der SS
SA	Sturmabteilung
SBK	Selbsthilfebund der Körperbehinderten (Otto-Perl-Bund)
SBZ	Sowjetische Besatzungszone
SD	Sicherheitsdienst der SS
SED	Sozialistische Einheitspartei Deutschlands
SG	Sportgemeinschaft
SMAD	Sowjetische Militäradministration in Deutschland
SoVD	Sozialverband Deutschland
SPD	Sozialdemokratische Partei Deutschlands
SS	Schutzstaffel
SSV	Spiel- und Sportverein
StaKo	Staatliches Komitee für Körperkultur und Sport
TKH	Turnklubb Hannover
TV	Turnverein
VbAD	Verband der blinden Akademiker Deutschlands
VBSV	Versehrten- und Behindertensportverein bzw. -verband
VdK	Verband der Kriegs- und Zivilbeschädigten, Sozialrentner und Hinterbliebenen
VSA	Versehrtensportabteilung
VRGB	Verein für Reha, Gymnastik und Bewegungsspiele
VSG	Versehrtensportgemeinschaft ; Versehrtensportgruppe
VSN	Versehrten-Sportverband Niedersachsen
VSV	Versehrtensportverein
ZK	Zentralkomitee